鲁迅的七堂语文课
QITANGYUWENKE

《好的故事》："昏沉的夜"里的"梦"

《从百草园到三味书屋》：儿童的自然

《少年闰土》：自然里的英雄

《中国人失掉自信力了吗》：对"自己"的发现

《阿Q正传》

带露折花——从《藤野先生》走近鲁迅的世界

《拿来主义》的思辨性阅读

……

鲁迅的七堂语文课

主编◎邹一斌

华东师范大学出版社
·上海·

图书在版编目(CIP)数据

鲁迅的七堂语文课/邹一斌主编. —上海:华东师范大学
出版社,2022

ISBN 978 - 7 - 5760 - 2839 - 3

Ⅰ.①鲁… Ⅱ.①邹… Ⅲ.①中学语文课-教学研究
Ⅳ.①G633.302

中国版本图书馆 CIP 数据核字(2022)第 130791 号

鲁迅的七堂语文课

主　　编 邹一斌
责任编辑 范耀华
审读编辑 陈成江
责任校对 刘伟敏　时东明
装帧设计 俞　越

出版发行 华东师范大学出版社
社　　址 上海市中山北路 3663 号　邮编 200062
网　　址 www.ecnupress.com.cn
电　　话 021 - 60821666　行政传真 021 - 62572105
客服电话 021 - 62865537　门市(邮购) 电话 021 - 62869887
地　　址 上海市中山北路 3663 号华东师范大学校内先锋路口
网　　店 http://hdsdcbs.tmall.com

印刷者 上海龙腾印务有限公司
开　　本 787×1092　16 开
印　　张 19
字　　数 335 千字
版　　次 2022 年 9 月第 1 版
印　　次 2022 年 9 月第 1 次
书　　号 ISBN 978 - 7 - 5760 - 2839 - 3
定　　价 68.00 元

出版人 王　焰

序

　　鲁迅,及鲁迅作品,是二十世纪中国文学史乃至思想史留给我们的一笔丰厚遗产,毛泽东将鲁迅称之为"中国的第一等圣人",并在《新民主主义论》中提出"鲁迅的方向,就是中华民族新文化的方向"。毛泽东对鲁迅的这一定性,直接被写进了 1956 年颁布的《初级中学文学教学大纲(草案)》。在过去七十年的历史长河中,中学语文教育中的鲁迅形象,经历了"政治的鲁迅""神的鲁迅"和"人的鲁迅"三个阶段,从金刚怒目、菩萨低眉直至"好玩的"大先生,而过去四十年中学语文教育中鲁迅及其作品的接受过程,也是中国改革开放进程的重要缩影。在中国共产党建党 100 周年、鲁迅先生 140 周年诞辰之际,在新课改即将全面启动之年,在国家统编语文教材迎来全面落地之时,重新来观照和审视鲁迅,反思我们的鲁迅作品教学,具有重大的历史意义。

　　景云里作为中国现代文化的一个重要文化遗存,其价值是不言而喻的。1927 年 10 月 3 日,鲁迅先生和许广平从广州来到上海,10 月 8 日入住景云里,他们在景云里生活了两年七个月,周海婴也在景云里出生。住在虹口景云里的鲁迅先生,除了创作大量杂文,介绍和推广木刻等艺术形式,还参与组织自由联盟大运动,发起并成立中国左翼作家联盟。可以这么说,在景云里,鲁迅先生完成了从一个伟大作家到伟大思想家、革命家的转化历程,从一个文化名人成就为一个文化伟人。以鲁迅为首,叶圣陶、茅盾、柔石、冯雪峰、陈望道以及周建人等众多文化名人,他们在景云里共同生活过很长时间,陈独秀、丁玲、萧红和巴金也曾经频繁出入其间。这里诞生过《朝花》《小说月报》等杂志，对新文学创作，尤其是对左翼文学运动作出了很大贡献。

在这样一个背景下，2020年初我应虹口区区委宣传部赵明副部长的要求，受景云里管理人夏正权兄和同济大学汤惟杰兄的邀请，并约请詹丹、郑桂华、王意如、徐默凡、何勇等老师，一起策划打造了"鲁迅的七堂语文课"这一项目。在景云里这个历史文化殿堂，通过在线直播的方式，聚焦中学语文教材中的鲁迅作品专题，进行备课教学，在全国基础教育界开创了先河。借用点评嘉宾倪文尖老师的观点："观备课"而且直播，真是一个了不起的发明。

第一季和第二季共16讲内容（成书时整理为第一辑和第二辑），历时10个月。备课的篇目包括《少年闰土》《好的故事》《从百草园到三味书屋》《朝花夕拾》《阿长与〈山海经〉》《藤野先生》《社戏》《故乡》《中国人失掉自信力了吗》《孔乙己》《拿来主义》《祝福》《记念刘和珍君》《为了忘却的记念》《阿Q正传》《回忆鲁迅先生》16部作品，基本涵盖了当前中学统编语文教材中的鲁迅作品（《回忆鲁迅先生》除外），直播观看超过20万人次，相关阅读点击总计达到13万人次，平均每讲超过8000人次。

讲座呈现的形式也不尽相同，各具特点。第一类是"对谈式讲座"，如开篇第一讲《语文课，我们如何教鲁迅作品》。詹丹老师首先进行专题讲座，从高考命题合理性、教师教学用书的薄弱两个话题切入，围绕形式和内容两个方面，系统阐释了其对鲁迅作品教学的认识。然后是詹丹老师与乐燎原老师的对谈，从学生阅读接受的角度，探讨了今天如何对待经典阅读的问题。整个讲座貌似随意闲谈，却是对三十年语文课程改革理念的集中阐释和解读，有极强的针对性。第二类是"导师指导下的教师主讲"，如《从百草园到三味书屋》这课。在郑桂华老师的串联和点拨之下，一群年轻教师探究如何在备课过程中学会并完成对相关问题的整合和归类，引导学生在真实的阅读情境中去解决问题。第三类是"研究共同体下的研训"，如《朝花夕拾》整本书阅读。余党绪团队以批判性思维阅读这个课题为载体，形成研究共同体，去探寻和构建《朝花夕拾》作为整本书的阅读策略。第四类是"基于教学反馈的精准教研"，如《少年闰土》这课。李蔚团队首先在上海虹口区两所学校进行了线下的对比式教学，并对学生进行了课后教学效果的问卷调查，将学生提出的问题进行梳理，然后在线上对这些问题进行交流研讨，从而大大提升了备课交流的有效性和精准性，这样的教研具有较高的普适性。第五类是"聚焦文本细读的集体访谈"，如《阿

Q 正传》教学五人谈。樊新强和他的团队，围绕阿 Q 这个文学形象的典型性问题，从社会心理和语义分析的角度进行了深入研读，体现了中生代教师对文本解读的独特认识。

这一项目在实施进程中，始终得到各方专业人士无私的支持和关怀。谭帆、刘大为、步根海、王意如、詹丹、郑桂华、马以鑫、蔡斌、徐默凡、何勇、杨焄、郭金华等欣然担任本项目的顾问，上海基础教育界的语文名师乐燎原、宋士广、李蔚、樊新强、沈红旗、李强、陈赣、余党绪、张广录、郑朝晖、王林、魏新磊、成龙等携团队前来助阵，彭正梅、倪文尖、张心科、张中良、刘忠、张春田、孙尧天、朱康、蔡斌等来自上海及外地各高校的人文社科专家参与点评。在此表示深深谢意。

特别感谢上海市虹口区委宣传部的支持，为本项目实施提供坚实的保障。感谢华东师范大学出版社范耀华老师为本书出版所做的辛勤努力。

邹一斌

"鲁迅的七堂语文课"项目

│项目策划│　赵　明（上海市虹口区委宣传部）　夏正权（景云书房）

　　　　　　　汤惟杰（同济大学）　　　　　　邹一斌（上海市教委教研室）

│学术顾问│　谭　帆（华东师范大学）　　　刘大为（复旦大学）

　　　　　　　步根海（上海市教委教研室）　詹　丹（上海师范大学）

　　　　　　　郑桂华（上海师范大学）　　　王意如（华东师范大学）

　　　　　　　杨　焄（复旦大学）　　　　　蔡　斌（苏州石湖智库）

　　　　　　　徐默凡（华东师范大学）　　　何　勇（上海教育出版社）

　　　　　　　马以鑫（华东师范大学）　　　郭金华（上海市大同中学）

│学术支持│　乐燎原（上海交通大学附属中学）　宋士广（上海市大同中学）

　　　　　　　李　蔚（上海市虹口区教育学院附属中学）

　　　　　　　樊新强（上海中学）　　　　　沈红旗（上海市第八中学）

　　　　　　　李　强（上海市育才中学）　　陈　赣（上海市松江二中）

　　　　　　　余党绪（上海师范大学附属中学）

　　　　　　　张广录（上海市浦东教育发展研究院）

　　　　　　　郑朝晖（上海市建平中学）　　王　林（上海市闵行区教育学院）

魏新磊（上海市长宁区教育学院）

成　龙（华东师范大学第二附属中学紫竹校区）

| 学术嘉宾 |　　彭正梅（华东师范大学）　　　　倪文尖（华东师范大学）

张心科（华东师范大学）　　　　张中良（上海交通大学）

刘　忠（上海师范大学）　　　　张春田（华东师范大学）

孙尧天（华东师范大学）　　　　朱　康（华东师范大学）

目录

语文课，我们如何教鲁迅作品

LUXUN DE QITANG YUWENKE

◎主　　讲：詹丹（上海师范大学中文系教授、博士生导师）

◎对谈嘉宾：乐燎原（上海交通大学附属中学语文教师，上海市语文特级教师、正高级教师）

◎时　　间：2020 年 8 月 15 日 15:00—16:30

◎地　　点：上海市虹口区横浜路 35 弄景云里 13 号景云书房暨鲁迅与文化名人陈列馆

一、引言：我们忽视了什么、误读了什么

之所以讲这个题目，是因为我无论作为学生读鲁迅作品，还是后来作为教师教鲁迅作品，都曾经遇到过很多困惑和问题。而这些困惑和问题在教师教学用书或者相关的资料中都没有给出很好的解答，所以我在思考这些问题时，把自己的困惑或者尝试的部分解答提出来，跟大家一起分享。而我自认为解决的一些问题，也可能只是暂时性的，甚至在某种程度上只是带来了更多问题。

当然，这种围绕鲁迅作品的理解困惑和问题，也涉及其他人、其他方面，接下来我举一些例子说明。

先看 2019 年语文高考全国卷 I 的文学阅读题，阅读材料提供了《理水》的片段，然后让学生结合材料片段和中学里学到的《中国人失掉自信力了吗》一段话，做两道题目：

题 8：鲁迅说："我们从古以来，就有埋头苦干的人，有拼命硬干的人，有为民请命的人，有舍身求法的人，……这就是中国的脊梁。"请谈谈本文是如何具体塑造这样的"中国的脊梁"的。（6 分）

题 9：《理水》是鲁迅小说集《故事新编》中的一篇，请从"故事"与"新编"的角度简析本文的基本特征。（6 分）

我个人认为这两个题目设计得很不错。它把课内和课外的内容巧妙地结合起来。

我们主要看第二道题的参考答案：

①大禹治水的"故事"本身于史有据，作品查考典籍博采文献，富有历史韵味；②"新编"表现为新的历史讲述方式，如细节虚构、现代语词掺入、杂文笔法使用，作品充满想象力及创造性；③对"故事"进行"新编"，着眼于对历史与现实均作出观照，作品具有深刻的思想性。

答案有 3 个要点，第一点是侧重于"故事"，第二点侧重于"新编"，第三点是把"故事"和"新编"结合起来论述。我觉得这道题不管从题目设计还是答题思路来

看,都很不错,但为什么我把它作为一个问题提出来呢？因为从答案看,我还是觉得有点遗憾。如果要从"故事"和"新编"的角度来简析文本的基本特征,我觉得应该抓住"故"和"新"的用词,一种对照关系。这种对照,其实跟他的散文集《朝花夕拾》可以合在一起来理解。因为在《朝花夕拾》中,是"朝"和"夕"构成了一种对照关系。

一本是回忆性散文集,一本是历史小说,"朝"和"夕"、"故"和"新",这两组对立代表了鲁迅的两种思考方式。站在一个成年人的立场来思考他的童年时代,所以是"朝花夕拾":早晨的花傍晚来拾。《故事新编》是站在现代人的立场来思考古代的历史,或者可以说是思考人类的童年时代。所以这两本书本身有历史和个人的一种呼应。如果从这个意义上来考虑,参考答案应该抓住"故"和"新"的语言特点来展开思考。如果忽略这一点,在某种意义上就是忽视鲁迅编撰标题的艺术匠心。其实鲁迅对标题的拟制非常讲究,会有意追求一种对应、对照的效果,像《呐喊》和《彷徨》,这既是一种对照,也是互文渗透,"呐喊"中有"彷徨","彷徨"中有"呐喊"。还有像《伪自由书》和《准风月谈》等,也有一种对照关系。这种语言结构,体现出鲁迅受传统文化的影响。

2017年教育部颁布的《高中语文课程标准》,提出了语文核心素养四个方面,涉及语言、思维、审美和文化。这四个方面,应该说是"以一带三"的关系,也就是说,这四方面的核心素养不是平行关系。语言是基础,然后它渗透在思维、审美和文化之中。或者说,不管是思维,还是审美、文化,最终都要落实到语言上,通过语言的推敲再来反观它的思维、审美和文化。所以高考试题和参考答案,也应该把语言的特点抓住。抓住"故"和"新"的一种关系,可以说是抓住了标题中的关键词。

说到"故事",我还可以举出相关的一个问题。

教师教学用书关于鲁迅《好的故事》的解读,转载了《语文建设》上的一篇文章,这篇文章对《好的故事》进行了分析以后,结尾写道：

> 不过,《好的故事》也有点小毛病,那就是标题太普通,与文章的优美意境、深刻情思和生动意趣不甚相合,可算做白璧微瑕。

我觉得他是没看懂这个题目,特别是把"故事"这样的语词,作了泛泛理解。后面我会具体分析这个问题。

接下来举出的一个问题,我认为是中学语文教学到现在还没有解决的。可能我们每个人接触鲁迅作品都会面临这个例子,这就是《孔乙己》的结尾：

我到现在终于没有看见——大约孔乙己的确死了。

既然是"大约",为什么又说"的确"？我读初中的时候就问老师,当时老师就是把教参书上那个答案基本上不太走样地告诉了我。我这里有教师教学用书里的一个最新解释:

"大约"与"的确"在这里并不矛盾。"大约"表估计推测,因为没有人说起过这件事,没有确凿的根据,只是估计。根据"到现在终于没看见"这样的情况估计,孔乙己的确死了,因为在那样冷酷无情的社会中,孔乙己肯定活不下去,所以用"的确"表示猜测的结论。这句话也流露出小伙计对孔乙己的同情。

大概40年了,我觉得这个解释跟以前差别不是太大。教参说,"大约"与"的确"在这里并不矛盾,"大约"表示估计、推测,因为没有人说起过这件事情,没有确凿的证据,根据到现在终于没看见的情况来估计孔乙己的确死了。你会发现,当教参前面说没有矛盾的时候,他的叙述本身是矛盾的。就是说他来回答你这个没有矛盾的问题,最后给你的解答恰恰是矛盾的,所用的措辞也是矛盾的,所谓根据"估计",所谓他"的确死了",这还不矛盾吗？这在某种程度上也是同义反复。而接下来写:"因为在那样冷酷无情的社会中,孔乙己肯定活不下去,所以用'的确'表示猜测的结论。这句话也流露出小伙计对孔乙己的同情。"这个判断也是有争议的。这是小伙计的叙述,尽管他20年后未必再做伙计,但他会不会根据孔乙己的命运,上升到对社会性质的判断？所以有的人认为这样的判断可能是违背了叙述者和隐含作者的内在区别,但也有人认为,可能叙述到结尾,隐含作者已经开始来代替叙述者的判断了。总之,这个问题即使在教师教学用书当中也没有得到很好的解决。

最后提出的一个问题,是由最近看《好的故事》而引发。

我之所以要看《好的故事》,是因为这篇文章选入了六年级语文教材,不断有人反映说这篇文章看不懂。我们一些毕业的师范生当老师,也说这篇文章看不懂,所以没法教学生。这些促使我对这篇文章进行了一些研究,但是直接推动我去写研究文章的,是我看到了两篇分析文章,结论截然相反。一篇是孙歌在三联书店出版的《绝望与希望之外:鲁迅〈野草〉细读》一书,其中有对《好的故事》的详细分析。还有一篇文章来自复旦的一位老师,其中这样写道:

在"好的故事"中,是看不到矛盾冲突的现实与真实的,那个世界,也就不是一个现实、真实的世界,不是活生生的人活生生的生活的世界。而围绕着这样一个世界编织出来的所谓"好的故事",也就是回避现实、不愿也不敢直面现实真实的故事——一种想象的愿景式的乌托邦。

在这位老师看来,鲁迅和他的《好的故事》,还是对这样的一种文学审美和文学传统展开了质疑甚至挑战。而与一般人不同的是,鲁迅并没有把自己从这样的一种文学传统和审美方式中完全疏离出来,而是清醒地认识到,自己的"过去",其实亦沉浸于这样的文学传统和审美范式当中……如今"我"也从对于"美的人""美的事"一类的"好的故事"的沉醉中脱离出来,成了这一切的审视者。

他认为,鲁迅对"好的故事"基本持一种否定态度。但是跟一般人不一样的是,鲁迅是严于解剖自己的,所以在批判这个"好的故事"时,同时也批判了自己的过去:他自己过去就是沉浸在这样的好的故事当中,但现在要与之再见了,他不愿意再沉浸其中了。这样的结论,似乎表明鲁迅既批判客体又反思了主体自我。

但我个人认为,至少在《好的故事》中,却很难找到这种判断的依据。因为我已经专门写了反驳文章,这里就不展开了。

下面进入正题,我从几个角度来切入对鲁迅作品的理解。

二、从语言切入

鲁迅是语言大师,当然也有人对鲁迅的语言表示质疑,说鲁迅的语言还不流畅,有时候白话文中还夹杂了文言词语。但这种夹杂总体上说并没有带来生硬感,大部分用得恰到好处。要谈鲁迅的语言特点范围非常广,今天时间有限,不能全面展开,所以从以下几个角度来展开。

1. 标题

前面说了,鲁迅对作品标题的拟制有精心的构思。《好的故事》中,"故"和"事"都有特殊的意味,稍后与文本结合一起来分析。先看其他,比如《阿长与〈山海经〉》。教师教学用书认为《阿长与〈山海经〉》这个标题起得好,说有一种张力。因为阿长是一个没文化的、不识字的、底层的老百姓,而《山海经》是古雅的典籍。所以把阿长与《山海经》放一起做标题,就有张力。但是我认为这仅仅是一方面。其实在本质上,阿长与《山海经》有相通的地方,为什么?阿长固然是不识字的,没文化的,甚至把《山海经》都念错了的老百姓,但是她也喜欢说这些奇奇怪怪的故事,而《山海经》本身也是属于记录奇奇怪怪的故事之一。况且,在正统人眼里,《山海经》又是非主流的,不雅驯的,这样,其跟阿长的思想意识,就有了更实质的联系。

再比如《从百草园到三味书屋》，这里其实也有我当时读书的时候感到非常困惑的一个问题。我一厢情愿地认为，鲁迅《从百草园到三味书屋》是从天堂到了地狱。他离开百草园的时候，好像也是很感伤的，以无奈的抒情方式来跟百草园告别的。但是实际上，他写后来到三味书屋的情况，好像也没有那么糟糕。三味书屋也有后花园，尽管没有百草园那么大，但是同学们一起去玩也玩得蛮开心的，上课的时候也可以做小动作，开小差，还有描红，然后有时能乱读书，读得大家都非常有趣，尽管不太理解，但是大家乱读一气，好像也很热闹，甚至看老师念课文的姿态都是有趣的画面。

但标题暗示的一种空间转换，"从"什么"到"什么，以及实际写到的在转换空间过程中的作者心态，都给人以一种紧张感。这种紧张感在实际发生的空间中却得到了纾解，因为儿童自身有压抑不住的天性会表现出来。这样，"百草园"和"三味书屋"的空间张力，那种由此及彼的张力，是停留在表面的，而儿童天性在两个空间中的自然穿越，把空间分割的裂缝又弥合了起来，从而形成了整体风格的前后协调性。

这给人的启发是，你把儿童放到一个最无趣的地方，他总能够找到乐趣，这就是儿童天性的顽强表现。所以鲁迅写他上课开小差也好，溜到后花园去玩也好，其实都是在表现儿童的这种天性。这样，在百草园呈现的自然性，在三味书屋中，是借助于人的自然而然的天性而继续表现出来的。

还有《孔乙己》。鲁迅有几篇作品，是以人名为标题的，比如小说有《阿Q正传》《孔乙己》。孔乙己实际上是个外号，此人姓孔，但是"乙己"不是他的名，是别人根据描红本的字给他起的一个外号。也就是说，它在某种程度上跟《阿Q正传》的标题非常相似，作者都没有给出主人公确切的名字，名字本身带有一种模糊性。以这种模糊性作标题，当然有它的特殊意义，这个意义跟文章的主题紧密相关，下面会继续讨论。

2. 开头

首先是《孔乙己》的开头，文章开头写道：

鲁镇的酒店的格局，是和别处不同的：都是当街一个曲尺形的大柜台，柜里面预备着热水，可以随时温酒。做工的人，傍午傍晚散了工，每每花四文铜钱，买一碗酒，——这是二十多年前的事，现在每碗要涨到十文，——靠柜外站着，热热的喝了休息；倘肯多花一文，便可以买一碟盐煮笋，或者茴香豆，做下酒物了，如果出到十几文,那就能买一样荤菜,但这些顾客,多是短衣帮,大抵没有这样阔绰。只有穿长衫的,才踱进店面隔壁的房子里,要酒要菜,慢慢地坐喝。

当时一碗酒花四文铜钱,"倘肯多花一文,便可以买一碟盐煮笋,或者茴香豆,做下酒物了,如果出到十几文,那就能买一样荤菜",而且特别加以说明:"这是二十多年前的事,现在每碗要涨到十文。""我"对价格的记忆非常清楚,而且不知不觉地就暗示出来已经是写二十几年前的事情,到后面说"我"到现在还没有见到孔乙己,实际上让人明白中间有二十多年过去了。叙述者"我"对这种价格有清晰记忆,对行情变化都给出了说明。但是关于孔乙己,他没有清晰说明,于是这跟孔乙己的身世交代,相形之下就形成了一种对照。当然,在这里我不是要谴责小伙计对钱的关心重于对人的关心,但是你会发现这是一种人的本能、一种习惯,也跟曾经是小伙计的身份有关。鲁迅通过客观的描述来反映这样一种当时人的心理习惯。

第二,我选的是《记念刘和珍君》的一段,这也是我做老师的时候印象很深的一段。

中华民国十五年三月二十五日,就是国立北京女子师范大学为十八日在段祺瑞执政府前遇害的刘和珍杨德群两君开追悼会的那一天,我独在礼堂外徘徊,遇见程君,前来问我道,"先生可曾为刘和珍写了一点什么没有?"我说"没有"。她就正告我,"先生还是写一点罢;刘和珍生前就很爱看先生的文章。"

当时我问学生,从纯粹的语言角度来说,你们读了《记念刘和珍君》印象最深刻的一段是什么?他们就说"真的猛士,敢于直面惨淡的人生,敢于正视淋漓的鲜血",等等。我问为什么?学生说因为这段课文是要求背的,而且这一段抒情文采飞扬。但是我觉得他这篇文章开头的用词非常讲究,特别是开头的一句,"中华民国十五年三月二十五日,就是国立北京女子师范大学为十八日在段祺瑞执政府前遇害的刘和珍杨德群两君开追悼会的那一天,我独在礼堂外徘徊",你看这句话,"那一天"前加了很长的定语,我要求学生读这一句的时候不许换气,看谁能够读得下来。我气短,读的时候中间要换一口气,有的学生也说自己读不下来,有着一种憋闷的感觉,我说这就对了。鲁迅就是要营造一种透不过气的感觉,他用最普通、最刻板、最平常的词语造了一个最长的句子。而当你在读最长的句子之后忽然发现胸闷了,憋住了,气透不过来,这才是鲁迅要达到的效果。鲁迅没直接说他有多伤心、多难过,他之后也只有一个动作——徘徊,通过走来走去这个动作,来排遣他内心的巨大悲愤。这才是大手笔,而这种大手笔的造句方式,确实又符合当时的语境。当然,他的用词也很讲究,他特别强调是"国立北京女子师范大学",是"中华民国",强调这不是封建专制时代,似乎是人民的国家了,而且遣词造句像是在写一个刻板的新闻报道,但暗含着满满的讽刺、抗议、愤怒和悲痛。

下面举我非常喜欢的一篇鲁迅文章,但是新的教材没有选进去:《论雷峰塔的倒掉》开头:

听说,杭州西湖上的雷峰塔倒掉了,听说而已,我没有亲见。但我却见过未倒的雷峰塔,破破烂烂的映掩于湖光山色之间,落山的太阳照着这些四近的地方,就是"雷峰夕照",西湖十景之一。"雷峰夕照"的真景我也见过,并不见佳,我以为。

一般老师上课都会问,为什么反复强调"听说"。当时的教师教学用书给的答案是,强调鲁迅不屑,不愿意去看,雷峰塔倒掉的时候好多人都跑过去吊唁的,写了好多诗文,但是鲁迅是很不屑的。从文章本身来看,我们当然可以阐述它的这层意义,但是你会发现它有内在的一个逻辑关系:前面反复强调"听说",而后面却反复强调"见过",其实他是要在"听说"和"见过"之间建构一种对比关系。我们在阐发语言的意义的时候,不要一下子先走到高大上层面的意义,我们先要在它的具体语境当中,把前后的逻辑关系梳理出来,然后再来阐发它高大上层面的意义,如果这种意义确实包含的话。

3. 结尾

下面讨论结尾,《论雷峰塔的倒掉》结尾真是写得棒,特别是独立成段的两个字"活该"。我把最后的两段举出来:

当初,白蛇娘娘压在塔底下,法海禅师躲在蟹壳里。现在却只有这位老禅师独自静坐了,非到螃蟹断种的那一天为止出不来。莫非他造塔的时候,竟没有想到塔是终究要倒的么?

活该!

最后两段是对两个艺术形象的不同结局进行了对比,白蛇娘娘被压在了雷峰塔下,而法海被限制在蟹壳里面,他们都处于狭窄的空间里。有人认为玉皇大帝惩罚法海是虎头蛇尾,派天兵天将去抓他,他躲到蟹壳里,就放过他了,好像惩罚没有到位。其实我认为这恰恰体现出民间的智慧。因为法海让白蛇娘娘压在塔底下,最后自己也被限制在蟹壳里,这叫一报还一报。但最终塔倒掉了,白蛇娘娘可以获得自由,而法海却没能出来,这就具有了胜利的喜剧性。不过,有老师在教这篇课文时,问这篇文章里的关键句是哪一句,学生找到倒数第二句,就是"莫非他造塔的时候,竟没有想到塔是终究要倒的么?"老师就会要求学生进一步压缩,要从关键句中提炼关键短语,把意思进一步概括出来。于是学生会说:"终究要倒。"老师就说,我还不满意,你再给我提炼一下,然后学生说:"终究"。这样的逐步筛选,提炼出最关键意思,当然可以。但问题是,鲁迅为什么有话不好好说?他为什么不说一个更简洁、更直截了当的话,比如,塔终究要倒的,永远压制白蛇娘娘是徒劳的,等等。当鲁迅说法海"莫非他造塔的时候,竟没有想到塔是终究要倒的么"这话时,其实有最基本的两层含义,一方面指出塔终究要倒的必然性,另一方面,他也讽刺那些造塔者,总是自欺欺人地以为,塔不会倒。但是在教师引导学生提炼句子的基本意思时,其意义就只剩下了一层。所以你会发现,提炼的过程往往是意义不断流失的过程。虽然思维的本质就是抽象,不抽象谈不上对普遍性知识的把握,但我们也要意识到,在抽象的过程当中肯定会损失一些东西。所以我们常常要经过多次、反复抽象,来慢慢接近对对象的立体理解。

现在我们再来看《孔乙己》结尾:"我到现在终于没有看见——大约孔乙己的确死了。"我觉得这个结尾确实写得好,它的意义可以是多方面的。首先,文章结尾关于孔乙己的最终下落是一个模糊的叙述。我觉得这里的关键词恰恰是"大约",关于孔乙己的信息永远是不准确的,而它的潜台词是说因为这个世界上没有真正关心他的人。当然有的人认为小伙计在叙述的过程当中感情也发生了变化,一开始的叙述语调是不怎么爱搭理孔乙己,有点鄙夷。到后来就有了同情心,特别是孔乙己用手走路的那一段,这里面有一种情绪的感染,但从本质上说,他也不是一个真正关心孔乙己命运的人,对孔乙己的下落,他不会出自关心地去打听寻访。所以,结尾同时出现了"大约"和"的确",我个人认为并不矛盾,但我的理解和教参不一样,我认为这里的"大约"和"的确",不是同时指向孔乙己的死亡问题,如果是这样,那就真的矛盾了。"的确"是对"大约"的一种肯定,言下之意,是把"大约"这种猜测的可能加以了强调,犹如说他死的可能性非常大。而且结尾跟前文有一定呼应关系,前面大家说到孔乙己被丁举人打折腿的时候,有人已经猜他死了。但是提出这个猜测没多久,到了中秋前后的时候,他拖着打折的腿,又来了一次,之后则再也没有出现。所以从这个意义上说,"的确"是对前面猜测他死被否定的再否定。但猜测的强调也还是猜测,这才是体现关于孔乙己命运的本质所在,如同他名字的模糊一样,围绕他的叙述,也是模糊的。

最后来看《记念刘和珍君》的结尾："呜呼，我说不出话，但以此记念刘和珍君！"我把这一篇结尾跟老舍的《想北平》结尾做个比较，老舍的结尾是"好，不再说了吧；要落泪了，真想念北平呀！"你会发现这两个结尾有点相似，它的相似在什么地方？都是好像有话说不出，不能再说了。因为感情都很强烈，强烈到不能用语言来表达。但相比之下，鲁迅的抒情比《想北平》要复杂得多，这种复杂既跟表现内容有关，也引出了我接下来要讨论的另一个问题——鲁迅写文章有非常强烈的读者意识。

三、作品里外的读者

鲁迅写文章有非常强烈的读者意识。我们这里主要从《记念刘和珍君》来看鲁迅强烈的读者意识。他在这篇文章里面提到了各种各样的人。请大家注意，当他提到各种各样的人的时候，同时意味着他在想这些人看他的文章会有怎样的感受，会产生怎样的效果。这些人包括想象中的刘和珍等逝者，所谓的学者文人、庸人、后死者、中外的杀人者、无恶意的闲人、有恶意的闲人、逝者的亲属、师友、爱人，还有当局者、中国的女性，最后还有苟活者、真的猛士。要面对的读者这么复杂，鲁迅就不知道怎么来表达了。一方面他很悲愤，要把悲愤表达出来，但又想到，这样的情感流露，可能会增加刽子手的快感。他写过的一篇文章《答有恒先生》，就谈到过这个问题，他以中国人喜欢吃醉虾为类比，吃醉虾要吃活蹦乱跳的，虾越有生命活力，吃的人就越开心。所以以此来想象杀人的刽子手，也应该如此。被杀者神经越敏感、感受的痛苦越深，刽子手就越兴奋。所以鲁迅就想，如果他表现得很悲痛，对刘和珍以及她的同学们固然是一种安慰，但是对那些刽子手则是一种快乐、一种快意。而对于那些流言家，又等于多提供了一点带有恶意的谈资。所以，夸张一点说，他每写下一句话，似乎都在考虑各种人的阅读反应。我们经常说写文章要有读者意识，但是鲁迅写作时的读者意识远比我们想象的复杂，因为他想到的不是单一的读者，而是各类各色的人。所以他这篇文章写得欲言又止，反复吞吐，不断地说"实在无话可说"，"我说不出话"。这当然可以理解为他太悲愤，是所谓的"出离愤怒"，用"悲愤"这样的词语已无法概括和表达，是感情强烈到无以名状。但还有一方面很重要的原因是，他觉得把悲痛表露得过于明显，会让刽子手高兴。当然，最后他还是选择了表达，似乎跟文章开头交代的，跟刘和珍同学程君的正告有一定关系，但根本原因还在于他自身，他要把他的悲愤表达出来，以告慰遇害者及其亲人、同学等，他也要宣泄自身翻江倒海的情绪，等等。所以，最后他只能让那些恶人"快意"于他的痛苦,就是说,他横下心来,哪怕让那些人开心这一次。

如果说,这种读者意识是由作者预想的作品外的读者产生的,那么,鲁迅也经常会把各种"读者"写到作品里,构成事件发生中的那些围观群众,这些在作品中出现的人,常常是鲁迅思考的一种对象,也是许多研究者讨论的,这里就不展开了。

四、鲁迅作品中的"我"

这是我们现在解读鲁迅作品当中一个非常重要的问题,有时候我们会忽略这个问题。比如我们学了《祝福》,有些老师给学生布置的题目就是把《祝福》改写成祥林嫂的故事。如果这样来改写的话是有问题的,合适的改写应该是祥林嫂和"我"的故事。"我"在鲁迅作品中非常重要,以前钱理群等学者都讨论过,我这里作一个大致的梳理。

1. 写实的"我"和虚拟的"我"

首先是写实的"我"和虚拟的"我"的区分,请大家注意,可以根据散文和小说的不同文体,列成对应的两类,但是希望大家千万不要把它教条化,尽管我们一般认为散文里的"我"就是写实的"我",而小说里的"我"就是虚拟的"我",这样大致分是对的。酒店的小伙计不可能是鲁迅,他是叙述者。但是请大家注意,也许小说里的"我"也有鲁迅身上的某种影子或者某个侧面。他写一个缺乏同情心的人,说不定也在思考"我"是不是有时候也会表现出没心没肺的一面。而一个写实的"我",记录下的"我"的经历也未必全部真实。比如最近我看不止一个人写文章讨论《藤野先生》,文中指出不要简单把藤野先生里的"我"等同于鲁迅的自传,有一些记录未必真实。包括到仙台去,就不止他一个中国留学生,但是他文章里说因为只有一个中国学生,所以物以稀为贵,得到了格外的待遇。所以,我们根据文体进行写实的"我"与虚拟的"我"的大致区分是可以的,但是我们不要绝对化。

2. 过去的"我"和现在的"我"

为什么我要强调这一点?我在《语文学习》上发表过一篇文章讨论《阿长与〈山海经〉》,我对一些看法提出了商榷意见。有些学者认为文中开始部分描写长妈妈让"我"产生讨厌的感受,这是欲扬先抑,或者说这是寓褒于贬,是为了让成年的立场来纠正童年感受的误差或者说误会。我不认同这种观点,我认为站在儿童时代的某个阶段,作者曾经就是讨厌长妈妈的,只是得到了长妈妈给他买的《山海经》后,对她的印象才有了根本转变。这其实是写出了一个人成长过程中不同阶段的真切感受,所以不宜用大人的一种立场来同化、遮蔽他之前的感受。文章开始写阿长的缺点确实让人难以接受。比如阿长摇动手指的切切察察,其实是跟搬弄是非、打小报告联系在一起的。所以当时的作者认为,家里的一些小风波和她的切切察察有关,而她又喜欢到他母亲那儿告作者不守规矩的状,也是让当时的他颇为不满。至于睡成一个"大"字,更是和童年时的作者那种难熬的夏夜联系在一起的。而且阿长给当时的作者立下各种各样的规矩,也让他难受。我觉得这是一个小孩子的真实感受。而后来,因为阿长给他买了《山海经》,他喜欢阿长了,这也是一种真实的喜欢。

我觉得这才是鲁迅真诚的地方,他不会用人生一个阶段的感情来遮蔽另外一个阶段的真实感受,他尽可能都把它记录出来。所以这里面就有过去的"我"和现在的"我"的一个冲突和断裂,我把它理解为反讽修辞的运用。

3. 呈现的"我"和隐含的"我"

还有就是作品中呈现的"我"和隐含的"我"的一种区别,但也有相叠加的部分。有人认为,《孔乙己》写到后来,酒店小伙计对孔乙己同情心增加以后,其与隐含的"我"慢慢趋同。对鲁迅的许多作品,都涉及这两者关系的思考。

4. 理想的"我"和现实的"我"

关于理想的"我"和现实的"我"的区分,我对此有深刻的体会。以前教《记念刘和珍君》时,曾经问学生"真的猛士"是谁? 学生不假思索地回答说是鲁迅,我说鲁迅很想做这样的真的猛士,但是他在文章里明确告诉我们他不是,他只是一个后死者,他只是一个苟活者,如果他是真的猛士,他就能够直面惨淡的人生,说不定就不写这文章了。因为写这文章在某种意义上也是在平抑他内心的情感波涛,他还没成为真的猛士,他没有那么理性和镇定。我们一厢情愿把他理解成真的猛士,而他在文中说得很清楚,自己是苟活者、后死者。所以,这里说理想的"我",是读者赋予作者的,也可能是作者希望成为的一个形象。但不论何种情况,都需要跟作者明示读者的现实的"我"区分出来。

5. "我"的表达和被表达的"我"

鲁迅在写作品的时候,经常会有一个转向——从"我"的表达转向被表达的"我"(或者说并不转向,本来就是从两个角度着眼的),所以有的人说写《藤野先生》,其实写自己比写藤野先生多,写到后来就写自己了。自己在表达时应该是有个对象的,但表达的同时,他把自己也作为一个被表达的对象,可以说无论是散文也好,小说也好,这是鲁迅作品的一个共同性特点。下面结合案例来具体分析。

五、案例分析：反讽与互文的运用

作为案例,反讽是结合《阿长与〈山海经〉》分析的,已经在前文涉及,而且也专门写了文章,所以这里主要讨论《好的故事》的互文性,但也涉及"我"这一关键问题。

《好的故事》里面三次提到《初学记》(其中两次提到书名,一次提到该书),彼此构成的互文关系,我们要梳理出来。

《初学记》里面曾经有一段记录了绍兴的"镜水":

> 山阴南湖,萦带郊郭,白水翠岩,互相映发,若镜若图。故王逸少云:"山阴上路行,如在镜中游。"(按:"上路",后人往往引作"路上")

镜水就是现在的鉴湖,是绍兴的代名词,《世说新语》里面记录了王羲之的儿子王子敬也说:

> 从山阴道上行,山川自相映发,使人应接不暇,若秋冬之际,尤难为怀。

那么我们再看看《好的故事》里面提到的《初学记》的三处描写:

> 我闭了眼睛,向后一仰,靠在椅背上;捏着《初学记》的手搁在膝髁上。
>
> 我在朦胧中,看见了一个好的故事。
>
> 水波陡然起立,将整篇的影子撕成片片了。我无意识地赶忙捏住几乎坠地的《初学记》,眼前还剩着几点霓虹色的碎影。
>
> 我要追回他,完成他,留下他。我抛下书,欠身伸手去取笔,——何尝有一丝碎影,只见昏暗的灯光,我不在小船里了。

关于《初学记》的编撰,《大唐新语》里有一段介绍:

> 玄宗谓张说曰:"儿子等欲学缀文,须检事及看文体。《御览》之辈,部帙既大,寻讨稍难。卿与诸学士撰集要事并要文,以类相从,务取省便。令儿子等易见成就也。"说与徐坚、韦述等编此进上,诏以《初学记》为名。

《初学记》共 30 卷 23 部 313 条目,它基本上以名词排列,然后下面附一些诗文摘录,以方便玄宗诸子作文时检查事类使用,有点像我们今天的写作手册。

《好的故事》跟《初学记》的互文性，首先表现在话题的同一指向：它们都是在"山阴道上行"，感受美不胜收的美景。其次是结构上的相关性，两者都采用以类相从的方式进行编撰。再次是叙事意义上的，我认为这种叙事意义的互文体现出三种样式。

第一是类书式的叙事，因为《初学记》等类书的叙事基本上是名词化的条目来带出事件，一级二级目录都是名词，叙事是在三级目录下展开的。而《好的故事》基本上也是以名词化的结构来表现事件的，甚至几乎没有动态的事件，以致有人怀疑这不是活生生的生活，是鲁迅所要否定的那种状态。《好的故事》呈现的大量名词，似乎很像类书的组合方式。

第二是记忆中的叙事，《初学记》影响于"好的故事"仅仅是一方面。此外还有作者小时候的经历，让作者如梦幻般回到了小时候，从而使"类书"式组合与记忆的流动形成了叠加。

第三则是"我"的有关主体行为的叙事，就像我刚才说的，要把鲁迅作品中，"我"的表达和表达中的"我"区分开来，对"好的故事"的理解，就需要有一个对象的转换。我认为，最具核心意义的叙事，是作者叙述了有关主体的当下行为，是关于主体行为的一种叙事。《好的故事》之所以深刻，就深刻在它不仅仅是作为风景的叙事，而且是有关主体行为本身的叙事。作为对象化的风景虽然美丽，但相对来说缺乏故事性，而真正的故事，是一个主体行为从梦见、追寻"好的故事"到失落后的一个戏剧性逆转。这种戏剧性逆转是行动的、是当下的、是具体的，所以它无法被文字所捕捉和记录。文字所能捕捉的，要么就是一些名词、一些概念，要么就是高度概括的叙述，像这样：

青天上面，有无数美的人和美的事，我一一看见，一一知道。

作为读者，我们急于想看看，他到底看见、知道了什么。但鲁迅就是不说。这不是鲁迅在卖关子。其实他要我们理解，这里有一种叙事方式的转换。要让我们从看风景中，看到看风景的人，看到正在看风景的人的那种行为。

我为什么要这样说呢？这跟文章主题有关。作者利用文章与《初学记》的互文，告诉读者，如果他要把看到的故事、"好的故事"记录下来，最终形诸文字的话，只能是像《初学记》一样，成为凝固在纸面上的文字，是一种静态的、死掉了的"故事"（过去的事）。而真正的叙事就是人的具体行为，比如看风景、追寻风景的具体行为，这样的叙事，就会永远保持它的生动性。而当你把它转化成一本书里的内容的话,它可能就会失去活力。

这才是他把《初学记》放进"好的故事"中,形成复杂的互文关系的真正意义。如果要把"好的故事"记录下来,充其量也就成了《初学记》那样静静躺在书里的"故事",更何况它本身会像梦一样消失。前面我提到孙歌分析《野草》的书,他关于《好的故事》提出的观点很有道理:这些"好的故事"已经成为无法抓住的美好过去,但从叙事意义上说,我们也看到了一个努力在抓取而不得的人的行为。于是,既顺着鲁迅往前看,又回过头来看鲁迅他自己,这是鲁迅作品中完成的,一个从"我"的表达到表达中的"我"的双重呈现。这是我读《好的故事》以及《初学记》而产生的一点结论,也许不一定对,下面我们有请乐老师上台对谈。

嘉宾对谈

乐燎原:各位老师,各位朋友,非常高兴能在这么一个炎热的夏日来到景云里听詹老师给我们讲鲁迅作品的理解和教学。听了以后启发良多,收获良多。听詹老师讲鲁迅,我觉得可以帮助我们中学老师打破思维定势。

比方我今天听詹老师说在读中学的时候就开始对教参解读鲁迅作品产生质疑。我刚才对照想一下我好像没有质疑过,我记得我们老师让我们背《一件小事》,我还记得我实习的时候讲《论雷峰塔的倒掉》,我简直是读不懂它,我在照本宣科,也没有思考。比方说那个时候还有《狂人日记》,《狂人日记》简直是读不懂的,就知道后面这个结尾——"救救孩子",其实鲁迅的博大精深值得我们一辈子去思考。现在如果我再去执教《论雷峰塔的倒掉》和鲁迅其他作品的话,可能就跟原来的理解完全不同。

而且刚才詹老师也说到了,那个时候资料匮乏,在讲《祝福》的时候,有的老师就把《祝福》的电影拿来放一放,然后就对照起来,完全是一个标签化的解读。所以我觉得很难还原鲁迅写作的本质。刚刚詹老师还谈到《记念刘和珍君》这篇文章,我对《记念刘和珍君》情有独钟。文章开头是:"中华民国十五年三月二十五日,就是国立北京女子师范大学为十八日在段祺瑞执政府前遇害的刘和珍杨德群两君开追悼会的那一天。"这其中有两个时间点,分别是"中华民国十五年三月二十五日"

和"十八日",还有一个时间点在正文第二部分:"离三月十八日也已有两星期",他不说"大约"而说"已有",这几个时间点很确定。文末还特地注明写作时间是"四月一日",我觉得鲁迅真是一个非常严谨的人,他把时间交代得清清楚楚,这是我刚刚听詹老师讲《孔乙己》开头得到的启发。但是原来就没注意到,所以像这样的一种理解,有时候就得靠老师来点拨。原来也有教材说这是一种庄重、肃穆的感觉,就把你带进来一个氛围里面,当然它还有一个背景:"遇见程君,前来问我道,'先生可曾为刘和珍写了一点什么没有?'我说'没有'。她就正告我,'先生还是写一点罢;刘和珍生前就很爱看先生的文章。'"这段是在交代写作缘起,除此之外它还有其他的功能,詹老师今天解读的是其中的一个方面,我觉得也可以从全文来解读。詹老师的点拨对于开启我们的思路是很有用的。最后我想请教詹老师两个问题。第一个问题是您对我们现在中学语文教材中鲁迅的入选篇目怎么看呢?

詹丹:总体上来说,鲁迅作品绝大部分都值得入选,但是真正能够入选的篇目实在非常有限,当然这里面也有个人的喜好。像《春末闲谈》《灯下漫笔》这些杂文我就很喜欢,可能因为太长没有入选。我觉得杂文的那种形象感和丰富性是许多其他议论文无法比拟的,还有,像《论雷峰塔的倒掉》尽管很短,但是很丰富、很形象,其中既有民间传说的叙述,又有写景议论等,各种因素都有,文笔也相当灵动。这样的文章我觉得是能够充分体现出鲁迅杂文的本质特点,似乎应该选入。还有一点,我们要考虑篇目是否适合于学生的理解。如果从学生的接受这个角度来考虑,我个人认为《好的故事》放在六年级太难。所以我觉得选目问题可能要重新斟酌。还有,有些以前选过的篇目,现在可以继续选,不一定要全部换新的。现在知识体系更新后,你可以对传统篇目重新理解,包括有些一直被误解的,你再来选一下,可以纠正我们的认识。比如像《狂人日记》中的最后一句"救救孩子",我觉得好多人引用时都误解了,把"救救孩子"理解成是小孩子遭遇了被吃的危险,然后才说"救救孩子"。但是鲁迅作品里面恰恰说的是"没有吃过人的孩子或者还有? 救救孩子",我们首先要救那些可能会去"吃人"的孩子。一场灾难过去,我们习惯的思维定势都认为自己是受害者、是无辜者,所以声讨别人起来都是理直气壮的,但就不大容易反思自己可能也"吃过人",不大想到自己也可能是有意或者无意间迫害过别人的。我还联想到,我们来看时下舆情中的各种议论,总是自信满满,总认为自己绝对正确,这大概也是需要我们自我检讨的一种劣根性。所以,习惯于把"救救孩子"理解成是阻止"被吃",而不是阻止去"吃别人",这一方面是因为我们还没有真正理解鲁迅作品的本质特点,另一方面,我们的思维定势,把我们的正确理解给屏蔽了。

乐燎原：我还想问第二个问题，可能我们在座的老师都知道，詹老师还有另外一重身份，既是著名的《红楼梦》研究学者，也是中国红楼梦学会的副会长，最近詹老师又出版了《重读〈红楼梦〉》一书。《红楼梦》自从问世以后，把传统的思想和写法都打破了。但是目前中小学鲁迅作品的教学和《红楼梦》的教学都出现了严重困境，我们应该怎样解决这样的一种困境呢，又应该如何将两者结合起来？

詹丹：我觉得最迫切的需要是熟悉文本。教师教鲁迅作品、教《红楼梦》，首先自己对作品要有相当的熟悉程度，对作品要有透彻的理解。《红楼梦》与鲁迅作品，代表中国传统文化和反传统文化的两座高峰，当然这里也有精神实质一脉相承的地方。我之前在景云里做过一个讲座，讲座的题目叫做"鲁迅论〈红楼梦〉"。那么，鲁迅作品和《红楼梦》精神实质互为相通的是什么？或者说，作为一个传统文化的激烈反对者，他最欣赏《红楼梦》的又是什么？用他的话来说，《红楼梦》要点在"敢于如实描写，并无讳饰"，它跟其他"瞒和骗"的文学有很大不同。而鲁迅自身最根本的精神就是求真去伪。鲁迅在作品中常常对那种"正人君子"加以嘲讽，比如《藤野先生》的结尾，说他"写些为'正人君子'之流所深恶痛疾的文字"，这不是说他一概反对做"君子"，而是他反对伪善的"君子"，也反对宽容那些蝇营狗苟的伪善者，以免自己的心胸变成藏污纳垢的垃圾桶。就这一点来说，他跟明末主张"童心说"、反对"阳为道学，阴为富贵"的李卓吾有惊人的相似。所以，鲁迅反传统，不能一概而论，用孙歌的话来说，他是内在于传统来反传统的，他比许多人都能更清楚看到传统文化中腐朽落后的一面，也能从中挖掘出优秀的、值得今天依然继承的方面，他的思想是极为深刻和辩证的。

顺便一说，那些要求鲁迅宽容、宽容他的敌人的人，他们自己对鲁迅就从来没有宽容过，他们针对鲁迅，始终是火力全开的，他们以为自己像鲁迅一样，始终发挥着"韧的战斗精神"，结果走到了自相矛盾的可笑境地。

总之，能不能接受、理解鲁迅作品和《红楼梦》，或者说在怎样的意义上接受、理解鲁迅作品和《红楼梦》的本质，就成了一种阅读的挑战、思维的挑战和做人的挑战。它决定了你阅读的视野是狭窄还是宽广，决定了你的思维是机械还是辩证，甚至在一定程度上，决定了你做人是真诚还是虚伪。

第一辑

《社戏》

阿长与《山海经》

《藤野先生》

《从百草园到三味书屋》

《朝花夕拾》

《少年闰土》

《好的故事》

第一堂课

《少年闰土》：
自然里的英雄

◎主　　讲：李蔚(上海市虹口区教育学院附属中学语文教师，上海市语文特级教师、正
　　　　　　高级教师)

◎对谈嘉宾：杨焄(复旦大学中文系教授)

◎指导专家：邹一斌(上海市教委教研室语文教研员)、王聪慧(上海市虹口区初中语文教
　　　　　　研员，语文高级教师)、王林(上海市继光高级中学副校长，语文高级教师)

◎参与教师：严筠(上海市鲁迅初级中学语文教师)、樊晓萍(上海市江湾初级中学语文教师)

◎备课团队：李蔚语文学科工作室、虹口区教育学院附属中学语文组

◎时　　间：2020 年 9 月 26 日 14:00—15:30

◎地　　点：上海市虹口区横浜路 35 弄景云里 13 号景云书房暨鲁迅与文化名人陈列馆

李蔚：今天的研修活动主要分两部分，第一部分由我和工作室的老师们一起，和大家分享这一个月来我们备课、实践、反思的心得。第二个部分请复旦大学中文系的杨焄教授为我们做现场点评和指导。

文本解读

《少年闰土》是统编教材六三学制六年级上册第八单元"走近鲁迅"单元的第一篇，也是学生入学后第一次接触鲁迅作品。所以学生想学什么？困惑是什么？教师应该教什么？怎么教？这是我们在备课过程中要着力思考的问题。

这篇课文是小说《故乡》的节选，文章相对完整。在文本解读过程中，不少老师有很多独到见解，比如上海市第五中学的李凝老师。

李凝：孙郁先生在《鲁迅藏画录》中曾经写道："看鲁迅，文字上给我们以不小的愉悦，我猜想其中也融下了绘画者的灵魂，似诗，似画，似曲，这就是他的艺术，用一种单体的艺术形态解剖先生，终究是少了点什么。"鲁迅善于运用多种艺术手法，如绘画、音乐、电影的艺术技巧等，使得小说有着极强的视觉冲击和精神震撼。

开篇的第一段可以看成是一个一镜到底的长镜头，镜头从极高的视角缓缓地下摇，月色静静地照在海边的沙地上，金黄碧绿密集的色彩融于整个画面之中，柔和中透着亮丽，宁静中透着鲜艳，给人以非常强烈的视觉冲击。而天空海边的沙地一望无际，所编织出的旷远辽阔、浩渺无边的空间感，让整个场景透着一种神秘的境地，也显得更加美轮美奂。镜头摇到一个十一二岁的少年，短暂的停留之后，跟随逃跑的猹快速一晃，与前面静谧的画面形成鲜明的对比。画外隐隐传来猹在瓜田中穿过而发出的悉悉索索的声音，空间的舒缓悠远与刺猹的短促激烈，再次构建出了超乎寻常的文本张力，最终和谐地编织在一起。我想这就是少年闰土开场的镜头语言，几乎不用专门的设计，鲁迅就像是把脑海中的画面一一记录下来，形成了一个非常经典的长镜头。

李蔚：所以，鲁迅先生是用电影化的手段达到极强的视觉冲击，为我们展现电影画面一般的美。本文的叙述视角也很特别。有人认为文中有两个"我"的叙事视角，一个是少年的"我"，一个是成年的"我"。其中少年的"我"是儿童视角，而成年的"我"是成人视角。儿童视角所对应的内容比较具体、生动，对应的画面描绘也比较细致,展现了儿童天真、质朴、活泼的性格特点。而成人视角就比较抽象了,它体现了成年之后的"我"对童年时代闰土的美好回忆。

另外,我们发现,说故事的闰土和听故事的"我",是极具反差性的人物塑造。

人物	年龄	身份	语言	人物性格
说故事的闰土				
听故事的"我"				

说故事的闰土和听故事的"我""仿佛年纪"。从身份来看,闰土是"忙月"的儿子,而"我"是少爷,但是"忙月"的儿子居然是说故事的主导者,而身为少爷的"我"居然是一个被动听故事的人,这是一个反差。从文章的语言来看,少年闰土的语言是连续性的短句,形式上是以陈述句的方式来表现的,有口语的特点,更能够显现出一个少年的活泼,他讲话时候滔滔不绝且自信。而听故事的"我"却只有两句短短的问句,显现的是与闰土同龄的"我"的好奇:这个我怎么不知道?那个我怎么不会?于是在小小的"我"的心目当中,英雄少年闰土的形象就出现了。这个英雄的形象不同于我们日常生活中所讲的英雄:有超能力,有崇高的品质。事实上我们每个人的心目中都有一个英雄,尤其是在天真质朴的孩童心中都会住着自己认为的英雄。比如他会因为这个人会我所不会的事、懂我所不懂的东西,便心生崇拜,把他作为心目中的英雄来崇拜。像这篇文章中的农村少年闰土,他懂的是"我"所不知的农村的稀奇事和新鲜事,于是"我"自然也就把他当成是自己心目中的小英雄了。

教学设计

文本解读的内容不等于教学内容。从文本解读走向教学,我们一定要关注课程标准,我们还要关注单元目标,关注作品特点。教鲁迅的作品尤其要关注这部作品的特点,要立足在这个作品的特点上去考虑教学。最后,我们还要特别关注学生。这就涉及"四个关注"。

我们一定要思考:学生的起点在哪里?他们的困惑在哪里?教学中,我们要立足于他们的需求思考,要思考把他们引向哪里、把他们导向哪里,这也是我们教学之前需要考虑的。

怎么在这些关注点之间找结合点,虽然立足于学生的需求,但学生的兴趣不一定是有教学价值的。另外老师在解读文本时解读出的亮点,可能也不适宜作为教学的重点,或者说它可能不是适合这批学生的教学内容。所以在这个过程当中,我们怎么样寻找学生的起点而又不单纯以学生的兴趣作为一个起点,同时把握教学的重难点,努力把学生引导到一个深入学习和深度思考的方向去,这是我们需要努力的方向。

为此,我们做了这么几件事。

首先,我们学习了《义务教育语文课程标准(2011 年版)》5—6 学段关于阅读的学段目标与内容要求,再结合教材的单元目标作了分析。

接下来我们做了学生的线上问卷。问了两个问题:

第一个问题:预习之后,你对这篇课文最感兴趣,或者最难忘的点在哪里? 简述理由。第二个问题:预习之后,你的困惑或不懂之处是什么?

我们总共在三所学校完成了 279 份问卷。我们来看江湾初级中学和鲁迅初级中学的调研反馈。

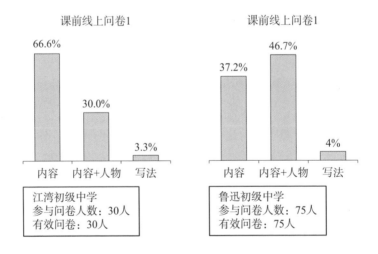

对第一个问题,江湾初级中学六年级的学生感兴趣的点基本都集聚在内容上。对文章内容基本可以概括,但对于人物形象的分析就不够恰当。

鲁迅初级中学因为有鲁迅文化特色,学生入校就会参与与鲁迅相关的实践活动,包括主题班会等,调研结果就不太一样,他们对于内容的把握和关注度比例明显低于江湾初级中学,可是对人物形象的关注度上超出其他学校。问卷调研的结果显示出不同学习背景和不同学习经历的学生,他们的学习需求是不一样的。

第二个问题,预习之后,你的困惑或不懂之处是什么?

江湾初级中学	鲁迅初级中学
1. 为什么分开不见面？ 26.7% 2. 猹是什么？ 20%	1. 为什么分开不见面？ 6.6% 2. 后来何以变成木偶人？什么导致他后来生活那么辛苦？ 24%

调研发现学校之间差异较大,江湾初级中学的学生看了文章之后,先关注这两个人这么要好,为什么以后分开了不见面呢？怎么回事？还有一批学生关注猹到底是什么？它到底咬不咬人？这种关注其实是儿童的天真好奇的一种表现。但是鲁迅初级中学的学生就不一样了,不少的学生聚焦在闰土为什么变成木偶人、是什么导致他后来生活那么辛苦。这是关注到了小说《故乡》之后的结果,这显然与学校特色、学生之前的实践密切相关。

结合问卷结果以及课标要求和教材的单元要求,我们把两所学校的教学集聚点、关注点作了如下的区分：

江湾初级中学的学生对内容的把握基本没问题,所以我们的课堂教学直接聚焦少年闰土的人物形象,以及怎么塑造这一形象上来;而鲁迅初级中学的学生,他们关注的内容相对分散,且发现有部分学生对内容的把握不太准确,所以我们的聚焦点是先让学生能够准确地概括内容,再来解决怎么塑造人物形象的问题。

课堂实践

下面我们谈谈怎么教。

樊晓萍：我执教的是六年级。在"四个关注"的基础上,我将课文的教学目标设定为分析小说中的语言描写的作用,体会少年闰土活泼、勇敢、自信、能干的形象特点,理解"我"对于伙伴间纯粹友谊的怀念之情,以及对于乡村淳朴世界的向往之情。我认为课堂教学的首要任务是激发学生学习兴趣。为此,我创设了"戏剧社排演课本剧"这一学习情境,设计了两个学习任务。

学习任务一是帮助导演将课文切割成几个不同的场景,通过这样一种热身的活动,帮助学生回顾梳理这篇文章的内容。

学习任务二是这堂课的核心任务,围绕"扮演'我'的小演员认为自己的台词太少,想要为自己加一些话,你会如何回应这个问题"展开讨论。这个问题一抛出,激发了学生的学习兴趣,他们纷纷踊跃发言。课堂教学中,我发现,孩子的关注点大多都停留在闰土说了什么这个层面上,对人物的分析没有内容支撑,基本是贴标签的形式。于是我通过追问:闰土是如何说的呢?他的话给"我"带来了一种怎样的感受?引导学生去关注语言,然后再激发他们的思考,让他们去关注作者这样安排人物对话的目的是什么。

通过一系列追问,学生明白了人物的语言描写其实和人物性格、作者要表达的情感密不可分。在互动对话中,两个细节令我印象深刻。

第一个细节,两位学生对"偷"字的不同理解。原文中写道:"正月里供像,供品很多,祭器很讲究,拜的人也很多,祭器也很要防偷去。"第一位学生对"偷"的理解停留在字面意思,第二个孩子在教师的特别引导下,有意识地关注前后段落之间的关联性,并结合前后文作综合性判断。她找到了文章的第二自然段,这一个段落在以往的学习过程中易被忽略。但是,如果细读这段文字,会发现这段提供了很多的信息,比如说当中提到这是 30 年才轮一回的祭祀,"我"是一个少爷,而且是一个大家族的少爷,"我"和闰土之间身份、地位、成长环境都有着巨大的差距,所以导致我们对于"偷"这个字的认知是不一样的,而这种认知背后它隐含的信息是,"我"生活的城镇世界和闰土所生活的这样的乡村世界是不同的。当学生能读出这点后,我们就能引导学生去理解,"我"不仅仅有对于闰土自由快乐生活的向往,"我"其实也有对于他所生活的淳朴的自然的乡村世界的向往。在课堂上,作为老师要能引导学生探究这些语言背后所带来的一些隐含的信息,引导他们去关注前后的段落。

第二个细节,对"闰土月夜刺猬"的深入理解和学习。有学生发现它和"雪地捕鸟"不一样,"雪地捕鸟"的视角是第一人称,而在"月夜刺猬"时是第二人称。我追问:这种人称转变能带来怎样不同的表达效果?在我的启发下,有一个学生兴奋地说:第二人称带来的效果其实就是你给了我一副 VR 眼镜,你让我到了现场,能够去触摸去感受,真正有身临其境的感觉。这是一个很有意思的想象,学生在学习中,主动调动他自己的生活体验和文字进行联系思考,产生了共鸣,读出了自己独特的理解。

李蔚:第一个细节,实际上是老师有意识地引导学生从单纯关注一个词,走到关注段,这其实是关联性思考的方式。教师是在有意识地培养学生的一种思维方式,也是借助阅读方法指导把学生的学习引向深入。第二个细节,教师有意识地要去唤醒学生已有的学习经验和学习积累,学生很快就理解了不同写法带来的不同表达效果,这其实也就是用已有所学唤醒现学或者促进现学的过程。

严筠：我是上海市鲁迅初级中学的语文老师。我们学生之前没有学过《少年闰土》，但我们校园里有少年闰土的塑像，学生入校后，就有参观鲁迅纪念馆、鲁迅故居、左联旧址等活动，结合这次我们学校的课前调研问卷，我把教学目标设计为：通过分析"我"怀念闰土的原因，把握闰土的人物形象。

这一堂课的核心问题是："我"和闰土只交往了一个月，为何近三十年不忘？

在教学过程中，让我印象深刻的是两个片段。第一个片段是有学生在说到闰土的外貌很特别时，提到了"紫色的圆脸、小毡帽、银项圈"。我问学生人物的外貌描写通常从眼睛开始，因为眼睛是心灵的窗户，文章写闰土外貌，为什么不描写眼睛呢？有学生答：他们是同龄人，区别不在眼睛而在身份。另一个学生答：紫色的脸是海边农家少年特有的外貌，小毡帽和项圈是他特有的装扮，这个外貌描写希望让人感觉到他很健康、很结实、很淳朴。我觉得学生真的已经投入到文本了，并且在积极思考外貌描写与人物形象之间的内在联系。

第二个片段是有学生说闰土特别勇敢，找到了闰土"看瓜抓猹"的事，另外一个学生忙举手说，这里不能用"抓"的，因为猹是抓不住的，课文上写着"它的皮毛是油一般的滑"，于是我提醒学生再读课文，很快大家都理解了"抓""刺"在整体语言环境中传递出的不同意义。

鲁金芝：我是上海市霍山学校的语文老师。从观察者的角度看，我印象最深的是，这两堂课的老师很巧妙地运用了情境式的教学方式。樊老师是邀请学生解决"编和演"的角色问题，学生的兴趣一下子就提起来了；严老师的课是一个真实情境，因为学校的学生参观了鲁迅纪念馆，甚至有的学生去做了小小志愿解说员，他们这种体验式的学习丰富了学生的语文生活。

李蔚：我记得当时严老师是用"我们学校为什么要放闰土塑像而不放鲁迅塑像"这个问题导入的，对吧？

严筠：这个导入的部分其实没有得到很好的解决。

鲁金芝：作为观课者，我和学生一样特别好奇，我去问了下，最后得出的结论是这个塑像是社区街道送过来的，但是究竟社区街道为什么送过来，因为时间久了，已经没有办法知道真实原因了。

李蔚：这可以是一个新的学习契机，我们完全可以把后面的作业设计成一次访谈或者实地调研。从教学生设计调查问卷开始，结合作品中闰土的形象，去探究发现。看能不能得出学生自己的一种理解，它可能不是结论性的，也无关对和错，这就是探究性学习，它还不仅仅是语文学科学习，而是一种综合性学习。我觉得这反而特别好,给学生提供了学习的新契机。

李蔚:我想总结一下几位老师的发言,回应"怎么教"的问题。

第一点,应该聚焦语言教学。

首先,关注感官词。触觉词、拟声词、色彩词都可以算作感官词。鲁迅是善用感官词的。

1. **触觉词**。比如说刚刚举学生的例子,猹不能"抓",因为"猹的皮毛像油一般滑"。"滑"恰恰是我们感官词当中的触觉词。触觉词能够直接唤醒你以前对事物的感受,通过触感移换,帮助我们生动理解当下文字。

2. **拟声词**。例如"月亮地下,你听,啦啦的响了,猹在咬瓜了",就是用拟声词生动地写出了猹的状态,给我们听的人以极大的想象空间,仿佛我们就在"看瓜抓猹"的现场。还要注意一下,拟声词是有语言节奏感的,所以我们可以带着学生一起读,在读的过程当中要引导学生体会这种身临其境,体会语言的节奏感。

3. **色彩词**。这一篇文章当中有大量的色彩词。如第一段写闰土紫色的圆脸,到《故乡》当中,闰土的脸变成了灰黄色。实际上色彩词是我们日常生活当中大家最能够接受的一种美的形式,它能够表达情感基调,色彩可以传递情感。比如第一段中"深蓝、金黄、碧绿"这些亮丽明快的色彩当中赋予的是强烈的主观色彩,它其实寄托着"我"对于少年闰土的怀念,以及我对于美好的童年生活的怀念。如果学生能够领会到这层含义,在七年级碰到《从百草园到三味书屋》中"不必说碧绿的菜畦,光滑的石井栏,高大的皂荚树,紫红的桑葚"等描写,学生就有一个学习方法的抓手,他可以有理解的迁移。

其次,关注非常态表达。

1. **语序的非常态**。比如说"我于是日日盼望新年",我们一般说"于是我日日盼望新年了",当"我"提前了之后,就非常真切地写出少年"我"的那种急切等待闰土来的心情。再加上叠词"日日"的运用,时间仿佛是数着过的,"我"等待得好漫长,"我"的心真是焦急。带学生去读,读这种非常态的语序表达,是能够读出文字背后很多内在的心理以及作者的情感抒发的。

2. **表达的繁复性**。比如"闰土的心里有无穷无尽的希奇的事,都是我往常的朋友所不知道的",这句话之后又跟了一句"他们不知道一些事,闰土在海边时,他们都和我一样只看见院子里高墙上的四角的天空"。其实把"他们不知道一些事"删去,整段文字也是通顺的,鲁迅为什么要这么繁复表达?想突出什么?

这种繁复的表达,我觉得在教学当中应当引导学生去关注。当然我们不主张过度解读,毕竟是五、六年级的学生。我们的主张是涉及文章核心内容理解的,涉及这篇文章中鲁迅语言特色表达的,要重点引、着力教。

第二点,我们要有方法地教。

像刚才樊老师讲到的,她有意识地去引导学生做关联性的思考,还比如说刚才严老师也讲到,要唤醒学生已有的学习经历、学习经验去教。另外我们还可以通过比较分析的方法去教,如在朗读的过程当中把第一段"深蓝的天空"中"深蓝"去掉,"挂着圆月"中把"圆"字去掉,让五、六年级的学生自己加点形容词上去,怎么样的"月"? 怎么样的"天空"? 怎么样的"西瓜地"? 通过加与不加的比较分析,让学生体会到这段语言的优美。我们还可以引导学生做一些与想象推断有关的引导性的训练。比如说刚才提到"稻鸡,角鸡,鹁鸪,蓝背",后面用的是逗号,其实这当中都隐含了很多丰富的内容,也许是许多美好的故事,可以引导学生想象一下。还比如说,我们可以设计这样的训练:"闰土讲了那么多的稀奇事、新鲜事,如果现在你有机会可以和闰土一起做件事,你首先会做什么事?"这种练习对于训练学生想象力、推断力都是很好的,而且这种能力对今后的学习是非常有益的。

所以我觉得关于怎么教,我们固然要着力于语言教学,但是我们也应该要关注有方法地教,因为这种方法可能不仅仅是眼前这堂课,对学生的学习有促进、有帮助,它可能还会影响到学生未来的学习,影响到不仅仅是未来鲁迅作品的学习,还包括其他文学作品的学习。

课后反馈

李蔚:我们和心理老师合作实施了一个简单的课后即时评价,从三个维度来评价,第一个维度是上完这堂课你是否高兴? 第二个维度是上完这堂课你是否有收获? 第三个维度是你是否想继续这样的学习?

我们给了三种颜色,红色代表"很高兴""很有收获""很想继续",绿色代表"比较高兴""有点收获""准备继续",黑色代表"不高兴""没收获""不想继续"。这样图文并茂的评价形式也是兼顾到五、六年级学生的特点,比较有趣生动。三种颜色,学生只能选一次,他只有一次机会,表达自己学习后感受最深的体验。

鲁迅初级中学所有的学生全部选择了"很高兴",可能跟严老师真任务、真情境的设计有关。

江湾初级中学的30名学生中有27名表达了今天上课"很有收获",但有三名学生表达了"比较高兴"。因为看到有27名学生选择"很有收获",所以我们马上跟进

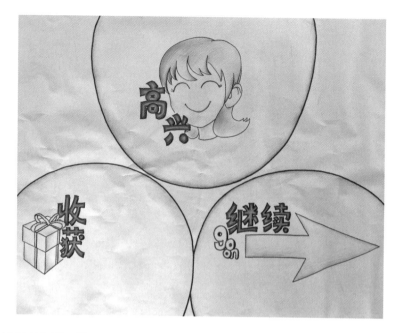

了第二层级的评价,做了现场访谈,为了保证访谈评价的公正性,我们请授课教师回避。这个访谈的结果发现,有 70% 的学生聚焦到了语言。

生 1：我最大的收获是知道了人物语言的描写,可以用第二人称去写要说的话,给别人一种身临其境的感觉。

生 2：我了解到在人物突出描写上面,重点描写的话,他的语言可以多写一点,像文章里闰土就是这样。如果是次要的人物的话,例如文章里的"我",略写就可以了,只有两句话。我还知道了文章里语言是由人物的性格特征决定的。

生 3：收获了和小学时不一样的东西,小学是从事情来分析的,我们这次课就是通过人物对话(对比)的特点来分析人物的。还学到了：描写人的时候可以分主要的和次要的,主要人物语言篇幅要多一点,次要人物语言写少一点。

生 4：我觉得我在写作文时动词方面可以用得多一点,因为我平时写作文没什么动词,也没什么带入性。老师在讲到闰土捕鸟的片段的时候,很多动词：撒、拉,感觉身临其境,加上我自己丰富的想象力,可以想象到他(闰土)那个劲儿一拉,鸟就在下面了,可能它还会叫。

如果说生 1 还只是在重复上课老师讲过的话,那么生 2 则明显不同,他能区分

"我"不是鲁迅,是个小说人物。生3特别好,他会比较,他的收获和小学不一样,他的回答是有层次的,这就是思维不同。

生4的收获涉及写作。统编教材,无论是五四学制还是六三学制,第二个单元的目标都聚焦在写作上,但我们的实践课还没有来得及涉及写作,学生却自然联系到写作了,说明学生经过这堂课,他的认知是有提升的。再者,借助课堂学习,他已经能在理解文字的基础上,于自己的脑海中再造形象化、深入化的理解。

通过学生的反馈,我们基本可以判断出这堂课对教学目标的达成度是比较高的,教学重点也基本上落实了,但教学肯定是有遗憾的。

樊晓萍:我的遗憾在第一自然段的学习。当时学生说第一自然段是"我"的想象,能够表现闰土的话说得非常吸引我。我追问:哪些地方让你感受到了美?同学们答不出。其实我只要抓住刚刚李蔚老师提到的"色彩词",或者李凝老师说的带领他们像看电影一样品文字,这个难点就可以解决了。刚才的研讨对我很有启发,我下次可以去试一试。

李蔚:樊老师很有反思意识,她已经在遗憾当中加入了自己今后想要实践的方向。这说明教学真的是遗憾的艺术,但我们追求完美的心永远在路上。

总结一下。首先,我们力求上一堂有趣的课。这篇课文其实不同于我们典型意义上的鲁迅作品,一提到鲁迅大家都觉得高冷,觉得敬畏,觉得鲁迅思想深刻,语言犀利,马上心生惧怕。但是这篇课文内容是这个年龄段的孩子喜欢的,能够唤起他们的共鸣。比如调研中好多学生都写到,闰土说的新鲜事很有意思、闰土是个有趣的人。"情境化"的教学设计,也是为了让这堂课有趣,引发学生学习兴趣,课后图文结合的评价方式学生也感兴趣,所以说我们是力求上一堂有趣的课。

其次,我们希望这堂课是一堂有意义的课。如力求关注到语言,力求有方法地去学。再跟大家分享一个小细节,在两位老师上课时,我们刻意隐去了课文里的两幅插图,为什么这么做?因为课前对高中生的随机访谈中,我们发现很多学生对闰土的认知其实是对以前课本里插图的记忆。所以,我们在上课中,刻意删去两幅插图,就是不想让学生用赏画体验替代文字感受,从而削弱鲁迅语言带来的震撼力。

对于鲁迅作品的学习,我们希望是养兴趣、讲方法、重体验,在这个过程中循序渐进地、慢慢地学。可能会有专家认为我们这样的教学有点浅,但是我觉得不要紧,毕竟只是五、六年级的学生,在不同的阶段,他们今后会有很多机会去遇见鲁迅,比如说七年级他们会遇见《从百草园到三味书屋》,八年级他们会遇到《藤野先生》,然后遇到《社戏》,九年级他们会遇到《故乡》。他们会慢慢发现,鲁迅其实是有趣的,鲁迅其实是好玩的,鲁迅其实是常读常新的,鲁迅其实是道不尽的。

朱光潜先生有句话叫:"慢慢走,欣赏啊!"让我们和学生一起慢慢地学,慢慢地体验,慢慢地感受,让我们一起慢慢走近鲁迅,去学习学不尽的鲁迅!

专家点评

杨焄:谢谢诸位老师。我刚才听了获益匪浅,因为大家想得都非常细,能够引导学生对这篇课文有深入的理解。其实我今天来参与讨论是有点惭愧的,因为我的专业并不是现当代文学研究,这个领域的专家学者们可能更多地会从理性的角度、从学术的层面来加以剖析。不过就像英国女作家伍尔夫所说的那样,作为一名"普通读者",我的阅读体验可能会更感性也更真切一点。

我这两天也在看这篇小说,在看的时候突然之间就闪过一个念头:鲁迅这篇小说1921年5月发表于《新青年》第九卷第一号,也就是说这篇小说的诞生距离我们已经有100年了,但读起来丝毫没有陌生感。我第一次读这篇小说的时候大概是在30年前,现在再回过头来重温,感受完全不一样。我想谈以下几点:

第一,鲁迅自身并没有刻意拉开与小说的距离。鲁迅的弟弟周作人晚年时写过一本《鲁迅小说里的人物》,讲到这篇小说实际上有一个真实的背景。根据他的说法,在1893年周家要举行一个很重要的祭祀,也就是小说里面讲的30年轮一回的祭祀,鲁迅那个时候是12岁。然后周作人也讲得很清楚,小说里的闰土是确有其人的,本来的名字叫章运水,在绍兴话中"运"和"闰"读音相近,然后鲁迅又把"水"换成"土","闰土"这个名字由此而来,所以小说有一个非常现实的基础。刚才很多老师也提到了,鲁迅后来在《朝花夕拾》里面写了一篇《从百草园到三味书屋》,里边有一段就讲到下雪以后捕鸟,而且又讲到是闰土的父亲来捕鸟的。大家有没有意识到这里面实际上有一个现象,就是在鲁迅的观念当中,实际上小说和散文之间的文体界限并不是像我们现在这么明显的。我们老师在讲课的时候,包括李老师刚才也提到了,我们往往会刻意提醒学生:小说里的"我"不是鲁迅。但实际上从鲁迅的角度来讲,他对这两个"我"——写作的"我"和作品中的"我"——的区分没有这么明显。一般而言,小说的情节多出于虚构,会刻意拉开与作者自身的距离,作家是从一个旁观者的角度来审视生活的。但《故乡》似乎并不是这样的,里面有太多鲁迅在儿时的真切记忆,这是非常重要的一个东西。周作人在那个书里面也讲到,鲁迅写这篇小说,实际上就是借助闰土这个年轻农民来写出他小时候所神往的境地。

第二,对鲁迅作品的互文性理解。如果我们关注一下鲁迅的人生历程,就会发现很有意思的一件事,在发表本篇小说的同一年,鲁迅还翻译过一位俄国小说家契诃夫的两篇小说,一篇叫《连翘》,另外一篇叫《省会》。《省会》这篇小说很有意思,它也同样用第一人称的叙述视角,讲述"我"在离开故乡几十年之后重返故乡,他发现那里已经面目全非。当他在追寻儿时记忆的时候,又勾起了很多美好的回忆,比如想起他的初恋。后来又遇到了他年轻时的同学,这个人本来也年少轻狂,闹过事,但是现在的身份则是警察厅的副厅长。这位副厅长就找到他,还跟他聊起了以往的那些事情。两人聊完以后,"我"突然之间就觉得陷入一种很虚幻、很失落的状态。这篇小说跟《故乡》相较,不管是叙述内容还是叙述视角,都是非常相似的。我们现在可以说,鲁迅肯定是借鉴、模仿过这篇俄国小说的。鲁迅在翻译完这两篇俄国小说之后,还写过一个译后记,提到了对这位俄国小说家的一些评价,比如他说这位小说家非常善于心理描写,虽然没有别的作家写得那么复杂,但是很多内容都是取材于现实生活,尤其提到他是善于讽刺和诙谐的。这是他关注这位小说家的着眼点,我们也可以拿来印证鲁迅自己的作品。比如说鲁迅的语言很生动,很能抓住人,里面有句话我们读了以后恐怕都会笑,他讲"西瓜居然有这样危险的经历,我先前单知道它在水果店里出卖罢了",这是非常有意思的一个细节。

第三,从小说的思想层面来讲的话,我觉得也是值得关注的。教材中节选的这部分主要展现的是两个孩子的交往,我们可以说这背后其实体现的就是对一种儿童纯真世界的追寻向往。如果从思想渊源来谈的话,当然可以追溯到先秦时期道家老子的观念。但是我觉得对鲁迅这一代人影响很深的还有更直接的两个源头,一个是晚明时期的李贽,他的学说在晚明时期影响很深。李贽专门写过一篇《童心说》,标榜"童心"对人来说是最重要的。因为什么呢? 童心才是真心,是不受到遮蔽的,没有受到后天污染的,这是作为一个真人最重要的东西,一旦失去童心,也就失去了真心,失去了真心就不再是一个真的人了。这个观念在晚明时期非常盛名,而且到了近代以来,清末民初的这批学人,思想观念当中很多地方上都与此有着密切关联。然后还有一个也是值得注意的,就是清代嘉、道年间的一位诗人龚自珍,龚自珍《己亥杂诗》里边有一首,我觉得是可以拿来和鲁迅这篇作品作对照的。这首诗写道:"少年哀乐过于人,歌泣无端字字真。既壮周旋杂痴黠,童心来复梦中身。"年少的时候,人的情感表露是非常直率的,不加任何掩饰,而且特别是像龚自珍这样非常敏感的少年,他的这种情感发泄是不加掩饰的。但是人总是要成长的,一旦你成年之后,就不能像年少时候那么率性随意,有很多东西在人际交往当中就必须注意,有很多时候要克制住,要遮掩住,这样就把那样一种本真的情感给掩饰住了。但是人的内心当中总是不满足的,在现实生活当中,在成人世界里,有的时候要戴着面具跟别人交往,但是内心深处对这种童真、童心的向往还是压抑不住的。《少年闰土》是《故乡》的选段,对于整篇小说而言,实际上是很短的一个闪回的瞬间。他妈妈跟他讲,你现在回来了,下午闰土就要来看你了,突然间就插入了这么一段回忆,这完全就是他在一瞬间中想起的东西,以往儿时的回忆突然之间闪电似的苏生过来。这是什么?这就是"童心来复梦中身",我觉得跟龚自珍讲的是非常相似的。当然这不是说这种"童心"就在鲁迅一个人身上展现出来,我们可以看到在"五四"那一代作家当中,实际上有很多人都体现出这样一种追求。比如大家熟悉的冰心、丰子恺,包括还有早期的叶圣陶,这些作家对儿童世界的这种追寻、展现都充满了爱与和谐,没有受到现实世界的任何沾染。但是我们都清楚,实际上其中有很多虚幻不实的东西,他们营造出来的确实很美,但和现实之间是完全绝缘的。我觉得鲁迅对童年世界的展现就不是这样的,他时时刻刻是有一种现实的映照,包括最有名的《朝花夕拾》,大部分是写童年时候的回忆,但是我们读《朝花夕拾》的感觉跟我们读冰心、丰子恺等,肯定是不一样的。这里面到底有什么差别,我们可以对照一下,比如《朝花夕拾·小引》,他前面小引里面有一段话,我觉得很有意思,他就讲道:"我有一时,曾经屡次忆起儿时在故乡所吃的蔬果:菱角、罗汉豆、茭白、香瓜。凡这些,都是极其鲜美可口的;都曾是使我思乡的蛊惑。后来,我在久别之后尝到了,也不过如此;惟独在记忆上,还有旧来的意味留存。他们也许要映骗我一生,使我时时反顾。"他对童年生活的回忆,不是给你一种很美但是又很虚幻的东西,实际上是有很多现实的映照。他说写《朝花夕拾》,就是使得自己时时来"反顾"。什么叫"反顾"?就是从现在看过去,不是和现在割裂开来的。我们在读《故乡》的时候,也能体会到这一点。《少年闰土》只是一瞬间的闪回,如果放在整个小说当中,我们就发现,实际上和现实世界形成了一个巨大的反差。鲁迅最后的目的不是说童年世界是多么美好,他的重心是:现实生活是多么残酷,多么无奈。再好的东西,在现实的映照当中都是那么无力,你想要努力把它抓住,但是没有任何机会。

第四，从《故乡》这篇小说的流传来看，对它的解读也是多样化的。这篇小说后来收入小说集《呐喊》里面。但是在结集之前，从1923年开始，这篇《故乡》就已经被编入到各种各样不同的中学课本里面去了。1923年7月编入世界书局选编的《中学国语文读本》，一个月后收入商务印书馆出版的《新学制国语教科书》，到1924年8月，又收入中华书局出版的《新中学教科书初级国语读本》，在此之后收录这篇小说的教材不胜枚举。如果从1923年算起，这篇小说进入中学生的阅读视野当中，也要将近100年了，这是让我们很惊讶的事情。日本学者藤井省三写过一本《鲁迅〈故乡〉阅读史》，主要考察这篇小说从问世到后来传播的经过。这篇小说在流传的不同阶段中，大家的理解解读是不一样的。刚才我们也提到，鲁迅写小说时很可能借鉴过俄国作家，这里边当然有中俄两国在历史上的某种共通之处，在一个特定的历史背景下，大家实际上都面临一个同样的问题，就是城乡之间的差别、知识分子和农民之间的隔膜。小说问世之初，包括在被收入中学课本的时候，大家基本就按照这样一个模式进行解读的，进而把小说作为一个建设现代国民国家的一个原型范本来分析。但是随着时间的推移，特别是新中国成立以后，对小说的解读就完全不一样了，突然就变成一个思想政治教育的教材，借此来讲阶级分析、阶级斗争。为什么这么天真淳朴充满生机活力的少年闰土，成年以后会变成这么一个木讷呆板的木头人？很自然就把这种阶级批判的视角引入其中。当然随着时代的不同，文本的解读也可能是不同的。

第五，我们最好还能够对这篇小说进行整体性阅读。我们都知道教材里的《少年闰土》实际上只是从《故乡》当中节选出的一个部分，很多学生没有读过完整的小说，只是借助这样一个片段来阅读，这个当然也情有可原。但是在某种程度上，我觉得教材把小说的丰富内涵狭隘化了。实际上我们可以发现小说里面所展现出来的情景其实并不陌生，包括像我们现在跟儿时的朋友见面，大家的家世背景不同，教育程度不一，工作环境各异，我们也会遇到同样的情况，儿时亲密无间的伙伴之间，突然间可能就觉得无话可说了。这实际上是一个很普遍的现象，就像鲁迅曾经说过的那样，"人类的悲欢并不相通"。尤其是在现代社会当中，这恐怕更是一种很常见的东西。作为小孩子，学生们现在大概是感受不到的。鲁迅为什么要在闪回的片刻当中，插入这样一段让人很神往的回忆？我觉得还是有用意的。鲁迅说过，什么叫悲剧？悲剧是将人生的有价值的东西毁灭给人看。所以这段中间的闪回写得越是吸引人，越是生动，你到最后感受到的那种茫然、失落就越是深刻。我们可以再仔细来体会一些具体的描写。刚才大家在讨论鲁迅初级中学的校园里为什么放一个闰土塑像,而不放鲁迅塑像?当然街道送这个塑像肯定有他们自己的想法,但是不妨碍我从接受的角度,谈谈自己的感受。刚才李老师也提到了,鲁迅给大家的印象可能就是一个一生出来就很成熟的、40多岁的、留了个胡子的,神情冷峻,语言犀利的人物,这种形象对于学生来讲实际上是缺乏亲和力的。但是闰土就不一样了,尤其是在节选出来的这一段,他还没有成为成人世界当中的一员,没有被生活折磨成那样一种木讷形态的时候,他实际上是生机活力的象征。尤其是对于生活在城市当中的小孩子,他格外有吸引力,因为他所经历的、他的生活世界是很多人都没有的。小说里面闰土的形象,对孩子们来讲,他不仅仅是一个人物了,他代表的是一个全新的世界,而且这个世界是和美好的纯真的回忆联系在一起的。就像小说里面讲的,像"闪电似的苏生过来"。小说里面也讲到了,"我"和闰土实际上是有身份之间的差异的,但是孩子对这种身份上的差异是不关注的,这个跟成人世界是不一样的。孩子们关注的是什么?对方的身上有没有一些自己所不了解的?所以他要感叹闰土心里有无穷无尽的稀奇的事,是自己往常的朋友都不知道的。实际上我也在想,小说只是因为叙述视角的原因,只能从"我"的立场来写。如果设身处地换位思考,站在闰土的角度,他看少爷的感受和"我"看闰土的感受是一样的。他肯定也在感叹,少爷怎么会知道那么多无穷无尽的东西?少爷怎么还读过书,还认识字?闰土对"我"也同样充满了羡慕。小孩子对陌生的世界总是非常好奇,想要努力地探寻,这个对他来说是最有吸引力的。而这种好奇心随着年龄的增长,实际上是越来越消退的,成年人对很多事情都越来越没有兴趣,但是小孩子的活力却是无穷无尽的,他对那种未知世界的渴盼是永不停歇的。成年之后我们再回过头来看的话,它所带来的那种记忆深处的触动是非常重要的。我觉得在校园里面竖这样一个塑像,是不是有这样一种意味,至少从我的角度来讲的话,它象征着我们曾经有过的那段天真无邪、无忧无虑、充满幻想、孕育生机的,不断在好奇地追寻着的人生经历。人生原本充满了各种各样的可能性,但在成长过程当中,实际上这种可能性就越来越少,最后长大成人,也就定型了。我们看到鲁迅对这段插入的瞬间不惜浓墨重彩来描绘,如果联系上下文来看一下的话就会很有意思。它前面有一个铺垫,一开始就讲到我在离开故乡二十年后重新回来,一路上回来看到的是什么呢?萧索的荒村没有一点活气。然后说记忆当中好像我的故乡应该是好得多,但是转念一想,如果要来记起它的美丽、说出它的好处,"我"是没有影像,没有言辞的。而紧接着一旦闪回那段美好的回忆,形象也有了,言辞也丰富了,这是多么奇妙的一个过程。这些美好的回忆如果只看课文这一段肯定领会不到,我想各位老师上课都是非常在行的,如果能够引导学生完整地阅读《故乡》,甚至再拓展一下,找一些鲁迅的其他作品进行阅读,我想他们对鲁迅的感受应该会完全不同。

第二堂课

《好的故事》：
"昏沉的夜"里的"梦"

◎主　　讲：宋士广（上海市大同中学语文高级教师）

◎对谈嘉宾：马以鑫（华东师范大学中文系教授、博士生导师）

◎备课团队：周容（上海市向明中学语文教师）、钟正德（上海市民办立达中学语文教师）、孙雷声（上海市大同中学语文教师）、韩巧霞（上海市民办明珠中学语文教师）、高亢（上海市大同中学语文教师）、陈潇潇（上海市建平实验中学语文教师）、陈天琦（上海市大同中学语文教师）

◎参与学生：杨翊凯（上海市大同中学学生）、戴言蹊（上海市民办明珠中学学生）

◎时　　间：2020 年 8 月 29 日 15:00—16:30

◎地　　点：上海市虹口区横浜路 35 弄景云里 13 号景云书房暨鲁迅与文化名人陈列馆

宋士广：在讨论前，我想先分享一首俄国诗人普希金的小诗《一朵小花》——

我看见一朵夹在书里被遗忘的小花，
它早已枯萎，失去芳香，
顿时我的心底充满了
一个奇异的幻想。

它开在哪儿？什么时候？哪一个春天？
它开得很久吗？是谁摘下的，
是熟人还是生人的手？
又为何把它放在书里轻压？

是纪念一次柔情的相逢，
还是为了伤心的离别？
或者只是孤独中漫步随意采摘，
在密林里，在静静的田野？

那个他或她，还活着吗？
此刻何处是他们的家？
或者他们早已谢世，
像这朵无人知晓的小花？

之所以分享这首诗，是因为鲁迅先生曾说《野草》里的文章就像是"废弛地狱边沿的惨白色小花"，《好的故事》就是其中的一朵。另外，我觉得任何读者对名作的解读，有点像普希金在这首诗里所流露的那样，有点好奇，大胆揣测，联想丰富。

今天有两位学生坐在这里，我们先听听他们对于《好的故事》或者鲁迅先生其他课文的感受与看法。

杨翊凯：我读的鲁迅先生的文章不多，一直有点怵。上课时老师讲鲁迅，我总觉得有点困惑。这种感觉一直到了高二，我突然觉得好像稍微有点可以理解到鲁迅的思想了。我觉得鲁迅的文章就像是一盏盏明灯,必须放到那个黑暗的背景下去思考,才能感受到它的光芒。无论是初中学过的《从百草园到三味书屋》《故乡》《孔乙己》《社戏》,还是不久之前上网课学过的《祝福》《阿Q正传》《拿来主义》,我觉得里面都有一种传统文化的底色,都有那个时代的痕迹。

宋士广:高中生对鲁迅文章的看法还是有一定深度的,接下来我们听听初中生戴言蹊同学的感想。

戴言蹊:一开始接触鲁迅的文章,我完全读不懂,比如《好的故事》这篇课文最初我就没有读懂,到现在也还是有不理解的地方。但是当我读了鲁迅的《朝花夕拾》之后,我发现了一个不同于以往脑海中的鲁迅形象。

宋士广:两位同学都有点怕鲁迅的文章,但是又都说鲁迅文章好。我觉得如何打通这两种心态,可能就是我们讲鲁迅的重点。

关于《好的故事》,我们先来聊聊标题。有人说"这个标题太普通,与文章的优美意境、深刻情思和生动意趣不甚相合,可算作白璧微瑕"。但也有人说这个标题看似普通,实际上却很巧妙。

到底如何呢? 我们先把标题拆解为"好的"和"故事",来解读一下这个"故事"。

一般词典中对"故事"大都有四种解释:

① 旧事。

② 典故。

③ 叙事性文学作品中不可或缺的要素,是按时间顺序排列的事件的叙述。故事与重在叙述事件因果关系的情节有所不同,但多是情节的基础。

④ 文学体裁的一种。侧重于事件过程的描述,强调情节生动性和联贯性。较适于口头讲述,通俗易懂。

不知在座各位是怎么理解的?

高丙:我想我们可以先做一个排除法,首先《好的故事》中的"故事"和通俗易懂是不沾边的,倒是和"典故"和"旧事"有一点关系。但我觉得这里的"故事"和第三个义项最有关联。作为一个故事,叙事性是很重要的一个要素。但是恰恰在这篇文章里,我们似乎没有找到这种要素。不同的学者对此有不同的解读,比如詹丹老师就认为《好的故事》之所以深刻,就深刻在它不仅仅是作为风景的叙事,而且是有关主体行为本身的叙事。作为对象化的风景虽然美丽,但相对来说,是缺乏故事性的,而真正的故事,是一个主体行为从梦见、追寻"好的故事"到失落后的一个戏剧性逆转。这种戏剧性逆转是行动的、当下的、具体的,所以它无法被文字所捕捉和记录。文字所能捕捉的，往往是已经呈现在文本中的名词、概念和一些动作。作为读者，我们急于想看看作为叙事者的"他"到底看见、知道、经历了什么，但鲁迅就是不说。这不是鲁迅在卖关子。其实他要我们理解，这里有一种叙事方式的转换。要让我们从看风景中，看到看风景的人，看到正在看风景的人的那种行为，也就是还要去关注行为主体本身。

第二点，有人认为，当然我也是这么认为，《好的故事》是对于《初学记》的戏仿。《初学记》是一部类书，其中有对于绍兴景色的一些介绍，但是它的叙事性不强，很大程度上其叙事是以这种名词化的方式来罗列描写当地景色。鲁迅在对《初学记》戏仿的基础上，增加了一些动态性生成过程，这样一个过程相较于类书中的叙事来说，增加了故事性。

第三点，《好的故事》到底是不是一个故事？文中写道，这是一个昏沉的夜里的故事，但是"鞭炮的繁响在四近，烟草的烟雾在身旁"，这种叙述对于我们来说是矛盾的，我们带着这样一个矛盾走进了这样一个故事。我们探究的过程，实际上也是走进故事的一个过程。

韩巧霞：高老师说《好的故事》是对《初学记》的戏仿，我就想到鲁迅先生弃医从文后对文学创作采用的是博采众家之长的"拿来主义"。鲁迅先生在这篇文章中是不是借鉴了一些意识流的写法呢？

陈潇潇：我认为此处的"故事"除了用来说明这是有情节的虚构的文学创作之外，它最基本意思其实就是"旧事"。这篇文章第五段表现的正是鲁迅先生对故乡的回忆，对以往生活的怀念。也正因为这种童年生活的底色，让他在想到美好生活的时候，想到的都是和故乡有关的美的人和美的事，这是他一生心灵的归宿。虽然那故乡再也回不去了，却始终在他心里魂牵梦绕。

孙雷声：鲁迅当时没有 2010 年版《辞海》，但我觉得他对于"故事"的理解，应当跟我们常人无异。那么他刻意选用"故事"二字来命题，恐怕有他的深意在。所谓"故事"，就是要围绕人来讲有情节的事。这篇文章里虽说有农夫、村妇、村女等人物，但他们是和其他景物编织罗列在一起的。从某种程度上来讲，鲁迅是把"农夫""村妇""村女"当成景来写的，他们不具备故事里人物应有的特征。

虽然鲁迅在《呐喊》里面塑造了像阿Q这样既滑稽又可悲的角色，但是他还在试图寻找光明；到了《彷徨》里面，曾被鲁迅寄予厚望的知识分子似乎并没有他想象的那样振作，甚至还有萎靡和逃避，总体感觉《彷徨》中知识分子的形象比较弱，下层人物则相对较愚。从《呐喊》到《彷徨》，鲁迅对于整个社会，主要是对人的认识，越来越暗、越来越黑,或者说越来越悲观。这可能说跟我们的理解不大一样。但是反过来想,社会越黑暗,鲁迅越前行,越能于孤绝中看到他的勇气。在一种和现实相对的世界里,好的"故事"不必有人,这是一种理解。

还有一种理解就是这里面是有"故事"的,只不过这个"故事"它不是一个故事。如果是一个故事,它是有情节的,如果是很多故事就不便展开了。因为在第8段写道:"我一一看见,我一一知道","一一"的意思是一个接一个的重重叠叠的故事。当他的故事达到最高潮,正准备讲的时候,他的梦醒了。所以我认为这里的"故事"是很多还未开讲的故事,但是故事的要素都已经给到读者了。

宋士广:几位老师见仁见智、各抒己见。我想有没有这样一种可能,鲁迅是不是故意造成一种歧义呢?

首先,《好的故事》中的"故事"可能和我们一般听到的故事不一样,它的故事性不强,但还是有的。从一开始的时候"闭了眼睛,向后一仰",然后"在蒙胧中,看见一个好的故事",这个故事里面有回忆,最后他说:"我真爱这一篇好的故事,趁碎影还在,我要追回他,完成他,留下他。"从这个角度来看的话,它确实有一定的情节,所以不可否认它是一个故事。

但是,鲁迅先生的《故事新编》中的"故事",取的是"旧事"和"典故"的意思,而本文中他又讲到了"我仿佛记得曾坐小船经过山阴道"。所以我觉得鲁迅先生是不是在这个故事里面刻意地造成这样一种歧义和模糊?标题的丰富性也就在这种歧义和模糊中得到体现。老师们不应该用"故事"的某个定义,然后去把它卡死,我们应该去找到它的这种歧义和模糊,可能这就是解读《好的故事》的一个很好的切口。

"好的"好在哪里

宋士广:接下来,我们来看标题中的"好的"。从文字构成角度来说,"好"字由一个孩子和一个女人的象形组成。《说文解字》说:"好,美也。"《诗经·周南·关雎》中也说:"窈窕淑女,君子好逑。"所以"好"字看似普通,实则包容力很强。举个例子来说,如果把"好的故事"换成"美的故事"呢?它似乎失去了"好"的含义,因为"好的"不一定是美的,因为最后这个梦又消失了,它不一定就是美的,不美的故事也可能是好的。

有人认为"好的"是鲁迅惯用的反语,"好的故事"实际上是不好的故事,是一种讽刺。但鲁迅先生的《铲共大观》一文中有这么一段话:

抄完之后,觉得颇不妥。因为我就想发一点议论,然而立刻又想到恐怕一面有人疑心我在冷嘲(有人说,我是只喜欢冷嘲的),一面又有人责罚我传播黑暗,因此咒我灭亡,自己带着一切黑暗到地底里去。

所以,作为中学教师,我们解读鲁迅的文章时也不要太疑神疑鬼,以致影响了自己的正常理解和判断。我们不必要对"好的"去做过分的解读或者反向的解读,这就是我们的立场。

以上是对标题的分析,接下来我们从文本出发,来深入了解这个故事"好"在哪里?

这个故事好在哪里

宋士广:我节选了要求背诵的第 5 段和第 8 段,先看第 5 段:

我仿佛记得曾坐小船经过山阴道,两岸边的乌桕,新禾,野花,鸡,狗,丛树和枯树,茅屋,塔,伽蓝,农夫和村妇,村女,晒着的衣裳,和尚,蓑笠,天,云,竹,……都倒影在澄碧的小河中,随着每一打桨,各各夹带了闪烁的日光,并水里的萍藻游鱼,一同荡漾。诸影诸物,无不解散,而且摇动,扩大,互相融和;刚一融和,却又退缩,复近于原形。边缘都参差如夏云头,镶着日光,发出水银色焰。凡是我所经过的河,都是如此。

这是要求背诵的一段,光这 17 处景物顺序的标定,在我看来是有难度的。大家觉得这段话好吗?好在哪里?

韩巧霞:我在读这一段时感觉自身的情感进去了,就是"摇动,扩大,互相融和",我真的进到这种梦境里了。但是最让我难过的是"刚一融和,却又退缩,复近于原形"。好的作者在写作品的时候会让读者不知不觉中就进入到他所营造的境界,甚至让读者就跟着他的笔触走。我发现本段修饰语非常少,几乎纯是白描勾勒,但是我觉得还是比较容易进入到作者所刻画的场景中的。如果你见过江南风景的话,真的是不知不觉中就进入了。

陈天琦:鲁迅的这段文字很有中国古代散文"天光云影共徘徊"的那种唯美感觉。细读下来,尤其是那一长串名词,我们所能感受到的,可能恰恰就映照了鲁迅在这段话最开始所提到过的山阴道上的景色。他说:"我仿佛记得曾坐小船经过山阴道。"

山阴道位于浙江绍兴,是非常富有文化气息的一条路。"云生满谷,月照长空,潭涧注泻,翠羽欲流,浮云出岫,绝壁天悬。千岩竞秀,万壑争流。草木蒙笼其上,若云兴霞蔚。山阴道上行,山川自相映发,使人应接不暇。"这是东晋王献之的妙句,此说一出,山阴道从此声名远播,名士吟咏不绝。"应接不暇"这个成语即出自山阴道,它的意思就是眼前的美景一个一个扑面而来。鲁迅所写的这一系列的景致,正是一个又一个映入眼帘而应接不暇,这种感觉也映入到他的记忆之中。正如高亢老师所言,这一段文字当中对山阴道的描写跟《初学记》有所呼应,《初学记》卷第八"州郡部"下列的"江南道第十"中,引述《舆地志》说:

> 山阴南湖,萦带郊郭,白水翠岩,互相映发,若镜若图。故王逸少云:"山阴上路行,如在镜中游。"

这段文词很美,尤其是最后所提到的"若镜若图"正是映照了鲁迅先生所描写的"诸影诸物,无不解散,而且摇动,扩大,互相融和"的旖旎风光,它具有一种古典散文之美的意蕴。

周容:鲁迅开始做梦后,他梦见什么?最具体的就是一个山阴道,这其实就是他对故乡的怀念。也许我们现在好多人对故乡的情感已经淡薄了。但是鲁迅在潜意识当中,他在做梦的时候,可能他最先露出来的还是对于故乡"好"的感觉,这其中蕴含了他的故乡情结。令我感动的其实不在于后面的景有多美好,而是"山阴"这两个字。鲁迅也是一个人,他不是神,他不一定有很多复杂的想法在里面。我是个普通人,我要跟鲁迅寻找一种共同联系在什么地方?我想也许就是从故乡的情结中,让我觉得我跟鲁迅是可以对话的。

接下来他说:"两岸边的乌桕,新禾,野花,鸡,狗,丛树和枯树,茅屋,塔,伽蓝,农夫和村妇,村女,晒着的衣裳,和尚,蓑笠,天,云,竹,……"这是他的视角,因为他曾经是坐着小船这么过去的。也许我们会在唐诗中看到"乌桕,新禾,野花,鸡,狗"这样的意象,"丛树跟枯树"等意象在元曲里面也会有。但是我们很难想象"塔,伽蓝,农夫和村妇,村女,晒着的衣裳"这样具体的、农村生活化的景物会在诗词文章中出现,但是鲁迅却把它们合在了一起。这里有的是雅的,有的是俗的,它们都在鲁迅的眼中出现了,这个也许真的就是一种乡村的风情。很可惜,我们现在也许看不到这种感觉了。

他后面又说"都倒映在澄碧的小河中",大家注意是"倒映",他所见到的并非是眼中直接看到的东西,而是倒映的,看似很清楚的景象,也许不是很真实。"随着每一打桨,各各夹带了闪烁的日光,并水里的萍藻游鱼,一同荡漾",这是一种动态的感觉。但是后面在这样的美好的景致之中,他说:"刚一融和,却又退缩,复近于原形。"此处产生了一种伤感。面对美好的东西,我们最怕的是它消失。所以读这段文字时,我很容易把自己的情感、经历融入到文字当中去。但是每个人的感觉又不一样,每个人经历也不一样,所以在读文字时就会触发不同的情感。我希望能够通过这段文字的描绘,让内心升华。

高亢:刚才陈天琦老师说她在读这一段文字的时候,感受到了一种中国传统古典美的意蕴。这篇文章似乎只是将一些意象并列在了一起。那么我们为什么能够读出了一种古典美的味道? 我觉得这是长时间审美体悟的结果。《二十四诗品》云:"比物取象,目击道存。""目击道存"是对审美对象的瞬间直觉把握,"比物取象"是对鉴赏结果的感性表达,它本身和古典美就是有关联的。

宋士广:为什么我们觉得这段话好? 其实刚才四位老师都谈到了一点,就是景色很好。怎么好? 刚才大家谈到有动有静,其实它的动不仅仅是后面"摇动、扩大、互相融合",其实这一连串的景物出现本身就是应接不暇的动景。鲁迅乘着船在小河上往前走,不同的景物进入到视野里,本身就是动态的。

我非常喜欢"边缘都参差如夏云头,镶着日光,发出水银色焰"这句话。水里的景不都是暗的,它非常斑斓,很美。《好的故事》好在哪里? 我们不要只盯住情节,要看他对景物的描写,我觉得这可能是教材编写者特别注意这篇文章,或者说这一段话的关键所在。

我们接着往下看,我做了这样一个实验,将原文做了一点点改动:

两岸边的乌桕,(新)禾,(野)花,鸡,狗,(丛树和枯)树,(茅)屋,塔,(伽蓝→庙),(农夫和村妇→农人),村女,(晒着的)衣裳,和尚,蓑笠,天,云,竹,……

我们看括号中删去的字,你看"衣裳"少了"晒着的",那种大面积的色块和那种平静祥和的感觉就消失了。"新"禾,富有生机。"野"花,也是。另外文章中已经写到了"农夫和村妇",农民有了,为什么他再加个"村女"呢? 我觉得江南"村女"的那种窈窕的身姿和江南的风景是很契合的。鲁迅肯定也看到"村男",但他不写。包括后面的梦境里面的"村女"也是一个主要的形象。我觉得这是鲁迅先生对于江南的山阴道上的风景的一种表达。我们再看看"塔"和"伽蓝",他为什么不说"浮图"和"庙"呢? 我觉得这和文章的韵律有关系,我们看鲁迅先生对 17 处景物所用字数的排列是 22211521252522111。这些景物的出现,不仅仅是应接不暇的问题,这里还有一种音韵的美。学生在背的时候也可以把它分段来处理。应该说，这 17 处景物的排序有很多种，换一个时间段，鲁迅可能就不这样排序。但当他在写的时候，头脑里的直觉觉得这样排好，这样排有节奏和音韵。钱理群教授对鲁迅先生的语言评价是相当高的，他说：

> 鲁迅的语言，以现代白话文为主，又有机融入了中国古语、外来语与方言的成分，就把中国汉语的表意和抒情的功能发挥到了极致，同时又以极具个性化的不拘成规的创造，为提高现代汉语的表现力开创了许多新的可能性。

所以我觉得体会鲁迅先生的语言之美，是我们教学时必须重点关注的。老师们不妨运用我这种方式，把鲁迅先生的语句修改后让学生对比体会，他们可能就会觉得鲁迅还是蛮高明的，这样写是有道理的，这段话是值得背诵的。

刚才那一段他是在回忆，是实的。我们再看第 7 段，这一段写的是梦境。我们发现他其中的意象全部来源于对故乡的回忆：

> 河边枯柳树下的几株瘦削的一丈红，该是村女种的罢。大红花和斑红花，都在水里面浮动，忽而碎散，拉长了，如缕缕的胭脂水，然而没有晕。茅屋，狗，塔，村女，云，……也都浮动着。大红花一朵朵全被拉长了，这时是泼刺奔进的红锦带。带织入狗中，狗织入白云中，白云织入村女中……在一瞬间，他们又将退缩了。但斑红花影也已碎散，伸长，就要织进塔，村女，狗，茅屋，云里去。

"茅屋，狗，塔，村女，云，一丈红，野花"都有，这就说明虚幻的梦境和他的这种回忆之间有一种关联。

我们再来看看这些意象排列的顺序，第一次的排序是"茅屋，狗，塔，村女，云"，第二次是"狗、云、村女"。最后是"塔、村女、狗、茅屋、云"。每次的排序都不一样，他想说明什么？我不知道各位老师和你们的同学有没有思考过，其实我也想了很久，但是后来我想我们不必搞那么复杂，他其实主要是想表现故事"永是生动，永是展开"，正是为了"永是生动，永是展开"，所以才不会有规律。而且他用了一个动词"织"，就把这些零散的意象串联起来。

最后我们再来看一个问题，鲁迅曾对章衣萍、萧军等青年人说过，自己的哲学思想都体现在《野草》中。那么《好的故事》作为《野草》中的选篇，里面有没有鲁迅的哲学呢？我觉得是有的，而且这个问题恰恰是《好的故事》放在六年级是不是合适的一个争议焦点。

我把文章中一些句子选了出来，请大家留意加点的字。

我在蒙胧中，看见一个好的故事。

现在我所见的故事清楚起来了，美丽，幽雅，有趣，而且分明。青天上面，有无数美的人和美的事，我一一看见，一一知道。

我就要凝视他们……

我正要凝视他们时……眼前还剩着几点霓虹色的碎影。

我抛了书，欠身伸手去取笔，——何尝有一丝碎影。只见昏暗的灯光，我不在小船里了。

但我总记得见过这一篇好的故事，在昏沉的夜……

它一开始的时候是"蒙胧"，然后写到梦境时是"清楚"，而且"分明"。看到了那些景物之后，"我就要凝视他们"，"我正要凝视他们"，这时候只剩下"几点霓虹色的碎影"，最后我抛了书欠身伸手去取笔，"何尝有一丝碎影"。但是"我总记得见过这一篇好的故事"。

不知道大家是否从中体会到了一些鲁迅的哲学？

周容：一谈到鲁迅的哲学，大家好像都很害怕，都不敢说。在我看来，哲学家并非是不可亲近的学者，可能他们比一般人看得更透彻，但是把他们还原出来的话，他们还是一个真实的人的形象。所以鲁迅的哲学我觉得还是一种对生活的看法，鲁迅对于为人处事的认识。

刚才宋老师提到"蒙胧"，那么这种"蒙胧"是一种什么样的状态？我的理解是也许就是他一种半醒半睡的状态。在这种半醒半睡的状态之下，他能够看见一个好的故事，但我想说的是他为什么会在这种"蒙胧"中看见一个好的故事呢？

文中第一段其实提到，这是一个"昏沉的夜"，"鞭爆的繁响在四近"。为什么他能听到"鞭爆的繁响"？按照《鲁迅全集》的记载，这个时候是 1925 年 1 月 28 日，农历正月初五，外面肯定在放鞭炮。在这个万家庆祝过年的时候，鲁迅在干嘛？他就是"捏着《初学记》"看书，然后在半睡半醒的状态下做了个梦，他没有去参与到别人的过年的氛围中。那么我很自然会想到也许他很孤独，再联系到他之前兄弟失和，搬离八道湾，许广平还没有介入他的生活，所以说鲁迅这段时期应该说是孤独而又痛苦的，这就是鲁迅当时的状态。

宋士广：看来周老师做了不少功课。其实我们在理解鲁迅作品时，还可以在《野草》的篇目之间寻找互文性，我们可以从其他的篇目里面寻找一些和本文相关

联的一些信息和思想。在 1925 年 1 月 24 日即大年初一的时候,鲁迅创作了《风筝》。他说:

现在,故乡的春天又在这异地的空中了,既给我久经逝去的儿时的回忆,而一并也带着无可把握的悲哀。我倒不如躲到肃杀的严冬去罢,——但是,四面又明明是严冬,正给我非常的寒威和冷气。

我觉得这里面不仅仅是一种时令的感受,也和鲁迅的家庭、事业、《语丝》同道之间的分崩离析等种种经历有关联。

四天后鲁迅创作了《好的故事》,两篇文章时间很近。《风筝》中鲁迅怀念家乡,那么《好的故事》里面也必然有他对故乡的思念。当别人都在过年的时候(北方叫破五),他一个南方人在北京待着,又和自己的弟弟之间出现裂隙。面对种种情况,他肯定会产生对故乡、对童年、对过去的怀念。

我们再来看看《野草》中的另外一篇——《过客》。这篇文章是一个剧本,我觉得很有意思,一开始读不进去,后来读进去了以后觉得很有意思。我节选了其中的一段内容:

客——……老丈,你大约是久住在这里的,你可知道前面是怎么一个所在么?

翁——前面? 前面,是坟。

客——(诧异地,)坟?

孩——不,不,不的。那里有许多许多野百合,野蔷薇,我常常去玩,去看他们的。

客——(西顾,仿佛微笑,)不错。那些地方有许多许多野百合,野蔷薇,我也常常去玩过,去看过的。但是,那是坟。(向老翁,)老丈,走完了那坟地之后呢?

翁——走完之后? 那我可不知道。我没有走过。

客——不知道?!

孩——我也不知道。

翁——我单知道南边;北边;东边,你的来路。那是我最熟悉的地方,也许倒是于你们最好的地方。你莫怪我多嘴,据我看来,你已经这么劳顿了,还不如回转去,因为你前去也料不定可能走完。

客——料不定可能走完? ……(沉思,忽然惊起,)那不行! 我只得走。回到那里去,就没一处没有名目,没一处没有地主,没一处没有驱逐和牢笼,没一处没有皮面的笑容,没一处没有眶外的眼泪。我憎恶他们,我不回转去!

他们之间的对话充满了哲学意味。请大家注意文中提到的"你的来路",为什么是往西走? 是不是象征着当时中国向西方学习寻求出路? 这是1925年3月2日(农历二月初八)写的,距离他写《好的故事》也就是一个月多点的时间,所以我觉得从这里面是不是能够感受到鲁迅先生在《好的故事》里他想表达的一种哲学呢?

孙雷声:哲学这个词非常大,是西方传统哲学,还是我们常说的生活哲学或人生哲学? 我们应该怎样对其裁剪,戴到鲁迅头上? 如果单从这篇文章来看的话,刚刚几位老师的看法跟宋老师有不一致的地方,就是对"碎散"怎么理解。宋老师说"碎散"的也是好的,他尤其欣赏碎散,比如"边缘都参差如夏云头,镶着日光,发出水银色焰",明显是作者喜爱的景色。我同意这一点。

在故事真正开始的第7段里有:"在一瞬间,他们又将退缩了。"退缩之后是最美的时候,当所有的美景开始碎散的刹那,鲁迅觉得这个故事已经达到了高潮,他说:"我所见的故事清楚起来了,美丽,幽雅,有趣,而且分明。青天上面,有无数美的人和美的事,我一一看见,一一知道。"他似乎在告诉我们,当景物交织碎散之际就是故事最为清晰之时。

这种类似于幻象的破灭,然后转归于现实的表述,在佛教道教里是有的,当然我不是说他信奉什么宗教。在梦境最美最好的时候,鲁迅选择醒来。好梦易醒,彩云易散。中国传统思想里有这种对美好生活的向往,但同时又对立足之境有着清醒认识,这种想法不知道能不能称为哲学。

对于背诵内容,学生怎么背诵才合适呢? 我觉得学生应该要慢慢背,鲁迅不厌其烦细述心事,每一个意象都和一件故事关联,他要把自己心里面最美好的东西一一道来,慢慢背才能背出每一个意象背后的故事。到第7段之后,我们发现意象发生了变化,"茅屋,狗,塔,村女,云"是从第5段里十几个意象里面选择几种,这几个意象集中之后,让我们想起的首先不是鲁迅的故事,我想到的是沈从文的《边城》。两人的写作风格我们感觉迥异,鲁迅给人的感觉是冷硬,沈从文的风格是温软,但是我认为天下的情愫是相通的,鲁迅未必不会在做梦的时候想到这些,想到这些的目的是回到自己的过去,回到自己的故乡。故乡能给人什么呢?

他这种讲故事的方式不是第一次,在《故乡》里面他看到闰土的时候,他脑海里面跳出了一些词,而不是一些事情,跳出的是"角鸡""跳鱼儿""贝壳""猹"。他也是用一些点状的词汇来代替所谓的故事,因为每一个词后面都有一大堆故事,这些故事是什么呢？我想这个故事并不是一些我们以为的有情节的、让人难忘的具体故事，而应是一些我们平常人看来毫不特殊的甚至是非常无聊的故事，但恰恰是这种故事最能够给在黑暗中前行的人以放松或者慰藉。我感觉今天来景云里非常合适，景云里三个字就是我们今天的答案，整个故事是"景"，主要意象是"云"，"里"就是故乡。

这样看，所谓鲁迅的哲学也可能是：好的人生应是诗意的人生。

宋士广：我这里还找了一些材料，我们一起来看看。鲁迅曾经和当时还是他学生的许广平讨论《过客》，收录在《两地书》中，许广平问：

> 先生，我所猜想的许是错的么？贤哲之所谓"将来"，固然无异于牧师所说的"死后"，但"过客"说过："老丈，你大约是久住在这里的，你可知道前面是怎么一个所在么？"虽然老人告诉他是"坟"，女孩告诉他是"许多野百合，野蔷薇"，两者并不一样，而"过客"到了那里，也许并不见所谓坟和花，所见的倒是另一种事物，——但"过客"也还是不妨一问，而且也似乎值得一问的。

鲁迅怎么回答呢？他说：

> 中国大约太老了，社会上事无大小，都恶劣不堪，像一只黑色的染缸，无论加进什么新东西去，都变成漆黑。可是除了再想法子来改革之外，也再没有别的路。我看一切理想家，不是怀念"过去"，就是希望"将来"，而对于"现在"这一个题目，都缴了白卷。因为谁也开不出药方。所有最好的药方，即所谓"希望将来"就是。"将来"这回事，虽然不能知道情形怎样，但有是一定会有的，就是一定会到来的，所虑者到了那时，就成了那时的"现在"。然而人们也不必这样悲观，只要"那时的现在"比"现在的现在"好一点，就很好了，这就是进步。

他们探讨《过客》的时候，关键词就是将来和希望，鲁迅曾经引用裴多菲的名言："绝望之为虚妄，正与希望相同。"在《呐喊·自序》里他也说："是的，我虽然自有我的确信，然而说到希望，却是不能抹杀的，因为希望是在于将来，决不能以我之必无的证明，来折服了他之所谓可有，于是我终于答应他也做文章了。"那么在《好的故事》中，鲁迅有没有将"将来"和"希望"这组概念蕴含于文章呢？这篇文章有没有他对现在、将来、过去之间的思考呢？

钟正德：我觉得还是比较明显的。第 11 段中，鲁迅说："我真爱这一篇好的故事，趁碎影还在，我要追回他，完成他，留下他。""追回他，完成他，留下他"这三个短句就很明显地可以看出他对自己梦境的追求。为什么要追求？因为梦境很美好啊。

所以我刚刚在宋老师提出的问题——《好的故事》"好"在何处——的时候，我其实是有一些保留看法的。因为我们教的是初中生，如果上升的高度太高的话，初中生不一定能够理解，反而会因此产生对鲁迅文章的恐惧感和距离感。因此，我们是不是能够从语文的角度作出一些解读，让学生信服，进而理解甚至达到有那么一点点喜欢读鲁迅的境地。比如说在第5段和第7段这两个小节的解读当中。第5段刚刚老师们都关注到的句子："两岸边的乌桕，新禾，野花，鸡，狗，丛树和枯树，茅屋，塔，伽蓝，农夫和村妇，村女，晒着的衣裳，和尚，蓑笠，天，云，竹"，这些意象之间用的是什么标点符号，我觉得这个是作为初中教师可以介入来引导学生关注的。他用的是逗号，为什么用逗号？因为他想强调的是这些东西每一个都是单独的个体，第7段也是如此。

那么我们再回过头去看第5段倒数第2行："诸影诸物，无不解散，而且摇动，扩大，互相融和；刚一融和，却又退缩，复近于原形。""诸影诸物互相融合"，这就是说这些单独的个体和谐相处，而后面这一句"却又退缩，复近于原形"，几位老师觉得这是一种悲伤。我倒不这么认为。"原形"是什么？"原形"不就是又回到了之前看到的"两岸边的乌桕，新禾，野花，鸡，狗"，包括后面提到的"天，云，竹"，也就是说这些非常富有代表性的农村的文化建筑也好，人也好，景也好，他们原本是单独的人文或自然美丽的个体，但在清奇的河水中他们因为美妙的倒影相互重叠，仿佛彼此之间也会有相互联系，而这恰恰就是人和人、人和自然在农村最和谐的一种相处方式的映射。用一句话来说，那就是梦里所见的每一个事物，不管分开看还是合在一起看，都是漂亮的。这般美好的梦境怎不叫人心生向往呢？

而且我觉得第5段"我仿佛记得坐小船经过山阴道……"，这应该是鲁迅对于小时候的一种情境的回忆。小时候美好的情境，其实对于长大成人之后经历世间的苦难的人来说，就是一种最好的慰藉，这是一种能够让人在困难当中保持一颗赤子之心的记忆。所以我觉得第5段和第7段是我们研读的一个重点。第5段童年的经历，某种程度上造就了第7段这样一个梦境的还原，而这个过程本身其实也恰恰反映了作者对美好生活的向往和追求。

宋士广：钟老师认为这里面表现的是一种对美好生活的向往和追求，与陈天琦老师提到的山阴道的风光之美之间有一种呼应关联。我觉得《好的故事》里流露的情感或者思想，可以用三个词来概括：思乡、怀旧和彷徨。鲁迅在《野草·希望》里面说:"希望,希望,用这希望的盾,抗拒那空虚中的暗夜的袭来,虽然盾后面也依然是空虚中的暗夜。然而就是如此,陆续地耗尽了我的青春。"所以说当我们读到"我真爱这一篇好的故事,趁碎影还在,我要追回他,完成他,留下他。我抛了书,欠身伸手去取笔,——何尝有一丝碎影,只见昏暗的灯光,我不在小船里了。但我总记得见过这一篇好的故事,在昏沉的夜……"我们会发现,当梦的碎影一点点散去的时候,鲁迅努力地去抓住它,抓不住就记得它。我觉得这里传递的是一种执着。他虽然没有想清楚路在何方,但他努力保留自己的希望,没有彻底绝望。

我特别欣赏《野草》里的这几句话:

在这样的境地里,谁也不闻战叫:太平。

太平……。

但他举起了投枪!

这就是鲁迅的形象,它非常形象地表现出鲁迅当时虽然处于彷徨迷茫但仍保持战斗的姿态。

挥之不去的一点想法

最后,我想谈一点我备课时头脑中一个挥之不去的想法。每当我读好的故事里这两段文字,我总会想起《论语》里的:"莫春者,春服既成,冠者五六人,童子六七人,浴乎沂,风乎舞雩,咏而归。"这两个画面交叠纠缠在一起。童子、冠者沂水、舞雩台和村女、塔、伽蓝,和那些农户和村妇交织在一起。

这段话有很多种解读,用李泽厚的翻译就是:

暮春季节,春装做好了,和五六个青年,六七个少年,在沂水边洗澡游泳,在舞雩台祭坛下乘凉,唱着歌回家。

我们不多展开,我觉得无论孔子也好鲁迅也罢,他们表现的向往其实就是一种太平图景。从这个角度来讲,"好的故事"可能并不仅仅是对过去生活的一种回忆,而是暗含着作者对将来的一种理想的好的生活的期望。

最后,请两位同学给我们的集体备课做一个简单点评,谈谈你们的感受。

杨翊凯:老师们这么深刻的评析,让我有点应接不暇,我可能需要一点时间慢慢消化。不过,老师们备课原来是这样的,这让我很受启发。我们在阅读课文时,也要努力思考,多搜集一些资料,加深自己的理解。

戴言蹊：我现在听下来可能还不太懂，希望随着阅历和能力的增长，能够在老师的教导下更好地理解鲁迅的文章，理解鲁迅精神。

宋士广：我之前看到一位学者谈到，教育的过程就是一个提高学生的过程，让学生从不懂到懂的过程。他参加了一次中学教师的备课，说老师们都是想方设法、挖空心思要把教学搞好，大谈教学方法，忽视了学生苦学精神和思维方式的培养。学习是一个艰苦钻研的过程，需要的是吃苦耐劳，坚韧不拔，敢于排除万难的精神和意志。

我想说的是，对于老师也好，对于学生也好，课文并不都是轻松和快乐的。有些课文好比米饭和面包，非常容易咀嚼消化，有些甚至入口即化。但总有些课文好比硬骨头，必须要啃的，这样才能练出牙口，才能真正培养理解力、思考力。

最后，我想说：教师要在鲁迅和学生之间做好一只插销，我们要努力地去点亮学生，照耀"昏沉的夜"，也就是说要改变学生对鲁迅的文章的畏惧和困惑。也许这个过程并不是短期内可以完成的，但是只要我们共同努力，深入，浅出，应该是尽可能达到的。

嘉宾对谈

马以鑫：作为教师同行，我想我们无非也就两个目的，第一是怎么把《好的故事》这节课想方设法讲好。第二是我们怎么来理解，怎么来读懂《好的故事》。可以这么说，鲁迅研究中最大的难点大概就是《野草》。为什么？鲁迅自己说《野草》里都是一些吞吞吐吐而欲言又止的话，这里面牵涉鲁迅个人的生活太多了。比如说刚才宋老师谈到的兄弟失和，以及和许广平的爱情，而这些问题的处理，都是交织在 1923 年至 1926 年，直到 1927 年，鲁迅来到上海后这些问题才得到解决，但是这个过程是非常痛苦的。

谈到鲁迅的哲学思想就必须提到尼采，从 19 世纪后期到 20 世纪初，德国哲学家尼采的思想进入中国，这个人在中国现代文学史上、现代思想史上的影响非常大，尼采有本著作很薄，叫做《查拉图斯特拉如是说》，鲁迅《野草》中的一些篇目仿佛是在模仿、借鉴尼采的著作。尼采的哲学归根结底就是两个字——超人。什么是超人？他认为上帝死了，我们现在都能成为上帝，我们现在都能够主宰一切，但这个过程并非这么简单，你要承受多少压力，要承受多少痛苦。鲁迅很快就接受了尼采的超人主义，所以这是他早期思想的一个重要来源。

那么在这个过程中，鲁迅对尼采思想中的彷徨、犹豫、动摇，甚至退却，多少都有接受。所以这本《野草》甚至可以说是对《查拉图斯特拉如是说》的学习。要真正地理解《野草》，就要懂尼采。其实当时很多文学家都在某个方面接受西方的思想，比如巴金的无政府主义，茅盾的马克思主义，鲁迅的尼采哲学，郭沫若的泛神论，几乎每一个文学家都有一个自己的哲学。

那么这个问题我觉得太复杂，也没有必要过多展开，尤其是面对中学生。鲁迅曾经说，我的文章是给40岁以上的中国人看的，鲁迅认为有一定的阅历，有一定的生活经验，甚至于有挣扎、磨练痛苦过程的人才能看懂他的文章。现在一下子把它放到中学甚至小学，是很难让学生接受的。但是我觉得鲁迅的有些文章，比如说《一件小事》《故乡》《从百草园到三味书屋》等，放在中小学生教材中并不难，鲁迅的文章甚至社会面非常广泛，你说40岁以上，甚至我说30岁也可以看，能看懂的。

第二，我们应该如何去读鲁迅的作品？以《好的故事》为代表，归根结底我强调从文本出发。我连续大概有两三年参加上海处级干部培训会议，其中有一个内容就是文学欣赏。我就讲《祝福》一篇文章，因为空谈文章的立意、文章的主题、文章的结构、文章的风格等是没有用的。归根结底，如果一堂课我讲下来，你能够记住《祝福》就是成功了。以此类推。那么《好的故事》我觉得重点就是两节，刚才宋老师都讲过了，一段就是："我仿佛记得曾坐小船经过山阴道……"还有就是："河边枯柳树下的几株瘦削的一丈红……"大家注意，第1段是动态，我坐着船往前慢慢行驶，但是慢带来什么？一种沿途欣赏，一路走一路看这些场景。这里面鲁迅避开了色彩，他不用一个色彩，纯粹一副天然去雕饰的词汇，反而回到了中国古典美学的一个意境，它不需要渲染，不需要去涂抹。而慢慢游的过程当中，又有一个中国古典美学已经出现了——中国古典绘画，绘画同音乐的区别就在于它是静，它追求人生的一种静谧。这种静几乎是旷野无声，但正在这无声的世界中，人们在享受着，思考着。

因为鲁迅写这篇散文时是他一生中最痛苦的一个阶段，前也不是后也不是，鲁迅那个时候追求的美学境界，就是中国古典美学中的静。有一个词现在很流行，叫"岁月静好"，大家都希望能安静，鲁迅那个时候也希望静，在《好的故事》中，鲁迅是用沿途所见来表现静的。

到了下面，鲁迅笔锋一转，重点凸显"动"："河边枯柳树下的几株瘦削的一丈红，该是村女种的罢。大红花和斑红花，都在水里面浮动，忽而碎散，拉长了，如缕缕的胭脂水，然而没有晕。茅屋，狗，塔，村女，云，……也都浮动着。大红花一朵朵全被拉长了，这时是泼剌奔进的红锦带。带织入狗中，狗织入白云中，白云织入村女中……在一瞬间，他们又将退缩了。但斑红花影也已碎散，伸长，就要织进塔，村女，狗，茅屋，云里去。"

最后："我正要凝视他们时，骤然一惊，睁开眼，云锦也已皱蹙，凌乱，仿佛有谁掷一块大石下河水中，水波陡然起立，将整篇的影子撕成片片了。我无意识地赶忙捏住几乎坠地的《初学记》，眼前还剩着几点虹霓色的碎影。"这一切突如其来，安静没了，好的故事就结束了。我们写文章无外乎是两个角度，第一是虚写，第二是实写，实写是重点，写作必须要有一个重点，否则就成了泛泛而谈。

我认为在鲁迅的研究中，有些讨论真的没必要，我觉得最重要的一点就是文本，让学生们永远记住我们是从文本出发，钻研每一个字、每一句话，甚至每一个标点，用这样一种深入研究、刻骨铭心的方法来学鲁迅，懂鲁迅。

宋士广：马教授给我们提供了另外一个学习或者研究《好的故事》的途径，以及非常重要的一点：回归文本。文本是我们的根据地，这个根据地肯定是要紧紧抓住的。为了能够更好地去教学，你要能够抓住文本的一些细节和特点。我觉得只有读得非常认真，非常细心的话，才会发现其中的关系，才能领会作者创作时心思缜密的地方。同时，我们在备课时必然要去文本外围做一定的了解，简单来说的话就是"知人论世"，有时候也能发现一些解读文本的比较隐秘的途径，或者说比较独特的角度。当然，万变不离其宗，我们最终还是要回到文本，为文本服务。

第三堂课

《从百草园到三味书屋》：儿童的自然

◎**主　　讲**：郑桂华（上海师范大学中文系教授、博士生导师）

◎**对谈嘉宾**：倪文尖（华东师范大学中文系副教授）

◎**备课团队**：许佳家（上海市世界外国语中学语文教师）、王韫豪（上海市向明初级中学语文教师）、张倩芸（上海星河湾双语学校语文教师）、张苗（上海民办华二初级中学语文教师）

◎**时　　间**：2020 年 9 月 12 日 15：00—16：30

◎**地　　点**：上海市虹口区横浜路 35 弄景云里 13 号景云书房暨鲁迅与文化名人陈列馆

　　《从百草园到三味书屋》是统编语文教材七年级上册第三单元里的一篇课文，也是六三学制的同学在语文学科课程中接触的第一篇鲁迅作品。对这篇文章的教学，其意义不仅在这一篇，还关系到学生对其他鲁迅作品的阅读与感受，甚至会影响学生对鲁迅及其思想情感的认识。基于此，针对这篇课文的备课重点，我们采取了两个接近的策略，一是抓住文章中描写的儿童生活、儿童心理，引导学生从情感上接近作者；二是让学生在预习的基础上提出问题，备课教师围绕这些问题设计教学内容，让学习目标贴近学生需求，接近学生的认知状态。全部备课过程分三个环节，一是借助阅读清单引导阅读，并收集问题；二是梳理问题，形成问题框架；三是聚焦一些重点问题，并展示几位备课老师在这些问题上的思考。其中，征集问题是提前完成的，该实录反映的是后面两个环节。

备课环节一：收集学生的问题，了解学生的阅读障碍需求

　　问题主要分成三类，按照数量由多到少，依次如下：

　　第一类——关于文本具体内容的疑惑，如：

　　1. 蛇的故事在文章中有什么意义？

　　2. 鲁迅在故事中写到了童年时所害怕的鬼故事，这样写会不会使读者对三味书屋和百草园的感觉从有趣变成恐惧？这样写的意义是什么？

　　3. 作者对比"我"与闰土父亲的捕鸟方式有什么含义？

　　4. 鲁迅先生在三味书屋向先生提出关于"怪哉"虫问题的这段，为什么要写在这篇文章里？

　　5. 为什么要把百草园和三味书屋放在一起写？

　　第二类——关于作者的写作意图和思想情感，如：

　　1. 鲁迅是在什么情况下写了这篇文章？

　　2. 鲁迅在写下这篇文章时更多的是对童年生活的向往，还是对当时所处社会的不满？

　　3. 不确定鲁迅的写作目的，读起来觉得很遗憾，这篇文章想表达什么？

　　4. 作者写这篇文章的目的是什么？

　　第三类——关于单篇与《朝花夕拾》的联系，如：

这篇文章主要讲述的是一段鲁迅先生特别回味的童年生活,也是他童年生活中最快乐的一段时间,亦是鲁迅先生长大的一个过程。我的疑问是,这篇文章可能是整本书(编者按:指《朝花夕拾》)最没有讽刺意义的文章,不太能理解为何要把这篇文章放在这里,是为后文作铺垫?还是讽刺中的小插曲?

备课环节二:梳理学生的问题,明确问题框架和学习目标

张苗:大家好,今天我们的活动主题是"鲁迅与记忆的承诺——《从百草园到三味书屋》:儿童的自然",我们将跟随郑桂华老师,围绕《从百草园到三味书屋》组织一场备课教研活动。现在先由我来介绍我们在备课之前做的准备。此前,我们去征集了初中生读《从百草园到三味书屋》这篇文章遇到的疑惑或想弄明白的问题。学生的问题非常丰富。作为一名老师,我们首先要思考的是怎样对搜集到的问题做一个整合。我们先来听一听郑老师的想法。

郑桂华:我们经常会在课前让学生就自己的需要或者自己不懂的地方提问,然后根据学生的问题来确定教学内容和教学思路。这是我们备课常用的一个方法。各位在座的老师,你们拿到学生的问题后,会怎样处理?

王韫豪:我想到的方法是按照问题归属的文本位置进行划分,比如可以分为围绕"百草园"的问题和围绕"三味书屋"的问题。

许佳家:我们还可以关注文本内容与鲁迅的语言形式。

张苗:我们还可以去考虑问题之间的逻辑性,也就是说只要我们解决这个问题,就能够自动地解决这一类问题,而不是单纯地看待每一个问题。

张倩芸:我觉得还可以从这篇文章和与其他文本的关系进行梳理。其他文本有两类,一类是能够促进对作品的理解,另一类是与鲁迅相关的其他文本,从而形成多文互动的阅读。

郑桂华:大家的做法都挺好,一种是从文本内容及语言形式来分类;一种是按文章的前后顺序作梳理;还一种是按问题之间的逻辑关系进行组织。这些做法都各有价值。但我还想补充一点,就是看对理解文本的重要性或对这一课来说有多大的学习价值,从中梳理出关键问题。

为什么要抓关键问题?因为学生的提问常常根据他自己的自然阅读的经验,很多是自己个人的疑惑,但未必是其他人关心的问题,很多问题不一定指向学习目标。因此我们还要从文本整体的理解出发,从课程目标出发,找到关键问题,才能帮助学生克服文本理解的真正障碍,使其建构良好的阅读经验,以便未来更好地去

阅读。课堂的时间是特别宝贵的,能做的事情很有限,我们一定要聚焦关键问题,这个关键问题一是指学生不能独立解决的问题,二是指对理解这篇文章,理解鲁迅最有价值的问题,我觉得这是我们在梳理学生问题的时候特别要注意的一点。

当然,这个梳理过程是需要综合考虑的,而且要经过反复的几个来回,才有可能把学生的问题梳理清楚,将它们按照一定的顺序和内在逻辑组织在一起,最后形成一个框架,或者叫问题板块或问题链。实际上,前期的备课工作,我们就是这样进行的。最后我们是用什么框架来组织学生问题的?

张苗:我们把问题分成两个板块,一个板块围绕"百草园"的理解,一个板块围绕"三味书屋"的理解。

郑桂华:这是按文章写到的两个主要空间来组织问题。注意,这个框架是从了解学情和分析教材得来的,这就使我们的教学有了比较明确的方向。

备课环节三:聚焦重点问题,预演思考过程,凝练学习内容

郑桂华:前面的问题梳理是整个备课工作的重要一步,对这些问题我们还要充分思考,并作出预先回答,只有教师自己的逻辑通了,才可能引导学生去探索这些问题。否则不仅可能教不到位,还会破绽百出。下面一个环节我们就来完成这项工作,首先我们讨论有关"百草园"的问题。从先前的梳理来看,学生涉及"百草园"理解的问题可以分为三类,第一类是关于美女蛇的故事,第二类是关于百草园中景物的描写,第三类是关于雪地捕鸟。我们一个一个来讨论。

"百草园"——美女蛇的故事

张倩芸:本部分,鲁迅先生着重描写的是当时民间社会的生活环境,这与后面三味书屋涉及的学校教育的文化环境形成了对比。

郑桂华:你概括的是这一段的作用。你能不能先介绍一下学生对美女蛇这一段提了哪些问题。注意,后面几位老师的讨论都要针对学生的问题来。

张倩芸:这一部分的问题主要有:鲁迅为什么要写美女蛇的故事? 鲁迅对美女蛇的故事是如何评价的? 还有鲁迅对长妈妈的态度。

文章中提到了长妈妈给"我"讲的一个故事,"这是人首蛇身的怪物,能唤人名,倘一答应,夜间便要来吃这人的肉的。"鲁迅先生用的是一种模拟当时情景的方式去进行描写,显得既紧张又神秘。钱理群先生曾经对这一段文字进行过分析,说到这边有一些象声词,比如说"沙沙沙""豁",还有一些动词的使用,一些长句和短句,

都结合得非常好。这一段文字体现出来的是一种张弛有序的语气。童年的鲁迅听长妈妈说了这样的一个故事，他觉得自己处于很危险的状态了，然后马上就又好奇又害怕地问："后来呢？"这显然是听故事的童年鲁迅迫不及待地插话，在此我们可以体会到他的心情：又想听又恐惧。"他虽然照样办，却总是睡不着，——当然睡不着的。"是成年鲁迅叙述时的介入，有一种怀念而又超脱的幽默情感在其中。

郑桂华：从倩芸刚刚提到的两点看出，她很擅长运用比较思维，一是对儿童体验的自然和民间传说中的自然的比较，一是成年鲁迅和童年鲁迅视角的比较。美女蛇的故事在这一部分中篇幅是比较多的，涉及第3段、第4段、第5段、第6段，但是文字又不像第2段那么密。我想除了刚才她提到的神秘感之外，还有一些细节等待我们去发掘。但不过可能还是要考虑百草园的整体性：鲁迅为什么要写百草园里的风物与活动，他为什么要写听到的那些传说故事，听到看到以及经历的，它们的整体性在哪里？

张苗：我们都知道三味书屋是他第一个正式学习的场所，但是其实百草园也是他学习的场所，那么百草园学习的内容，就是大自然的各种有趣的景物，让他感知到自然的美好与丰富性。为什么还要再写长妈妈的故事？长妈妈是他身边的一个女佣，他虽不喜欢长妈妈，又对长妈妈充满怀念，因为这个故事里面的长妈妈也可以说是小鲁迅最初人生经历的一个"导师"。所以是不是可以说在三味书屋之前，他其实就已经有一种学习经历了，而这种学习经历与三味书屋中所学内容形成潜在的对比。三味书屋的学习方式是被迫的、灌输式的，是让他反感的，而这里的学习他是主动的。虽然有一些不是完全地主动，比如长妈妈给他讲的，可能不是他要去学要去听的，但是却在听的时候是享受其中的，甚至是充满探索欲的。

郑桂华：对同一事物，不同的人会有不同的判断和结论，我们给学生讲解也是需要谨慎考虑的。成年鲁迅对长妈妈讲的故事是不以为然的，他对这样的传说，对长妈妈本身，带着一种反感调侃的意味。怎么理解这一点？长妈妈讲这样一个神秘故事，某种意义上说，是一种社会规矩、文化禁忌的约束，儿童的鲁迅当时是既有害怕又有好奇，以敬畏为主。而成年鲁迅则洞悉背后的道理，在表述上有点调侃甚至批判，因为有些禁忌恰恰是束缚儿童的。大家探讨这一段，既要抓住当时的儿童心理，也要看到后来鲁迅的态度。

"百草园"——多角度、多感官的景物描写

郑桂华：课文第2段是对百草园的描绘：

油蛉在这里低唱,蟋蟀们在这里弹琴。翻开断砖来,有时会遇见蜈蚣;还有斑蝥,倘若用手指按住它的脊梁,便会拍的一声,从后窍喷出一阵烟雾。何首乌藤和木莲藤缠络着,木莲有莲房一般的果实,何首乌有臃肿的根。有人说,何首乌根是有像人形的,吃了便可以成仙,我于是常常拔它起来,牵连不断地拔起来,也曾因此弄坏了泥墙,却从来没有见过有一块根像人样。如果不怕刺,还可以摘到覆盆子,像小珊瑚珠攒成的小球,又酸又甜,色味都比桑葚要好得远。

我个人认为对百草园丰富景物的描写是最精彩的,我至今大概还会背。对这一部分,学生提出了哪些问题? 你们认为哪些问题是有价值的,应该引导学生怎么去思考?

张倩芸: 这一段语言精致,描写深刻,但有意思的是学生问题相对较少,我猜测他们可能普遍觉得"百草园"比较好理解,因为描写非常简单。学生问的比较多的是美女蛇的故事,但是这一段其实我觉得反而是学生思维的盲点。像怎么样把这么多的景物写得有趣,而且井然有序,其实学生是很难做到的。我们看这一段,先是从空间角度由低到高描写百草园中的静态景物,再由高到低描写动态景物,层次很清晰。可以作为典范,教学生观察景物要"有序""多角度"。其次,作者写了这么多的事物,却显得什么都很生动,关键是他在描写时做到了——有声有色、有形有味、有动有静。

郑桂华: 颜色、形态、味觉等多感官的描绘,说明鲁迅先生儿时对自然的关注很多,感受是非常丰富的,这个才是儿童天性中最珍贵的东西,他与自然的交流方式是多方面的。刚才倩芸讲到思维的盲点,我很赞同。学生没有提到关键问题,也是我们备课时候关注的重点。相对来说,中学生对表达方式不如对文章内容敏感,这也是很正常的。

但我不知道你们几位读这一段百草园的风物描写,有没有注意到一个句式:"不必说……也不必说……单是……","不必说,也不必说"是一个层次,"单是"是另外一个层次,我想问大家一个问题,"单是"和"不必说……也不必说"之间的区别是什么? 为什么"单是"要展开写?

张苗: "不必说"和"也不必说"后面跟了很多的形容词和名词的组合,从形式上就给我们一种丰富感,好像有很多的景物等待着我们去探寻。但"单是"后面只跟着"短短的泥墙根一带",它只有一个形容词"短短","短短"就限定了它是一个非常狭窄的空间,而且是泥墙,其中应该是没有什么乐趣,但是这段泥墙却是鲁迅描写的重点。通过从形式到内容的丰富度反差,我们可以看到鲁迅用一个很窄小的空间去展示百草园的巨大乐趣。

另外给我感悟的是这个词"无限趣味",鲁迅用"无限"去修饰趣味,我觉得这个"无限"其实是孩子的一种感觉,"油蛉、蟋蟀、蜈蚣"在成年人看来只不过是普通的昆虫,但是小孩子觉得这些都是可以用来玩乐的东西。所以这些昆虫成为展示孩子的感觉和成人的感觉有很大不同的区别点,这个点不仅仅是一个能展示百草园趣味的点,更是能够展示孩子的童心的一个释放点,我认为这才是我们把这次备课研讨的主题定为"儿童的自然"的原因。

许佳家:我觉得鲁迅先生先用"不必说……也不必说"是让我们从整体上对百草园有一个大致的整体性了解,然后再用"单是"去突出那一小块。可能在成人看来,短短的泥墙根应该是无趣的,所以不会引起他们的兴趣,但是在小孩子眼里,它可能是有无限乐趣的。而这种乐趣来自参与感,他会主动进入到泥墙根那一带,参与到动植物的生活中。比如何首乌,小鲁迅要去"拔一拔"。这种对自然的好奇,无障碍的交流与接触,就写出了儿童的天性。

郑桂华:你用的是"参与",我觉得用"参与"好像还不够,我们可以用"投入",他做这些事情是干嘛? 它只是玩吗? 他为什么要去拔何首乌的根? 是因为吃了可以成仙,他还不只是玩乐,其实是在探索。为什么"单是"他要详细展开? 是因为他在这个地方有更多的投入,有更多的探索,有更多的发现。鲁迅如果只是写儿童的那种自由,无拘无束,那种看到成人看不到的东西,我觉得还不够,重点是他写了动手探索的乐趣。

"百草园"——雪地捕鸟

郑桂华:学生还问到捕鸟经历,对吧? 我估计你们上课一定会提到这一段。学生的问题主要集中在哪里?

张倩芸:对,我讲这一段的时候必定会去整理动词的准确使用,学生会比较关注捕鸟的过程,好像看完了之后自己也能够去捕到鸟,因为鲁迅对动词的运用很具体,学生们感受到了他的快乐与他对童年生活的向往。

郑桂华:我记得,学生问的更多的不是这个过程怎么样,而是鲁迅和闰土父亲捕鸟方式的比较,你们觉得他们捕鸟的方式有什么差异?

许佳家:文中第8段最后一句话写道:"他只是静静地笑道:你太性急,来不及等它走到中间去。"其实这里闰土父亲已经说明,小鲁迅捕鸟失败的原因便是性急,而性急就是一个小孩子的天性。

张倩芸：闰土的父亲确实在捕鸟的手法上更加高明，但这是一个成年人的方法，而儿童鲁迅他更想要用自己的方法，觉得这个才是更有童趣的。所以成年鲁迅回顾这件事时，未必觉得当时自己做得不对，美女蛇的故事也是如此。这个故事不一定人人都信以为真，但充满了探索的欲望，更有一种神秘感驱使他去了解这个园子，现在去比较这些，更多的是一种怀念之情。

郑桂华：我想这些可能和三味书屋的生活有点关系，闰土的父亲作为成年人捕鸟，他的目的是什么？而作为一个儿童，小鲁迅，他会捕鸟，他重点是在期待什么？我不知道，我现在没有一个明确的答案，我只是想提醒大家，因为大家已经在这个角度上考虑了，抓住了童年，儿童的心理，儿童自然这样一些思考的角度，非常好。

空间二：三味书屋

郑桂华：接下来我们讨论三味书屋，三味书屋里学生也问了不少问题。谁来介绍一下？

王韫豪：在梳理关于"三味书屋"的问题时，我感到学生对阅读这一部分是很有兴趣的，而且提出的问题角度也很多。主要有鲁迅对三味书屋到底是什么态度，对自己的老师喜欢还是不喜欢？老师为什么不回答怪哉虫的提问？那我在设计教学活动时，就在考虑如何能够让学生既表达出自己多元的观点，又能对文本进行深入分析。

我觉得孩子提问的角度其实很多，这些问题的答案几乎都没有绝对的对错，因此我设计了一个开放式的交流环节，希望他们能在阅读后将感受更好地表达出来。如从第9段我们可以看出，鲁迅其实是不愿意去三味书屋的，那么后来去了三味书屋之后感受如何？这地方到底给他留下了什么样的印象？他喜欢还是不喜欢？你来替鲁迅说一说。然后默读全文，从文中找出依据来印证自己的观点。这样的交流方式，能够引发学生的很多思考。从实际的教学效果看，这种设计也是成功的。以讨论鲁迅对老师的态度为例。文章中有一句，"因为我早听到，他是本城中极方正、质朴、博学的人"。有学生认为，他用的词语"极方正、质朴、博学的人"，说明他对这个老师首先是比较尊敬，然后又是比较认可，才会用这样的一种表述方式。还有文章的第19段："他有一条戒尺，但是不常用，也有罚跪的规则，但也不常用，普通总不过瞪几眼"。"但是""但也""总不过"这三处转折，让我们觉得先生虽严厉，但是并不严格,甚至是比较和蔼的,这也让我们感到鲁迅对他甚至有一点喜欢。但也有人认为,鲁迅对他老师的感情不是只有喜欢,还有质疑。比如先生要求是"只读书,正午习字,晚上对课",这样的生活,无论是对于当时的鲁迅,还是对于今天的学生都不免会厌烦。

还有一处文字,也能看出鲁迅对先生感情的复杂。文中写道:"我才知道做学生是不应该问这些事的,只要读书,因为他是渊博的宿儒。"对于当时的"我"的提问,先生不但不予解答,反而有些弄色。因为先生要求学生只读那些"四书五经",只读他认为的那些书,对于书以外的知识,他其实是不予解答的。这一类少年最有兴趣的事情,在先生看来是一种不入流的旁门左道,所以他是很厌恶的。对先生的表现,小鲁迅的内心是什么感受?长大以后他怎么评价?文章都没有直接表达。还有,鲁迅对三味书屋到底是什么感情,教学中可以从多角度讨论。有的学生说,"三味书屋后面也有一个园虽然小,但在那里也可以爬上花坛去折腊梅花,在地上或桂花树上寻蝉蜕""先生读书入神的时候,于我们是很相宜的",这证明喜欢三味书屋的多。也有同学根据这两句得出不同结论,他们说,因为在三味书屋,既有读书的时候,也有偷溜出去玩的时候,即使溜不出去,在文章中也提到了会做戏,绘画,无聊当中自娱自乐或者说苦中作乐。

其实,这种滋味可以与百草园进行比较,仅看三味书屋这个部分,它本身应该也是有趣味的,只是这种趣味与百草园相比,小鲁迅没那么喜欢而已。

在百草园和三味书屋的比较这一段,有一个问题虽然小但却很有意思,这就是时间的跨度。在百草园,春夏秋冬、日夜交替都很丰富,时间轴很长,而在三味书屋中,不管是读书还是坐着玩游戏都是在白天发生的,时间很单一。将这两部分联系起来,可以看出作者对百草园和三味书屋的情感差异,但是光从三味书屋这一个片段而言应该是有乐趣的,而不只是最初理解的强烈批判。

郑桂华:韫豪说的有几点值得我们参考,一是把学生的问题概括凝练成教学问题,从备课的角度出发作设计,再通过教学来检验。

二是聚焦。比如对三味书屋,聚焦在他和先生的关系上。对百草园,聚焦他写"单是短短的泥墙根一带",从中感受小鲁迅投入他那种自由自在无拘无束的生命状态。

第三是答案的开放性,读者千千万,对三味书屋的生活,对先生形象的理解,不同的研究者,不同的老师教的可能很不一样。

韫豪做得好的第四点,是重视体验,引导学生用自己的生活体验去理解文本。其实，我们小时候读书，老师也很严格，有很多规矩，内容也未必是学生感兴趣的，但是儿童天生能找到乐趣，这并不是苦中作乐的心态。从学生今天的生活体验出发去发现小鲁迅的童年生活的乐趣，理解儿童爱探索、挑战规则的天性，就容易建立读者与作者的联系。可惜的是很多时候这种天性并没有得到充分发挥。

从"百草园"到"三味书屋"

郑桂华：接下来我们可以将百草园和三味书屋做一些关联，大家觉得《从百草园到三味书屋》的核心是什么？联结这两个空间的关键点在哪里？

许佳家：在读这篇文章的时候，会发现有两个不同的空间，学生问到这个问题的时候，我们可以引导学生注意不同空间中作者的情感变化。虽然在这个单元当中，编者没有强调这篇文章的文体特征，但是我们知道这是一篇回忆性散文，而这类散文的思想情感变化是值得注意的。所以对百草园和三味书屋，我们也要注意作者的情感发生了怎样的变化。而且刚才两位老师都说到，其实百草园也好，三味书屋也好，描写的都是小鲁迅。与小鲁迅对应的一个词叫做大鲁迅，那么我们可以进一步去问大鲁迅是如何看待小时候的自己的？从关注小鲁迅到大鲁迅的情感变化，就可以从中窥探作者取名的意图。

郑桂华：佳家谈到了两个时空的差异，除差异之外，我特别希望大家能找一找这两处时空所代表的生活有何相同之处。我以前很喜欢找差异，变化是什么？不同是什么？讲求的是异。现在我想问大家，鲁迅于1926年9月18日写下这篇文章，他最想表达的"同"是什么？

张倩芸：我觉得不管是百草园，还是三味书屋，鲁迅写作这篇文章的时候，内心当中都是充满怀念之情的。比方说第1段的最后一句话"其中似乎确凿只有一些野草"。"似乎"和"确凿"的语义的矛盾，引发很多人的探讨，但是这个词背后其实体现出来的是一种情感，"确凿"其实是一个现实的描写，"当中只有一些野草"反映的是一个荒园子，甚至在成年人眼中是一个没有什么乐趣的园子。但是"似乎"更侧重表现鲁迅的主观感受，他觉得首先这是他的乐园，原文当中说"但那时却是我的乐园"，他强调的是"乐园"，同时也表现出他对乐园逝去的惋惜和失落。不管是三味书屋还是百草园，当他经历了这么多的纷乱和痛苦磨难之后，回过头来再看童年时候的自己，内心感慨万千。所以对这两个空间，他想要表达的最深切的一个情感，我读出来最明显的就是怀念。

王韫豪：三味书屋的最后还提到了绣像，绣像其实也是一种对于儿时童趣的怀念，是成年之后的鲁迅对于那种纯粹至极的童趣或童年生活的一种回忆。因为那个时候的那种生活和快乐，虽然今天看来会觉得有点幼稚，过于天真，但这种快乐是纯粹的。而这种纯粹的快乐，在百草园和三味书屋当中都体现了出来。

许佳家：三味书屋里面，作者也觉得是有欢乐的时光的。可能相比来说，他更喜欢百草园一些，但是不代表三味书屋就是那么的无趣，他也是有一些过往和回忆，所以可能两个片段、两个空间加起来，就形成了他儿时的一个回忆。

当然，理解作者的情感不仅仅可以从概念出发，还可以通过品味词语来感受，比如第1段里面对百草园的不同称呼，有"园""百草园""乐园"，还有一些表示时间的词语，如"相传""现在""那时"。我们从鲁迅的这些文字当中便可以体会出，百草园也好，三味书屋也好，都构成了他对美好童年的回忆。

郑桂华：我读到的鲁迅当然有怀念，有对童年快乐回忆的喜悦与满足，但是我觉得他要赞美的，或者要去重点传递的是人在一种自由的、无拘无束的环境下的探索和发现，当他很投入地去探索荒园的时候，就有无限的趣味。他以一种无拘无束的状态去交流创造，就有无限的活力。无论是对三味书屋为代表的社会秩序，还是以百草园为代表的自然风物，甚至以古代典籍为代表的传统文化，他都是主动的，投入的，突破的，创造的，呈现出生命的美。而当他谈到压抑束缚人的自由与探索的时候，就带有调侃和讽刺。

大家还记得鲁迅小说《风筝》的情节吧？弟弟躲在一个地方做风筝，那么投入，那么神圣，而"我"则以成人的规则斥之为不务正业，把他的风筝毁坏，无情践踏了儿童的那种发现探索世界，创造可能的乐趣，"我"在多年以后是那么痛心！联系这篇小说，联系鲁迅先生一贯的启蒙思想，我们再读《从百草园到三味书屋》，应该要思考怎么样去保护儿童的天性，怎么让人的那种自由探索和自主发现有更好的施展空间？作为老师，作为妈妈的我，怎么去回应？怎么体现在工作中？

这是我拥有很多角色之后一个新的理解，不一定是很好的理解，但却是一个很真切的理解。鲁迅的真、鲁迅的思考都是我们要去学习的。我们也需要展现一些自己的真切的东西，教学中让学生接触这些，学习不光会对文本有思考，对鲁迅本身也会感兴趣。

张倩芸：受到郑老师启发，我认为我们老师首先要去激发儿童的天性。讲这篇文章的时候，很多老师会让学生仿写本文的第2段，但是很多同学写得不够理想，其实这也正常,因为他们并没有太多机会去探索自然,所以他们不像鲁迅可以拥有这样美好的回忆。鲁迅可以把第 2 段描写得这么美,是因为他投入了,他探索了,但是我们的同学并没有这样的体验,所以他们很难投入真情实感。因此,我想我们可以做一些积极的语文实践活动,让学生发挥自己的天性去探索自然,比如,我曾经先带着学生到一楼花园观察动植物,让孩子们进入到真实的情景,接着记录,再进行仿写;我们学校教研组还做过一个很有意思的活动,叫做"鲁迅诚品话语墙——我为鲁迅代言",因为学生印象中的鲁迅是很严肃的,不好接触的,但是有了这些活动之后,他们可能有很多的话想去和鲁迅说。

郑桂华: 倩芸给我们的启发就是要引领儿童张扬自身的主体性,创造机会让学生真正地去探索、去说自己的话、去用自己的眼去看这个世界,做一个真人,当然作为一个社会人,我们一定要被规范被驯化的,要有一些被动去做的事情,但是我们要引导学生建立自己的主体意识,做一个真人、做主动探索的人,做一个对社会有用的人。

关于《从百草园到三味书屋》与《朝花夕拾》

许佳家: 有学生提出如下疑问:这篇文章主要讲述的是一段鲁迅先生特别回味的童年生活,也是他童年生活中最快乐的一段时间,亦是鲁迅先生长大的一个过程。我的疑问是,这篇文章可能是整本书(编者按:指《朝花夕拾》)最没有讽刺意义的文章,不太能理解为何要把这篇文章放在这里。是为后文作铺垫?还是讽刺中的小插曲?

《从百草园到三味书屋》是《朝花夕拾》集里的一篇,如何看待这一篇和文集整体的关系,是很多学生关心的问题。

我们先看鲁迅在《朝花夕拾·小引》中说的:

我有一时,曾经屡次忆起儿时在故乡所吃的蔬果:菱角,罗汉豆,茭白,香瓜。凡这些,都是极其鲜美可口的;都曾是使我思乡的蛊惑。后来,我在久别之后尝到了,也不过如此;惟独在记忆上,还有旧来的意味留存。他们也许要哄骗我一生,使我时时反顾。

这些东西真的那么好吃吗?百草园真的那么好玩吗?长大后看其实未必如此,这些东西只是在小时候的"我"眼中是那么好玩,如今再回忆起来也就变得弥足珍贵了,这是时间的变迁,是成长的印迹。其实这篇小引还隐藏了鲁迅写作时的空间,这篇文章写于 1926 年,在这一年,他离开中山大学,此时他"又想起了 4 个月前离开厦门大学,听到的是头上飞机的鸣叫声,然后又想到了一年前在北京城上飞过的飞机"。成年后的颠沛流离与儿时百草园与三味书屋的生活形成了鲜明对比,所以他怀念儿时闲静的岁月。

《朝花夕拾》一共 10 篇文章,作者并没有完全按照时间顺序去记叙,作者为何要打乱事件的时间顺序? 其实是为了反映自身情感的变化过程。成年后,经历了颠沛流离的大鲁迅,回忆过往岁月时,先追寻了童年的纯真、自由、美好,而后感受到了青少年时期的无助、失望与迷茫,直至写作时,在异乡的他终于坚定了自己内心的信念,弃医从文,用自己的笔和那些"正人君子"斗一斗。

因此我们在实际教学中要把单篇文章和整本书进行关联。这篇文章出现在第三单元,这个单元的收尾处有名著导读的活动。我们就要学生从教读课文到自读课文再到名著导读进行方法上的迁移。根据单元目标,如果读单篇需要关注文章的标题、开头和结尾,那么读整本书时我们就可以引导学生关注集子的标题、小引和后记。

郑桂华:佳家试图寻找《从百草园到三味书屋》和《朝花夕拾》之间的关联,她涉及的维度比较多,层次比较多。我们今天是备课,备课要贴着文本,贴着教材,贴着学生。我们今天以学生的问题为主线,但实际上还有一个重心,就是文本的价值,教材编写者把这个文本放在这个单元的学习价值,这都是我们备课考虑问题、组织和设计教学线索的关键。有人曾经提到过,《从百草园到三味书屋》主要是一个空间的表述,《朝花夕拾》主要是一个时间的表述,从空间和时间来理解人、社会,也包括文本,是一个常规也是有效的路径。

我们既要考量共时下不同事物的样貌,看一下在一个特定的空间里面,不同主体各自的状态、感受,以及不同的发现。我们也要从历史的维度考察事物的变化,如儿时听到的故事,现在回想起来,哪些东西是让我们更好地去成就自己,自己对这个世界的探索发现不仅满足自己,也为社会为他人谋一方福利。这些都是最基本的读文本的维度,也是我们思考自己的人生、认识社会的基本维度。

今天的备课活动就对我个人而言,又是一个全新的尝试。今天在景云里,我们更靠近了"真":鲁迅的"真",教学的"真"。我想我们一起来做这个活动,对于各位来说,也都有属于自己的收获。

倪文尖：时间过得非常快，我还没有听够，或者说我估计永远也听不够。我这个"嘉宾"其实更是一位学习者。"观备课"而且直播，真是一个了不起的发明。我们都知道怎么"观课"，而怎么"观备课"，我确实还需要学习。主要是看几位老师怎么备课呢，还是看郑桂华老师怎么指导老师们备课？今天我们这里，有非常复杂的"看与被看"的关系（大家应该都知道，这是鲁迅小说的一大叙事模型），而我在这一个半小时里，也在不断调整自己的观察和思考角度。我首先要说，刚才我从各位老师这里学习到了现在的年轻教师怎么读鲁迅，而又准备如何把自己对鲁迅的认识去教给更年轻的中学生。这就很有意思，也很有收获。

老话说，备课备两头，一头是学生。这是世纪之交的课改以来一直强调的学生中心、学生主体的理念。我们可以看到，诸位老师对此已经非常自觉，也相当娴熟。老师们课前通过网络这种新方式主动收集了很多学生的疑惑和问题，这是特别好的。备课备什么，一线教师其实主要备的是具体的学情，是学生的需要，尤其是今天郑老师特别强调的，学生在尽量自然的、自主的阅读中，也就是在真实的阅读中产生的真实问题。

刚才郑老师特别强调了一个"真"字，我觉得如果是更真实的备课——因为今天毕竟是直播，因此也不可能没有一定的"表演性"，而为了让来看"观备课"的同行更有所得，也就不能不追求出彩一点、出新一些——像《从百草园到三味书屋》这样的经典课文，我其实更想建议大家在备课时更多地考虑：过去的经典解读是怎样的？经典的教学设计是怎样的？而如今，我们应如何充分地利用前人的成果更好地为当下的学生服务？因为，坦率地讲，鲁迅的研究，包括《朝花夕拾》，包括《从百草园到三味书屋》，已经有大量相当成熟的成果，而没有留下太多太大的创新空间。一线教师想要创新，这固然很好，但如果创新不多甚至创新不了，也不是多么不得了的事。因为我的观点是，一线教师备课时更大的力气应该放在自己的学生身上。

还有一头呢，就是教材。如何真正地用好教材、落实教材，也是非常重要的问题。这个过程中当然也需要创造性。但是，如果教师们是真正地在用教材，而不是简单地视教材为一个选文集，那么教材尤其是单元设计的目标，就是需要通过教学去努力达成的。比如这篇课文，我们就要看到它是放在学习"默读"的单元，而默读这样的基本读书法是这套教材和主编温儒敏老师特别看重的。教会学生默读的阅读方式与习惯,就是需要在这一课的备课过程中认真谋划的事,也是学习这个单元非常重要的事。与此类似,这篇文章虽然是经典课文,但如今是放在这一套统编本教科书里的,那么,我们就要看到它有了新的结构性的功能,这就是今天我们有老师很认真处理的,和"名著导读"之间的关联。这个环节一是贴着这套教材的思路,二呢,和过去的教学相比,也就有了创新。

我当然也很注意看郑老师如何指导年轻老师备课。这方面可以说的话也很多,我最后就提醒大家注意一点吧,郑老师今天特别强调了对学生所提出来的问题如何进行分类,她的看法是,最重要的是要把学生们不懂的、需要在宝贵的课堂时间里集体教学的内容提炼整合出来。总之,这是一次很有创意的活动,我相信大家和我一样觉得很有收获。

《朝花夕拾》整本书阅读：
关联与思辨
——在关联中发现问题，在思辨中求得真知

◎主　　讲：余党绪(上海师范大学附属中学语文教师，上海市语文特级教师、正高级教师)

◎对谈嘉宾：彭正梅(华东师范大学国际与比较教育研究所教授、博士生导师)

◎参与教师：汤飞平(湖南省株洲市教育科学研究院初中语文教研员)、王希明(复旦大
　　　　　　学附属中学语文教师)、熊德勇(上海民办包玉刚实验学校松江校区 IBDP
　　　　　　中文教师)、周海燕(上海市民办上宝中学语文教师)、高立(上海市民办上
　　　　　　宝中学语文教师)、杨慧敏(上海上师初级中学语文教师)

◎时　　间：2021 年 3 月 6 日 14:00—16:00

◎地　　点：上海市虹口区横浜路 35 弄景云里 13 号景云书房暨鲁迅与文化名人陈列馆

一、开场的话：关于整本书阅读的三个共识前提

余党绪：各位老师，大家好。从 2017 年开始，高中语文新课标开始推进整本书阅读的理念。在这个过程中，大家对整本书阅读的理解还存在一些分歧。在进入今天的备课之前，我们有必要达成一些共识，这些共识也是我们备课的共同前提。我用三个"要"来概括这些共识前提。

第一，"要推进"。"整本书阅读"已经进入新课标和新教材，作为一线教师，我们更该考虑的是怎样落实。有些老师对整本书阅读还存有疑虑，疑虑和思考本身是非常宝贵的，但我们更应该在实践中进一步体会和理解整本书阅读的价值。

第二，"要教学"。其实，读经典名著大家都是有共识的，有些专家担忧的，是害怕不合理的教学行为影响了学生阅读的兴趣。必须承认，不合理的教学引导确实会破坏学生读书的兴味。但是，像《朝花夕拾》这样厚重的书，没有教师的引导，学生又读不大懂，这就是矛盾。理想的解决方案是既要引导学生读书，又要尊重和开发学生的兴趣。归根到底还是"要教学"。教师的引导就是借助自己课程开发和教学设计的专业知识与能力，用课程教学设计来介入学生的阅读。

第三，"要融通"。我指的是整本书阅读与篇章阅读要融通。在我看来，它们只有互相补充、互相依托，才能相得益彰。推进整本书阅读，并不是以牺牲篇章阅读为代价的。我们恰恰是为了建设一个合理的阅读生态，既有篇章阅读甚至碎片阅读，也有整本书阅读，这样，阅读教学才能发挥对学生的文化成长、精神成长的积极作用。

有了这样的共识前提，我们就没必要在一些基本问题上纠缠不休了，就可以集中精力讨论《朝花夕拾》的具体教学问题。

今年是鲁迅先生诞辰 140 周年，我们在景云书房做这个备课活动也是怀念鲁迅的一种方式。当然，作为一种教学活动，我们更要看到《朝花夕拾》在整本书阅读教学中的特殊性。《朝花夕拾》是我们初中语文教材安排的第一本名著阅读，也是"文集类"文本的代表。像《水浒传》《三国演义》这样的书，它有连贯一致的情节与人物，说它是"整本书"，肯定没争议；但《朝花夕拾》《艾青诗选》《昆虫记》这样的"文集类"文本算是整本书吗？在很多人心里是存疑的。因此，"整本书阅读"中"整"还

是需要一点界定的。我个人更倾向于认为"整"指的是文本本身内在的逻辑性和关联性。那么,《朝花夕拾》有没有这种内在的逻辑性与关联性呢？在接下来的备课中,我们将讨论这个问题。

二、策略概述：基于思辨读写的整本书阅读教学

余党绪：进入《朝花夕拾》文本的方式有多种,但我一直尝试将批判性思维与整本书阅读教学结合起来,我称之为"基于思辨读写的整本书阅读教学"。今天我们就聚焦这个策略。关于这个策略,我用三句话来表达我的经验。

第一,选择最佳切入角度。切入《朝花夕拾》的角度有很多。一个对现代文化史感兴趣的人,他在《朝花夕拾》里,看到的可能就是 20 世纪二三十年代的文化与思想环境,但显然,这种切入不仅离《朝花夕拾》的文本内核很远,而且也未必能够唤起学生的兴趣。切入角度的选择其实也就是教学价值的发掘和选择,是需要我们仔细考量和权衡的。

第二,设置结构性专题。没有专题,就没法聚焦,无法有效交流。

第三,开展思辨读写。在具体的学习过程中,让学生带着任务,进入情境,激发他思考的动力,给学生提供必要的思考资源,让学生有效地阅读、深度地思考。

1. 策略一,选择最佳切入角度

王希明：要确定文本的切入角度,先要综合考察文本的价值,在此基础上才能够选择最佳切入点。我从认知、情感、理性、实践四个层面来分析《朝花夕拾》的阅读价值。

1.1 认知层面

《朝花夕拾》可以提高我们对于当时社会的认识水平。亚里士多德在《诗学》中说：诗比历史更真实。这里的诗就是文学作品,文学作品可能会有虚构的成分,但它可能更加接近当时社会的原貌。举个例子来说,魏晋六朝在我们心目当中的形象并不是由编年大事表提供的,可能更多是由《世说新语》这样的文本提供的。这个角度来看,史书可能只是搭一个历史骨架,历史的血肉是靠文学来填充的。历史其实是文字填充的一个历史,我们在史书上也许可以学到洋务运动、辛亥革命等历史大事件,但是辛亥革命具体是怎么样的呢？读《朝花夕拾》中的《范爱农》,我们就能了解革命前后的社会情况及人心变化。另外,我们还可以从《朝花夕拾》中获得关于世态人情的认识。现在的孩子们被父母和老师保护得比较好,很难接触到社

会上一些负面的东西,学生们可以从《朝花夕拾》中获取一些缺失的社会经验。如《朝花夕拾》中的衍太太,在鲁迅的父亲临死时,她一直怂恿鲁迅喊父亲的名字,鼓励小孩子吃冰、打旋,唆使鲁迅去偷母亲的首饰并散布谣言,总盼着邻家小孩干坏事。再比如范爱农的族人,范爱农过世后,朋友们想集一点钱作为他女儿学费的基金,结果一经提议,即有族人争这笔款的保管权,募资一事不了了之。从认识的价值来讲,这些事情都可以增加学生的社会经验。

1.2 情感层面

现代文明的高速发展造成人的物化与情感缺失,而文学作品正好可以弥补人的情感缺失。鲁迅生活在一个糟糕的年代,鲁迅的遭遇是一个比较悲惨的遭遇,但是我们从他的作品当中看到,他的血始终是热的,始终以一种积极姿态投入到人生当中。还有非常重要的一点,我们会发现,他写这些文章是为了寻求温暖的,可见温暖的情感对于孩子有多重要。对于初中的学生来说,正是需要在他的人生当中增添温暖底色的时候,这样一种人间的温情可以为他整个一生提供安全感。《朝花夕拾》里面固然有一些负面的东西,但更多的还是非常温暖的东西。

认知层面、情感层面的落实,需要学生进行沉浸式的阅读。什么叫沉浸式的阅读呢?我把自己"代入"进去了,我就是鲁迅,我也跟鲁迅一起,我也跟猫结仇了,我也想去看五猖会,结果被父亲逼着背书。这就是文艺心理学当中提到的"内模仿"理论,我们会在心理层面模仿书中的一个人物,由此体会鲁迅的人生。人生是非常短暂和渺小的,苏轼说"寄蜉蝣于天地,渺沧海之一粟",正是这个道理。那么,我们有没有办法过别人的人生,或者我们有没有办法活在别的世界?有办法!那就是读书。每一本书都是一个世界的入口。你想想看,你可以跟鲁迅一起成长,你可以体会高尔基的童年,你也可以跟鲁宾逊一起去荒岛求生,你也可以跟孙悟空一起保护唐僧去取经,这也就意味着你可以活很多辈子,你可以体会各种各样不同的人生,这就是阅读的魅力所在。

1.3 理性层面

沉浸式阅读有一个缺点,偏向于感情和感性,缺乏思考与辨别。评论性阅读正好可以弥补这个缺陷。我们一方面要"读进去",但另一方面我们也需要"读出来"。首先,我们要看看鲁迅怎么样进行思考,一般来说,作者对于文本的处理方式就呈现出一种理性的态度,像《二十四孝图》,像黑白无常的事情,他花了那么多笔墨去刨根问底:到底黑无常、白无常的形象,我说得对不对?这本身就可以给学生一种启发。我们还可以对鲁迅的理性思考再作一种理性的思辨,鲁迅的思考有没有合理性？有没有不够完善的地方？如果放在今天的背景下看，这些思考又有什么意义？

1.4 实践层面

阅读经典著作，归根结底是要将这些理解作用于自己的人生，这就是文本的实践价值。文本所体现的思想价值是不是可以指导我们自己的人生，这些价值其实有一个核心——它们全部都围绕一个人的成长展开。认知、情感与思辨，这几个方面的价值，最终都要看是不是作用于他的人生实践了？所以，《朝花夕拾》的最终的也是最核心的价值，恐怕就是对于学生成长的价值。

余党绪：王老师的解析很有见地。读文学作品，确实需要一个沉浸的过程，跟作品人物、跟作家心心相印，息息相通，悲他所悲，爱他所爱。强烈的代入感是很美的阅读境界，但它并不是一个很高的境界。"很美"与"很高"是不一样的。即使你读得死去活来，也不一定能从中有所收益。为什么？因为没有理性的思考。即使是一个反面人物，我们也要寻求对他的体验，甚至要跟人物发生共鸣，理解他为什么这样做。

比如，《五猖会》提到父亲非得让"我"看戏前来背书，搞得"我"很扫兴。如果用现代人的观念来理解，这不是一个好父亲，但我们如果进入当时的文化背景，这父亲也许才算是一个好父亲，他不这样做才不是一个好父亲。但设身处地地去体验他，并不意味着我不反思。在文学作品的阅读中，理解不等于谅解。《红楼梦》中王熙凤做的很多事情我都能理解，她在她的位置与处境下那样想、那样做是很自然的，但这不意味着我认为她是对的。有的专家走到极端，读到最后认为凤姐身上没有任何缺点，甚至几件谋财害命的事，都被认为很正常。这就是缺乏自己的反思和独立判断能力。这非常可怕。这样读书不能给我们带来正向的成长。

至于切入角度，除了考虑到文本自身的内容，还有非常重要的因素，就是我们的教授对象。在中学教《朝花夕拾》跟在大学是不一样的。中学生是一个身心正在发展的群体，他们的认知不稳定，更谈不上成熟和理性。因此，阅读要与他的成长密切关联。概括地说，切入角度的选择要考虑三点。

第一，要抓住文本的核心内容。《朝花夕拾》讲了很多内容，但核心是鲁迅的成长和反思。比方我刚才讲的拿《朝花夕拾》来研究20世纪20年代的文化生态，比如鲁迅跟陈西滢、胡适、徐志摩的矛盾，这不是文本表达的核心，自然也不是教学的重点。

第二，充分考虑我们学生的年龄段与认知实际。作为中小学老师，我们心中要有学生,要知道学生需要什么,这恰恰就是老师和一般研究专家的区别。

第三,文本的解读要体现人生关怀。读者若能在别人的身上看到自己的人生,或者在自己的人生中看到别人的人生,就容易引发他的兴趣。

综上所述,我们这次讨论,就选择"成长"作为"切入口"。

当然,"最佳"是相对而言的。若有老师发现其他合理的切入口,自然也是有价值的。

2. 策略二,设计结构性专题

余党绪:整本书的内涵往往庞大而复杂,选择特定角度是非常必要的。有了这个角度,学生就可以从这个角度进行思考,把相对不重要的留着以后再读。读书是一辈子的事,不要指望一网打尽,毕其功于一役。角度的选择就是为了避免这种眉毛胡子一把抓的阅读,避免全盘占有式的囫囵吞枣。

有了角度,我们就可以设计专题了。围绕角度,围绕这个核心价值,我们设计一些专题来解决学生学习中的关键问题、困难问题、共性问题。

接下来我们邀请汤飞平老师,看看她是如何设计专题的。

汤飞平:专题设计是以关联为基础的。《朝花夕拾》是由独立成篇的一组散文构成,看起来彼此关系松散,在文本间发现或建立关联就非常重要。《朝花夕拾》"单篇"与"整本"之间有着怎样的关联呢? 我们在阅读中发现了三个关联维度:篇章的"序",重提的"事"和讲述的"我"。

2.1 发现篇章的"序"

除开《小引》与《后记》,《朝花夕拾》的十篇散文为什么按这样的顺序排列呢? 有什么内在的逻辑吗? 我们先看一张图表:

创作时间	篇 目	开头部分	结尾部分
1926 年 2 月 21 日	①《狗·猫·鼠》		没有料想到隐鼠是被长妈妈踏死的
1926 年 3 月 10 日	②《阿长与〈山海经〉》	长妈妈,已经说过,是一个一向带领着我的女工	此后我就更其搜集绘图的书
1926 年 5 月 10 日	③《二十四孝图》	……我所收得的最先的图画本子,是一位长辈的赠品:《二十四孝图》	

创作时间	篇　　目	开头部分	结尾部分
1926 年 5 月 25 日	④《五猖会》	孩子们所盼望的,过年过节之外,大概要数迎神赛会的时候了	
1926 年 6 月 23 日	⑤《无常》	迎神赛会这一天出巡的神……鬼卒,鬼王,还有活无常	
1926 年 9 月 18 日	⑥《从百草园到三味书屋》		
1926 年 10 月 7 日	⑦《父亲的病》		精通礼节的妇人衍太太让我快叫"父亲"
1926 年 10 月 8 日	⑧《琐记》	衍太太现在是已经做了祖母	矿路学堂毕业却一无所能,选择去日本留学
1926 年 10 月 12 日	⑨《藤野先生》	东京也无非是这样	
1926 年 11 月 18 日	⑩《范爱农》	在东京的客店里,我们大抵一起来就看报,引出与范爱农的初识	

　　首先,我们看到,这些文章是按照创作时间的先后来排列的。其次,根据所回忆的内容,我们也不难发现这十篇文章大体上先后记录了鲁迅童年、少年、青年时期的成长轨迹和心路历程。在这里,我想特别提示的是这十篇文章很多篇目的首尾间其实是有衔接和呼应的。比如《狗·猫·鼠》,结尾部分提到了饲养的隐鼠被长妈妈踩死了。下一篇就接着讲长妈妈的故事,而且开篇便是,"长妈妈,已经说过,是一个一向带领着我的女工"。这篇文章里讲到了长妈妈为自己买来了渴慕已久的《山海经》,之后,"我"就有了搜集绘图的书的兴趣,下一篇就接着写"我所收得的最先的图画本子"——《二十四孝图》。

　　再来举个例子,《父亲的病》结尾写到衍太太催促"我"大声叫唤即将断气的父亲,下一篇《琐记》就以"衍太太现在是早已做了祖母"开头。《琐记》后半部分写南京雷电学堂的"乌烟瘴气",后来转到矿路学堂,毕业后"还是一无所能","所余的还只有一条路:到外国去"。后两篇便是回忆日本留学时结识的师友。《藤野先生》开篇便是,"东京也无非是这样",东京的"也"和"这样"显然是承着"南京"来说的。最后一篇《范爱农》也是从在日本留学时的相识起笔。

　　可见,鲁迅写这十篇文章时,不仅对于各篇的内容安排有整体构思,还有为读者"连贯讲述"的用意,只有把各篇关联起来阅读,才能更好地理解"整"本的意味。

2.2 紧扣重提的"事"

读《朝花夕拾》绕不开与鲁迅成长密切相关的人和事。这些散落在各篇章中的记忆碎片,怎么整合关联起来呢? 我们可以借助一个表格来梳理。

篇名	人物	和鲁迅的关系	形象特点	相关事件	对鲁迅的主要影响	鲁迅对他们的情感态度
……						

我们可以引导学生通过重要人物形象的把握、关键事件的梳理,走进鲁迅的成长。无论从人物切入,还是事件切入,我们最后指向的都应该是认识这些人或事对鲁迅的成长的影响或意义,认识鲁迅之所以成为这样的鲁迅与他遭遇的这些人和事之间的关系,感受人到中年的鲁迅对这些过往人事的复杂情感和理性思考。这里所谓的"重要"和"关键",从不同的角度关联鲁迅的人生和成长,就有不同的判断和结论。所以,它本身就是一个可以讨论的、有思辨性的议题。

比如,鲁迅小时候爱看有图画的书、爱描画,从兴趣爱好的激发和保护的角度看,他生命中的重要人物可能就是长妈妈、寿镜吾先生、远房叔祖。因为,长妈妈给他买来了渴慕已久的《山海经》,满足了他的好奇,也激发了他的兴趣("此后我就更其搜集绘图的书,于是有了石印的《尔雅音图》和《毛诗品物图考》,又有了《点石斋丛画》和《诗画舫》")。三味书屋的寿镜吾先生允许学生在课堂上开小差,"我"的爱画画儿、爱描摹的爱好才没有被扼杀,甚至在当时就"小有成就"(已经有一大本《荡寇志》和《西游记》的绣像)。而爱看有图的书、对《山海经》的渴慕却是那位"有时简直称我们为'小友'"的远房叔祖惹起的。

当然,我们还可以从鲁迅得到的关心疼爱、所受的教育启发、感受的变故打击,或者,从影响其人格品质的塑造、人生道路的选择、思想主张的形成、文学创作的方向等不同的角度,将《朝花夕拾》中的人物和事件与鲁迅的成长关联起来。

另外,阅读中,我们还发现,《朝花夕拾》相对清晰地呈现了鲁迅的教育途径和求学轨迹。关联起来阅读,我们便能了解童年鲁迅的性情爱好,青少年鲁迅的求学历程、思想变化。比如，由被动接受父母的安排进私塾到主动寻求新学，决心医学救国后又"弃医从文"，选择和转变中都能窥见鲁迅自我意识和独立精神在逐渐形成和强大，能感受青少年鲁迅在中西文化、新旧教育的冲突中探索和追寻的心路历程。

2.3 留意讲述的"我"

回忆性散文里往往并存着两个世界：一个是回忆中的往日世界，一个是写作当下的现实世界。读《朝花夕拾》我们也能感觉到这样两个世界经常交错出现，相应的"过去的我"与"现在的我"双重视角也同时并存。

借助下面的这张表格，我们可以引导学生从走进"我"的角度，建立关联，引导学生在阅读中认识一个鲜活的、真实的、多面的鲁迅形象。

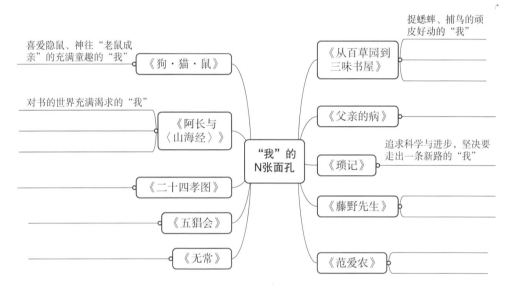

我们还可以参照下面的示例引导学生对比关联，比较对于同一件事"过去的我"和"现在的我"的感受和认识的差异。这样既可以让鲁迅的成长变化变得"可视"，也能让交错着的"现实"与"过往"两个世界呈现得更清晰。

示例：

事件	出处	"过去的我"的感受或认识	"现在的我"的情感或认识
衍太太散布流言说我偷了家里的东西变卖	《琐记》	觉得有如掉在冷水里。连自己也仿佛觉得真犯了罪，怕遇见人们的眼睛，怕受到母亲的爱抚	倘是现在，只要有地方发表，我总要骂出流言家的狐狸尾巴来

"当时"，少年的鲁迅强烈地感受到来自流言的伤害和恐惧，但只能隐忍，无处、也无力申辩。而"现在"，中年的鲁迅面对流言会旗帜鲜明地选择回击和揭露。从对流言、对散布流言者态度的变化中，我们能让学生感受到鲁迅的"长大"。《朝花夕拾》里多次提到"流言"，以及自己对"流言"的憎恶。鲁迅在《华盖集·并非闲话（三）》中也写道，"我一生中，给我大的损害的并非书贾，并非兵匪，更不是旗帜鲜明的小人；乃是所谓'流言'。""衍太太"就是伤害了鲁迅的"流言家"，将相关内容关联起来阅读，我们更能理解鲁迅为什么会如此憎恶流言、憎恨流言家。

我们从三个维度把 10 篇文章关联起来，共同聚焦鲁迅的成长。有了这样一些关联，我们就可以推进结构性的专题设计了。

这里提供了 5 个专题作为参考：

1. 鲁迅的童年之趣；

2. 鲁迅的成长之痛；

3. 鲁迅与父亲；

4. 鲁迅与师长；

5. 鲁迅与传统。

余党绪：汤老师通过 10 篇文章的关联，提供了 5 个参考专题。其他可作的专题还有很多。我们完全可以自主开发。特别要强调的是：专题之间也要有内在的关联。有了关联，专题才能够称为结构性专题。做整本书阅读，大家都在倡导专题学习，那么，是不是随随便便搞几个专题就算专题学习了呢？我个人持否定的态度。专题学习要有明确的主旨与结构，首先都要指向核心价值，在切入角度的统摄之下；其次，专题与专题之间应该有结构。有结构的东西才能让人愉快地接受、高效地理解。

三、引导学生思辨读写

余党绪：在整本书阅读教学中，有些关键问题、疑难问题、共性问题，还得通过教学来解决。整本书阅读教学怎么操作？我在这里提出一个基本的原则，那就是引导学生思辨读写。如何引导？各有其法。我的策略就是将思辨渗透在读写活动中，读、写、思三位一体。

引导学生思辨读写的手段和方法很多，我们今天重点关注新课标着力推进的任务式学习与情境式学习。接下来，就来让几位老师展示一下他们的任务设计。

柳青讲："人生的道路虽然漫长，但紧要处常常只有几步。"我们就先来看看"鲁迅成长中的重要他人和关键事件"这个专题。请周海燕老师来说说她如何设计任务,引导学生来思考的。

专题1:鲁迅生命中的重要他人与关键事件

周海燕:我设计了一个这样的任务:为了纪念鲁迅先生诞辰140周年,虹口区鲁迅纪念馆拟举办主题为"走近鲁迅"的系列展示活动。请你挑选鲁迅青少年成长过程中对他影响最深的三个人物做展板。

在鲁迅的人生当中,对他造成深刻影响的人物很多,比如说虽然封建迷信,但是却记得给我买《山海经》的长妈妈,还有对我要求比较严苛的父亲,外表看起来宽厚但内心险恶的衍太太……到底选择哪个人物作为对他影响最深的人,学生会有自己的标准,在选择的过程中就会有一个思辨过程,所以我就设计了一个这样的活动。

活动四个要求,第一是选择插图,要求围绕备选人物,搭配一幅最能体现人物特点的插图。第二是拟定标题,围绕被选人物对鲁迅的影响,拟定一个标题,目的是为了提炼这个人物对鲁迅产生的影响,这就要走进文本,深入研读。第三是挑选一段最能体现其精神品质的语段,让学生聚焦典型人物的描写,展示人物的精神风貌。最后一点是书写一段理由,这个是最重要的,这就是学生对这个问题的思辨与分析。

我以长妈妈为例来具体说明这个任务。"阿长:童心新世界的呵护者",这是标题,在理由上,我们可以这样表达:长妈妈是一个普通的农村劳动妇女,睡相不好,背后说人长短,愚昧迷信,懂得繁琐的规矩,总之她是一个让童年的"我"不耐烦的人。然而她的一句"哥儿,有画儿的'三哼经',我给你买来了"却可以抵消所有曾经的怨怒。她用那出自天性的"爱",为鲁迅的童年铺垫了明亮的生命底色,"人面的兽,九头的蛇……"这是鲁迅童年想象力的源泉。那源泉里涌动着温暖和幸福,它可以治愈一个人生命里经历过的颠沛和不安。

再如父亲。因为父亲的病,让鲁迅建立了求学之路的最初理想,就是学医。在《父亲的病》里,那些庸医们,故弄玄虚,勒索钱财,最后导致父亲去世。在这个世界上,没有什么比亲人离世更让人悲伤的事情。他后来在《呐喊·自序》里就写到,中医不过是一种有意或无意的骗子。鲁迅说他立志学医,救治像父亲那样的病人。虽然衍太太也是促成他出外求学的因素,但我觉得衍太太可能只是加速了他离开家里外出求学的步伐,但最重要的原因,还是父亲的去世。所以我认为,父亲是鲁迅成长的重要他人。

第三个人物,我会选择藤野先生。在日本求学期间,鲁迅饱受他人的嘲笑和歧视,只有藤野先生特别关怀他,最关键的是藤野先生没有民族的偏见。基于这种关怀,鲁迅才有了战斗下来的信心和勇气。假设一个人遭受各种冷箭,受到各种"正人君子"之流的攻击,他还能够在他的师友身上获得信心和勇气,那这个人对他一定是非常重要的。在我看来,长妈妈奠定了鲁迅生命的底色,父亲奠定了他求学的方向,藤野先生给了他勇气和信心,这三个人物也贯穿了鲁迅的童年、少年和青年时期。

余党绪：这个设计体现了思辨的导向。如果单是罗列重要的人物,那就只是在筛选、提炼和概括信息;如果还要选择三个最重要的,这就有比较、鉴别和权衡了,这就需要思辨。当然,这个设计是开放的,学生有自己的想法,无论选择哪三个人,重要的是要有文本的依据和自我的理解。

专题2：1＋X 主题阅读——父亲的烙印

杨慧敏：关于重要他人,周老师选择了长妈妈、父亲和藤野先生。周老师着眼于群像的研究,我在周老师的基础上聚焦某个人物。比如他的父亲。在《朝花夕拾》中,除了《五猖会》《父亲的病》,其他文章并未写到父亲。那么,学生对父亲的理解就非常简单。为了弥补文本这方面的缺失,我设计了这个群文阅读的任务。

"1＋X 主题阅读——父亲的烙印","1"指课内文本,"X"指与"1"相关的其他文章,群文阅读的目的,是为了让学生全面地了解父亲对鲁迅成长的影响。在《五猖会》中,鲁迅回忆到,他期盼已久的就是迎神赛会终于来了,临出发前父亲却让他背《鉴略》,虽然他最后完成了父亲的任务,但那种看热闹的兴奋劲全都没了。文中提到这样一句话："我至今一想起,还诧异我的父亲何以要在那时候叫我来背书。"在小鲁迅的心里,他内心有一百个委屈,但在父亲面前他只能完全服从,他对于父亲的这种专制其实是不理解的,甚至是厌恶的。这种情绪,在他后来的文章《我们现在怎样做父亲》中也有提及,他说："父对于子,有绝对的权力和威严,若是老子说话,当然无所不可,儿子有话,却在未说之前早已错了。"于是鲁迅就提出了一种新型的父子关系：父母对于子女应该"健全的产生,尽力的教育,完全的解放"。鲁迅的这个思想,影响了他对于儿子海婴的教育。我的这组选文,让学生从鲁迅自己的角度,从儿子海婴的角度,从他的妻子许广平,以及学生萧红的角度,去思考鲁迅的父亲对他的影响。

余党绪：杨老师的"1＋X 主题阅读"是聚焦式的阅读,也是拓展性的群文阅读。"1＋X 主题阅读"是新教材推崇的一种阅读方式。我在杨老师的设计里发现了一种可贵的东西,即做判断要谨慎、严谨。父亲对鲁迅到底有怎样的影响?单看一本《朝花夕拾》,单看一两篇文章显然是不够的,这样下的结论必然有很多局限性,因此,需要寻找更多的材料,作更多的分析。

看到一个东西马上草率地下结论,下了结论之后再找证据来维护自己,印证自己,这个思维方式是很可怕的。做思辨,谨慎与严谨的判断是非常重要的。

这里我还想谈谈"重要他人"的问题。人的一生,一定有些关键的人物在你的生命中发挥了关键的作用,但这个需要将一个人的人生做一个总体的了解,才能看出谁是"重要他人"。就像我们自己,只有到了一定的年龄,你的人生格局基本定了,你才能看出谁在你的生命中发挥了重要的作用。因此,做这个专题研究,还要适当关注鲁迅一生的情况,对鲁迅的一生有总体了解,对鲁迅的地位与价值有比较清楚的认知,才能看出哪个人对他的影响很大,哪个事件对他的成长很关键。当然初中生要做到这一点是很难的,但我们可以告诉学生,今天的结论是暂时的,等我们对鲁迅有了更多更深的了解,也许我们会修正我们的答案。

专题3:鲁迅的成长与传统文化

王希明:我们先来看两段材料:

> 我总要上下四方寻求,得到一种最黑,最黑,最黑的咒文,先来诅咒一切反对白话,妨害白话者。即使人死了真有灵魂,因这最恶的心,应该堕入地狱,也将决不改悔,总要先来诅咒一切反对白话,妨害白话者。(《朝花夕拾·二十四孝图》)

> 我还记得先前的医生的议论和方药,和现在所知道的比较起来,便渐渐的悟得中医不过是一种有意的或无意的骗子,同时又很起了对于被骗的病人和他的家族的同情。(《呐喊·自序》)

鲁迅对传统文化的批判,一定是学生的关注点,也是我们必须正面面对的问题。鲁迅在《二十四孝图》中,用咬牙切齿的方式,表达对传统文化的批判,学生肯定会提出质疑,传统文化在鲁迅的成长当中究竟扮演了什么样的角色,鲁迅对于传统文化究竟是什么样的态度?

我想,思考这个专题,首先要回到鲁迅的那个语境。鲁迅的时代,是一个新旧冲突非常激烈的时代,鲁迅要批判传统文化中的糟粕,就要面对那些极度顽固守旧的人,因此他只能采用矫枉过正的方法,他在表述上可能就会比较激烈。事实上,鲁迅本人深受传统文化的影响,可以说是传统文化培育了他,他写的《中国小说史略》《汉文学史纲要》直到现在都是古代文学研究的经典著作,全部都是用文言文写的,那他为什么还要那么痛恨文言文? 这其实更多是一种矫枉过正的策略。

其次,我们还要回到他个体的生活经验,设身处地来考虑问题。比如他提到中医是有意无意的骗子,这个就与《父亲的病》中的那个徒有虚名且利欲熏心的庸医相关。鲁迅的那个愤激的表达,显然不能简单当作对中医所作的理性和科学的判断。

专题4:两个任务设计

任务1:我为鲁迅设计三门课(高立)

纵观《朝花夕拾》整本书,鲁迅一共就读过五所学校,总体看下来鲁迅对这些学校的课程都不太满意。如果请你为三味书屋时期的鲁迅设计三门课,你会怎样设计? 你的理由是什么?

众所周知,每一门课的背后其实都是一种教育理念在支撑,这是我设计任务的出发点。学生首先会关注小鲁迅在三味书屋学了哪些课程。书中描述道:"我就只读书,正午习字,晚上对课。"可以看出,小鲁迅的一天是很枯燥的。接下来同学们需要根据小鲁迅的兴趣爱好,为他选择合适的课程。比如说美术课。鲁迅从小喜欢图画,像《阿长与〈山海经〉》这篇文章当中,他说自己"渴慕着绘图的《山海经》",从中可以看出鲁迅对绘图版《山海经》已经达到了朝思暮想的程度。当阿长对他说:"有画儿的'三哼经',我给你买来了!"他写到我似乎遇着了一个霹雳,全体都震悚起来,赶紧去接过来。鲁迅先生用"霹雳"和"震悚"这样强烈的词语表现出他所受到的震撼,可见这套书在他心中的地位。值得注意的是,当初远房叔祖给他介绍这套书时,也几乎全部是在介绍书上的图画。从这些内容可以看出,儿童时的鲁迅有多么热爱图画。如果他的课程表里有一节美术课,他就不必偷偷摸摸地画,而是可以光明正大地画,他的兴趣爱好可以自由发展。事实上鲁迅后来为北大设计过校徽,为《朝花夕拾》绘制过插图,还为自己的翻译作品《小约翰》设计过封面。

第二门课可能是科学课。这门课里包含了许多自然科学的知识,内容涵盖植物、动物、物理化学、地质学,等等。幼年的鲁迅在百草园听鸣蝉长吟,看肥胖的黄蜂伏在菜花上,把何首乌的根拔起,还可以摘到覆盆子,会趁老师不注意去花坛折腊梅花,寻蝉蜕,或者捉了苍蝇喂蚂蚁,这些都体现出小鲁迅对大自然的亲近、热爱与好奇。如果开设一门科学课,既可以满足小鲁迅在这些方面的需求,又可以对他进行科学的启蒙,为日后的学习打下基础。

第三门课可能是民俗文化课。鲁迅自小就喜欢听各种各样的传说故事,民间故事。《狗·猫·鼠》一文中从猫教老虎留一手的故事到幕后的传说,都引起了小鲁迅极大的兴趣,再如《五猖会》和《无常》里面,小鲁迅对迎神赛会表现出极大的期待,这些都体现出他对民俗文化的青睐。如果有一门民俗文化课,孩子们可以剪纸、捏泥人、制作民俗人物,听老师讲民俗故事,相信是鲁迅非常感兴趣的。

美术课、科学课,这些课程的缺失,折射的是孩子的天性没有被看见,没有被尊重,更没有被满足。这对千千万万的中国儿童来说,不能不算是一种悲哀。《二十四孝图》里鲁迅就写道:"想到别国的儿童用书的精美,自然要觉得中国儿童的可怜",回忆起自己的小同学"因为专读'人之初性本善'读得要枯燥而死了,只好偷偷地翻开第一页,看那题着'文星高照'四个字的饿鬼一般的魁星像,来满足他幼稚的爱美的天性。"在"五四"时期儿童发现的思潮中,鲁迅是一位位于前沿的人物,他在《我们现在怎样做父亲》一文中指出:"往昔的欧人对孩子的误解是以为成人的预备,中国人的误解是以为缩小的成人,直到近来,经过许多学者的研究才知道孩子的世界与大人截然不同;倘不先行理解,一味蛮做,便大碍于孩子的发达,所以一切设施,都应该以孩子为本位。"儿童文学研究者大都援引这句话,尊鲁迅为倡导幼者本位的第一人,鲁迅并不全盘否定中国的传统教育,但是对于传统教育忽略儿童的这一弊端,他指出的极为精准。

任务 2(熊德勇)

当前,国学班引起的争议常见诸媒体。假如鲁迅在世,他对当下的"国学热"是否赞同? 可以展开辩论,可以假借鲁迅的身份写一篇文章,可以用你认为合适的方式表明观点。要求联系《朝花夕拾》和当前的"国学热"现象。

这样设计是想通过创设情境,设置具体可选的任务,促使学生在阅读中思辨。这里引用的材料都来自主流媒体,涉及一些社会热点问题。比如,2017 年《金陵晚报》刊文说:"诗词大会热"引发《弟子规》争议,有专家指出,"传统文化热"也要去糟粕。2020 年 7 月,《人民日报》也刊文指出:披"国学"外衣死灰复燃,女德班为何屡禁难止?

这个任务的设计,可以引导学生从三个方面思考鲁迅对传统文化的复杂态度,也可以更加清晰地看到传统文化对鲁迅成长的多重意义。

一是对传统教育内容的思辨。进行传统文化教育,要不要取其精华,去其糟粕? 要不要选择符合社会发展的需求,符合儿童身心发展的文化内容?

二是关于传统教育方式的思辨,即怎么学与怎么教的问题。是以学生为本,考虑儿童的身心特点,还是不顾儿童的特点死记硬背?某些机构每天让孩子们读四个半小时左右的经……完全不顾儿童的身心特点,教育方式简单枯燥。2019 年教育部就专门发文,严查以私塾、国学班来代替义务教育的现象。在《朝花夕拾》当中,鲁迅对国学教育的方式也有很多思考。《从百草园到三味书屋》,先生总是叫我们背一些拗口难懂的文章,学生的声音越来越小,最后静下来了。老师读得摇头晃脑,学生们却在底下做戏、画画。鲁迅对这种简单的教育方式并不认可,也没有兴趣。

三是关于国学教育目标的思辨。媒体曾报道"国学教育终于升级了,花上万元读国学,值不值?"国学教育到底是为了谁?是为什么?是打着国学教育的幌子成为有些人去牟利的工具吗?是让糟粕死灰复燃,还是用优秀的传统文化来养育人、来帮助学生实现生命成长呢?

《朝花夕拾》是讲述鲁迅的成长史。鲁迅对传统文化的态度,单从这本书就可看到是极其复杂的,有喜爱,有接受,也有不喜爱,有怀疑,还有批判,甚至是痛斥。鲁迅对传统文化的这种理性的思辨精神,是值得学习和借鉴的。借鉴鲁迅的思想与态度,我们可以对当前的"国学热"和"读经热"作出理性的思考。

余党绪:这两个任务都是围绕鲁迅的成长和传统文化的关系这个专题展开的。第一个任务设计,目的在于引导学生思考鲁迅时代的儿童教育的缺陷。这里的课程比较强调儿童的兴趣,所以选择了美术、科学、民俗文化等,这是很好的设计,直击传统教育无视儿童的缺陷。当然,我觉得在专题讨论中,还要给学生讲清楚,教育也不光要考虑学生的兴趣,教育毕竟有它的社会的价值目标,要体现社会主流价值观的引导,不完全是兴趣的问题。不能说学生不感兴趣的课程就一定是坏的课程,这个需要理性思辨。

第二个任务联系文本,同时又关联现实生活。熊老师说鲁迅的价值是"永恒"的。那么,"永恒"表现在什么地方?怎样表现的?说到底,就是鲁迅先生提供的思想资源、价值坐标、思考问题的方式,能够让我们在他的基础上,来思考现实的问题,解决现实的问题。让鲁迅的思想活在今天,就要让鲁迅的思想与思考方式在学生的生活中发挥作用。

最后我想说,鲁迅对传统文化的批判很多,这一点没有必要忌讳,特别是在今天继承和发扬优秀传统文化的背景下,更要理解先生的初衷。鲁迅的表达有时候是非常决绝的,甚至有时候有点过激,这个时候我们要用思辨来拨开迷雾,看看他说的实质是什么,看鲁迅具体批判的到底是什么东西。他为什么批判?必须承认,他批判的,恰恰是传统文化的糟粕,是阻碍民族进步和个体幸福的那些腐朽的东西。而且,我们通过大量的文本阅读,我们发现鲁迅是因为爱这个民族,爱这个国家,爱这些人民,他才一直在批判。所以,他的心是热的,他希望我们在批判中抛弃坏的东西,走向新生,走向进步。

需要说明的是,本次任务设计主要探讨任务情境的设计,但我也特意安排杨惠敏老师做了一个主题阅读的传统学习活动。之所以这样组合,是因为我认为学习方式不要简单地说哪个是新的还是旧的,新的就一定好,旧的一定不好。合宜的才是好的。

我们今天重点讨论的是任务和情境式学习,在这里我给大家两句话。第一句话,"以任务驱动问题解决"。任务设计最忌讳的,就是目的指向不明,学生辛辛苦苦完成了任务,却不知道这个任务到底有什么用意。很多老师喜欢任务设计,让学生动手,动起来,但问题是,你的任务设计是否能够引导学生关注文本,真正引发有意义的思考。

第二句话叫做"以情境优化任务设计"。任务设计如果太大,太空,没有具体的限定,思维就容易泛化,走向空洞。没有限制的思考等于没有思考。我举个例子。读《西游记》,有老师设计了一个任务:如果让你在唐僧师徒四人中找一个人做你的伙伴,你找谁?这个任务看起来很好,但实际上内涵太少了,难以驱动学生真切的、有深度的思考。"伙伴"的内涵很宽泛,有的伙伴重在情感交流,有的伙伴重在合作做事,有的伙伴重在彼此提携,有的伙伴则重在相互监督。显然,条件不同,动机不同,诉求不同,伙伴选择的标准也会不同。宽泛的任务,引发的多是随意的联想与散漫的思考,很难有思考的准确性与清晰度,且不同观点之间也难以形成真正的交锋与对话。以这样的任务驱动课堂教学,看起来很热闹,而实际上焦点不清,边界不明,思维过程必然大而化之,讨论也会不着边际。

这个时候我们需要设置一些限定条件,比方讲我们找一个创业伙伴,那就不一样了,创业就有了特定的情境,有了限定,那么他在选择与表达的时候就有一个比较确定和清晰的思考过程。

最后我想说,我们做课程开发也好,教学设计也好,目的都是为了让学生读书,让学生思考。设计任务也好,设计情境也罢,搞得很油滑,不是让学生去思辨,而是胡思乱想,这就跑偏了。核心是引导学生阅读和思辨,这样的课程和教学设计才会产生真正的效益。

彭正梅：各位老师好。非常感谢余老师的邀请，正是因为本次任务，我终于有了整本阅读《朝花夕拾》的机会。

在碎片化阅读盛行的时代，中学生进行整本书阅读是非常必要的。单篇课文的教学固然重要，但更重要的是，我们要告诉学生这篇文章是连着某一本书、某一作者和某个世界。我经常讲，读一本书实际上就是一次战斗，你不断地在森林里寻找，然后才能打到猎物；而读一篇小文章，那就像是吃个小点心。刚才大家不断提到"关键事件"，其实对一个中学生来说，读一本书就是一个关键事件。有学者担忧整本书阅读会伤害学生的读书兴趣，我觉得这是没有必要的。同时，我们也要认识到，整本书阅读是需要教师指导的，如果大多都是随便地翻看情节，整本书阅读的价值也会大打折扣。老师做一些阅读设计、问题设计，非常重要。像汤老师关于"关联"的解读，其实也回答了余老师提出的那个问题——《朝花夕拾》算不算整本书？当然是一本书，因为整个文集中蔓延着一种情绪，有内在的关联，都是回忆性的、关于鲁迅成长的文章。

通过《朝花夕拾》的阅读，让孩子们了解鲁迅的童年也是非常有意义的。通过与鲁迅童年的对比，可以让孩子们知道，生活中的很多问题是完全可以克服的，而这些恰恰意味着成长。如果要我谈点个人的感受，我觉得鲁迅的消极经验对他的成长，意义是很大的。其实，在我们每个人的成长过程中，愉快的经历并不一定会留下深刻印象，消极的经历却常常终生难忘。鲁迅获得《山海经》看似一个愉快的经验，但实际上牵连着的，却是"成长的烦恼"。鲁迅对消极经验的反思对他的成长很重要，也能帮助学生反思自己的成长。鲁迅写了很多有关成长的文章，学生看看鲁迅的成长，就觉得"圣人可学"。

从教学方式来看，读一本书往往非常单调和枯燥，因此合作讨论、小组交流可能更能激发学生的兴趣。高阶的能力都是通过社会合作、社会互动的方式来形成的。只有经过冲突，我们的个性才能确定，才会有取向。思辨的"辨"不单单包括分辨，还包括辩论的意义，同时我们还应该着力培养学生思维的开放性，如从本篇文章来看，鲁迅的父亲似乎是一个不可理喻的人，但是也许在他那个时代，他的父亲是完全符合社会规范的大多数。所以有时候我们教师不是给学生提供某种答案，而是提供一种思考的方式，如果有新的证据补充时，我们的结论也会随之松动或变化,如给予鲁迅外出闯荡的资本是自身强大的文化积淀,但是这个积淀从哪里来?其实正是来自他的父亲严格的,甚至是对他的成长有点伤害的方式,《朝花夕拾》毕竟不是一个完全真实的表述,也许这时候他突然就觉得父亲不可理喻,而父亲其他很可爱的时候他却没能记录下来。因此我们的结论只是暂时性的,我们需要对其他看法保持一种开放的态度。另外,作为语文课,我们也要让学生学会表达自己的声音,毕竟所有的思想只有通过优美的笔调记录才能得到永久的流传。

最后我想谈谈鲁迅对于传统文化的认识。尽管鲁迅表达对国学的某些厌恶情绪,但是他却深受国学的影响,国学是鲁迅思想资源的重要组成部分。鲁迅在日本修业后,完全可以选择在日本工作,但是他最终还是选择回到自己的祖国,与所有国民一起彷徨,一起呐喊,这体现的正是鲁迅对这一方土地的责任感,我在这里看到了儒家的担当精神与家国情怀。

第五堂课

永安的魂灵
——《阿长与〈山海经〉》的解读逻辑与教学逻辑

LUXUN DE QITANG YUWENKE ··················

◎主　　讲：成龙（华东师范大学第二附属中学紫竹校区语文教师，上海市语文特级教师、正高级教师）

◎对谈嘉宾：张心科（华东师范大学教师教育学院教授、博士生导师）

◎参与教师：赵欣（华东师范大学第二附属中学语文高级教师）、胡婧（上海交通大学附属中学闵行分校语文高级教师）、汪春芳（上海市青浦区教师进修学院附属中学语文高级教师）、肖建红（华东师范大学第二附属中学附属初级中学语文高级教师）、于晓莉（上海市吴迅中学语文高级教师）、姚文晗（上海市莘光学校语文教师）

◎时　　间：2021 年 6 月 12 日 14：00—16：00

◎地　　点：上海市虹口区横浜路 35 弄景云里 13 号景云书房暨鲁迅与文化名人陈列馆

成龙：朋友们,大家好！我们所在的这个地方叫做景云里。景云里,既是一个空间的存在,也是一个时间的存在。它的价值,经过时间的沉淀,不断地被我们认识到;并且随着时间的延续,它的价值,也将不断变得丰厚起来！

此次备课活动,我们既深入研读《阿长与〈山海经〉》一文本身,也希望以此为例,思考文本的解读逻辑与教学逻辑的问题。

为了更好地回答上述一系列的问题,我们邀请了华东师范大学教师教育学院博士生导师张心科教授作为备课活动嘉宾,指导我们的文本解读与教学设计。

首先让我们来看看《阿长与〈山海经〉》一文的结尾段落。

"仁厚黑暗的地母呵,愿在你怀里永安她的魂灵！"

鲁迅以这句话作为《阿长与〈山海经〉》一文的结尾,单独成段。

这句话,不少研究者已经关注到了其独特性,并提出了许多有价值的解读;经过思考,我们认为,无论是句子本身的含意,还是作为课堂教学价值的发挥,都还有进一步拓展与深化的空间。

基于这样的考虑,我们以"永安的魂灵"作为备课活动主标题。

一、文本的解读逻辑

1. 回到文本的"历史现场"

赵欣："仁厚黑暗的地母呵,愿在你怀里永安她的魂灵！"初读《阿长与〈山海经〉》,大多数读者可能都会质疑:鲁迅何以会为一个不怎么尽职的保姆发出如此颂祷？让我们尝试回到文本生成的历史现场,尝试解开这疑惑。

鲁迅在《朝花夕拾·小引》中交代,《阿长与〈山海经〉》的写作源于自己"想在纷扰中寻出一点闲静来"。1926 年,鲁迅的"纷扰"来自何方？要解答这个问题,可能需要回溯 20 世纪 20 年代鲁迅的北平时光。

《自选集·自序》中,鲁迅将自己的"北平时光"浓缩为:

见过辛亥革命,见过二次革命,见过袁世凯称帝,张勋复辟,看来看去,就看得怀疑起来……

然而鲁迅最终还是出版了"听将令"的《呐喊》；《呐喊》刊行当年，周氏兄弟失和；又两年，章士钊等人对女师大学潮事件的处理令鲁迅对北平文化氛围深感失望；是年，许广平始与鲁迅通信，但这精神上的慰藉不为外界接受。简言之，曾经为"寂寞里奔驰的猛士"提供慰藉的鲁迅，此时成为了最需要慰藉的人。1925 年年终，鲁迅在绿林书屋东壁下写作《华盖集·题记》——"我所获得的，乃是我自己灵魂的荒凉和粗糙"。

尽管在《朝花夕拾·小引》中，鲁迅说"一个人做到只剩了回忆的时候，生涯大概总要算是无聊了罢"，但同一时空的同仁、兄弟、爱人均不能化解鲁迅内心郁积的"荒凉和粗糙"，唯一可提供慰藉的精神资源也许就只有关于故乡的回忆了罢。所以，在《朝花夕拾》中，鲁迅不仅回忆故乡，且以难得一见的温柔笔触去书写故乡；不仅是温柔，甚至明知那些回忆不过是"蛊惑"、是"哄骗"，仍然放不下，仍要"时时反顾"。当故乡成为慰藉，故乡的乡民也就不再是"被启蒙对象"的样本，鲁迅与自己的书写对象变得无限切近，甚至产生了认同与归属。这是"永安的魂灵"生成的土壤。

认同与归属使得《阿长与〈山海经〉》的叙事姿态表现为作者置身于故乡与乡民间，以儿童之"我"的视角回到过去。无论是最初对长妈妈的"不大佩服"，还是其后对其"神力"的好奇，以及收获人生第一套《山海经》后的"震悚"，在《阿长与〈山海经〉》构筑的故乡语境和童年叙事中，借助儿童视角"回到过去"的鲁迅作别了"新文化"运动的知识分子话语体系，释放着有温度的"人间情怀"。这是童年鲁迅对中年鲁迅的胜利。

因此，当鲁迅试图为阿长寻求一个魂归之所时，"地母"信仰无疑是诸多民间宗教里最具普适性，也更宽容仁厚的选择，于是，带着对故乡莫大文化认同的鲁迅，似乎愿用一种更大的包容来回馈他的故乡与他的阿长，所以他以晚辈（子辈）的哀痛向无所不纳的地母发出呼告——"愿在你怀里永安她的魂灵！"

成龙：我们需要思考作品的自身特点及其定位。作品自身的特点包括单篇性质还是节选文章，或者纳入文集；纳入文集角度，又包括作者编入文集还是后来者编入。不同特点的作品，在解读时自然有不同的要求。这里，着重谈谈单篇作品被纳入文集的问题。文集，从定义上来说，是指把某人的作品汇集起来编成的书，这里涉及这样两个问题，汇集者是谁？为什么汇集？显然，作者汇集与后来者汇集，恐怕会有一些不同,特别在汇集的目的方面会有差异。当然,单篇作品,无论是否被纳入文集,都有其自身文体上与具体写作手法、言语形式等方面的特点,这一点自不待多说。作品定位是指将作品确定为教材课文还是保留作品本身的定位。一旦纳入教材课文视阈,那么作品将受到学科课程目标及教学目标、教材编者意图、学生学习学情及需要、课堂教学要求等因素的影响甚至限制。

从文本外部来看,《阿长与〈山海经〉》选自散文集《朝花夕拾》,《朝花夕拾》收录鲁迅所作十篇回忆散文,为鲁迅自己所编定。《朝花夕拾》的"小引"中的许多句子是很有必要深入解读的。面对这种单篇文章与作者自己编入文集的特殊性质,我们须回到作者创作此文意图、汇编文集目的直至作者思想谱系中,找出单篇的《阿长与〈山海经〉》产生的"土壤",找准其所处的创作谱系之中的位置,才可能算得上是更为全面而准确地解读了《阿长与〈山海经〉》。

2. 启蒙者的自我反思

肖建红:鲁迅是一个启蒙主义者。他也说过:我的确时时解剖别人,然而更多的是更无情面地解剖我自己。

本文写作的人物是"阿长",作者对"阿长"的情感有一定的复杂性。这与启蒙者的自我反思之间有没有关系?来看一看文末的这句点睛之笔:"仁厚黑暗的地母呵,愿在你怀里永安她的魂灵!"这句话,让我们看到了鲁迅对阿长的深情——怀念、感恩。但仅仅如此吗?且看文末倒数第二段,"大概""大约"表明"我"对她的生活状况的知之不确;"仅知道"的"仅"表知之甚少,这里,将阿长对"我"的爱之诚,与"我"对阿长的冷漠形成对比,表现自己这么多年对她毫无关心之意、毫无关心之行动的愧疚与自责。而这种愧疚与自责恰好是作者作为启蒙者在反思自己对待阿长这样一个社会底层人物应该有的态度,面对有落后文化,又有人性的善与美的民间力量,是批判还是拥抱的问题。与鲁迅的小说和杂文的犀利批判性相比,显然,本文作者的态度显然要温和很多。

启蒙者的反思与本文两种叙述视角"童年的视角"与"成年的视角"之间有没有关联呢?正如中山大学的朱崇科老师在《〈阿长与〈山海经〉〉中的三个鲁迅》中所说的。鲁迅正是"利用了少爷身份把启蒙者不太成熟的部分,比如傲慢乃至缺点与少爷的脾气、习性结合起来,这样就彰显了启蒙的可能自反能力,而其中的中年心态却又同时为再现了底层的苦难与温暖添加了'了解之同情'"。童年的"我"成为成年的"我"的反思对象,在童年和成年的不同视角下,"我"对阿长的情感态度呈现了一定的差异,这恰好也是启蒙者完成自我反思的成长过程。

启蒙者的反思,在文章中有多处体现,如吃福橘一事,"这些规矩,也大概是我不耐烦的",对于童年不喜束缚的"我"而言,自然是厌恶至极。然而在字里行间,却又充满着一种趣味。虽然这件事在童年的视角中有"我"对阿长的厌,然而,因为中年情感的参与,这种"厌"在字里行间得到了消解,从而变得幽默风趣,这也体现了启蒙者通过反思后对社会底层人物情感态度上的调整与接纳。

由此,成年的"我"看阿长,有崇敬、感恩、怀念;更有内疚、自责之后作为启蒙者的自我反思。在成年的"我"的这些情感的推动下,童年视角下的阿长在粗鲁、迷信之外也多了几分率真与可爱,厌与憎的少年情绪与宽容、理解的中年态度在显与隐中得以融合。"永安她的魂灵。"一声祷告,永安的既是可敬可念的底层人物阿长的魂灵,也许是心有愧疚、自责的作为启蒙者的作者自己的魂灵。

成龙:解读能力是一个较为复杂的问题,与解读策略的质量、解读实践的多寡、胸怀观念的品性等都有密切且复杂的关联。大致上来说,解读策略质量越高、解读实践越丰富、越具备开放包容的胸怀与理性思维的品性的解读者,往往能获得更高质量的解读结果。

我们知道,一篇作品,可以是独立的存在,也往往有可能与其他的作品有某种内在的关联。如果我们在解读某一篇作品时,放宽视野,是否有新的收获呢?

3. 记忆与前行——从阿长形象的互文性中体会鲁迅回忆性散文的情感表达

胡婧:贵志浩在《记忆遮蔽下的文化反思——〈朝花夕拾〉的互文性解读》一文中从"互文性"角度来解读朝花夕拾很有意思。"互文性"理论强调文本与文本间的关系及其所构成的话语空间,它主张将文本置于一个由文学、文化及其他文本所构成的开放体系中予以关照,从而获得对文本存在的多重意义确认。同属于一个作家的创作更是普遍存在着互文性。在解读一个作家的作品时,应将文本置于一张由诸多文本织成的网中,在文本的互涉对照中认识其同质性或异质性,并在相关性的寻绎中去理解作品的意蕴和内涵。

阿长是《朝花夕拾》中互文最多的人物形象,其中在《阿长与〈山海经〉》中最为详尽。我们可以从与《朝花夕拾》整本书中的阿长形象的互文性,和与同时期写的回忆性散文《记念刘和珍君》《为了忘却的记念》等高中要学习的文章的互文性角度,来看鲁迅的这类回忆性散文的情感表达,看是否对先生的这一类回忆性散文的阅读起到举一反三的作用。

首先,回忆性散文情感表达具有双重性:真实与理解。

《朝花夕拾》以其真切自然的自我人生历程回溯备受研究者关注。阿长或作为主角出现,或作为配角衬托,时常在鲁迅的回忆中出现。作者又时常跳脱出记忆,站在当下对过去进行着隔眼审视。

这就出现了一个很有意思的场景:鲁迅在回忆中,以既往的我的眼光保留着孩童的真实,对阿长有着丰富的厌恶情感;又在回望中,以当下的我的眼光审视着阿长的真实,对阿长有了更深切的敬爱和寄托。

正是因为如此的回忆和审视,作者顺理成章脱口而出一句情深意切的祷告:"仁厚黑暗的地母呵,愿在你怀里永安她的魂灵!"愿像妈妈一样的保姆阿长的魂灵永安!

其次,回忆性散文情感表达具有曲折性:忘却和纪念。

鲁迅的回忆性散文在高中阶段语文教材中也被选录,如《记念刘和珍君》《为了忘却的记念》。其中《记念刘和珍君》就写于 1926 年,也是《朝花夕拾》开始创作的时期。同是回忆性散文,作者的情绪随着事件的发生各有差异。但是情感表达却呈现了趋同性:都在转折中表达矛盾,在矛盾中走向合一,这也让我们可以一窥鲁迅回忆性散文的共性特点。

由上可以看出:鲁迅先生的回忆性散文中昔、今的所思所感的对比,矛盾曲折的情感表达背后的意义或许是让我们思考回忆的意义:沉郁悲凉、虚无绝望,固然可能激发"反抗绝望"的意志;但生活的美,回忆的温馨也是破除绝望与虚无、推动生命走向新的境遇的资源。无论记忆中的是浓重阴翳还是温暖深情,是辛酸悲凉还是质朴亲切,回忆的意义不在回忆本身,而是当下生命的敞开,是指向主体将来的生存,是将来生活的前行的可能。

此时,作者的魂灵也在对阿长的回忆中得以永安的力量……

成龙:在解读一篇课文时,须思考解读者的角色定位的问题。

首先,从解读策略角度上来看。文本解读策略的研究成果已经很丰硕了,在科学的文本解读策略指导下,更易于获得更有质量的解读结果。

其次,从语文教师的角色定位上来看,往往会带来解读者对教学需要的满足,换言之,若受到教学需要的过多限制,哪怕是某种暗示,语文教师的解读过程与结果,是否有窄化的可能与风险?而非语文教师的角色定位,即还原到一般读者的角色,所受到的暗示甚至限制是否会少一些?

第三,从解读目标的定位上来看。这可以与解读者的角色定位结合起来分析。具体到语文教学视阈,作为语文教师的角色定位,往往要在教学要求的统领下,将解读目标定位为符合语文教学要求、提高学生阅读能力、丰富学生思想积淀等几个方面。当语文教师暂时摆脱语文教学需要这个限制时,是否更易于回到作品本身,而将解读目标定位在全面理解作品、赏析作品上,无论是解读的新意、广度还是深度上都会有新的收获。

解读文本,最终必须要回到文本本身,从中找到可靠的解读依据,我们暂且称之为"文本的内部逻辑",主要包括言语形式与言语内容,以及二者之间的逻辑关系。

《阿长与〈山海经〉》一文的解读文章,目前已经有很多了。我们这个备课团队的老师,提出了自己的解读。

4. 情感的张弛和蓄势的力量

汪春芳:《阿长与〈山海经〉》是鲁迅专门回忆阿长的文章。最后一段作者运用抒情的语言,祈愿的口吻,希望她能够永安。情感的推进并非一蹴而就,而是始终在理性抒情中克制的表达。

文章在冷静回忆对她的多种称呼,以及"长妈妈"叫法由来之后,写了对她的厌烦。随即又说"但是她懂得许多规矩",这句中鲁迅没有直接表明对长妈妈的情感。因为结合当时背景来看,在绍兴农村的大家庭中,很多规矩是根深蒂固的。一个保守落后的农村妇女对于规矩的虔诚,从儿童视角来看,是繁琐无趣的,但从成人视角来看,除了愚昧落后,还有着理解和感动。

紧接着鲁迅又表达了厌烦,因为长妈妈要他注意各种大年初一的习俗,十分扫兴。从儿童视角来看,这是正常的情绪。但紧接着鲁迅又说"然而我有一时也对她发生过空前的敬意"。这个转折,收束了厌烦的情感。联系《从百草园到三味书屋》中三味书屋中小鲁迅的想象力和好奇心受到严重抑制,这种荒诞也就能理解了,因为在成年人看来不可思议的事情,在儿童的世界里,确实那么神奇。这里用看似调侃的语言,既写出长妈妈作为一位农村妇女的愚昧无知,同时也写出了鲁迅站在成人视角回望长妈妈时的理解,同情,"敬意"。

可能鲁迅认为这样的蓄势还不够,在"知道长妈妈谋害隐鼠"之后,情绪的矛盾和纠结瞬时没了,只剩下厌恶,痛恨,甚至还想到"复仇",仿佛立即要爆发。但鲁迅宕开一笔,开始写对《山海经》的渴慕。就在这种渴慕中,长妈妈竟然买来了"我"梦寐以求的《山海经》,这样的情感冲击十分强烈,所以我会"震悚",产生新的敬意,确乎觉得她有伟大的神力,此时的"敬意"已然没有了调侃的意味。

文章最后两段写到《山海经》的书是粗拙的,可见这本书对于长妈妈这样一位农村妇女而言,她确实没有辨识能力,但她就是帮"我"找到了,这对于"我"今后搜集绘图类书籍的兴趣的激发,影响很大。这是一种冷静的回忆,为最后的情感大爆发又蓄势一番。

如果说落差能形成力度,那么童年鲁迅和成年鲁迅情感之间的落差始终处于克制的表述中。在行文过程中,不断蓄积情感的力量。随着文章推进,童年鲁迅对于阿长的情绪从讨厌变得痛恨时,成年鲁迅更多的是理解和感念,情感落差越来越大,最后因当年无法理解阿长、现在不关心阿长的去向而自责。多次蓄势,多次欲言又止,反复之间,情感最后的爆发就越强烈,最后"永安的祝祷"也是水到渠成的情感自然奔涌。

成龙:情感是散文的核心,深入到情感内核,才能说得上是更为准确地把握了散文。

5. "儿童视角"和"成人视角"下的语言风格切换

于晓莉:鲁迅的散文句法跌宕起伏,思维四突,全借助着虚词,很多人凭这点就能认出他的作品来。《阿长与〈山海经〉》也不例外,鲁迅大量使用虚词,准确简洁地揭示人物特点,表达自己的情感,更是有节奏地将自己独特的语言风格呈现出来。

首先是实词的反复出现。"实在"一词出现四次,分别表达自己对阿长的种种陋习的厌恶之情,以及全然没想到"她还有这样伟大的神力"。而"似乎实在深不可测"句中则把表示不确定的"似乎"和表示确定的"实在"两个明显矛盾的词语放在一起使用,猛然让人想到《从百草园到三味书屋》中的"似乎确凿只有一些野草"。鲁迅把"儿童视角"与"成人视角"下对这件事的态度与看法糅杂在一起,我们甚至可以感受到中年鲁迅在回忆并讲述阿长一脸严肃地说出这个故事时候脸上露出的微笑——带着对过去的自己的幼稚与无知的嘲讽,更诙谐幽默地呈现出那个努力想证明自己有价值的看起来略带可笑的阿长的形象。

其次是各种表示转折的关联词的连续使用。其实曹刚老师在解读的过程中常会重点关注到表示转折的词语。作者对阿长的情感在其中一转再转,却让"儿童视角"下的作者对阿长的反感逐层加深。而读者也恰恰是在这一次又一次逻辑缜密的转折中跟着作者一起起伏,感受着阿长"不美"的人物形象,体会着作者的厌恶之情逐渐加深,为后面"永安的魂灵"的祈祷蓄足了势。

鲁迅还喜欢运用文言特殊句式,诸如"什么姑娘,我现在已经忘却了,总之不是长姑娘""这些规矩,也大概是我所不耐烦的",把宾语提前,铺陈直叙,看似单调平淡,实乃意蕴丰富,更助力于作者深沉含蓄的风格的呈现,真切自然的情感的表达——儿时对于阿长的憎恶之情。

清人余诚说:"文章要诀,无过真切二字,真切则确当而不可移易。"鲁迅更是通过一系列实词的惟妙惟肖的使用,将"儿童视角"下的真切生动,妙趣横生与"成人视角"下的言外之意的真挚深沉达成了巧妙的糅合。

阿长的"摆大字"等动作真切地呈现在我们面前时,读者仿佛看到了小迅哥脸上的鄙夷,内心的憎恶,但却无法痛恨起来,反而在"儿童视角"下的"我"的情感与阿长的表现冲突中感受到了一丝狡黠的微笑:这阿长,真是太粗俗又太有趣了!文字表面和文字里的这些"言外之意"的碰撞交融,既真切生动,妙趣横生,又深情真挚,那是鲁迅成年后对温情的珍视。正如郁达夫所言:"鲁迅的文体简练得像一把匕首,能以寸铁杀人,一刀见血。重要之点,抓住之后,只消三言两语就可以把主题道破。"

"成人视角"下的表述,又或极具夸张,或深情表白。"全体都震悚起来",看似夸张其词,却恰在深情地表达着儿时的自己愿望得到满足时的激动和兴奋。两个视角下的鲁迅,都满怀热烈而真挚的情感。结尾的深情的祷告与前文调侃笔调完全不同,那是经过时间的积淀后才明白的一个下人对于自己的关爱是多么的真切与无私。语言在从视角的再次跳跃中变得深沉而温情。结合《朝花夕拾》的小引,我们明白鲁迅是在内心极度苦闷的情况下,向前路无法寻找到解脱,才退而向来路寻找温暖与慰藉,而阿长在他的作品中多次出现,阿长给鲁迅买的《山海经》又为他未来的文学之路埋下了种子。我们才豁然明白:作者这样的语言风格的切换完全是为了永安这位善良的小人物的魂灵,更希望自己在这温情中汲取力量,继续前行。

成龙:从情感到语言,从语言形式到语言风格,从虚、实词到句式,这就是文本解读中语文的路子。于晓莉老师紧扣文章两种叙述视角的特点,从"儿童视角"和"成人视角"下的语言风格切换的角度,对文章进行了深入的解读与生动的赏析。

阿长除了是阿长之外,还可能、还可以是谁呢?

6. "儿童视角"和"成人视角"下的语言风格切换

姚文晗:《阿长与〈山海经〉》和《老王》《台阶》《卖油翁》一起,被选入部编本七年级下册以"小人物"为主题的第三单元。"小人物"的类型各不相同:老王是底层劳动人民,《台阶》中的父亲是中国农民的缩影,卖油翁是民间艺人。而阿长这个小人物,在我看来,是读者对于母亲(或其他担任养育者的女性角色)形象的共同记忆。

原型批评的提出者弗莱认为"原型"是一种典型的或反复出现的形象,是人类普遍同类经验的心理凝结物。由此,阿长的形象可以说是文学作品中最重要的原型之一：母亲。

6.1　母爱的回归

文末最后一句是美好的祝祷，但作者没有选择"佛祖保佑"等常用的祝祷词，而是希望地母永安阿长的魂灵，这有独特的用意。

本文写于 1926 年 3 月 10 日，对黑暗现实不满，鲁迅向往故乡，怀念童年。逝世前六年多的时间，先生给母亲的书信多达 116 封。爱之深，往往无法拉开审美距离诉诸文字。故而夕拾朝花时，先生满怀深情地写下了儿时承担养育角色的女性——阿长。经过时间的沉淀，阿长已不只是客观的人物，而是作者对母亲情感与审美想象的原型。这个母亲如同兼具仁厚和黑暗的地母，是"不美"与"美"的结合体。

前半部分重在表现阿长的"不美"，然而细究之下，阿长的"不美"中也包含了许多"美"。元旦给我吃福橘，是祝愿我一年顺利；不许我拔草翻石头，是担心我在调皮举动中受伤；其而她对我讲"长毛"，除却故事色彩，也许还希望引发我的敬畏和警惕。这正像唠叨的母亲一般让我们觉得厌烦，但在回忆中细细品咂，却油然生出一种被爱的幸福。阿长那看似矛盾的性情，超越职责的关爱，正是先生在纷乱中为自己，也为我们建造的母爱桃花源。

6.2　成长的反思

我认为这篇文章之所以动人，还在于作者在成长中对于母爱的反思，也即所谓的"阴影"原型——承认自己的不足，承认人的软弱性和无能为力等问题。

阿长生得黄胖而矮，却被冠以名不副实的称呼"阿长"，这个名字是被随便沿用的。她跟我说过自己的名字，我却丝毫不记得。事实上，我连给父亲看病的医生的名字都记得清清楚楚，所以我并不是健忘，只是不在意。阿长郑重、惶急、十分欢喜地完成元旦的一系列仪式时，我却只觉惊异、磨难、非常麻烦，现在回想起来，也正如我们不理解母亲的良苦用心一样有着隐隐的自责。

因此，在多年之后鲁迅回忆起这些，才会充满了歉疚，希望地母能够永安阿长的魂灵。而我们，也能借这篇文章，追怀自己的童年，感受母亲的"不美"与"美"。

成龙：一篇课文的教学，要解决三个基本的问题：读什么、教什么与怎么教。读什么与教什么是内容角度的问题，二者紧密联系在一起，但并不要求完全一致。并非将文本解读结果全部安排进教学内容，也不完全依据教学要求解读文本，二者微妙关系的处理，就是怎么教的问题。

"教学有法，教无定法"，我们将其中的"有法"理解为符合教学逻辑。我们提出

"语文教学须遵循语文科教学逻辑"这个观点。简要地说,语文科教学逻辑包括学科逻辑、学的逻辑与教的逻辑三个核心要素。从构成要素内在逻辑关系上来看,依据教学相长等基本原理,学科逻辑与学的逻辑决定了教的逻辑,教什么与怎样教取决于教的内容的特点与学生的学的特点及规律。

二、文本的教学逻辑

1. 初中散文教学逻辑的思考

汪春芳:这是统编语文教材七年级下册第三单元的第一篇文章,这个单元以"小人物"的故事为主题,引导学生关注平凡人物身上优秀的品格。建议的能力目标有"从标题,详略安排,角度选择等把握文章重点;从开头,结尾,文中的反复即特别之处发现关键语句;感受文章的意蕴"等。

根据文章中鲁迅对长妈妈的情感变化特点,从"反复蓄势,隐而不发的文章构思,幽默克制的语言表述"出发进行课堂活动的组织,以"文章表达作者怎样的情感"为核心问题,设置"'我'对长妈妈的感情变化及原因? 文章是如何表述的? 为什么要这样表述"这些下位问题开展教学,主要落实在"主要情感变化的提炼概括,关键字词的比较分析,抒情性语句的诵读品析"这些环节中。构建以下学习路径:

1.1 以"虽然……但是"梳理"我"对阿长的情感变化过程及原因

如:虽然"我"不大佩服阿长,但是因为她懂得许多规矩……

虽然她讲的规矩令人厌烦,但是因讲长毛故事觉得她有神力而对她有特别的敬意。

情感的反复转折是这篇文章核心的内容,但又是"转而不折",是一种层层递升的螺旋型情感变化的形式。借助关联词、关键性语句,整体把握这篇文章的思路结构和作者情感。这也是这篇文章学习的第一步。

1.2 抓住关键词句,细致品析情感变化

以"但是因为她懂得许多规矩……"这句为例,补充完整鲁迅对她的情感,这是鲁迅情感复杂曲折的关键点,联系时代、地域的文化背景,激发学生体会鲁迅在文章中有敬、有畏、有恶的情感,体会以"敬"为主的情感,在品读中理解字里行间表述的理性而克制。随后,继续通过细致辨析比较关键词句之间的差异,去体会情感变化的特点。通过分析"两次对她产生的敬意有什么差异",把握看似对长妈妈时而敬、时而恶反反复复的情感,实则对长妈妈的敬逐渐递进的特点。

教的逻辑从文章整体出发,再落足于文本转折处,细节点,采用从整体入手,关键点反复锤敲的方法,有条理地教。学的逻辑,以教师搭建的关联词为支架,学生筛选文本,提炼概括主要内容,抓住作者情感表达故意隐而不发的点,思考作者情感表达的特点,并触类旁通地去思考其他几处。学生信息提取的能力、比较分析的能力都在学习过程中得以增强。

鲁迅的文章有时会令人沉重,这份沉重正是来自鲁迅所处的令人感到矛盾焦虑而又疲乏无力的时代,来自苦闷彷徨、纠结复杂的性格,还有就是极为理性的克制和自我的反省,就像钱理群教授所说"鲁迅和卡夫卡的文学,是一种'奇想迭出、寒气逼人'的文学"。

2. 整本书阅读视阈下的《阿长与〈山海经〉》教学

胡婧:基于初中学生的认知特点,我们可以采取绘制各种图表的方式直观呈现先生回忆性散文的情感表达特点。

2.1 绘制《朝花夕拾》中阿长出现的篇目内容梳理表

我们按照阿长在《朝花夕拾》里出现的篇章的顺序以及相关描绘,可以列出如下表格:

篇名	时间	涉及阿长的具体内容概括
《狗·猫·鼠》	1926 年 2 月 21 日	阿长踩死了"我"的隐鼠
《阿长与〈山海经〉》	1926 年 3 月 10 日	元旦仪式、讲长毛故事、买《山海经》
《五猖会》	1926 年 5 月 25 日	父亲逼迫"我"读书,而"我"不喜欢这本书,阿长在旁边心疼但不能出声;阿长主动给我买来书,而且是我爱的书,更是对阿长充满了敬意
《从百草园到三味书屋》	1926 年 9 月 18 日	阿长给"我"讲美女蛇的故事

四个文本共同指向了一个纯朴而粗俗、严肃而可笑、善良而略带狡猾的乡下保姆形象。

2.2 画回忆性散文中情感走向坐标轴图

这份回忆的真实和回望的理解,我们也可以用图表的方式更清晰地呈现。我们以阿长在《朝花夕拾》中出现的篇目的时间为横轴,以作者情感的流转为纵轴,画出作者在回忆性作品中情感表达和意义轴向的坐标轴图:

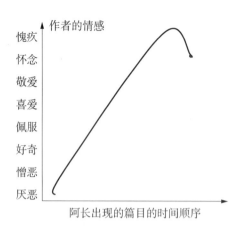

当把《朝花夕拾》一书的阿长放在一个时间轴上来整合思考,可以直观发现:虽然《朝花夕拾》有着批判和怀念的双重调子,但是在阿长身上作者始终是温情地怀念。正是因为如此的回忆和审视,作者顺理成章脱口而出一句情深意切的祷告……愿像妈妈一样的保姆阿长的魂灵永安!

2.3 画《阿长与〈山海经〉》回忆中情感的矛盾突转图

鲁迅先生的表达一向有自我的特色。在回忆性散文中更是体现了矛盾性,主要体现在关联词的转折上。作为《朝花夕拾》整本书阅读中阿长出现更集中的单篇,《阿长与〈山海经〉》中作者对阿长的情感也是不断突转的,但最终的落点还是回到怀念的高点。

曹刚老师曾对这类转折词做过细致分析:"作者表达时连缀上述事件时都运用如但是、然而等转折词,每一次转折,看似要从阿长的缺点转到优点,其实引出的却是阿长的另一个缺陷,以及作者对此更深一层的反感。"在教学时,我们可以根据转折词画人物情感曲线图:

3. 对比阅读的教学价值

赵欣:教学中,我们或许可尝试将《阿长与〈山海经〉》与小说《故乡》进行对照阅读,以期达成对"永安的魂灵"的理解。《故乡》是虚构类文本,但与《阿长与〈山海经〉》取材同源,二者都可视为探究"鲁迅与故乡之关系"的范本,又各具特色。(两文差异分析如下表所示)

	《故乡》	《阿长与〈山海经〉》
写作时间	1921 年 1 月	1926 年 3 月
体裁	小说	散文
"我"与故乡的关系	疏离与作别	亲近与追念
"我"在文本中的身份	与故乡有隔膜感的启蒙者	与故乡无间的叙述者

写作《故乡》时,鲁迅的书写姿态中不可避免地带有启蒙者意识。小说一开头,作者便写,"我冒了严寒,回到相隔二千余里,别了二十余年的故乡去"。"我"与故乡之间的距离感以数字得到强化,距离感又颠覆了"故乡"具有的古典情结,并将"故乡"变为供启蒙者审视的对象,在这样的书写策略下,"我"对故乡的情感自然也就从"惘然"变成"并不感到怎样的留恋",启蒙者与故乡的隔膜最终由闰土的一声"老爷"得以固化。

写作《朝花夕拾》时,鲁迅身上启蒙者的理想主义色彩逐渐黯淡,代之而起的是"荷戟独彷徨"的无所适从感。在这样的心境下,故乡是慰藉甚或退路,"我"看故乡自然也就多了游子怀乡的温情,前文提到的时空距离,此时则成为温情的助燃剂,所以最憎恶"瞒和骗"的鲁迅,甚至可以坦然接受关于故乡的记忆"哄骗"自己。

"我"在文本中的身份差异带来了写作视角的差异:《故乡》里,"我"始终是以近乎他者的视角看故乡,许多关于童年的记忆有赖母亲的提醒,与玩伴闰土的记忆也被一声"老爷"粉碎;在《阿长与〈山海经〉》里,"我"重新成为故乡生活的亲历者,并以此视角陈述"我"和长妈妈的一切。即便文章快结尾处,"我"转为成年叙述者身份,但这一个"我"与童年的"我"几乎别无二致——都是浸淫在故乡情结中的"我",因此,成年的"我"会想要代替少不更事的"我"弥补当年对长妈妈的亏欠,从而渴望有神明可以"永安她的魂灵"。

在漫长的时间跨度中,能够自然而然将童年之"我"与成年之"我"的情感连缀起来的,可能唯有 45 岁的春天里,鲁迅心中深藏的故乡。

4. 原型批评视角下的人物形象分析

姚文晗: 在单元视角下,可以通过问题的搭建让学生体会到阿长身上所承载的情感密码与文化意义,也即"母亲"原型的特点。在学生对全文比较熟悉的基础上,我选择从阿长最"美"的情节——为我买《山海经》的部分切入。

4.1 聚焦买书,读出阿长的"美"

生活在数字传媒发达的今天,孩子们很难理解《山海经》何以成为作者幼年心心念念之物,因此,首先要回溯幼年鲁迅的生活,了解《山海经》是他所向往的另外一个天地。

之后,通过几组对比(其他人和阿长等),看出阿长对我发自心底的爱。想象阿长买书的场景,她不识字,连书名也记错了,一定是历尽辛苦才能最终买来。阿长当然并不清楚这本书对我的意义所在,但是她看出了我的心心念念,感受到了我的坐立不安,便要想方设法地满足我的愿望。正是这样纯粹的爱,让我似乎遇着了一个霹雳,全体都"震悚"起来。

4.2 聚焦抑笔,读懂阿长的"不美"

阿长切切察察,爱告状,睡相差;还有许多繁杂的礼节规矩;她对显而易见的荒谬故事讲得认真严肃,更是有了一种强烈的违和感。尽管阿长提到自己攻城时可以抵挡大炮,让我感受到了伟大的神力,但是却荒诞不经,更显无知可笑。这都是阿长的"不美"。

接下来,在对阿长"美"的情感铺垫之下再来理解不美,能读到不一样的阿长,不一样的情感,反观"不美"中蕴含着的"美"。引导学生对身边母亲(女性养育者)的关注,唤醒阿长这个人物背后蕴涵的母亲原型内涵。

4.3 聚焦称呼,读出作者的"思"

最后,回望阿长名字的来历,拓展孔乙己、阿Q、九斤老太等名字的来源,更清晰地感受周围人(包括且主要是作者)对长妈妈的不在意。再由文中提到的名字和情感的关联入手,一起回顾《朝花夕拾》中,除了本文以外的文章里提到的阿长:

长妈妈曾经讲给我一个故事……(《从百草园到三味书屋》)

长妈妈,一个一向带领着我的女工……(《狗·猫·鼠》)

便是不识字的人,例如阿长……(《二十四孝图》)

长妈妈即阿长……(《五猖会》)

在这四处称呼中,有三处称为"长妈妈",可见在作者潜意识里,对阿长更多的是爱与念,尤其是在很多不经意的时候,常常会想起阿长的话。那么如今的鲁迅,对自己儿时对长妈妈的态度有着怎样的反思? 在这样的蓄势中,自然引出最后的祝愿,探究地母的形象和文化意义,进一步强化阿长的"母亲"原型。

5. 聚焦"主问题"的《阿长与〈山海经〉》教学

肖建红:主问题设计,是语文阅读教学始终关注的问题之一。《阿长与〈山海经〉》这篇文章,该设计一个怎样的主问题,使它既能基于对文本的准确把握,又能使课堂有效聚焦、学生的思维始终处于活跃的状态呢?

本文是一篇散文,散文最大的特点就是"形散神聚"。我们便可以抓住体现"神聚"的内容入手来组织教学,如标题、线索、某些重点语句,等等。本节课,我尝试着设计了这样一个主问题,围绕"仁厚黑暗的地母呵,愿在你怀里永安她的魂灵!"分析"我"对阿长的情感态度。

课堂有主问题是不够的,还需要设计以主问题为核心的,有一定逻辑关联度的问题链,围绕主问题,提出了以下几个下位问题:

① 朗读最后一段,抓住"愿""永安"等词,思考该句中蕴含了作者对阿长的哪些情感? 抓住文本核心,即叙述者对叙述对象的情感态度来打开文本,既体现文本阅读的整体感,又获得学生初始阶段的阅读所得。

② 本文主要写了与阿长相关的哪些事?

③ 最后一句作者对阿长的情感,与前文与阿长相关的叙事相比,"我"的视角有什么差异? 一方面培养学生的概括能力,同时也为下一步探究情与事之间的关联和矛盾打下基础,而探究两者之间的视角差异,是在让学生关注回忆性散文常有的两个"我"的叙事模式的同时,又逐步引导其关注到作为启蒙者的鲁迅对曾经的自己所产生的一种自觉的自我反思。

④ 根据末尾段作者情感的抒发,这些事件中,哪些是作者必须要写的? 学生很容易发现买《山海经》一事对于"我"的价值和意义,这也是结尾处感恩和怀念的情感来源,也将促使学生思考前文写阿长名字的来历、吃福橘、讲"长毛"的故事与结尾段的联系。一方面帮助学生整体把握叙事材料与情感抒发之间关联,从而培养可以迁移的阅读能力和阅读思路。另一方面,使学生能产生向文本纵深处漫溯探求的欲望和路径。也许这是一种先抑后扬的写法,也许又不仅如此,作者是借由一个童年的"我",来实现成年的"我"的一种自省,童年的"我"对待阿长的态度,在成年的"我"这里,得到了纠正和调整。

6. 关注言语形式的散文教学

于晓莉:教师教的逻辑应该从关注文本本身到关注学生的语文素养。温儒敏先生指出:"所谓'语文素养',是指中小学生具有比较稳定的、最基本的、适应时代发展要求的听说读写能力,以及在语文方面表现出来的文学、文章等学识修养和文风、情趣等人格修养。"

教师提出突破口:分别圈画出代表"儿童视角"和"成年视角"两种不同视角下的语句,体会两种叙述视角下的不同语言风格和情感变化,以及这些变化具体又是通过哪些词句表现出来的,再联系主要事件,体悟转折连词起到了什么作用。学生感悟到"儿童视角"下阿长的形象益发"不美",作者对阿长的反感逐层加深,再引导学生发现最后一个没有出现转折词的巨大转折——《山海经》一事,期间透过特殊的词语和句式,文字表面和文字里的"言外之意"的碰撞交融,进一步体会不同视角下的"我"的情感。在两个视角的杂糅中表达了对阿长的深深的敬意与感激,为后面"永安的魂灵"的祈祷蓄势。

张心科教授谈及散文阅读的过程与方法中曾提到三级阅读教学过程:欣赏性阅读——反思性阅读——研究性阅读。我们在复现作者、文本的意象世界的阶段后还需要进一步联系历史意象世界,加上比较阅读,给大家补充相关资料,激发学生更深入地理解作者的内心世界,以及创作的意图。

恰如郑桂华老师所言:"好比一个既专业又聪明的导游,到了一个景区,能从纷繁的游人、杂乱的景点还有满布的荒草中劈开一条简洁、清晰的小径,带着游客直达目的地,而几个主要景点又没有错过。"老师作为一个导游,可以抓住语言形式的特点来引导学生走进文本,达于中心,通过"这一篇",掌握"这一类"写人记事类的散文的学习方法。

三、备课小结

成龙:从解读角度来说,经典作品的特征之一,就是解读的多向性与多义性;多向与多义,都与解读者及作品本身特点有着巨大的关联。不管如何的多向与多义,恐怕还是需要遵循一定的逻辑。解读结果,体现的是文本解读逻辑中的五个方面要素之间的内在关联。从解读者的角度来看,语文教师与一般文章鉴赏者的角色是同时存在的,这带来了对文本外部逻辑的深度关照,诸多专业的解读视角,体现了解读者自身思想素养与解读能力的丰厚积淀;将文本放置在作者思想谱系与创作谱系中,则是对作品特点及定位的呼应,既尊重文本的"作品"属性,也不脱离课文这个特殊的定位;解读策略体现在从真实性与文学性角度解读回忆性散文、互文性解读、"人物原型"理论运用、赏析情感的张弛、分析视角与语言风格等方面。

从教学的角度来看,科学的语文教学,总是遵循着语文教与学的内在规律,语文科教学逻辑内涵及要素在实际的语文教学过程中,并非简单或生硬地划分为三个具体的要素,而是融在教学内容的确定、教学方法的选择、教学过程的安排中。

具体到《阿长与〈山海经〉》一课,首先是"永安的魂灵"的理解问题。对于初中七年级的学生而言,"仁厚黑暗的地母呵,愿在你怀里永安她的魂灵!"一句所表达的深层次内涵,可能一时无法理解。那么,我们应该如何处理"永安的魂灵"这样有难度的问题呢? 当我们在说"学生看不懂"这句话的时候,我们是否真的懂了学生呢? 我们懂了学生的多少呢?

我们认为,总体上看,学生的文字理解能力与生命体验能力,是一个动态发展的过程;个别地看,学生之间的能力也存在差异,我们可以搭建理解的支架,介绍必要的相关知识,设问层层铺垫,学生若一时无法全部理解,但也在他们的脑海里留下了印迹。

其次是文本外部逻辑的解读结果问题。《朝花夕拾》文集的主题、作者思想谱系等问题,是理解《阿长与〈山海经〉》的必要铺垫,如何发挥其作用? 单独讲,更多的是知识的作用,若能结合在课文讲解中,成为整个理解过程中的一个有机部分,教学效果应该会更为理想。

当然,这篇课文,究竟教什么、怎么教,相信对于每一位有独立思考习惯、能力的语文教师来说,一定能提出各自的设计结果。

接下来,我们请华东师大张心科教授对我们的备课活动进行点评并指导。

专家点评

LUXUN DE QITANG YUWENKE ···

张心科:散文具有真实性和文学性双重特点。就散文的真实性来说,阅读写人叙事类的散文,应该从昔日之我与今日之我双重视角切入。据此可以发现,鲁迅在《阿长与〈山海经〉》中对"我"的态度始终没有变化,但是对阿长的态度发生了巨大的变化,由过去写她的优点、缺点,以及自己对她的不满、敬意,转为认为她是真正的"人"而对她忏悔、同情和祈愿。就散文的文学性来说,鲁迅采用了忠实于记忆和有意去改编这样两种书写策略。其中有意去改编采用了强化(阿长与《山海经》)、削弱(阿长的死)和遗忘(阿长买、送《山海经》的时间)三种方式。

《阿长与〈山海经〉》是一篇写人叙事散文;选自散文集《朝花夕拾》,也是一篇回忆性散文。

散文特点,首先是其真实性(非虚构性),写的是真人真事,抒发的是真情实感。从真实性这个角度来说,阅读写人叙事的回忆性散文,应该从"昔日之我"与"今日之我"两个视角来看待所写的人、事。昔日（"朝"）之"我"（童年周树人）是如何看待"我"（儿童、被服务者）与"人"（成人，亲近的服务者，"一个一向带领着我的女工"，"保姆"，"阿妈"，"阿长"）的：她不"好"的言行（"切切察察""不许我走动""晚上的睡相，怕不见得很好罢""恭喜""福橘""她教给我的道理还很多"）与"我"的态度（"实在不大佩服""我所不耐烦的""烦琐之至"）；"好"的言行（"长毛"的故事）与"我"的态度（"空前的敬意"）；不"好"的言行（"谋害了我的隐鼠"）与"我"的态度（敬意完全消失，"严重地诘问"，"复仇"）；"好"的言行（买来"念念不忘"的《山海经》）与"我"的态度（"遇着了一个霹雳，全体都震悚起来"）。就是这样用"好"与"不好"穿插推进的。今日（《阿长与〈山海经〉》写于1926年，鲁迅时年45岁，当时周海婴还没出生。鲁迅和许广平1927年到上海，海婴在鲁迅49岁时出生）之"我"（写作者、成人）如何看待今日、昔日的"我"（作家、成人）以及今日、昔日的"人"（阿长）。此时的鲁迅对儿童与成人的看法不同：对待儿童，仍然保持"五四"时期"发现儿童"时对儿童的看法（1919年，鲁迅在《我们怎样做父亲》中宣称，"父母对于子女，应该健全的产生，尽力的教育，完全的解放"，而不是"卫道"的"圣人之徒"对待"逆子叛弟"）。所以，今天对其中的"我"（童年鲁迅）的看法没有改变，没有赞许或悔恨，而认为当年的"我"各种言行，以及对长妈妈的"好"与"不好"的看法都是一个儿童正常的言行和心理，属自然而然；而对其中的"阿长"的态度却发生了很大的变化：在昔日之"我"的眼中，阿长有好有坏，而在今日之"我"（成年鲁迅、作家鲁迅）的眼中，阿长是一个有别于一般封建大家庭中的"圣人之徒"的真正的"人"，她真实、善良。正因为她是一个真实的人，所以她才会有好或不好的言行。"我"对她的态度寄寓在最后几句话中："我的保姆，长妈妈即阿长，辞了这人世，大概也有了三十年了罢。我终于不知道她的姓名，她的经历，仅知道有一个过继的儿子，她大约是青年守寡的孤孀。仁厚黑暗的地母呵，愿在你怀里永安她的魂灵！"今日之"我"对她的感情是十分复杂的：有忏悔（不知道她的姓名和经历），有同情（她的家庭和生活的不幸），还有期盼（愿她的魂灵安息），并最终让自己得到慰藉（写作这篇散文以追怀）——45岁的生理年龄属于中年，而此时鲁迅的心理年龄是老年——在经历世事变幻、人情冷暖之后，过往的一切都变成了"花"，即便是客观地看或者从昔日之"我"来看当年阿长的某些言行是刺，但是今日也变成了与"花"相关的一部分。

其次是其文学性。散文属于文学作品，所以其有文学性。文学性就是在真实性的基础上运用一般文学作品所常用的除了虚构之外的一些创作方法以使作品产生特有的审美效果，其目的是增强作品的可读性。散文的文学性主要体现在运用书写策略的两种方法上(写法:如何去"拾"?)。一是忠实于记忆(回忆)。"被回忆起的东西在它被召回的那一刻会发生移位、变形、扭曲、重新评价和更新。"(扬·阿斯曼著、潘璐译《回忆空间:文化记忆的形式和变迁》,北京大学出版社2016年版,第22页)即便是忠实于记忆,也因为一旦拉开时空距离之后,不再以功利(危及人的生命、财产、权力、地位、名誉等)的标准看待人物和事件,那么在一种无功利的情况下对待事物时审美的、情感的成分就会加大,这样就使其产生"文学"作品应有的功能。就像鲁迅在《朝花夕拾·小引》中写的,"我有一时,曾经屡次忆起儿时在故乡所吃的蔬果:菱角、罗汉豆、茭白、香瓜。凡这些,都是极其鲜美可口的;都曾是使我思乡的蛊惑。后来,我在久别之后尝到了,也不过如此;惟独在记忆上,还有旧来的意味留存。他们也许要哄骗我一生,使我时时反顾。"一些记忆也许与事实不符,甚至"发生移位、变形、扭曲、重新评价和更新",但是就像鲁迅在《朝花夕拾·小引》中接着写的,"这十篇就是从记忆中抄出来的,与实际内容或有些不同,然而我现在只记得是这样。"这种拉开时空距离后脱离了具体情境、摆脱了功利束缚的回忆,即便是努力忠于事实,也会因为审美、情感因素的作用,而使得所记之事、所写之人更接近于文学作品中的事和人,变得或者只剩下曲折、有趣的内容。这样一来,这些记忆中的"真实"的事件、人物本身就像文学作品中曲折的情节、有趣的人物一样吸引人。

三是有意去改编(书写)。张若朴在《书写与记忆——以〈新法国语教科书〉中的华工题材课文为基础的考察》中对比教科书中以一战为题材的课文与当时报纸上记载的华工新闻以及华工的生活日记,认为教科书的书写包括强化、削弱和遗忘三种方式。与《阿长与〈山海经〉》相关的"题材"(在作品正式写作前被选做写作对象但尚未加工的材料),在周作人写的两本书中都有记载:一是周遐寿著《鲁迅的故家》(上海出版公司1952年出版),其中有《阿长的结局》《阿长的结局二》《山海经》《山海经二》。二是周遐寿撰《鲁迅小说里的人物》(上海出版公司1954年出版),其中有《老鼠》《阿长与〈山海经〉》《〈山海经〉与玉田》。这两本书均由人民文学出版社于1957年重版。对照鲁迅写的《阿长与〈山海经〉》与周作人这两本书中追述的相关内容,可以发现鲁迅也采取了强化、削弱和遗忘三种书写策略。强化,主要体现在有关阿长买、送《山海经》的记述上。和鲁迅在《阿长与〈山海经〉》中一样,在《鲁迅的故家》之《山海经》《山海经二》,以及《鲁迅小说里的人物》之《〈山海经〉与玉田》中详细交代了那位曾经拥有《山海经》和其他多种带有绘图古籍的"远房的叔祖"玉田的身世,在《鲁迅的故家》之《山海经二》中还交代了鲁迅与《山海经》之间的关系;

与鲁迅在《阿长与〈山海经〉》中详细、生动地交代阿长如何买、送给"我"《山海经》不同的是，《鲁迅小说里的人物》之《〈山海经〉与玉田》中有关阿长买、送《山海经》的交代只有一句话："那木刻小本的《山海经》的确是她所送的，年代当然不能确说，可是也约略可以推得出来。"在周作人看来，玉田、鲁迅与《山海经》才是重要的事，而阿长买、送《山海经》是一件微不足道的"小事"。然而，在周作人看来的这件"小事"，在鲁迅的《阿长与〈山海经〉》中被放大了，而且在位置上被置于"中心"。首先是他将"阿长与《山海经》"作为标题。文中记述了有关阿长的事很多，只以阿长买、送《山海经》为题，主要是突出这件事的重要性。其次是与写阿长有关的事，当写到《山海经》时就收笔。大概这件事最能体现阿长作为"阿妈"的无私和作为"保姆"的超常。这是一种超越一般保姆的行为，这种行为中所体现的是一种超越了一般雇主与保姆之间的爱。削弱，主要体现在写阿长的死上。在《鲁迅小说里的人物》之《阿长与〈山海经〉》中，有关阿长的死，记载也很简略："己亥四月长妈妈因发癫痫卒于舟中，我都在场，这些事已另行记下，收在'百草园'里了"。也就是说，他曾经有过详细的记述。周作人在《鲁迅的故家》之《阿长的结局》中认为《阿长与〈山海经〉》"那里的缺点是没有说到她的下落"，所以他要将重点放在详细的"阿长的结局"上。在《阿长的结局》和《阿长的结局二》中，周作人通过摘录日记及回忆的形式，较为详细地记述了阿长陪老太太等人看戏在船上突发癫痫的经过，还描述了当时的场景：大家以为她还像以前那样突发癫痫，便让她躺下。她对老太太说了一句："奶奶，我弗对者!"然后，就不动了。鲁迅不像周作人那样详细地描述长妈妈的死的过程和场景，是因为这对于无论表现她的"好"还是表现"不好"都没什么作用，放进去反而冲淡了主题，因为会让人以一种围观的视角、猎奇的心态看待她的死，削弱了她在文中所塑造出的高大的形象；而且会散泄了聚集于此的文气，因为前文写她"不好""好""不好""好"，用先扬后抑的手法，这样就在曲折之间逐渐聚集文气，当写到阿长买、送"我"《山海经》后，紧接着提及她的死、家庭、身世后，作者便发出"仁厚黑暗的地母呵，愿在你怀里永安她的魂灵"的呼告（祈愿），使情感的抒发达到高潮。鲁迅是学医的，关于灵魂的有无在他这里本不是问题。关于灵魂的有无，鲁迅的作品中有两处提及，一是在《祝福》中祥林嫂追问叙述者"我"人死后是否有灵魂，一是在这篇文章中愿长妈妈的灵魂得以安息。人只有在特别无奈或无助的情况下才相信有一种超自然超现实的东西的存在。可见，鲁迅特别希望有"地母"有"魂灵"的存在，来让自己得到慰藉。遗忘，主要是处理长妈妈买、送《山海经》与她谋害"我"驯养隐鼠的时间先后。鲁迅在《阿长与〈山海经〉》中将谋害隐鼠放在买、送《山海经》

之前,而这件事在《鲁迅小说里的人物》之《阿长与〈山海经〉》中是在买、送《山海经》之后:"本文中说这在隐鼠事件以后,但实在恐怕还在以前,因为驯养隐鼠是在癸巳(一八九三)的次年,时代不很早了。"显然,鲁迅是在"遗忘"。如果鲁迅在《阿长与〈山海经〉》中将长妈妈谋害隐鼠放置在买、送《山海经》之后,那必然会"有损"长妈妈此前在买、送《山海经》的过程中在"我"心中建立起来的超常、高大的形象,如果将此放在这之前,用先抑后扬的方式来写长妈妈,那么所产生的效果就相反。正如周作人在谈《阿长与〈山海经〉》中特意强调的,"著者因为上文有那隐鼠事件,这里便连在一起,这大抵是无意或有意的诗化,小引中说与实际内容或有些不同,正是很有可能的"。这是文学作品中常用的"聚合法",以重新组织材料。

当然,周作人在《鲁迅小说里的人物》中讨论《阿长与〈山海经〉》,显然是将这篇散文当成小说了。这是一篇以真实性为基本特征的散文,不是周作人所说的是以虚构为主的"小说"。不过,在这篇散文中确实使用了多种包括小说在内的文学手法,在非虚构的基础上进行"有意的诗化"。

成龙:非常感谢张心科教授对我们的点评与指导,感谢备课团队的各位老师,也感谢景云书房给我们这个平台,促进思考,交流思想,进一步感受到了鲁迅的作品魅力与精神力量!

第六堂课

带露折花——从《藤野先生》走近鲁迅的世界

◎**主　　讲**：李强（上海市育才中学语文教师，上海市语文特级教师、正高级教师）

◎**对谈嘉宾**：蔡斌（苏州石湖智库研究员）

◎**参与教师**：林辰杰（上海市晋元高级中学附属学校语文教师）、陈海（上海市宜川中学附属学校语文高级教师）、徐新媛（上海市梅陇中学语文教师）、沈美花（上海市延安初级中学语文教师）

◎**时　　间**：2020 年 11 月 7 日 14：00—15：30

◎**地　　点**：上海市横浜路 35 弄景云里 13 号景云书房暨鲁迅与文化名人陈列馆

李强：大家好，今天，我们在鲁迅先生在上海的第一处住所景云里组织一次集体备课活动。

今天我们的活动主题是"带露折花——从《藤野先生》走近鲁迅的世界"，我称之为"走近"而不是"走进"，是因为我们还没有达到可以"进"入鲁迅先生世界的高度。

法国作家加缪说过："一切伟大的行动和一切伟大的思想，其发端往往都微不足道。"那么我们能不能从《藤野先生》这篇文章当中去揣摩鲁迅"伟大的行动"和"伟大的思想"？

为此，我设计了"四个维度"来走近鲁迅先生。第一个维度：从《朝花夕拾》的"小引"来走近鲁迅；第二个维度：从散文《藤野先生》走近鲁迅；第三个维度：从《呐喊·自序》走近鲁迅；第四个维度：从藤野先生撰写的纪念鲁迅的文章走近鲁迅。

在这次备课活动的准备过程当中，我们四位青年教师提出了近 10 个问题，经过筛选后，我最后确定了我们今天重点展开讨论交流的四个问题。

所以今天是四个维度、四个问题。

维度一：从《朝花夕拾》的"小引"走近鲁迅

我们将从《朝花夕拾》中去追寻鲁迅先生的人生探求轨迹。先生在《朝花夕拾·小引》有这样一段话：

带露折花，色香自然要好得多，但是我不能够。便是现在心目中的离奇和芜杂，我也还不能使他即刻幻化，转成离奇和芜杂的文章。

这段话有两句，第一句是带露折花，我不能够。那么为什么不能够？第二句话说，如果我把现在的生活写下来，转换成文章，我现在"还不能使他即刻幻化"。"小引"的这两句话对于我们解读《藤野先生》有非常好的引导作用。

先生在"小引"里还说，他的散文集原名是《旧事重提》，后来，"我还给他改了个名称：《朝花夕拾》"。大家都知道《朝花夕拾》比《旧事重提》更具有文采。那么仅仅是为了使得题目具有文采吗？好像不全是。《旧事重提》和《朝花夕拾》相比，当然《朝花夕拾》文采好得多，很有诗情画意。但是鲁迅为什么说我不能够"带露折花"

呢？我们要探求的"花"是什么？"露"又是什么？

花，就是《朝花夕拾》中的 10 篇文章所涉及的内容。那么，"露"是什么呢？好像很模糊，先生只是说"我不能够"。为什么不能够？

我认为"露"是"我"在"百草园"雪地捕鸟时的瞬间；是"我"在"三味书屋"中学习时候偷偷画画的片刻；是"我"在仙台课堂中看幻灯片时的氛围；是"我"儿时在故乡吃菱角、罗汉豆时极其鲜美可口的享受过程。

换句话说，是先生当年"实时实地"发生这些事情的时间与空间。

当时，先生如果作为日记的形式把它写下来，行吗？显然不行。因为先生自己说了，就是现在，这些事情我也没有办法把它"转化成文章"。所以，我认为"露"是对生活"实时实地"的记录，它确实不是一件容易的事。

【问题讨论(1)】

徐新媛：我提出的问题是：中年鲁迅在回忆自己仙台读书的这段时间，是带有怎样的一种自我评价？

从《藤野先生》一文中，我们可以找到这样一句话，是鲁迅当时对于自己的直接评价："可惜我那时太不用功，有时也很任性。"这里的"不用功"表现在哪里呢？结合上下文，我们又找到了这样一句话："学年试验完毕之后，我便到东京玩了一夏天，秋初再回学校，成绩早已发表了，同学一百余人之中，我在中间，不过是没有落第。"看到这句话，我就突然想到了鲁迅先生好像和我们的学生一样，考完试就赶紧去玩，而且一玩就是一个夏天，也不在乎自己的成绩，觉得不"落第"便是可以了。一个年轻的鲁迅在中年的自己眼中，就是"不用功"的，但是这句话里面他用到的是"太不用功"，如果我换一个词"不太用功"，那么在情感上就是完全不一样的，这个"太"字体现了中年鲁迅评价 20 多年前的自己的时候，是带有非常严格的自我批评的。

课堂教学中，就有学生提出鲁迅在那时候读书到底用不用功？为了回答这个问题，我还特地去查了一些资料，藤野先生后来在对鲁迅的回忆当中有这样几句话："当时我主讲人体解剖学，周君上课时虽然非常认真地记笔记，可是从他入学时还不能充分地听、说日语的情况来看，学习上大概很吃力……可是周君并没有让人感到他寂寞，只记得他上课时非常努力。"藤野先生多年后对于鲁迅的评价应该是更加客观的。他说到了虽然鲁迅的成绩不怎么样，但是在学习上他还是非常认真的。那么为什么中年的鲁迅在回忆那时的自己，却说自己"太不用功"了呢？我想究其原因,也许是因为当时鲁迅真正的心思并没有完全在学医上,在留学期间,面对日本人对于国人的种种歧视,中国人对自己国人的漠视,必然是不能专心于学医的,所以后来他选择"弃医从文",这也正是证明了这一点。

李强:徐老师这个问题很有价值,中年的鲁迅在回忆仙台读书这段时间的"自己",是不是自我评价? 如果是自我评价的话,那么就更接近了当年的鲁迅,更还原了在日本读书时候的鲁迅。就像藤野先生写的悼念文章里也提到了,他觉得鲁迅好像不是真正的学医的。事实证明,他确实没有把医生作为自己人生的一种唯一的、重要的职业追求。

维度二:从散文《藤野先生》走近鲁迅

李强:我们将本部分一分为二。第一,我们来认识一下《藤野先生》这篇散文当中的三个鲁迅先生,第二是了解散文的基本特征。

【问题讨论(2)】

沈美花:我关注到的是《藤野先生》这篇课文里面的第31段,它一共有三句话,第一句是这样说的:"这种欢呼,是每看一片都有的,但在我,这一声却特别听得刺耳。"第二句话是:"此后回到中国来,我看见那些闲看枪毙犯人的人们,他们也何尝不酒醉似的喝彩,——呜呼,无法可想!"第三句话是:"但在那时那地,我的意见却变化了。"第①句和第③句形成因果关系,可否把第②、第③句互换?

思考后,我觉得无论是从内容衔接还是时间推移来看,我的表达可能更倾向于捏合①③的因果关系:先解释"我"意见变化的原因,然后再讲述一下"我"这个意见在回国后的延续。但是我们可以看到鲁迅先生的语言是很有特点的,本段落运用了两个"但",使整个段落呈现出一种连环形式的转折,三句话之间构成转折—递进—转折的关系。如果我们用关联词来连贯的话,似乎可以这样表述:虽然这种欢呼是每看一片都有的,但是我觉得这一声特别刺耳。不仅这一声听起来特别刺耳,而且以后回国后看见那些酒醉似的喝彩也特别无法可想。虽然我回到中国,觉得也不能忍受人们酒醉似的喝彩,但是我的意见是在那时那地就变化了。

我们可以感觉到这种语义的表达与常规表述比较,更加跌宕起伏。语言形式的呈现往往受到情感表达的管控。由此我不由地去思考鲁迅先生想表达什么呢?汉语的焦点信息一般是后置的,由此推断,鲁迅先生想要强调的是"我"的意见变化是在那时那地产生。刚刚李老师提到了,散文中有两个"我",一个是当时的"我",

一个是现在的"我",我就似乎抓住了一点端倪,可不可以这样说:鲁迅先生想要强调当时"我"的意见是在那时那地就有了变化,而且在写作的时候,以"现在的我"的视角来论证"当时的我"意见变化是正确的,甚至是有先见之明的。

李强:我们如果把视野再放大一点,可以看到先生在这以前创作的文学作品中已经出现了"看客"形象,如选入高中语文教材的《药》。在《药》里,他提到了"闲看"枪毙犯人的人们,这些人成为文学形象的一个"类"——看客。所以实际上他在写《藤野先生》之前,他已经用文学的笔法把当年这一幕"变幻"成许多文学作品、文学形象,最重要的形象就是"看客"形象。直到今天,我们还在说"看客",如"吃瓜群众"就是"看客"的一种表述。

沈老师提出的这个问题有价值,是值得我们今天思考的一个重要问题。

由此,我们再看《藤野先生》。这篇散文中有几个鲁迅先生? 如果我提出这样的问题:"东京也无非是这样",这"感觉"是当年先生到东京的感觉,还是现在的感觉,还是回忆当年自己的感觉?

我们想一个 20 岁出头的年轻人到某个异地,他总会有一个新鲜感,"东京也无非是这样",可能不太符合他当时的感受。我们到一个新鲜的地方去,尤其是求学的地方,总会有一种"这里是这样的"感受,更多地倾向于"好评"。事后对当时的回顾,新鲜感会下降,变成一种感叹了。所以,这一句话可以看出有"三个"鲁迅先生:一个是当年的鲁迅——回忆是很难再现,很难"真实地还原"的;一个是今天回忆当年的鲁迅——它必然包含了 24 年作者的人生经历、情感等;一个是现在的鲁迅——对当年回忆时充满感受的自己。

《藤野先生》是鲁迅先生"夕拾"的一朵"朝花"。我们来看一些重要的时间点:"夕拾"是鲁迅先生 1926 年在厦门创作《藤野先生》,他当时已经 46 岁,在厦门大学过得并不是很如意,而"朝花"是 1902 年在日本仙台,当时他才 22 岁,那么《藤野先生》是鲁迅 46 岁时回忆 22 岁那年的事,中间跨越了 24 年,这就必然有两个鲁迅先生了,一个是写作时现实的鲁迅先生,一个是回忆中过去的鲁迅先生。

《藤野先生》是散文类文学,它与小说文学是不一样的。我们把散文和小说的文体特征来做一个简单的对比:虚构是小说创作的核心,它是虚幻中的真实;写实是散文写作的要义,它是艺术化的真实。换句话说,作者写《藤野先生》已经有"艺术化的真实"在里面。所以,回忆自己 24 年前的事,必然包含"我"这 24 年的人生经历、感悟和反思。

同样的道理,我们可以跟几篇课文进行类比。杨绛先生《老王》中的"我"。这时候的"我"能不能还原当年的"我"？有没有包含杨绛现在对当年的"我"的认识？朱自清先生《背影》中的"我"。它们都叠加了一个真实的"我"，一个虚拟的"我"；一个生活中的"我"，一个理想中的"我"。

所以我们解读《藤野先生》时，不要忘记它的散文性质，在《藤野先生》中有这样一句话："上野的樱花烂漫的时节，望去确也像绯红的轻云，……头顶上盘着大辫子，顶得学生制帽的顶上高高耸起，形成一座富士山。"这样的描写是先生今天的脑海中的形象还是当年的感觉？我问了四位老师、四位学生，大家的答案只有一个，都是今天脑海中的形象。所以，我们可以这样说，作者写《藤野先生》的时候，更多地加入了人生的感悟，人生的回顾，人生的经历。

【问题讨论(3)】

陈海：《藤野先生》中有两种叙述的语调，鲁迅先生在写自己生存境遇时，用的是调侃的语调，而在写藤野先生时，用的是严正的语调，如何通过这样的语言形式来推断作者的情感倾向。

在教学完这篇课文之后，我们常常发现学生对开头的这段调侃性文字特别喜欢，也特别关注，印象往往也特别深刻，但学生恰恰没有注意这两种叙述语调的区别，其实，这背后所代表的是鲁迅真正的情感倾向。鲁迅先生用调侃的语调来写自己的生存境遇，其目的是为了表现自己所处的困境，当然这样的困境绝不止他自己的生存的困境，更是指他精神上的困境。其他公派留学日本的清朝留学生把辫子盘在头上，其实是带有明显的象征意味的。这个辫子的保留，其实是他们心怀故国的一种表现，表明他们并不愿与腐朽的清政府决裂。而鲁迅在 1903 年元旦的时候，就已经剪去了自己的辫子，并且拍了一张照片，在照片的后面写了他那首著名的诗《自题小像》，其中有"寄意寒星荃不察，我以我血荐轩辕"。由此我们可以看出，鲁迅先生的思想认知与那些同样公派留学日本的学生是有明显差别的，处在这样的一种差别之中，鲁迅先生感到的是痛苦，是迷茫。

由此，再来看他对藤野先生的表述，鲁迅先生所表达出的一种敬重之情，当然是毋庸置疑的。但是从文中对藤野先生的描写来看，鲁迅描写的恰恰是藤野先生所做的一个老师分内的事，那么这又有什么值得我们去敬重的呢？读鲁迅的文章，我们发现鲁迅很少用这样敬重严正的文字去评价一个人，但是他在写《藤野先生》时恰恰用了这样一句话，他说："有时我常常想，他的对于我的热心的希望，不倦的教诲，小而言之，是为中国，就是希望中国有新的医学；大而言之，是为学术，就是希望新的医学传到中国去。"可以看出藤野先生身上是没有狭隘的民族主义的,他有一个知识分子应有的一种大情怀,在藤野先生的身上,青年鲁迅在迷茫中找到了他所需要的那种光芒。这光芒点醒了鲁迅,甚至有可能在一定程度上改变了鲁迅的人生。对这样的藤野先生,鲁迅又怎能不心怀敬意呢?

李强:实际上藤野先生在鲁迅先生的老师范畴里面只是一个非常普通的老师,鲁迅先生在散文当中主要涉及三位老师,一个是《从百草园到三味书屋》的寿镜吾老师,他是本地"极为方正"的人,完成了鲁迅的启蒙教育,一个是章太炎先生,另外一个就是藤野先生。《藤野先生》中他用了很多议论的句子描述藤野先生,这种描写是"强加"于藤野先生身上的作者的自我感觉,还是藤野先生确实是这样的?

小而言之是为了中国,大而言之是为了学术,在我们今天看来这个逻辑上好像倒过来了,我们一般会说小而言之是为了学术,大而言之是为了国家。但是从一个教师的角度上说,藤野先生并没有刻意地"放大"国家概念,他只是说不因为你是一个弱国来的学生我就看不起你,他一视同仁,他只是看到鲁迅记笔记很困难,便帮助他修正笔记。

我看这篇文章反复咀嚼这句话:"我说……小而言之……大而言之",我想这里面可能更多的是鲁迅的自我感觉。所以我专门写了一篇短文讨论"施恩者"和"受恩者"的关系。"施恩者"和"受恩者"他们常常是不构成对应关系的。如果"施恩"是物质上的,"施恩者"和"受恩者"可以是显现的、对应的。但是,精神上的或者心理上的"施恩"常常是不经意的,不自觉的。所以我想藤野先生应该是这样一个人。所以,我们最后一个讨论的时候也会提到:藤野先生自己也没有感觉到他怎么成为一个中国学生的恩师?

我们的人生道路上也有很多恩师,但是当我们把这个想法告诉对方的时候,对方说:我说过这样的话吗?我做过这样的事吗,我怎么不记得了?所以,从这个角度去解读它,我们更感觉到,文中有鲁迅自己的"主观感受"在里面。反过来说,藤野先生的伟大就是在于他是一个普通人表现出来的普通行为,不是刻意地去做"培养、教育"鲁迅先生的"恩人",藤野先生的言行,是他的职业行为使然。

如果把这个问题再展开一下,我也想提醒老师们,我们的言行常常会影响学生的一辈子。几十年之后,他们还会回忆起当年课堂上你的某一句话他们为什么记住了?因为在他心目中你是一位值得尊敬的老师。同样你的一句不经意的批评,或者不妥当的批评,也可能会扼杀了某一个学生的积极性,扼杀了他的一种想法。

我们在研读《藤野先生》时,一定不要忘记它不是一篇真正的写实作品,它是

"艺术化"的真实。

第二个维度,我们还涉及散文的文体特征。《藤野先生》是散文,我们要知道它的几个基本特征。第一,散文同样是主观的,我们之前已经以《藤野先生》作为一个案例进行了说明;第二,散文是片段,本篇课文就是鲁迅先生截取了他们之间经历的片段,而小说讲究情节的完整性;第三,散文是艺术化的真实,所以它是虚实结合的。我认为我们不能忽略散文的这三个特点。

维度三:从《呐喊·自序》走近鲁迅

《呐喊·自序》:

我在年青时候也曾经做过许多梦,后来大半忘却了,但自己也并不以为可惜。

……在日本一个乡间的医学专门学校里了。我的梦很美满,预备卒业回来,救治像我父亲似的被误的病人的疾苦,战争时候便去当军医,一面又促进了国人对于维新的信仰。

老师们,注意这段话,它比《朝花夕拾》,比《藤野先生》写作年代更早。鲁迅当年是抱着一腔青春热情与美好的想法去求学的。此时此刻的他,应该是有着美满的"诗与远方"。"预备卒业回来,救治像我父亲似的被误的病人的疾苦",这是他去学医的动力。从这个地方,我们还可以看出人的伟大理想,常常是从很小的事情开始的,后来,他的理想又升高了一个层面:"战争时候便去当军医,一面又促进了国人对于维新的信仰。"这段话,是高中学生要学的内容,那么,我们初中老师讲《藤野先生》,不妨把这段文字也拿来读一读,甚至可以把这段文字作为"旁证"给学生看一看。鲁迅他当年为什么去读书,想实现自己的什么梦想? 这个梦经历了什么?

虽然,这个梦没有实现、破灭了。那么这个"破灭的梦"在我们的《藤野先生》中隐隐约约可以看到是一个怎样的"起因"。哦,是一件小事情,是课间看幻灯片,所以"幻灯片事件"是鲁迅人生道路的重要转折点。

维度四:从藤野先生撰写的纪念鲁迅的文章走近鲁迅

李强:我一直认为如果从"还原真实"的角度上来说,藤野先生回忆鲁迅可能更真实一点。尽管也是过了好多年,很多的事他也记不起来了,但是他用平实的语言来表述了他对鲁迅的印象,鲁迅称他为唯一的恩师,他都认为"不可思议",所以我们可以从藤野先生写的悼念鲁迅先生的文章中了解更真实的、更接近当年日本求学的鲁迅。

【问题讨论(4)】

林辰杰：写人文章通常采用非线性叙事结构，为何以"藤野先生"为题的本文未采用该结构，而是用线性叙事结构记叙"我"与藤野先生相识到相别的过程以及相关见闻呢？

作者本可以像《我的伯父鲁迅先生》《纪念白求恩同志》《邓稼先》《说和做——记闻一多先生言行片段》一样，选择一些典型材料分段叙述并加入抒情议论，也就是利用非线性叙事结构展现藤野先生的性格品质，并表达感激与怀念之情。但这篇文章不但按照"时间顺序"记叙与藤野先生相识到相别的过程，且还记叙了看似与藤野先生形象无关的内容——去仙台前的经历与幻灯片事件。为什么这样写？学生往往会陷入困惑。

我认为，这篇文章是回忆性散文，因此以"时间线"为基础平铺直叙是符合回忆性散文特征的。另外，这种形式既能展现藤野先生的形象，又能够承载过往鲁迅与藤野先生从相识到相别的过程。面对绝望，现实的鲁迅需要回忆这段经历以明确战斗目标，汲取战斗勇气。具体来说，就是现实的鲁迅通过回忆，从求真务实的、典范的知识分子藤野先生身上汲取精神力量，明确"我"到底该做一个怎样的人；现实的鲁迅通过回忆，从那个无法忍受国弱民愚而弃医从文的"鲁迅"身上汲取精神力量，明确"我"的战斗目标。那么似"流水账"式的这种线性结构就能够将鲁迅弃医从文的思想变化过程和藤野先生这道"绝望中的光"有机地整合在一起。在文章中鲁迅确实写道："我忽又良心发现，而且增加勇气了。"我想这一点或许能够印证前面的说法。

李强：本文题目叫"藤野先生"，但是他前面花了很多功夫，很累赘地引出藤野先生来，那么回忆性的写人记事散文和一般的写人记事文章又有什么样的区别？

徐新媛：有老师就把上述问题作为我们上课的一个主线索，让学生把有关藤野先生的事情概括出来，再让学生概括了和藤野先生无关的事情，他做了两条线。然后问学生为什么要写这些和藤野先生无关的事。我认为，他在写跟藤野先生无关事情的时候，其实写的是他自己内心心路历程的变化。一开始他在国内受到歧视，满怀着憧憬到了日本来学医，先到了东京，发现"东京也无非是这样"，又前往仙台，依然遇到了很多受到歧视的事：比如作弊事件。关于这个漏题作弊事件，我还特地去阅读了一些资料，藤野先生在当时是一个分数给得很严格的老师，因此很多留级生非常不喜欢他,这里的漏题事件也是反映了这点。鲁迅解剖学的成绩确实也不是太好,就和前文所提到的藤野先生回忆鲁迅读书期间学习"不怎么样"是符合的。他在日本求医的过程当中,唯一一门不合格的分数就是藤野先生的解剖学,只有五十几分。但鲁迅没有因为藤野先生给他一个不好的成绩就不喜欢他,反而非常尊敬他。最后到看幻灯片事件,成为了他人生的转折点,从此做出了弃医从文的决定。所以总的来说,在写这些和藤野先生无关事件的时候,就是写自己内心在不断变化的过程。

沈美花:回忆性散文基本上可以分为两类,一类就是现在的"我"和过去的"我"情感是趋同的,比如说朱德的《回忆我的母亲》;还有一类是现在的"我"和过去的"我"主观感受是矛盾的,比如说史铁生的《秋天的怀念》、朱自清的《背影》,等等。这两类散文在教学时要引导学生关注作者的情感变化。

《藤野先生》是一篇情感趋同型的回忆性散文,我们在文章的结尾可以很清晰地感受到,鲁迅似乎是从藤野先生这样一个严谨的知识分子的形象上汲取到一种力量,继续去战斗。这是鲁迅先生写作时的情感的终点,是稍微有点突兀的。怎么去寻找他的情感起点,或者是情感变化呢?《藤野先生》开头用调侃的语调写中国留学生,是当时的我处于精神困惑的表现,那么,到什么时候不困惑,决定弃医从文了呢? 就在"这一声却特别听得刺耳"的时候。所以在第 31 段,先生用"现在的我"的视角确认我的意见变化是在"那时那地"形成的,而且用两个转折强调"我"的意见变化是正确的。所以,我觉得他在写文本的时候,也是他内心越来越确立自己的想法、内心越来越坚定的一个过程。

陈海:任何回忆的东西一定都建立在作者的思维起点之上,为什么要回忆藤野先生? 这篇文章仅仅只是在记述藤野先生吗? 我觉得他在怀念藤野先生的同时,也是在表现自己人生成长经历中一个非常重要的阶段,其实这才是《藤野先生》真正要表达的主旨。其实朱自清先生的《背影》也是如此,当时他和他父亲的关系其实并不好,所以在这样的思维起点下,我们再关注到朱自清《背影》结尾处父亲的来信:"我身体平安,惟膀子疼痛厉害,举箸提笔,诸多不便,大约大去之期不远矣。"毕竟这个人是"我"的父亲,在他人生进入这样的一个颓唐境地的时候,作为儿子的"我"想到的自然是父亲的好,所以一定要看他的文章是建立在怎样的一个"逻辑起点"上,或者说是"思维起点"上去架构这篇文章,我们才能更准确地把握作者的情感倾向。以这样的思考方式,你再去读《藤野先生》时,你就能发现这样的思维起点。青年时期的鲁迅要寻找一条救国的道路,但却求之不得,他感受到一种迷茫困感,最后他遇到了藤野先生,似乎找到了希望,在中年的时候他再来回忆藤野先生对自己的影响,认为藤野先生是一个指引了他人生方向的人,虽然这种指引,连藤野先生自己也未觉察到,但鲁迅先生却心怀感激,我想这就是他写《藤野先生》的主要原因。

李强:非常赞同陈海老师的观点,鲁迅一定有一个"情感起点"或者"逻辑起点"。实际上我们换个角度来说,鲁迅在写藤野先生的时候,实际上他也在写他自己。所以从某种角度上来说,回忆性文章实际上也是在写自己的人生旅程。

那么,从第四个维度我们再来看一下,藤野先生在回忆鲁迅先生的时候,有这样几句话,我觉得非常有趣:

周君身材不高,脸圆圆的,看上去人很聪明。记得那时周君的身体就不太好,脸色不是健康的血色。当时我主讲人体解剖学,周君上课时虽然非常认真地记笔记,可是从他入学时还不能充分地听、说日语的情况来看,学习上大概很吃力。

于是我讲完课后就留下来,看看周君的笔记,把周君漏记、记错的地方添改过来。如果是在东京,周君大概会有很多留学生同胞,可是在仙台,因为只有周君一个中国人,想必他一定很寂寞。可是周君并没有让人感到他寂寞,只记得他上课时非常努力。

……在我的记忆中周君不是成绩非常优秀的学生。

在藤野先生的笔下,他对鲁迅先生的"恩"是一个教师最基本的操守,他的帮助不是课后"开小灶",只是把漏记、记错的笔记添改过来。鲁迅上课时非常努力,不是一个成绩非常优秀的学生,学医不是他真正的目标等这些内容,是我们认识《藤野先生》的佐证。藤野先生对鲁迅将自己称为唯一的恩师感到"不可思议",这就是所谓的"错位",因为每个人的回忆性散文都带有非常明显的情感的倾向性。我非常喜欢读这篇回忆文章,我认为这篇文章离鲁迅当年在日本仙台读书的时候的真实性距离更近,我们不妨从藤野先生回忆鲁迅先生的文章来认识鲁迅先生,走近鲁迅先生。

小结:我们从《藤野先生》当中可以看到鲁迅先生人生迷茫时候的探求,尽管他是23年以后再"还原"自己的人生经历,我们也可以看出他对于人生探索的反思。幻灯片事件是他弃医从文的起点,前面他立志学医好像非常坚定,因为父亲病情日趋加重以后,他为了父亲的病整天出没于家里和药房之间,所以我想他学医是因为想疗治父亲那样的病,他已经有人生的理想了,"战争时候便去当军医,一面又促进了国人对于维新的信仰"是更高一层的理想。那么,这几点我们都可以从主题角度上去解读。当然教学的对象不一样,层次不一样,我们解读应该有所侧重。另外,我认为我们还是要回归到题材上,它是一篇纪实性、回忆性的散文。它是艺术化的真实,它是主观的、片断的、虚实的。我听过很多《藤野先生》的课堂教学,很多老师就把关注点集中在鲁迅回忆藤野先生这位老师身上,甚至对于学生提出的为什么"花费大量笔墨写与藤野先生无关的事"的问题,无法进行有说服力的解释,我想因为老师突略了这是一篇非常特殊的回忆性散文,非常特殊的纪实散文。

嘉宾对谈

蔡斌:非常高兴今天能够参加本次集体备课的教研活动。刚才各位老师的讨论,使我深受启发,经常是大家讲到某个点的时候,自己就会有一些相应的想法跳出来,十分受教。

刚才李老师有一个设想非常有趣,如果鲁迅先生他还能够活着,看到萧红女士写他的文章的话,他会是怎么一个感受? 我想也许有一个例子可以来说明这个问题,就是沈从文当年在好友丁玲失踪了之后,他写过一个作品叫《记丁玲》,他以为丁玲去世了,所以写起来可能没有那么多的顾忌,因此也很受瞩目。但其实丁玲仍健在,后来她看到了沈从文所写的回忆自己的文章,两个人就闹掰了,也许在丁玲女士看来,沈从文有些地方写得太真实,但有些地方写得又很不准确。关系亲近的人写回忆录有天然的优势,但是有时候"不靠谱"起来,也会让当事人吃不消。

当我们把经典的文本变成课文内容推给学生的时候,我们是有明确的语文教育的学习目标的,每个单元它也都会有标识。但是事实上,因为这些经典文本本身都是非常耐人寻味的,它有很多的切入点,特别是我们的老师有了阅历后,可能对于学习目标有不同的要求。所以我觉得我们今天备课就是老师们自己先来吃透文本、挖深井的过程。李老师把鲁迅先生分为"三个鲁迅",这个分析的过程很细致,我感觉就好像是在拆一件成品羊毛衫,它是三种颜色织成的,有不同的花色,有很多的线头,李老师做的工作就是通过讨论把三种颜色的织线从这件完整的羊毛衫中抽取出来,按颜色实现归类。这样如同挖深井一样吃透文本的备课,我觉得是非常有必要的,因为只有我们老师自己对文本吃透了以后,在跟学生来交代这些点的时候,才能游刃有余、更为清晰。

李老师今天活动的标题叫做"带露折花","带露折花"用来说明像日记这样即时写就的文字可能更为贴切一些,相对来说,即时性的日记印象比较鲜活。"朝花夕拾"相隔时间过远,在这个过程当中"花"已经掉下来了,在相隔较长时间被"夕拾"起来前,落花本身以及和拾花人之间还会不断变化,所以《朝花夕拾》中有很多后加的反省性成分,很多关于藤野先生形象的塑造来自鲁迅自身的经历。钱锺书先生就讲到过"他传为自传,自传为他传"的情况,结合本篇来看,体认鲁迅在写作此篇时就职厦大的处境和心境,对我们理解人物形象塑造会有一个特殊角度的启发。这里有一个"写老师"的鲁迅先生与"做老师"的鲁迅先生之间意识和情绪叠加的情况。

作为受教者的鲁迅先生,可能不是一个对他所遇到的施教者们抱有传统意义上的孺慕之情的学生。在他的一生当中,最早的启蒙老师就是寿镜吾先生,在《从百草园到三味书屋》中,他笔下的寿镜吾先生好像有点迂腐,但我们后来的读者读到时,会觉得老先生并不讨厌,有他的可爱之处,寿镜吾先生还有他认真的一面,鲁迅先生本人就是一个非常认真的人,所以他骨子里面对认真的人都十分认同。刚才徐老师讲到鲁迅先生说自己"太不用功",这个"太不用功",或许是他潜意识知道自己成绩不太好,但是又不好意思说自己成绩不好,所以用"太不用功"来带过。鲁迅先生一辈子最恨的就是不认真,在社会上做人做事不认真,他的国民性批判很多也集中在这个上面。他还有一个启蒙老师就是他的祖父周介孚(又名福清),他是清同治时的进士,后来因为科场舞弊案被关押在杭州的监狱里面,鲁迅和他的弟弟周作人轮流去照顾自己的祖父。在这个期间他的祖父其实也教他们一些古典诗文,所以他的祖父事实上也是他的一个老师,但是鲁迅对他的祖父的感情是非常复杂的,因为周家本来是绍兴的世家,一下子家道中落,就是因为祖父涉及的科举舞弊案;他的父亲身体一直不太好,去世也早,恐怕很多时候对鲁迅来说也没有起到一个教导、指导的作用。

鲁迅先生后来又在南京就读于江南水师学堂和江南陆师学堂附属矿路学堂,周作人也在这个学校读书,兄弟两个人对两个学校评价都比较低,学校人浮于事,教师工作不认真,二人体验都很差。来到东京后,鲁迅最先就读于弘文学院,弘文学院的创始人是日本柔道的开创者,所以鲁迅先生还学过柔道,他还有柔道的段位。在弘文学院,鲁迅先生对老师的印象也不佳,最突出的例子就是那里有一个中国学监,他管得很严,一直给清政府打小报告,所以鲁迅先生做了一件阿Q做的事,有一次他和同学们一起冲进学监宿舍把学监的辫子剪掉了。鲁迅先生后来写《阿Q正传》,里面写阿Q革命造反,有些情节源于他的亲身经历,比方说这里的中国学监甚至成为了他的一个革命对象。可见鲁迅先生不是传统意义上那种对老师毕恭毕敬、亦步亦趋的学生,他还是有很多叛逆的时候的。东京时期,他还有一位很特殊的老师,就是国学大师章太炎,他和许寿裳、周作人、钱玄同一起听章太炎先生的国学课,章太炎先生学问很好,而且他思想中"离经叛道"的一面对鲁迅的影响也很大,我们从晚年鲁迅先生的《关于太炎先生二三事》里面不难看出,鲁迅先生对章太炎先生也是很有感情、有很多认同的。梳理完鲁迅先生的教育经历后,我们也许就可以明白鲁迅先生会对藤野先生这样念念不忘也是事出有因。在藤野先生身上有很多人性的亮点,比如说非常严格、认真,而且不歧视中国学生。

其次,作为执教者的鲁迅先生的经历,对于藤野先生的形象塑造也有影响。最早他回国以后在浙江的两级师范学堂做生理学、化学老师,他还做过日语教师翻译,然后在绍兴府的中学学堂做过博物学老师,所以早期鲁迅先生的职业身份是一个理工男,然后还做过监学,类似于《围城》里面三闾大学李梅亭的身份。他还在辛亥革命前后做过绍兴师范学校的校长,后来他到了北京做政府官员的时候,又在北大和女师大兼职授课,他和学生走得很近,很多社会事件他都参与的,最后他在厦门大学和中山大学任教。所以从1909年9月到1927年4月,鲁迅先生自己做过18年老师,写作本文时,鲁迅先生正在厦门任教,厦门差不多是他做老师的最后的地方,所以这篇文章里面鲁迅先生的感情很复杂,他写老师某种意义上也是他对自己做老师、他希望他在别人心目当中是一个什么样的老师形象的一种自我映像投射。他把藤野先生的像挂在那里,更像是对自己的一个提醒:我要成为什么样的人、什么样的老师?藤野先生之于鲁迅先生,是一个社会学里的弱关系产生了强影响的情况。

最后我还想谈一谈日本人的鲁迅观。鲁迅先生在中国成名了以后,对日本的影响很大,有很多人研究鲁迅,而且一直发展到今天日本左翼思想这一路,都直接受惠于鲁迅的思想。日本从20世纪中期以来,有些不容忽视的重要思想家,其思想的一个源头就是鲁迅先生,所以在日本对鲁迅先生是非常尊重的。我举两个例子,第一个例子是大家很熟悉的内山书店老板内山完造,他生前和鲁迅先生是好朋友,二人生活当中多有关照,在鲁迅先生去世后,关于中国和日本,内山完造写下了不少文字,近几年我们看到的中译本有《上海下海:上海生活35年》和《隔壁的中国人：内山完造眼中的中国生活风景》等。其中他写到了"九一八"事变、"一二八"事变之后在华日人的不可一世。内山老板曾回忆起有一次鲁迅先生遭到一个日本诗人野口米次郎的挑衅性发问："如果当今中国的政治家和军人无法使人民安居乐业，是否要像印度依附英国一样将中国的管理权交给日本？"而鲁迅先生回答说，如果事情发展到那一步，其实就是一个感情问题了："同样是丧失财产，比起被强盗抢了去，还是被败家子浪费的好；同样是被杀，我宁愿被同胞杀害也不向外国人低头。"让我们中国读者有点匪夷所思的是，内山写这段轶事是在二战投降后美军接管日本本土的那几年，内山呼吁当时沮丧委靡的日本人在这样一个和亡国差不多的时刻，要学习鲁迅先生的"民族魂"振作起来，如此特别的情形实在让我们有点不知说什么是好了。

第二个例子是日本当代剧作家井上厦，他从小崇拜鲁迅，小学三年级就已经通读《鲁迅全集》，慢慢地，他形成了关于鲁迅精神世界的想象，1991 年，他写了一个戏剧叫《上海月亮》，获得过当年的日本文学大奖——谷崎润一郎奖。在剧中，作者写了在当时局势和社会气氛都日渐严峻紧张的上海，还有着几位因不愿以敌对仇视的态度面对中国，而被本国同胞视为"破坏团结的败类"的日本人：神经大条、做人做事大气的书店老板内山完造；当被逼问"是先给日本人看病还是先给中国人看病"，而答以"先救治病情最严重的"（实际上由于当时贫穷的中国老百姓有非大病不看医生的习惯，来就诊的病重者常常是中国人）坚持医德操守的须藤医生；因看不惯同胞们"生活在别国国土却横行霸道"而被留沪的日本居留团一致要求"逐回"本国、然而在本国也遭歧视的牙医奥田。他们还有一个共同的特点，那就是通过阅读和接触，都爱戴为了良知和责任而写作的鲁迅先生。然而此时他们所面对的因白色恐怖避居内山书店的鲁迅先生，正因长期的精神抑郁和紧张患上了"人物误认症"，进而发展为"失语症"。他将须藤认作为藤野先生，将奥田认作为受了他作品的鼓舞从事革命因而牺牲的青年人洛文，将许广平认作为朱安，在将糟糕的健康状况和生活习惯完全暴露在医生会诊的同时（井上厦在剧中有一个精彩的比喻，说鲁迅先生的身体是"疾病的百货商店，疼痛满员的公共汽车"），内心的种种脆弱、不安、负疚和压抑，甚至自我毁灭的念头也一览无余，一向以写作精准和深刻著称的鲁迅先生竟然说话时用不准词语。就在这样的危机时刻，这一群"另类"的日本人和许广平一起，给了先生无私的呵护和帮助，包括精神疏导。最后他们让先生自己作出抉择：是前往镰仓创造"可能让他更伟大"的小说，还是继续留在上海写在很多人眼里属于浪掷天才、而在鲁迅先生自己心目中是"匕首和投枪"的"小杂感"？而最终他们所成全的鲁迅先生，是一如既往地在只属于他的文体里发出铿锵有力声音的先生，剧中的他在一则"小杂感"中这样恨铁不成钢地写道："我们中国就像一个愚昧无知的家族，这个家族没有一个成员知道自己家有多少田地财产。背着日本刀的强盗想霸占这个家园，家族里的人就给强盗赠送财产，这家的主人却不知其中的道理，当强盗把残羹剩饭给主人时，主人还感激地说：'你养育了我们！'"日本的诺奖得主大江健三郎在谈到好友井上厦的这个剧本时说，正是因为有了这个剧本，他给了有良知的日本人一点自信。

我们讲鲁、郭、茅、巴、老、曹，鲁迅先生作为我们现代文学第一家，分量确实是沉甸甸的，到任何时代，我们都是可以拿出来，鲁迅先生著作自身的厚重是其能产生广泛认同度的基础。在日本的思想界、文化界，都一直有他们自己的鲁迅观，所以说，如果我们要继续来推动中日文化交流的话，鲁迅先生在今天，仍然可以提供一个非常好的对话基础。我们今天的中国学者和日本学者，特别是一些日本的左翼学者，在这个方面也有很多的交流，大家共同交流，形成了一些著述和共识性的看法，也是一种你中有我、我中有你的情况。鲁迅先生当年在日本留学，后来的中日学人也都可以从鲁迅先生人生和著作当中汲取有益的精神资源，这是一种文化交流上实现良性互动的投桃报李。鲁迅先生写到藤野先生的时候，让他难以忘却的是藤野先生没有像当时的另一些日本人一样带着一种很狭隘的民族情绪和歧视偏见来对待他。所以我觉得，这些都是在我们这个时代，当我们面对自己的学生的时候，需要作出并可以引申的一些文本阐释。我感觉到李老师和团队的各位老师在今天讨论的过程当中，很多时候体现的不仅仅是一种语文教育，更是一种人格教育，是一种思想教育。既然鲁迅先生的文本里面，这样的精神资源比比皆是，我们就有责任将这种弥足珍贵的精神资源传承下去、传给我们的下一代。

李强：谢谢蔡老师，毕竟是鲁迅研究方面的专家，给我们带来了许多丰富的资料，很多资料我还是第一次听到。那么，我们作为中学教师，传授一篇面向初中学生的课文，我们的备课并不是把今天讨论的内容"变成"我们的教学内容。我还是要提醒，我们作为教师对《藤野先生》文本的解读是我们备课的一个起点。我们在拥有资料的基础上，再对资料进行取舍，然后确定教学内容、教学目标。

我们还是回到开场白的这句话，我认为这句话可以涵盖我们学习《藤野先生》这篇课文的纲："一切伟大的行动和一切伟大的思想，其发端往往都微不足道。""伟大的行动和伟大的思想"它是怎么开始的？我们可以从《藤野先生》这篇散文当中清晰地看到鲁迅弃医从文的发端。从这里开始他"从文"，并且在"从文"的道路上有了伟大的成就。刚才蔡老师说了,他不是一般的"从文",他已经成为了我们中日两个国家的一个友好使者、一个交流通道和引起共鸣的一个载体。

最后我还是要提醒一下,这次备课活动是我们教师的学习探讨,我们并不是要对初中孩子"满堂灌"这些内容,我们要有明确的取舍。谢谢大家!

第七堂课

月光下的少年
——教学视角下的《社戏》研读

◎ 主　　讲：魏新磊(上海市长宁区教育学院教研员,上海市语文特级教师、正高级教师)

◎ 对谈嘉宾：张中良(上海交通大学人文学院特聘教授)

◎ 参与教师：郁寅寅(上海市长宁区教育学院初中语文教研员)、张仁(上海市延安初级
　　　　　　中学语文教师)、陈思思(上海市娄山中学语文教师)、顾凌(上海市民办新
　　　　　　世纪中学语文教师)

◎ 时　　间：2021 年 5 月 29 日 14:00—16:00

◎ 地　　点：上海市虹口区横浜路 35 弄景云里 13 号景云书房暨鲁迅与文化名人陈列馆

　　魏新磊：统编教材语文六年级下册有一篇课文《好的故事》，选自鲁迅先生的《野草》。文中说："我在蒙胧中，看见一个好的故事。""这故事很美丽，幽雅，有趣。许多美的人和美的事……"鲁迅先生心目中美丽、幽雅、有趣的"好的故事"是什么样子的？我个人以为《社戏》中的故事是比"好的故事"还要好的故事。

　　《社戏》是统编教材语文八年级下册的第一篇课文，课本助读系统基本把《社戏》这篇课文的授课重点、难点全部涵盖了。比如"预习提示"和"思考探究（三）"均提到了结尾处的"好戏"和"好豆"的问题；比如"思考探究（一）"提到的情节问题，"思考探究（二）"提到的表达方式问题，"积累拓展（五）"提到的原文开头写成年后两次看戏的经历问题，都是教学中的重要问题。

　　我们今天的探讨，基于教学视角，入乎其内，细细品味，也出乎其外，但基本仍限于《呐喊》，拓展有边界，但挖掘力争有深度、有新意。

一、课前准备：教与学的调研

　　顾凌：在准备环节，我们对学生阅读《社戏》的起点、课后反馈、老师的课堂教学内容进行了调研。以此作为研讨《社戏》这堂课的起点。

　　在课前学情调查中，我们发现学生的兴趣点集中在：偷豆情节、行船途中的风景以及六一公公这一人物。学生产生困惑较多的就是对文本最后一句的理解——为何给予如此普通的豆、不好看的戏如此高的褒赞。

　　在课后反馈的调查中，我们发现学生对于文中淳朴善良的人情美、对美好生活的向往和美丽的农村风光印象深刻，对于文章的详略安排有了新的困惑。

　　在对教师的访谈中，我们发现教师们在备课之时对以上问题都有所涉及，且能达成共识。但是缺乏问题链意识。

　　魏新磊：结合调研结果、教师文献阅读以及文本自身特点，我们初步拟定了以下几个议题：

　　（一）故事情节：小悬念与小波澜

　　（二）景物描写：回忆与梦幻的光晕

　　（三）人物形象：一群月光下的少年

　　（四）叙述视角：儿童视角下的豆与戏

（五）对比手法：对国民性的批判

（六）主题思想：留一条光明的尾巴

（七）民俗与其他：知识的延展与边界

我们首先从故事情节入手。

二、七个议题

（一）故事情节：小悬念与小波澜

张仁：《社戏》的一切故事情节都通过名为"迅哥儿"的"我"之口，娓娓叙来。在月夜好戏、月夜行船、月里偷豆、月下少年、月之故乡的情节之中，藏着小悬念与小波澜，耐人寻味。

所谓的悬念，根据《现代汉语词典》的解释，是指欣赏戏剧、影视剧或其他文艺作品时，观众、读者对故事情节发展和人物命运很想知道，又无从推知的关切和期待心理。《社戏》展开故事并不靠紧张的情节冲突，也不靠曲折离奇的主人公经历，而是靠由浓郁情感和一连串小事连缀而成的"心理期待"。这种"心理期待"，真实地再现了孩子的心理感受。

小说开头先交代到农村的缘由、农村特有的人际关系，说明特别喜爱乡下的原因，为后边的诗情画意描写作好铺垫。写"我"和农村小朋友一起"钓虾""放牛"，是为了衬托看社戏更富有情趣。

接着从一般写农村的景象风物转向写"盼望"看社戏，但事情并不顺利。从借不到船要与看社戏失之交臂的"失望"，到双喜提议意外成行，小说荡起了波澜。

沿途上因心情急迫，误认渔火为戏台，错把松林当赵庄。然而，当企盼看戏的"热望"实现时，"我"是何等欢快喜悦。可是，戏竟看不清，讨厌的老生、老旦竟演不出什么精彩的东西，热闹的富有情趣的场面和动作竟然一个也没有。"我"又"失望"了。

于是"回转船头"，乘兴而来，败兴而归，情绪降到了最低处。但是绝处逢生，柳暗花明，小说又引出了烧吃罗汉豆的情节，把小说的情节推向了高潮，读者的心理"期待"获得了新的更大的满足。第二天六一公公送豆给"我"品尝，虽系余波，但对月光下烧豆吃又起到强调作用，造成同高潮的回应。希望与失望的交错叠出，读者的心理随之时起时落。

魏新磊：有人说《社戏》有散文化倾向，是因为除了语言风格之外，本文的情节没有大开大合和大起大落，但读来仍然让人欲罢不能，原因就在于小悬念一个接一个，小波澜一波接一波。情节看上去完全是写实，丝毫没有斧凿的痕迹，但就是引人入胜。在悬念设置上，鲁迅先生的处理是，布下的悬念马上解决，但解决的同时埋下新的悬念。甚至解决的悬念不是你期待的悬念，而是另起小波澜。比如偷豆之后，伙伴们担心的是阿发母亲会哭骂吗？八公公发现我们用了他的盐和柴会找我们算账吗？但这两个担心作者偏偏避而不写，写的却是此前我们没有任何"预案"的六一公公来兴师问罪。六一公公问罪，不仅没有使我们难堪，而且还被双喜倒打一耙，说吓跑了自己的虾；"我"不仅没被骂，而且还被夸；六一公公对我们偷豆采取的措施是给"我"送豆。这样的完全出乎意料却又合情合理的情节，让人艳羡不已，甚至有加入偷豆行列的冲动呢。

其实偷豆的情节在此前的写景中似乎已经埋下伏笔。出发时作者写道："在左右都是碧绿的豆麦田地的河流中，飞一般径向赵庄前进了。"途中写道："含着豆麦蕴藻之香的夜气。"返回时又写道："岸上的田里，乌油油的便都是结实的罗汉豆。"景物和情节的关联可谓浑然一体。接下来我们探讨一下本文的写景吧。

（二）景物描写：回忆与梦幻的光晕

郁寅寅：探讨本文的写景部分，我们先要来看看这部分内容在鲁迅小说作品中的独特性。

在《我怎么做起小说来》中鲁迅先生说道："力避行文的唠叨，只要觉得够将意思传给别人了，就宁可什么陪衬拖带也没有……所以我不去描写风月，对话也决不说到一大篇。"

从中，我们不难发现鲁迅先生的行文依然深受着中国传统文学的影响，以简洁为要。但这篇文章中鲁迅先生却对景物着墨较多，如非必要，不会如此。我们一起来看"我"终于如愿去看戏，在月夜行船途中的一段景物描写。"激水""踊跃的铁的兽脊""飞一般""扑面""远远地"这些词叠加在一起，是写行船的快，又何尝不是"我"内心激动、兴奋之情的写照呢？可能是终于如愿了，可能是因为没有大人在的自由。总之是雀跃的，因而这些所有的景物就像在琴键上跃动的音符一般奔涌而出。景成了"我"情的投射，因而两岸的豆苗和河底的水草所发散出来的清香，也是扑面而来，强烈地沁入"我"的心间，让"我"迷醉。

陈思思：说到迷醉，我觉得是因为这些景物描写多少带上了回忆与梦幻的光晕,细读"月夜行船"景物描写,让人感觉是不那么明晰,似乎一切都笼上了细纱,都是朦胧着的;而这两段表达出的情感,似也不大明晰,像是急切,又不那么急切,似乎是沉浸在当下的。鲁迅用了一系列不确定的词语"仿佛""依稀""似乎"等,一则表达当时对前往赵庄看戏的急切和向往,二是表达出对幽静夜色的沉迷;另外,立足于作者写作的当下,对现实的"看戏"经历愈是不满,愈会去美化回忆中的一切。而给这沉静幽美的夜色更添一重梦幻的,是不知从何而来的歌吹。迅哥儿因为听到歌吹,又看见几点火,便想着快到戏台了,当然他不希望这只是几星渔火。这便是孩子心性,从歌吹便能想到戏台。然而这声音宛转、悠扬,不知不觉安抚了迅哥儿急切的向往之心,让他急躁的心平静下来,且沉迷其中,彻底伴着乐声投入到这清香、幽静的夜气中。

当戏台真出现在眼前时,迅哥儿将其想成"画上见过的仙境"。这个词语表达了他情感上的满足,不觉给看戏经历润色上了朦胧之美。

郁寅寅:确实如此,这种润上去的朦胧之美,恰是"我"的情感体现。比如关注这一去一回两处的景物描写中语意相似的词"仙境"——"仙山楼阁";"模胡"、"几乎分不出界限"——"漂渺"。这两组词都带着作者强烈的主观情感。"仙"既有着对这景的盛赞,却也隐含着少有甚至不真正存在之意。这段景物实在是美,豆麦是"碧绿",连山是"淡黑",月光是"皎洁",渔火是"红",航船是"白";有豆麦夹杂着水草的"清香";有船行的"潺潺"声,孩子们的欢笑声,还有横笛的"宛转,悠扬"……

而后面一组表示不确定的词,是将影像拉长,直至虚无,亦真亦幻。《好的故事》里鲁迅对江南水乡也有类似的描写。不同的是《好的故事》里的景物是梦中之景,《社戏》的景物是眼前之景,《社戏》中的这种诗情画意更有真实感,是因为景物和情节相融在一起,所以虽有静谧朦胧,却又激昂兴奋。把气氛烘托得令人心醉,如一幅山水画,与现实交融在一起,也就成了那夜的"好戏"一个不可或缺的部分。

张仁:此时的"迅哥儿"和他的小伙伴已不仅仅是"社戏"的观众,也是今夜"社戏"里创造故事的角色。水乡、大白船、笛声、水花、渔火、船篷、石马、石羊、月光、戏台……对应舞台剧上的舞台(临河的戏台)、布景(水乡、大白船)、音乐(笛声)、道具(石马、石羊)、灯光(渔火)、包厢(白篷船)、观众(小伙伴一行及其他乡人)。或者这才是"社戏"真正要演出的内容,这才是"好戏"的精髓所在:

天上悬挂着一轮圆月/古老的戏台镶嵌在暗蓝的天幕上
迷蒙的月光洒落在银白的河江/红红绿绿的灯光在水波里荡漾

锣鼓铿锵/横笛悠扬/这里是画中仙境/人间天堂

瞧,黑压压的一片那都是从四乡八村摇着船

有从平桥村穿梭而来的白篷/有特地赶来看社戏的绍兴老乡

只要戏不散场/就这样神情专注而又欢快地站在船头上

天上一个月亮/水里一片灯光

台上戏开场/台下船摇晃。

魏新磊:刚才在谈景物描写的时候,月亮是一个高频词。在《呐喊》中"月亮"的确是个独特的存在。《故乡》中"深蓝的天空中挂着一轮金黄的圆月",《狂人日记》白话部分开篇的第一句话:"今天晚上,很好的月光。我不见他,已是三十多年;今天见了,精神分外爽快。"还有提到月亮却没有月亮的几个地方:

《狂人日记》:"今天全没月光,我知道不妙。"

《阿Q正传》第八章《不准革命》:"这一夜没有月,未庄在黑暗里很寂静。"

《药》:"秋天的后半夜,月亮下去了,太阳还没有出,只剩下一片乌蓝的天;除了夜游的东西,什么都睡着。"

《白光》中陈士成:"突然仰面向天,月亮已向西高峰这方面隐去……"

有月亮和没有月亮接下来的情节情感截然不同。那么《社戏》居然四次写到月亮,月光下有美的景,美的事,美的人。我们来看看月光下平桥村的这群人。

(三)人物形象:一群月光下的少年

陈思思:天上一个月亮,水里一片灯光,航船上是一群少年。这是一群怎样的少年呢?

先看看其中"最聪明的"双喜的出场,当别的小伙伴来热热闹闹地讲戏,只有迅哥儿落寞不语的时候,是双喜"大悟似的提议"坐八叔的航船去看戏;在外祖母和母亲担心一行人中没个大人不安全,又不方便打搅大人们的时候,又是双喜"看出底细来了",大声"打包票",在极短的时间内,将行船可能遇到的危险和本身的优势都作了预判,不得不令人信服。在大家看戏无聊,哈欠连天的时候,又是双喜提议回家,得到了大家的赞成,于是大家又踊跃地、齐心协力地回程了。这半大少年竟然还很有领导力!如果没有这样的双喜,迅哥儿定然没有这看戏的经历了。

桂生也是这群小伙伴中的代表人物,当回程中摇船的小伙伴说许久没有东西吃的时候,他提出偷一点罗汉豆煮来吃,这才有了看戏之后的又一波欢乐。

当这样一群少年集中在一起时,那便是月下最靓丽的风景了。文中对航船上的少年们进行了浓墨重彩的群像描写:

大家跳下船,双喜拔前篙,阿发拔后篙,年幼的都陪我坐在舱中,较大的聚在船尾……

这些短句干干脆脆地连在一起,既写出了小伙伴们的默契、快速、动作娴熟,也写出了迅哥儿的轻松愉悦,就像这段开头写的"很重的心忽而轻松了,身体也似乎舒展到说不出的大"。迅哥儿被这群热情、活泼、朴实的少年们感染了,也成了无拘无束、自由自在、融入天地间的少年。

郁寅寅:虽然这个部分的小标题是"月下的少年",但我还想谈谈其他人,这群人也如这群少年般可爱。

大家一定注意到了课文中的"外祖母和母亲"。外祖母,她见"我"因为没有船去看戏而焦急失望,就非常"气恼",怪家里人为何不早点把船给雇下。为此她絮叨个不停。晚饭时发现"我"还在生气,外祖母安慰我,"说我应当不高兴,他们太怠慢,是待客的礼数里从来所没有的"。有如此关注并且理解"我"情绪的外祖母,这里可不就成了"我"的乐土了嘛。

再谈母亲。看起来她对"我"想去看戏这件事似乎并不热衷,对"我"的生气也不以为然。但一旦得到机会,她还是同意了孩子们的计划。在没有大人陪同的情况下,让孩子们自己坐航船,去五里之外的赵庄看夜戏。航船刚回平桥村,"我"就看见母亲一个人站在桥上,等着"我"归来。母亲虽然"颇有些生气",但那"生气"恐怕更多的是母亲的担心吧。此时已经是三更了,不知道母亲什么时候就开始站在桥上。看到孩子们平安回来,她也就没再说什么,"笑着邀大家去吃炒米"。可以想象,母亲在孩子们出发之后肯定一直在担惊受怕。在此处我们可以关注母亲答应我们去看戏时的"微笑",以及我们回来时"笑着邀大家去吃炒米",如果当时没有母亲的成全,也就没那样的美好回忆了。

六一公公等平桥村的大人也是一群可爱的长辈。孩子们回来的路上偷吃了六一公公的罗汉豆,他并不生气,只是埋怨他们不好好摘,踏坏不少,心疼庄稼。当得知这豆是请客用的,非但不生气,还送了罗汉豆给母亲和"我"吃,这是六一公公的淳朴。还有料想发现盐和柴被偷用之后一定会骂人的八公公,也没骂人。是八公公没有发现吗? 当然不是! 多半是因为,这是招待"我"的。那夜的船便是八公公借给我们的,那航船是生计需要,他却放心借给我们,这是农村人的热情。还有阿发的娘、其他让孩子们陪着"我"夜里去看戏的大人们可以说都成就了"我"这段的美好记忆，成就了那夜的好戏、那夜的好豆。

魏新磊：平桥村这群孩子，淳朴善良，平桥村的这群大人，善良淳朴。关于母亲，我想补充一点。我们可以引导学生想象，当回来的时候，母亲还在桥上等着"我"。此时已经是"三更"。作者在行文中只写了"我"的所见所闻所感，没有写母亲。在孩子们玩得不亦乐乎，在偷豆吃豆的时候，母亲在干什么？"我"只看到母亲三更天的时候独自一人站在桥上等，母亲在桥上等了多长时间？她有心情赏月吗？

（四）叙述视角：儿童视角下的豆与戏

顾凌：尝试站在"迅哥儿"——十一二岁少年的视角重新审视这场戏是否好看。

到赵庄去看戏是"我在那里所第一盼望的"。从文中能找寻到"我"对社戏的期待是：

（1）最愿意看的是一个人蒙了白布，两手在头上捧着一支棒似的蛇头的蛇精；

（2）其次是套了黄布衣跳老虎；

（3）不要看老旦。

但事实上，想看的一样没看到，不想看的老旦倒是出现了。

除了戏，喝豆浆也备受期待，在文中出现了两回。不仅是看戏中想到要喝，甚至这是早在去看戏前就想好的必做清单。妙的是，我托桂生去买豆浆，不是因为我渴了，而是"我有些疲倦了"。豆浆显然不是提神和解乏之物，唯一可解释的就是"我"想喝豆浆解闷。因而，当桂生好意想去舀两瓢水来，我却不喝水——喝水只能解口渴，却驱赶不了心倦。对于一个孩子来说，早早期盼好的事，最终却未能如愿，其失落是不言而喻的。

因此，对于十一二岁的"迅哥儿"来说，那夜的戏其实并不好看。

陈思思：我认为儿童视角不仅适用于赏戏，也适用于品豆。结尾写到"真的，一直到现在，我实在再没有吃到那夜似的好豆"。然而，矛盾的是仅过了一夜，对于第二天六一公公亲自送来的豆，我却觉得"并没有昨夜的豆那么好"。因此，可以将问题聚焦为：对于十一二岁的"我"来说，次日的豆和昨夜的豆有何差别？

第一，是特定的人。第二天的豆是六一公公送来给"我"和母亲，且被摆上饭桌的。依据文本给出的线索推理：一群小孩子在船上，仅凭柴和盐煮的豆，怎么可能比母亲等大人在家亲自下厨更好吃？因而，昨夜豆的好吃，多半是"我"作为一个孩子带有强烈个人主观情感的判断。在那个美丽的月夜，"我"和小伙伴们一起偷豆、剥豆、煮豆吃。豆确实是普通的豆，但有了小伙伴们的陪伴，"我"就感受到了无穷的乐趣。

第二，是特定的时间。第 24 段交代了偷豆的起因：一是行了很远的路；二是刚才划船用力过度；三是夜已深，实在饥饿。饿了这豆吃起来便特别香，因此昨夜的豆比今次的豆好吃得多。确实顺理成章，但这其中又有太多的偶然因素。

回程途中如游戏般的行船激浪是孩子的一时兴起，这一行为导致了后程"太用力"疲乏引发饥饿感，而此时又非常偶然地行船到了罗汉豆的田地旁。这种非计划的、遭遇式的偶然是儿童生活中的常态，而"迅哥儿"又是一个烂漫活泼的少年。因此，那一夜"奇遇"般的经历同样为豆的美味增光不少。

魏新磊：作者在写作时，叙述视角往往会随着内在情感的变化不由自主地发生变化，从而导致用语的变化。比如课文第 1 段说"那时我的祖母虽然还康健""那地方叫平桥村"，第 4 段说"我在那里所第一盼望的""当时我并不想到他们为什么年年要演戏。现在想，那或者是春赛，是社戏了"。第 5 段措辞发生了变化"就在我十一二岁时候的这一年，这日期也看看等到了。不料这一年真可惜，在早上就叫不到船"。后面还有"这一天我不钓虾"。由"那"到"这"，时间由现在到过去，视角由成人变儿童。文章结尾："真的，一直到现在，我实在再没有吃到那夜似的好豆，——也再没有看到那夜似的好戏了。"视角再次回到成人。

找到这些措辞，视角的变化就有迹可循了。当然，有时候视角的变化可能没有标志性的词语，需要根据内容来判断。比如《社戏》中双喜说"我们又都是识水性的"之后，作者另起一段说："诚然！这十多个少年，委实没有一个不会凫水的，而且两三个还是弄潮的好手"。再比如文中对"白地"的一段说明说"乡下人为了明天的工作，熬不得夜"，还说"乌篷船里的那些土财主的家眷固然在，然而他们也不在乎看戏"等，我个人觉得都不是年龄十一二岁的孩子能说出来的。

如果看《社戏》原作，更容易看出，文章一开始是纯粹的成人视角，写了"我"成年后在剧场看中国戏的两段经历。这两段看戏经历表达了作者怎样的情思？

（五）对比手法：对国民性的批判

陈思思：《社戏》开头写到了作者两次看北京戏的经历，要到近三分之一处才开始讲社戏。

作者立足当下，对前 20 年的看戏经历作了简单的回溯。对于这两次看北京戏的经历，鲁迅谈到"然而都没有看出什么来"，没看出名堂来的是戏本身，而戏以外的东西,鲁迅都写在文章里了。接下来我们将从戏台下的环境、人情,以及文中的"我"三个方面具体谈谈《社戏》中的对比。

顾凌:这三次的看戏经历,鲁迅先生对戏台上的表演着墨不多,却将台下的情形细细呈现给读者。第一次侧重写戏台下的环境,第二次侧重写戏台下的人。

第一次北京看戏留下最深刻的印象就是吵闹的环境,以至于在门外就听到"冬冬喤喤"。其次就是拥挤,戏台上的演员只是"一闪烁",戏院里唱主角的似是挤挤挨挨的观众。鲁迅连用"满是"和"许多",强调了他当时因吵闹、拥挤而烦闷的看戏心态。

第二次北京看戏的戏票是两元一张"重价购来的宝票",地点是在新式构造的,据说不用争座的第一舞台。结果,台下依然挤挤挨挨都是人;台上也还是冬冬喤喤地"乱打"。而这一次,对环境的感受主要在与戏有关的人上。鲁迅笔下的"胖绅士"就是台下观众形象的代表。

之所以称之为"绅士",恐怕是此人衣冠鞋履一应俱全,貌似"绅士"。对于鲁迅的"不知道",他是"很看不起似的斜瞥了我一眼",又是很不屑、齐啬地回答。这个场景让鲁迅觉得悲哀的是原本他以为的革命后万象更新的趋势并未出现,依旧是"自用而愚,污如死海"。文中的"深愧浅陋而且粗疏"表面是自嘲,实际上是对这些浅陋粗疏的绅士们的嘲讽。而台上所谓的名角又是怎样的呢?鲁迅忍耐着继续等待的小叫天最终并没有出现,唱戏的名角儿竟然如此托大!这让鲁迅彻底看清了所谓的绅士和名士。于是,他再一次下了结论"在戏台下不适于生存了",与中国戏"告了别"。

从上述的两处对比可以看出,引起作者厌恶的不是京戏本身,而是京戏周围俗不可耐的社会风气和腐朽势利的旧社会的所谓"绅士"。因此,让作者感觉"很好"的自然也不是社戏本身。

陈思思:还有一层对比是两个"我"的对比。《社戏》中有着截然不同的两个"我"。

在北京城中两次看北京戏的"我"是那个运笔痛快、总能一针见血针砭时弊的鲁迅。写戏园中的给观众提供的"地位"是"坐板比我的上腿要狭到四分之三,他的脚比我的下脚要长过三分之二"的长凳,这让作者想到私刑拷打的刑具。第二次的"我"对于"胖绅士"一类倨傲势利的人毫不留情地嘲讽,对于在戏院外或是张望或是呆立着想看"小叫天"的人们,这些被愚弄着却不自知的人们,作者除了表达无奈的怜悯和同情之外,是再次下定决心要肩负用笔唤醒他们的责任。

但是,到了文章的后半部分,视角变成了"迅哥儿"。《社戏》中的"迅哥儿"并不是鲁迅自己,"鲁迅"这个笔名是从他投稿《新青年》才开始使用的,小说《社戏》中的这个"迅哥儿"恐怕也是戴上成年鲁迅美好滤镜的、部分虚构出来的人物。迅哥儿眼中的平桥村是"乐土":"因为我在这里不但得到优待,又可以免念'秩秩斯干幽幽南山'"。对于一个孩子来说,能摆脱课业的束缚,是多么自由的事情!所以,"乐土"实际上是自由之地。这次看社戏没有大人跟着,彻底摆脱"规矩"的束缚;又是在自在的、属于自己的夜和月光下,所以迅哥儿感到"很重的心忽而轻松起来,身体也似乎舒展到说不出的大",这是一种融入自然忘乎所以的松快。

《社戏》后半部分的"我"——这样兴奋、活泼、陶醉、自在的迅哥儿与前文那个慎重谨严的、冷目旁观的鲁迅先生形成鲜明的对比。

魏新磊:我们探讨了社戏的故事情节、景物描写、人物形象、叙述视角等,也对比了成年后的两次看戏经历与看"社戏"的经历。但有一个问题还没有解决——《社戏》的主题思想是什么?

(六)主题思想:留一条光明的尾巴

郁寅寅:对于小说主题思想的研讨,可以站在作者生平经历的角度分析这一问题。

除了受辛亥革命后社会风气、日本文人的影响之外,还可以关注以下信息:1918年《新青年》倡导文学革命,鲁迅开始着手写小说,力求打破"铁屋子"对国民的束缚。《社戏》是在1922年10月创作,同年12月发表于《小说月刊》。此时距鲁迅最后一次回绍兴老家已过去三年。

据周建人在《鲁迅故家的败落》中的口述,在1919年底的一个雨夜,鲁迅回到阔别已久的故乡,为了将母亲、妻子和弟弟一家迁往北京。田地房屋全部卖掉,祖父的日记、诰命、不能带走的各种字纸都被烧掉。这次的离别既是对故乡的告别,也是鲁迅对自己少年生活的告别。虽如此,但故乡些许美好的影子已根植于鲁迅心中,那些美好的图景时时会出现,《社戏》就是这样一篇他在北京任教时回望"故乡"美好的作品。

因而从创作背景看,《社戏》不能简单地被视作是一部"游子思乡"之作。

张仁:我查阅了鲁迅研究专著,了解到《社戏》作为《呐喊》最后一篇的来龙去脉。

鲁迅第一部小说集《呐喊》收录的是1918年至1922年所作的15篇小说。从《狂人日记》到《社戏》前14篇为现实题材,最后一篇《不周山》为神话题材。

当 1930 年 1 月《呐喊》第 13 次印刷时,鲁迅先生保留了前 14 篇,删去了《不周山》。被删去的《不周山》后更名为《补天》,就成了第三本小说集《故事新编》第一篇。从上述文学史料看,我们不禁要问:把《社戏》置于《呐喊》的最后一篇,是作者因为受其他因素"无意为之",还是"有所深意"呢?

《狂人日记》篇末发出"救救孩子"的呐喊。但《呐喊》最后这篇《社戏》文风大变,直陈童年生活的幸福跨越时空。一部《呐喊》以《狂人日记》"救救孩子……"的深长呐喊开篇,又以《社戏》中一大群孩子的铃铛般的欢声笑语收束,可见鲁迅先生内心对孩子的希冀。因为《社戏》,鲁迅笔下的《呐喊》就有了"一条光明的尾巴"。

顾凌:通过"我"在北京看京戏和在农村看社戏的种种对比,表达了"我"对热诚友好、平等和谐的人情世故和人际关系的向往,这其实也是前期鲁迅思想伦理观念的重要内容之一。

《社戏》也是对美好情感和淳朴人性的赞美。那时的月光是柔和的,衬托出乡村淳朴的人性美;柔和的月光下充满着小伙伴们待客的热情,充满着欢乐和愉悦。

《社戏》还是作者记忆中美好的月亮与现实中黑暗社会的交织对比。两种月光隐喻了鲁迅先生的精神世界,承载了无限的思想情感。

魏新磊:本单元的单元导语提到了民俗问题,我们理应给予一定的重视。这方面我们在备课、上课中怎么处理呢?

(七)民俗与其他:知识的延展与边界

张仁:民俗问题是深入解读鲁迅作品绕不过去的一个问题。在文中,作者借十一二岁的"我"之口,对这一问题仅做粗线条的勾勒,读者却也能从中管窥一二了。

教材注中把"社戏"解释为:社,在绍兴指一种居住区域,社戏就是社中每年所演的"年规戏"。源于当地群众对于土地的崇拜和五谷丰登的祈望。这样的戏,即便不看,也不能不演。于是,我们便能理解为何"太小太穷"的平桥村即便是凑钱给赵村也要合演了。

我们可以引导学生通过检索网络、研读鲁迅的其他作品、查阅作者传记资料或相关评论等途径了解《社戏》中的民俗文化,帮助学生逐步消弭与经典之间的隔膜。但是对民俗知识的介绍应该是既有延展,也有边界。

郁寅寅:最后,想谈一谈鲁迅作品中语言文字规范的问题。鲁迅作品中的某些地方如果按照今天的语言标准来看,确实存在"不规范"的现象,我们当然不能要求鲁迅写作时遵守今天的语言文字规范标准,不过在教学中可根据情况向学生指明这一点,讲清楚这是特定时期的语言现象,不必在这些方面学习和模仿。

研讨小结

魏新磊:我们以"月光下的少年"为题来进行探讨是受了日本诗人佐藤春夫的启发。佐藤春夫在 1936 年 10 月 19 日鲁迅先生逝世的当天晚上,写下一篇题为《月光与少年——鲁迅的艺术》的文章。佐藤春夫说:"假若你读鲁迅作品时稍加注意,使你奇怪的是《阿 Q 正传》《故乡》《孤独者》等比较长的文章不消说,就是在像《村戏》(即《社戏》)等的小品中,在什么地方也一定表现着月光的描写与少年的生活。我想月光是东洋文学在世界上传统的光,少年是鲁迅本国里的将来的惟一希望。我永远忘不掉从鲁迅文中读到的虽然中华民国的全部都几乎使自己绝望,然而这绝望并不能算是真的绝望,中国还有无数的孩子们的这种意味。假若说月光是鲁迅的传统的爱,那少年便是对于将来的希望与爱。"读完《社戏》我一直无法忘怀那群天真烂漫、无拘无束、善良淳朴、吃苦耐劳的十几个少年。鲁迅在《我怎么做起小说来》一文中说:"我的取材,多采自病态社会的不幸的人们中,意思是在揭出病苦,引起疗救的注意。"而且提到自己的小说"不去描写风月"。于此来看,《社戏》是一个例外,这里有良辰美景,这里有赏心乐事。文中呈现的似乎不是病态的社会,似乎不是在揭出病苦,而是在呈现祥和、安宁和幸福。正如我们一直追问的:这是怎样的"呐喊"?

平桥村这群善良淳朴的少年,是不是就是年幼时的小英雄闰土?多年后闰土见到我一声"老爷"让"我""似乎打了一个寒噤",这群孩子长大后见到"我"是不是也不再叫"迅哥儿",而也是一声"老爷"?但文章并没有这样写。

和鲁迅交往颇深的日本学者增田涉说:"在月亮一样明朗、但带着悲凉的光辉里,他注视着民族的将来。"刚才,张仁老师提到了《呐喊》第一篇《狂人日记》中的那一声呐喊:"救救孩子。"我个人想当然地认为,这里的孩子应该包括平桥村的这群孩子。正如《故乡》中"我"对水生和宏儿的期待"他们应该有新的生活,为我们所未经生活过的"。前面在研讨中,说《社戏》给《呐喊》留下了一条光明的尾巴。我个人表示认同。从单篇来说,鲁迅"在《药》的瑜儿的坟上平空添上一个花环,在《明天》

里也不叙单四嫂子竟没有做到看见儿子的梦",作者说:"既然是呐喊,则当然须听将令的了,所以我往往不恤用了曲笔……因为那时的主将是不主张消极的。"那么从《呐喊》整部书来说,《社戏》似乎也是"曲笔"。虽没有投枪匕首,虽没有金刚怒目,但我认为这是别样的呐喊,这是别样的警醒。悲剧,是把美好的东西撕破给人看。面对如此美的景如此美的事如此美的人,有谁能忍心"撕破"而使之成为悲剧呢?看到这群孩子,我最担心最害怕的就是,不读书,他们长成了闰土;读书,他们成了孔乙己和陈士成。那么,怎样才能使这群孩子健康成长,不仅体格健壮,而且精神健康呢?这是一个需要所有人认真思考的问题。

专家点评

张中良:刚才张仁老师谈到,鲁迅将《不周山》从《呐喊》中删除是因为他将来想写一本历史小说集,而《呐喊》属于现实小说集,于是干脆把《不周山》删除,这是一个技术性的原因。另外,这也和鲁迅执拗的性格有关。《呐喊》初版时是15篇,创造社青年批评家成仿吾"以'庸俗'的罪名,几斧砍杀了《呐喊》,只推《不周山》为佳作"。鲁迅先生很不能心服,他自嘲说:"我是不薄'庸俗',也自甘'庸俗'的";且"自家有病自家知"吧,"《不周山》的后半是很草率的,决不能称为佳作。倘使读者相信了这冒险家的话,一定自误,而我也成了误人。"于是,当《呐喊》印行第二版时,他反而将《不周山》一篇删除了。鲁迅说:"向这位'魂灵'回敬了当头一棒——我的集子里,只剩着'庸俗'在跋扈了。"

鲁迅一些杂文集的书名都与其执拗的性格与讽刺旨趣有关。《三闲集》编讫于1932年,先前鲁迅将撰写《中国小说史略》时所集的材料编印成《小说旧闻钞》,成仿吾"以无产阶级之名,指为'有闲',而且'有闲'还至于有三个",鲁迅杂文集"编成而名之曰《三闲集》,尚以射仿吾也"。

一、《社戏》在《呐喊》中的位置

《社戏》是《呐喊》小说集的倒数第二篇,我依创作时间将《呐喊》中的小说做如下排列:

时间 （创作或发表）	作　品	主　　题
1918 年 4 月	《狂人日记》（《新青年》4：5）	暴露家族制度和礼教的弊害
1919 年 1 月	《孔乙己》（《新青年》6：4）	科举制度及人间的隔膜
1919 年 4 月	《药》（《新青年》6：5）	民众的愚昧和人间的隔膜
1919 年 6—7 月	《明天》（《新潮》2：1）	底层的不幸和人间的冷漠
1919 年 11 月	《一件小事》（《晨报·周年纪念增刊》）	赞美劳动者【现实】
1920 年 8 月	《风波》（《新青年》8：1）	民众的愚昧和复辟势力
1920 年 10 月	《头发的故事》（《时事新报·学灯》）	民众的冷漠【现实】
1921 年 1 月	《故乡》（《新青年》9：1）	人间的隔膜与底层的艰难
1921 年 12 月 4 日— 1922 年 2 月 12 日	《阿 Q 正传》（《晨报副刊》）	国民性弱点和革命的不彻底
1922 年 6 月	《端午节》（《小说月报》13：9）	生活窘迫与性格自嘲【现实】
1922 年 6 月	《白光》（《东方杂志》19：13）	科举制度及人间的隔膜
1922 年 10 月	《兔和猫》（《晨报副刊》）	兔子生养小兔给人们带来了快乐；小兔的失踪让人伤感，疑心遭了大黑猫的黑手，不禁气愤、失望与凄凉；新的小生命诞生又带来喜悦。因生命无常而感到悲凉，意欲向大黑猫复仇【心理主题】
1922 年 10 月	《鸭的喜剧》（《妇女杂志》8：12）	盲诗人爱罗先珂对寂寞的敏感，买来蝌蚪放进荷池，又买来小鸭，可是小鸭吃光了蝌蚪。小鸭长大了，鸭鸭地叫，可是盲诗人离开了北京，无消息【友情】
1922 年 10 月 （10 月 5 日中秋节或许是创作的一个契机）	《社戏》（《小说月报》13：12）	北京剧场的喧嚣与观众的拥挤傲慢对比下，童年时绍兴水乡社戏的魅力：少年的热情与慷慨，航船飞驰的快意与豆麦水草的清香，月色的朦胧与皎洁，临河戏台如仙境般幻美，儿童对角色的好恶，离去的自由，人情的厚道【乡愁、童心的怀恋】
1922 年 11 月	《不周山》（《晨报四周年纪念增刊》）	女娲的责任心和牺牲精神

二、《呐喊》变调的原因

根据上述表格，我们发现《呐喊》的主题格调是由愤懑、激烈走向沉思、和谐。除去《不周山》以外，《呐喊》14 篇中有 11 篇都是从多重病态的人群中汲取题材，而《兔和猫》《鸭的喜剧》和《社戏》这三篇正好与上述相反。《呐喊》大的主题是启蒙——呼吁人性启蒙、个性启蒙，批判戕害人性、压抑个性的制度与礼教。但是，偏偏后几篇不是，为什么这三篇出现暖色的基调，个中缘由值得我们探讨。

1. 五四新文化运动激进浪潮落潮

五四新文化运动激进浪潮落潮主要包括两个方面。第一，1922 年 7 月，《新青年》休刊后，1923 年 6 月复刊，完全政治化，成为中国共产党机关刊，第一次发表配了曲谱的《国际歌》（瞿秋白译本）。第二，1922 年 1 月，《学衡》杂志在南京创刊。《学衡》主张文化渐进，我们过去将学衡派称为保守派，实际更准确的称谓应该叫守成派，守成主义有其存在的历史价值。新文化运动的高潮期，钱玄同认为应该废除汉字，鲁迅等也曾经赞同要将文字全部拉丁化。等到后来，人们发现传统是不能截然中断的，传统截然中断以后，我们便无法理解历史，况且传统文化存在于社会生活的方方面面，包括每个人，精神文化甚至变成生物遗传。人的遗传不光是生物性的，而且是精神性的，想要截然中断带有精神遗传的传统文化是行不通的，所以到了新文化运动进行中，人们就发现不能再一味地批判传统文化，还要研究与传承传统文化，1919 年，胡适就发表文章《新思潮的意义》，他认为新思潮不光要批判传统文化，还要重新整理传统文化。文学研究会的会刊《小说月报》也开辟"整理国故"专栏，整理国故是历史发展到一定阶段必然出现的现象，我们不能完全否定传统。

2. 步入学术史领域

1920 年 8 月，鲁迅先后接受北京大学和北京高等师范学校的聘书，从而成为一名兼职的大学教师。1920 年 12 月 21 日，鲁迅开始讲授中国小说史，于是他更自觉地进入学术史领域。光写杂文可以是批评性质的，而一旦进入学术层次，就不能无视中国小说乃至中国文化的历史与成就。因此，鲁迅虽然对胡适的"整理国故"有所批评，但实际上他也进入了"整理国故"的研究行列。

3. 许羡苏等小字辈的到来

1920 年秋，鲁迅三弟周建人的学生许羡苏报考北京高等师范学校，由于住宿问题无法解决，她找到周建人帮忙，周建人将许羡苏安排到八道湾的周家大宅院。后陆续有小字辈与鲁迅家多有来往。在此之前，鲁迅一直住在绍兴会馆等处，一边上班,一边抄古碑。1919年底,周家家眷从绍兴搬来北京,现在又来了几个韶光华年的少女,鲁老太太很喜欢绍兴老乡姑娘,经常叫大家来吃饭,这些对于鲁迅的心境来说是一种很大的改善。

4. 翻译爱罗先珂童话

俄国盲人作家爱罗先珂,1922年2月入住八道湾,鲁迅与爱罗先珂结下深厚友情。翻译爱罗先珂的作品给鲁迅创作带来了多重影响。首先,翻译爱罗先珂使鲁迅的小说开始有了铺展的风景描写。其次,爱罗先珂柔软的爱心深深触动了鲁迅。另外,作为健康人的鲁迅原来老觉得自己不幸,现在突然看到爱罗先珂身为盲人却勤奋写作,满世界游走,这对鲁迅来说是一个刺激,他更为自觉地意识到人生就是应该同各种各样的不幸作斗争。

三、意象:月光、少年

我觉得今天的主题"月光下的少年"恰好捕捉了《社戏》中两个最有代表性的意象:"月光"和"少年"。我最近在研究中国传统小说里的自然问题,发现中国小说传统不重自然描写,小说中的自然描写让位给诗词和散文,而戏曲和小说两个叙事文体里自然描写很少,用传统文论的话说:景语皆情语。中国叙事文学中的自然描写总是与情感相关联,它代表了作家的某种旨趣,起到烘托氛围和刻画人物性格的作用。

那么,鲁迅笔下的"月光"象征着什么呢? 就这篇小说而言,我认为《社戏》中的"月光"象征着爱,这里有亲子之爱,也有小朋友的友情之爱,还有民间的乡俗之爱,传统乡村和现代乡村有很大的区别,传统社会的乡村有士绅阶层,还有乡俗文明,六一公公为什么对孩子们这么好? 可能有两点原因:一是淳朴的乡风。农村有个习俗,我想南北方都一样,叫"啃青":在瓜果梨桃下来的时候,还有玉米和罗汉豆青的时候,你如果饿了或者渴了,要到人家地里去,摘一两个瓜,掰几个玉米,农民是可以容忍的,这是中国几千年农耕民族留下的一个很质朴的传统。另外,"啃青"要匀着来,最好不要单拿一家的东西,那家可能会生气,甚至怀疑是其他家找人干的坏事,所以农民有农民的伦理。另外一个原因,是回乡省亲的姑奶奶在城里是嫁到了大户人家。所以,六一公公特别会做人,他虽然心疼自己的豆,但是他懂得人情世故,孩子们快乐了,那么城里的阔人家的亲戚也就快乐了,索性就再送点豆作为人情。

毫无疑问,《社戏》的主题是多元的,我们中学语文老师在平时的教学中,既要做主题发掘，但是也要注意，轻易不要讲唯一性，经典的主题未必只有一个。小说集《呐喊》的主题就是多元的，前11篇除了《一件小事》之外都是批判型的，而包括《不周山》之内的后四篇是弘扬型的。《呐喊》是两个主题的变奏，在强调主旋律的同时，不应忽略甚至抹煞副主题。如果学生在讨论中有自己的理解，老师应该给学生多一点想象的空间。

《社戏》主题还包括对童年的怀恋。其实人最怀念的是童年时期。对于鲁迅来说，他最怀念的是13岁以前的、温馨的童年，即《社戏》中所描写的童年生活。13岁以后，因祖父科场案，鲁迅家道中落，所以他最恨科举，他一定把孔乙己写死，把陈士成写死，这才报了"一箭之仇"。要不然他在《呐喊》里那股火气都压不下去，写了《白光》以后，鲁迅心中的火气消减很多。

四、传统文学

我们可以联系我们中国传统文学诗词里的月亮和少年形象来理解本篇小说中的少年故乡的月光情。不过要注意古典诗词里少年好多不是真正少年，而是青年。儿童和少年在传统中不太分得清。

五、叙述视角

本文有双重叙述视角，一个是成人视角，一个是童年视角，鲁迅能够在这两个视角之间自由转换，这是非常了不起的。日本有一种以个人生活为题材的小说，叫做"私小说"，这种小说亦真亦幻，它以真实为舞台，但也有一些是虚构的，鲁迅在日本有7年多的留学光景，私小说对他有些影响，我们不必纠结"迅哥儿"名称由来的时间问题，因为《社戏》属于"私小说"，其中有些是虚构出来的，不要完全把"迅哥儿"理解成少年鲁迅，讨论《祝福》《在酒楼上》《孤独者》时，我们都要注意这个问题，"我"有鲁迅的主体投射，但不能等同于鲁迅。

《社戏》还存在雅俗视角、南北文化视角的区别问题，南北方文化对于同一问题的看待视角可能存在差异。在南方人看来，东北的二人转俗气，南方文化往往看不惯北方文化，反过来，北方文化看南方文化恐怕也有一些问题。南北文化的视角的差异会带来一些冲突。京戏讲究名角，不知道名角仿佛失去了看戏的资格。绍兴昼夜连演的社戏，大概就没有这种传统。多了解一些戏曲背景，会有益于《社戏》的解读。

第二辑

《阿Q正传》

《为了忘却的记念》

《记念刘和珍君》

《祝福》

《拿来主义》

《孔乙己》

《中国人失掉自信力了吗》

《故乡》

"察出底细"：
从《故乡》看鲁迅小说的特别读法

◎主　　讲：张广录（上海市浦东教育发展研究院教研员，上海市语文特级教师、正高级
　　　　　　教师）

◎对谈嘉宾：孙尧天（华东师范大学中文系讲师）

◎参与教师：王谦（上海市川沙中学语文高级教师）、鲁易（华东师范大学第二附属中学
　　　　　　语文教师）、陈芳（上海市建平中学西校副校长，语文高级教师）、徐燕（上海
　　　　　　民办华二浦东实验学校语文高级教师）、金婧（上海市群星职业技术学校语
　　　　　　文教师）

◎时　　间：2021 年 4 月 10 日 14:00—16:00

◎地　　点：上海市虹口区横浜路 35 弄景云里 13 号景云书房暨鲁迅与文化名人陈列馆

张广录：鲁迅是绕不过去的存在，我个人把中国现代文学史分鲁迅和鲁迅之外两部分。鲁迅也是中小学语文教科书的常驻嘉宾，我们读着鲁迅的文章长大。鲁迅不是陌生人，甚至是熟人，但我们依然不敢说自己读懂了鲁迅：他实在太过庞大与深邃。我们每个人可能都只看到了这座巍峨大山的局部，从不同视角瞄见了不同景致。面对如此巍峨矗立的鲁迅，读他的文章，是不是也该有一种不同一般的特殊读法？这是一个有趣的话题。

今天我们以《故乡》为例，看看老师们是怎么读鲁迅、教鲁迅的，有怎样的切入视角和阅读思路，又会把鲁迅置于什么样的思维框架和文化坐标中间来加以研究。

本次活动的主题是"'察出底细'：从《故乡》看鲁迅小说的特别读法"。"察出底细"出自《华盖集·忽然想到》："历史上都写着中国的灵魂，指示着将来的命运，只因为涂饰太厚，废话太多，所以很不容易察出底细来。正如通过密叶投射在莓苔上面的月光，只看见点点的碎影。"我们是不是也只看到了《故乡》点点的碎影而未能"察出底细"？

首先，由五位老师分别跟大家分享他们的备课，以及课堂上发生的故事，也了解一下两名来到现场的学生是怎么理解《故乡》的；其次，顺着研究方向，我做一点"延长线分析"的补充分享；最后，由孙尧天博士从学术视角，谈谈他对《故乡》的理解。

一、儿童的自然：少年的闰土

徐燕：《故乡》整篇小说有着一种悲凉的氛围，再加上小说沉重的时代背景及深刻的思想内涵，这些都会成为学生阅读这篇小说的障碍。

但是在整篇小说中，我与少年闰土童年的回忆是明亮的核心，这部分鲁迅运用了儿童视角去叙述故事：由感到故乡悲凉又没有什么好心绪的成年的"我"转向童年时期与故土相伴的"我"。

儿童视角可以吸引学生对鲁迅的作品产生更多的阅读兴趣，让学生换个角度去认识鲁迅，走进鲁迅。我从三个方面讲儿童视角，第一个是儿童的身份，第二个是儿童的思维，第三个是儿童的口吻。

儿童的身份："我"与闰土谈论的内容是捕鸟、下雪、刺猹这些充满了童趣的内容。

儿童的思维：我和闰土的对话都是单独成段的，一问一答，生动活泼。

描述"我"的语言，基本上用短句，而写闰土的语言，用的基本是长句，比如说："我便要他捕鸟""我于是又很盼望下雪"，但闰土的回答，是很详尽地回答"我"的问题："这不能。须大雪下了才好。我们沙地上，下了雪，我扫出一块空地来，用短棒支起一个大竹匾，撒下秕谷……"

"我"用的往往多是问句，而闰土的回答多是陈述句，比如"我"问"管贼么？""他不咬人么？"对于见多识广的闰土，"我"的问题其实是十分幼稚的，但是闰土依然很耐心回答"我"的问题："不是。走路的人口渴了摘一个瓜吃，我们这里是不算偷的。要管的是……""我"的语言所展现出来的是孩子直接的思维方式，"我"想到什么就说什么，而闰土的语言展现出的是他的童真淳朴，是人性中最美好的特性。

整个对话中，闰土运用的都是第二人称"你"："你也去""你听""你便刺"，在孩子心中自然真诚是最重要的，他不受身份地位的束缚。

儿童的口吻：通过朗读，让学生感受孩子说话时的语气语调。朗读"我"的话，用天真、好奇、抑扬顿挫的语气，朗读闰土的话，用真诚、耐心、娓娓道来的语气——这份怀念在《故乡》中是一抹亮色。

儿童作为人类繁衍出的新生命，本身就孕育着希望，这给整个悲凉的小说留下了一抹亮色。正如《基督山伯爵》里说的："人类的一切智慧是都包含在这四个字里面的：'等待'和'希望'"。

这是我的一些备课感想，谢谢大家。

张广录："延长线"解析："长句"和"短句"——从感知性阅读走向语言建构性阅读

一个确定的结论：《故乡》不是儿童小说。

但是，这个结论并不妨碍教师从儿童视角切入组织教学——基于两个原因：一是小说中儿童活动的内容占很大篇幅，二是阅读者是青少年，这两个特点交织，使得从儿童视角切入研读成为自然而然的选择。

自然人阅读小说，习惯于把小说当真实生活感受来体验，这是小说阅读最普遍的事实和样态——学生的阅读方式也大致一样。不过，课堂教学的阅读，与此又有所不同。

徐燕老师分析"我"与闰土使用不同的长短句式，认为短句和问句体现出"我"处于从属地位，长句和陈述句则是少年闰土主体地位的呈现。如此教学，属于从语言建构和运用的视角来组织学生阅读研究文本,这已经超出了自然阅读感知体验的范围:从内容感知的视角转到了语言形式分析的视角,把初中生的阅读行为从读故事的层级自然地升级到了辨析语言的表达功用的层级。这意味着,教学阅读跟自然阅读已经出现了分野,分明能够看到教师着眼于培养学生的语言建构能力的"企图心"。

我把鲁迅小说的模型命名为"花生体":长在地面上的花生,叶子碧绿肥美,花开靓丽素雅,花叶本身具有观赏价值——《故乡》的形象世界如同花生长在地面上的植株部分;但是,如果你的鉴赏只限于此,那就错过了它最值得拥有的部分——比起地面上的鲜亮茂盛,地底下的果实才埋藏着鲁迅作品真正的价值。

徐燕老师开了个头,我们后面的老师一起合作完成接力赛,尝试着从文本的表面往下挖一挖:在《故乡》深处看不到的地方,有没有藏着什么别样的宝贝和东西?

金婧老师带了一名高二同学,把课堂搬到了直播间,给我们做一场《故乡》课堂教学的现场展示。

二、碗碟之谜:活动式教学的有效尝试

金婧:在教学策略上,我设计"碗碟之谜"活动,让同学自主探究。

金婧:同学,你认为是谁埋的碗碟?

学生:杨二嫂。

金婧:她何必要绕这么大的圈子,先说是闰土埋的,然后再拿走"狗气杀"?

学生:那就闰土埋的。

金婧:闰土可以随意地去搬走那些我们带不走的东西,为什么又要多此一举去埋这个碗碟呢?

学生:会不会是文章中的"我"?因为"我"以前和闰土也是比较要好的伙伴,可能他们也是会开一种善意的玩笑。

金婧:我们试试穿越到每个人的视角,去探索这个事件的真相。先看杨二嫂。杨二嫂真的是坏人吗?

学生:不能单纯以坏字来评定这个人。而且文章提到杨二嫂也只有两次,描述并不是很充分。

金婧:在仅有的两处当中,杨二嫂有变化吗?

学生:她不仅外貌身形发生了变化:从原来年轻时候的豆腐西施到现在"细脚伶仃的圆规",同时她的性格也发生了变化:课文中提到她冷笑的神态,以及"贵人

眼高"的语句会让"我"感到不舒服。

金婧：你有没有想过她为什么发生这种变化?

学生：从内在讲,从之前豆腐店老板到现在的顺手牵羊,说明杨二嫂目前的经济状况十分糟糕,从课文当中提到"终日坐着",说明她是安于现状,不愿意努力,这可能是她的个人原因。但是从社会的角度出发,当时的小人物经常受到其他阶级的打压和欺负,也难找到出路。

金婧：你分析下来,杨二嫂已经被洗脱了嫌疑。我们来看看二号嫌疑人闰土。先从闰土的视角来分析,"动着嘴唇,却没有作声。他的态度终于恭敬起来了,分明的叫道：'老爷!'……"你穿越到闰土的形象当中,闰土当时想说的是什么? 为什么最后没有"作声"?

学生：他可能也是想叙旧,但是由于时间已经过去了很久,和"我"有点生疏;同时闰土在生活当中已经磨平了棱角。说不定还可能被其他的乡长里长所压迫,于是产生了比较畏惧的心态,不敢对"我"太过热情。

金婧：好,这段话当中作者使用了"终于"这个词,你有没有琢磨过这个词?

学生：可能他内心也会有一些挣扎,到底该怎么称呼"我"比较合适? 因为现在两个人的地位不一样,小时候也经常玩在一起,现在长大了也懂了。文章当中也写到我们之间有一层很可悲的"厚障壁"。

金婧：你认为闰土发生了变化?

学生：首先他在语言上也发生了变化,从小时候对我滔滔不绝分享他生活中的趣事,到现在的吞吞吐吐;他的外貌也从紫色圆脸,头戴小毡帽到"脸色灰黄、皱纹很深、眼肿通红,头顶破毡帽、身穿薄棉衣、手提长烟管、手像松树皮";对"我"的态度也发生了改变,从友好到隔阂,从不怕"我"到客气;生活的态度也从热爱生活到麻木不仁;性格从小时候的聪明伶俐到现在的生活比较淳朴,是时代使得闰土发生了改变。

金婧：到最后,碗碟之谜的谜底已经不是特别重要了。通过杨二嫂、闰土以及"我"三个人的视角深入、大胆假设和推理,寻找文本当中的依据,探究隐藏在文本背后的内容,调动了学生学习的积极性,使学生能够非常勇敢自信地去表达自己的观点,有了自己的阅读体验,所以这个课是有所收获的。

张广录："延长线"解析：一声"老爷"——嗫嚅低声下的惊心动魄

沿着金老师的方向,我们也来细读一番闰土的"变化"。读鲁迅,要读得足够细,就要用"显微镜"观察,深刻理解文本内涵,同时又要用到"望远镜",眺望它在整个时代背景和文化坐标中的位置。

关于闰土的"变化",鲁迅写道:"他站住了,脸上现出欢喜和凄凉的神情;动着嘴唇,却没有作声。他的态度终于恭敬起来了,分明的叫道:'老爷!……'"这声"老爷",惊心动魄——它是《呐喊》"礼教杀人"深邃主题直接而毫不掩饰的视觉呈现,也是鲁迅"救救孩子!"呼声的另类呈现。一声普通的"老爷",真有这么惊心动魄的深意吗?

这一声"老爷"的"呐喊",是所谓"文明人"对"自然人"的彻底改造。少年闰土,是自然人:天真、活泼、温暖、诗意,人性的光芒熠熠生辉;成年闰土,是所谓的"文明人",摒弃了"那时候不懂事"的幼稚,经过了"礼教"的洗脑,变得僵硬、呆滞、怯懦而小心翼翼。少年闰土和成年闰土已然不同,就像鲁迅曾说过的,人与人的差别有时候要大于人与猿的差别。如果把这个情节放到鲁迅整体思想坐标系中观照,你会分明看到,这一声"老爷",其实是在宣示一个事实:在闰土,他分明地终于做稳了奴才!在鲁迅,他分明看清楚了"终于做稳了奴才"的闰土的奴才相。这声"老爷",是整个《故乡》最为惊心动魄的情节,是最让人目瞪口呆、猝不及防的大事件。

洞察到这一点,就能理解,此前写少年闰土的所有笔墨营构出的抒情、诗意、温暖、自然,都在为这一声"老爷"的喊出,积蓄能量。正因为有前面狮子搏兔亦用全力一般的苦心经营铺垫,这一声"老爷"才会迸发出这样巨大的震撼力,如同印度洋板块突然撞上了亚洲板快,天崩地裂,一座直刺云霄的喜马拉雅山突兀而起,横亘在"自然人"与所谓的"文明人"之间,它带给人的心理冲击,哪里是一个简单的"厚障壁"所能形容?

三、无法抵达的故乡——透过"变"看到多重主题

王谦:《故乡》有一个特殊的叙述结构——离乡、返乡又离乡。重要的不是这个结构,而是这个结构的特殊性:"变"。这种叙述结构和时间、空间紧密相关,对于返乡者而言,隐含时间的流失,容易引发人对社会、对命运的一种思考,在空间上,它也存在着一种"变"。

首先是情感之变,这是小说比较显豁的部分。小说直接提到"故乡"有 9 处之多,学生根据这里可以梳理出"我"对《故乡》的一种情感曲线:从一开始,"我"冒着严寒回到相隔二千余里、别了二十余年的故乡,学生可以读出"我"的些许期待;又会在萧索的没有一些活气的、阴郁的氛围中,读出"我"看到故乡的失望;当"我"的

母亲提到闰土，"我"又萌生出仿佛看到美丽的故乡的喜悦；最后在故乡的山水远离中，可以感觉到"我"的失落。从"我"的情感变化中，学生能够读到作者对时局和社会凋敝的批判，对因生活变迁"我"无法重回儿时温暖的感慨。

其次，情感的变化背后是故乡的变化，这不是"我"二十年来时时记着的故乡。"我"返回故乡原本是为了寻找"我"回忆中儿时的闰土，但是这种幻想又被眼前的萧条和破败击碎，故乡到底发生了怎样的变化呢？我们可以引导学生在这个线上走下去。

在这里我设计了活动：重建记忆中的故乡，让学生依据文本细节，结合小说与现实互相对照的内容来拼贴组合，故乡到底是什么样子？作者重建的故乡是真实存在的吗？学生会发现这只不过是他从少年闰土口中得出来的，更耐人寻味的是，"我"并未到过少年闰土口中的海边瓜田。与其说我在寻找回忆中的故乡，不如说，我已经无法找回人和人充满温情的一种精神家园。

第三，故乡之变实质是人的变化。为什么故乡人们的状况都变得越来越糟了呢？学生通过思考人物的性格和命运，找到变化的根源，这样就可以逼近小说更深层的主题。那些将天真活泼的少年闰土折磨成木偶和石像的是多子、饥荒、苛税、兵匪的社会，邻里情、朋友情变质了，背后是礼教秩序下人情的崩塌。这让"我"感觉到厚障壁，看到四面看不见的高墙，这一切都和文章开始这种萧索的乡村、破败的景象遥相呼应，进而让我们读到作者或者说鲁迅窥视到的在杨二嫂和闰土身上的这种自私的国民性。

当然，最后我们还要把《故乡》放回鲁迅小说整体的坐标系中去阅读，来读出"我"的变化，进而理解鲁迅的深邃。成年的"我"面对闰土的一声嗫嚅的"老爷"，他说了什么？他只是在感慨这是厚障壁，他却也说不出话来，那么被批判的只有变化的故人吗？

在鲁迅的小说"看和被看"的结构中，我们往往容易忽视"我"的功能——"我"是围观者，也是鲁迅批判的对象。鲁迅的深刻在于写"我"时的自剖的勇气，他像用内窥镜逼视"我"所代表的知识分子软弱的灵魂深处。"我想到希望，忽然害怕起来了……现在我所谓希望，不也是我自己手制的偶像么？""我"把希望类同于闰土所说的有香炉和烛台供奉的偶像，这是对希望的否定，事实上"我"并非否定希望本身，"我"只是否定盲目的希望，这也是鲁迅反抗绝望的希望哲学之所在。

小说最后写道："希望是本无所谓有，无所谓无的。这正如地上的路；其实地上本没有路，走的人多了，也便成了路。""我"不应畏惧黑暗而放弃寻找，不应因害怕失去希望而停步。人不断地走,也就在否定中重建和定义崭新的"我"。

鲁迅的伟大之处在于对现实的批判,在于对国民心灵的洞察,更在于有这样一把剖析自我的内窥镜,让我们一起去逼视我们自己的灵魂深处的软弱。阅读鲁迅的过程,也是重筑我们精神世界的过程。

张广录:"延长线"解析:察出底细——洞悉"地底下"的"必然"

顺着话题,谈谈《故乡》的"主题"。

《故乡》的主题,不是对故乡的思念,而是借故乡的由头,鲁迅在冷静梳理中国人的精神谱系和世界观,并将它们具象化呈现出来。

好的小说,在可见的情节人物和环境之外,一定存在一个情节必然如此和人物必然如此的"必然",这藏于地底下、看不见的"必然"才是小说研读所要开掘生成的主题。

要理解《故乡》的"地底下",先回到《故乡》的"地面"吧。

我们又要回到那著名的一句:"他站住了,脸上现出欢喜和凄凉的神情……"鲁迅写闰土的神情,用了两个形容词并列的句式:"脸上现出欢喜和凄凉的神情",请发挥你的形象塑造的想象力:那闰土,一只瞳孔散发着"欢喜",另一只瞳孔流露出"凄凉"。这是一幅多么诡异的画面!一个人怎么能同时又"欢喜"又"凄凉"?

这两个词十分扎心,具有无与伦比的穿透力,把原本还残存的一点希望击得粉碎,碎得不能再碎——"欢喜"和"凄凉"的组合,活脱脱画出一副国民的奴才相。

为什么"欢喜"?多年的朋友相见,自然欢喜。意味着什么?意味着闰土还是一个人,人性还顽强地残存着——奴才也是人。但这"欢喜"还有没有别的意思?是否照应着《灯下漫笔》那句:"有更其直捷了当的说法在这里——一,想做奴隶而不得的时代;二,暂时做稳了奴隶的时代。"

如果这"欢喜"中存着"做稳了奴隶"的意思,那又怎能不同时"凄凉"?谁也不是天生下来就是"奴才","奴才"是反人性的。少年闰土才是真正的人,成年闰土却现了奴才相——尽管好像认命了,但又会有谁真的对这种奴才命而感到真"欢喜",残存的人性又怎会对这种奴才命心甘情愿?心不甘情不愿又能怎样?无可奈何之下,表现出来,岂不是必须要在瞳孔中涂上"凄凉"的底色?

给中国的国民性画像,鲁迅之外,还有谁有这样的笔力?

一字千钧,鲁迅当得起,何况这里有四个字!"欢喜""凄凉",两个词语足够了,再多说一个字都是多余的。

读鲁迅,要把细节挂在鲁迅整体思想的大网上才能真正理解鲁迅在说什么,才能洞悉那表面发生的一切在"地底下"的"底细"和必然发生的根基——这是鲁迅小说的特殊读法。

四、小人物,大作用——"宏儿"解读

陈芳:文学作品中,不论人物大小,都有其存在的意义和价值,《故乡》中的"宏儿"也不例外。今天我和胡昕宇同学一起准备做一回导演,为"宏儿"这个小人物的出场说说戏,一起关注文本中描写宏儿的四次出场,体会作者设计这个"小人物"的意图。

陈芳:胡昕宇同学,如果要用一种色彩来概括当时的故乡,你会选用什么颜色?

学生:灰色——就整个故乡的色调而言,无论是自然环境或是人文环境,都是黯然无光,灰沉沉的。

陈芳:整个环境的阴冷暗淡,烘托了宏儿的第一次出场。文中是这样描写的:"接着便飞出了八岁的侄儿宏儿。"我想请你来说一说"飞"字的魅力。

学生:一个"飞"字,道出"宏儿"急不可待想见大伯的心情,体现出了宏儿的生龙活虎和充满活力。

陈芳:"宏儿"的出场,无疑给阴冷暗淡的故乡增添了一丝生机,我们对灰色的"故乡"失望得近乎绝望之时,宏儿这一抹亮色的出现,使人有"绝处逢生"之感。

学生:"宏儿"的第二次出场,杨二嫂的虚情假意、虚伪造作和宏儿的纯真形成了鲜明的反差,突出"宏儿"的心灵像水一样纯净,就像人们所说的:"出淤泥而又不染。"

陈芳:鲁迅先生抓住了"杨二嫂"和"宏儿"这两个人物作对比描写,让我们从故乡人心的破败扭曲之中,依然见到了孩子纯真的心。这应该是隐喻着先生对人性回归的愿望。

"宏儿"第三次出场,是闰土的儿子"水生"来了,怕见生人,但是他却和"宏儿"松松爽爽去玩了,你怎么理解这个片段?

学生:因为"水生"和"宏儿"都是小孩子,当然"水生"在"宏儿"面前不怕生,他们俩自然而然地就成了快乐而又真诚的朋友,这是孩童之间最真诚的友谊。

陈芳:眼前的"宏儿"和"水生"的关系是亲密无间的,你觉得若干年以后他们会重走"迅哥儿"和"闰土"的老路吗? 大家又产生隔膜了?

学生:我觉得应该会的,毕竟两个人的家庭出身和社会地位都不相同,在当时

的社会,难免会有隔阂。

陈芳:"宏儿"的第四次出场,是在离开故乡的船上,他问大伯什么时候回来,因为"水生"邀请他去家里玩。"他"睁着大大的黑眼睛,痴痴地想,在这次的宏儿身上你看到了什么?

学生:我看到宏儿的恋玩心,体现了少年的纯真可爱,以及对未来充满了希望。"宏儿"的心是一颗未被世俗所染黑,未被黑暗的现实生活扭曲的纯真心灵。

陈芳:说得非常棒!"宏儿"的这种恋玩心和鲁迅先生的恋乡情之间,你觉得有什么关联?

学生:我觉得"宏儿"的恋玩心与鲁迅先生的恋乡情是有共鸣关系的。

陈芳:确实如此,鲁迅先生正是通过宏儿来含蓄地传递了他对故乡深沉的爱。文末这样写道:"希望是本无所谓有,无所谓无的,这正如地上的路;其实地上本没有路,走的人多了,也便成了路。"通过这段文字,我们窥探到作者心底的愿望,他其实是希望故乡的明天变得更加美好。你觉得先生的愿望能实现吗?

学生:我觉得放在当时的社会是难以实现的,因为旧的制度还未被根除,所谓触底反弹的几率其实非常小。

陈芳:虽然这份希望十分渺茫,但鲁迅先生对这份愿望还是非常坚定的。你怎么看待"宏儿"这个人物在小说中存在的意义和价值?

学生:"宏儿"虽然是作者没有花大量笔墨去塑造的人物,但是他却撑起了故乡的整个明天,给黯淡无光、死气沉沉的故乡增添了一抹新的生机,他是《故乡》中的光明使者。

陈芳:这个评价非常到位。宏儿的四次出场,其实也正是写出了先生的四个愿望:他希望故乡越来越好,也希望故乡的少年友谊能够天长地久,更希望能够再回到故乡看看,当然也希望故乡的人们能够回归真诚善良的人性。正是通过"宏儿"这个人物形象,鲁迅先生道出了对故乡明天的美好心愿。

张广录:"延长线"解析:封装思维——鲁迅的自觉选择

鲁迅写《故乡》,运用"封装思维"——把中国社会的复杂问题封装在"封建礼教"上,把中国社会的落后和国民的劣根性总根源归结为"礼教"二字——甚至不惜以"吃人"来斥责中国数千年来的封建礼教。

礼教吃人是鲁迅思想的核心。《狂人日记》写道:"我翻开历史一查,这历史没有年代,歪歪斜斜的每页上都写着'仁义道德'几个字。我横竖睡不着,仔细看了半夜,才从字缝里看出字来,满本都写着两个字是'吃人'!"这是鲁迅对中国社会问题源头的坚定判断,也是鲁迅终其一生都在"死磕"礼教的动力和逻辑。

鲁迅写《故乡》的年代,"打倒孔家店"的声音十分响亮地回响在一批中国知识分子的心胸中,以鲁迅为代表的一批知识分子,判断中国国民劣根性的源头,在于这些民众被封建礼教洗脑,人被变成了奴才,导致了中国社会的一系列问题产生,造成了社会发展的滑坡甚至崩塌。礼教不死,中国社会就没救,就永远没有希望,就只能在"铁屋子"的沉睡中走向毁灭。

因为有这个底层认知,再加上要"听将令"的,鲁迅才创作了《呐喊》和《彷徨》中的一系列小说。读懂鲁迅,就要回到《呐喊》的场景和鲁迅所处的时代,一旦跳出了这个具体背景,很难对鲁迅的思想和小说艺术作出准确"合辙"的鉴赏与评价。

封建礼教导致"国民劣根性",这是鲁迅高度凝练的概括——思想概括度越高,就越抽象,抽象度越高,就越可能遮蔽甚至扭曲真实世界的复杂性——思想清醒者如鲁迅,能没有意识到这一点?当然不会。

但我们看《呐喊》《彷徨》两本小说集,鲁迅依然坚持在一篇又一篇的小说中,把复杂的社会结构给化约掉,巧妙地把所有的社会问题都打包封装在"礼教"的外壳中。

这是鲁迅的自觉选择。

鲁迅定位自己的工作,是改变人心,改变人对世界的看法。通过小说艺术形象的塑造,呈现一个又一个鲜活的奴才形象,引发阅读者一波又一波的联想,由别人联想到自己身上——这是鲁迅有意识的精心选择。

鲁迅不介意运用封装思维,把复杂无比的中国社会大大简化,只要能够对人的观念进行启蒙,以较低的认知成本重塑人们的思想观念,即使留下漏洞被人诟病也在所不惜。

读《故乡》就要站在鲁迅的视角,洞察鲁迅的想法,进入鲁迅的精神世界,触摸到鲁迅那一颗心脏的怦怦跳动——这才是鲁迅小说的特殊读法。

五、重建我、否定我与召唤我——解读《故乡》的述行曲

鲁易:我想暂时悬置"伟大的鲁迅",给"身边的鲁迅"留下一点空间。

鲁迅先生是很平凡又很亲切的人,他面对的问题是我们所有人都在面对的永恒难题——人的孤单。

我们有时候会追问:我到底想做无微不至的母亲,还是事业成功的女性?我来

到北上广打工，我出国留学，最后我的故乡到底在哪里？我到底是谁？我觉得鲁迅的这篇文章可能提供了一种化解的方法，就是重建、否定和召唤。

鲁迅先生似乎非常看重记忆，他在很多文章的标题里面就提到这一点，他在《故乡》《祝福》等小说里面还会特设一个回忆者和回到过去者。鲁迅如此在乎记忆，似乎暗含了他对身份认同的一种追寻和诉求。可是很有趣的是，他几乎每一次都是通过否定的方式去进行追寻的。这篇文章表面上否定了故乡很多的人和事物，但实质上是进一步去否定自己。

表面上这篇文章充满了隔阂，包括文末直接提出了"隔阂"这个词，但实则暗含了很多反隔阂的元素。这里的"隔阂"在我看来要定义一下。根据上下文来看，它的隔阂有两个元素，第一是时间的变化，全文一直在强调时间和数字。第二，这个隔阂还有对"我"而言的客体的变化，加上这两个元素，才是隔阂的意思。

可是这篇文章真的在讲隔阂吗？我们看以前幼年的"我"和闰土的交往是什么样子的？"我"第一次提到闰土包含两个元素，第一是闰土的名字，第二就是这里写到的闰土的功能，他是能捉小鸟雀的，我们见面的第二天"我"便要他捕鸟了。闰土在和"我"的交流当中，大量的都是闰土的言辞，闰土似乎一直在单向输出，来满足"我"的求知欲。送东西的环节，闰土送给"我"贝壳和鸟毛，都是交谈过程当中"我"感兴趣的。而"我"也"曾送他一两次东西"，送了什么东西？"我"自己都不记得了，似乎都不是"我"精心准备的东西。所以我俩在幼年的交往时就已经是不平等了。

还有一点，在这篇文章里面，我们看到"我"似乎总是在批评故乡那些人：闰土、杨二嫂，他们会拿"我"的东西，但"我"选择搬家的时候，"我"选择的是卖东西而不是送东西。"我"跟这些故乡的人一样都很重视这些财物，这又是反隔阂的元素，文中有非常多的元素让我们看到"我"和周围人的同构性。

特别还有一点，就是"美丽故乡"的画面。这幅图很诡异，因为它只描绘了闰土一个人，如果作者真的想要前后形成反差和对比，他完全可以将这幅图描绘成"我"和闰土当年亲切的互动，但只有闰土一个人，为什么？原因很多，其中一点我们可以看到闰土单人画面的背后有一对眼神，他在看和审视，这里面似乎暗含了一种看的结构："我"在审视闰土，而且不仅一次。

"我"第一次见到闰土的时候，作者就写到了"我"去看闰土，然后仔仔细细地描绘闰土的样貌，"我"有很多次的审视，但是最后杨二嫂的出现恰恰解构了"我"的看和审视。这篇文章里，闰土、杨二嫂都是可以去批判和同情的对象。但是为什么要多写一个杨二嫂呢？"我"长大以后可以向闰土施压，他叫"我"老爷，但是反过来杨二嫂居然向"我"施压,所以有同学问:杨二嫂和"我"到底谁比谁高?我们看到杨二嫂似乎是在解构"我",特别是第83小节,作者为什么要提到"狗气杀"这个东西?作者自己加了个括弧,然后进行了注解,这个东西是让狗看着气死的东西,恰恰反过来解构了"我"的审视,颠覆了这种权利。所以我们看到:鲁迅颠覆自己的时候,正好在批判自己和否定自己。

这篇文章表面上是否定很多其他事物,但事实上进一步否定自己,这是他在追认身份和认同身份过程当中一种特殊的表现。正如汪晖先生所说:"鲁迅是历史的中间物。"我觉得这和鲁迅的生活经历相关,他曾站到他给予厚望的学生的反面(化学课事件)、知识分子的反面(女师大事件)、社会的反面(王金发事件)、时代的反面(怀疑进化论),乃至家人的反面(兄弟失和事件)。这是和我们一样,非常苦闷的鲁迅。

这里就带来问题,他每次都是努力地去否定自己,又如何去重建自己和确证自己呢?我觉得可能有一把小小的钥匙,这篇文章里面表面上有三个"我",成年的"我",幼年的"我",作者的"我",但事实上仔细找,还有第四个"我",这个"我"可能出现在缝隙里:"但要我记起他的美丽,说出他的佳处来,却又没有影像,没有言辞了。"这里,我们看到有一个"我"是努力向预设的读者,表达出描绘出我内心故乡的"我",是正在写作的"我",他不是正在故乡的"我"——在后面就更加明显,后面有很多的括弧是作者自己添加的注释,这个注释都在强调正在写作的"我",而非正在故乡的"我"。

全文开头说"我这次回故乡",而不是说"我"那次回故乡,全文一上来就强调正在故乡的"我",其实我们看到正在写作的"我"是完全没必要写的,但为什么要去写它?我觉得看似多余的、正在写作的"我"和全文对于语言的重视,两者加在一起,似乎可以成就文本的召唤仪式。

文章中很重视语言,如提及"沉默""说出"等,体现本文暗含述行观念的可能性。何为述行?朱迪斯·巴特勒在奥斯汀的基础上发展了"述行"的理论,她认为:在我们社会当中,语言会引起一系列的行为,从而反过来实现语言。比如说一个孩子刚诞生,我们说这是个女孩,然后她就努力去成为女孩。我们说你是英雄,于是你不得不去做英雄。语言是前在于行为的,然后我们通过很多的行为去实现语言。鲁迅先生创造出看似多余的叙述者替身,它前在于我们,故而可以召唤那些跟正在写作的"我"一样不断重建、不断怀疑、不断追寻的人们,于是就成了召唤的结构。我们读鲁迅的这篇文章,不妨去听听那遥远的声音。鲁迅先生可能在说:如果你觉得孤单，如果你觉得你不属于任何群体，没有关系，我们可以拥抱自己，甚至去召唤属于我们自己的群体。

这或许是语言的力量，也是鲁迅的力量。

张广录："延长线"解析：凛然孤独——不做"示爱者"的坚定选择

鲁易老师谈到了《故乡》中的"召唤结构"，这是我们读小说常常忽视的一个视角：伟大的小说，从语言到结构到主题，都有一种"召唤"功能，把你带入"彀中"。

读鲁迅小说，不能单单关注表面的故事与情节，更不能把小说中的故事当成生活中的真事儿，小说中的事实，是作者对原始世界经过裁剪折叠之后，被重构出来的世界。

我们要把这重构出来的世界，放到更大的背景之中，挂到那属于作家独有的时代精神之"网"上，贴上跟那个时代情境相符的意义"标签"，在更大的语境中来给作者构造出的事实定性，以此来回应作品"召唤结构"散发出来的召唤魅力，与作者形成心灵对话。

批判国民性，是鲁迅思想的标签，也是鲁迅的"招牌"。仔细琢磨，这种批判，表面是对国民"哀其不幸，怒其不争"，但其潜台词，却似乎刀锋向内，有着深深的自我反噬，阅读者总是能够在鲁迅小说的字里行间隐隐听到有一句话一直在回旋着："我是谁——我是那阿Q吗？我是那祥林嫂、闰土、魏连殳吗？"鲁迅总是从对国民性的否定视角来对自我进行自始至终、毫不留情的铁面反思，如鲁易老师所说，"鲁迅颠覆自己的时候，正好在批判自己和否定自己"。

20世纪的中国现代文学，在情感选择上，大多数作家和知识分子都选择站在反抗统治者的道德高地上，以一种温暖的情怀和同情劳苦者的站位，争相向普罗大众和底层人民"示爱"——既塑造了在社会上的正义形象，也顺带显示了自己的高尚情怀。

鲁迅也爱自己的国家和人民，甚至爱得更深沉。但既然他已经选择了国民性批判作为自己爱人民的主要方式，那坚持做一个"不肯示爱"的作家便是他的"求仁得仁"，他要摒牢，不能"示爱"，把笔墨更多地放在对"被统治""被侮辱""被损害"的一方的批判上——哀其不幸，怒其不争。一个铁面无私、冷的鲁迅，硬的鲁迅才是完成唤醒民众、启蒙民众这样艰巨任务该有的鲁迅形象。

面对鲁迅坚持不做"示爱者"的凛然孤独，除了又增加一分崇敬，我们还能说什么呢？

孙尧天：今年是 2021 年，距离鲁迅先生发表《故乡》这篇小说正好一百年，也是鲁迅诞辰 140 周年，所以我们今天的活动非常有纪念意义。

首先我想谈一谈《故乡》里的主题，和启蒙问题相关。其实《故乡》在鲁迅小说的整个系列中很有代表性，美国华裔学者夏志清在他的著作《中国现代小说史》中认为鲁迅所有的小说都不曾超出《故乡》的范围，鲁迅最好的一批作品都是在写自己的故乡，更何况我们今天面对的文本是鲁迅直接以"故乡"作为自己标题的小说，所以我觉得《故乡》很有代表性。1920 年代，鲁迅写作《故乡》后，他的学生一代的彭家煌、王鲁彦、许杰、许钦文跟随鲁迅的步伐从事"乡土文学"的创作，这些小说对于故乡的描绘，尤其是对于农村、农民的描绘，总体上继承了启蒙主义的叙述：农村是凋敝的，农民是愚昧的、贫穷的、积弱的、自私自利的，概括起来可以称之为"愚穷弱私"。如中年闰土的麻木和迷信，以及杨二嫂的势利和尖刻，这些反面形象体现出我们所说的启蒙式的特点。《故乡》启蒙的叙事的特点不仅仅体现在人物中，同时也表现在风景的描绘上，如小说一开篇就描写了故乡灰尘而阴沉的景象。《故乡》的所有人物和景象的展现，都是在叙事者的观照之下，本篇小说的叙事者象征着新文化知识分子形象，他带着启蒙的眼光来看待自己周围的一切。

不过，我们更进一步观照《故乡》的时候，便需要注意到鲁迅对于启蒙更为复杂的态度，他本身对于启蒙存在着一定的质疑，因此，在写作《故乡》时，也对于启蒙叙事进行了某种限制，他试图在这样的悲观的图景中，来找到所谓的"听将令"，"聊以慰藉那在寂寞里奔驰的猛士，使他不惮于前驱。"他在写《故乡》的时候留下一定的光亮，他没有让沉重的气氛全面铺开，我们在读小说的时候，气氛并不完全是悲观的，尤其是读到后面及对于童年的回忆时，小说还是有一些亮色和光芒。出于呼应启蒙的限制，鲁迅并没有把内心绝望的感受完全传递给读者。

在我们 20 世纪 80 年代以来的观点论述中，小说对于闰土形象的描绘基本是负面的、麻木的、愚昧的、迷信的。事实上，鲁迅个人并不是完全持批判或者否定农民的迷信，尽管他在新文化运动中也写了一些批判"灵学"的文章。鲁迅早年在日本留学时期的文章《破恶声论》中有个著名的观点"伪士当去，迷信可存"，鲁迅认为迷信有存在的合理性。一方面,迷信是神话和传说,是农民精神想象力的体现。另一方面,迷信可以给像闰土一样的农人提供心灵的慰藉和人道主义的关怀,文章写到闰土去拿走香炉和烛台的时候,我个人不认为鲁迅是在对闰土做批判,他应当从开始就能够理解闰土的内心想法,所以鲁迅和我们所说的启蒙有过一定的对话。

对《故乡》的理解需要我们对于《呐喊》有整体的把握,《呐喊·自序》是我们介入这部小说集时最重要的一篇文本,《自序》讲到了《呐喊》成因,以及自己的思想发展脉络,最重要的是,《自序》提到鲁迅当时对于启蒙的新文化的观点保持着一定的距离,尤其在非常著名的"铁屋子"的比喻中,他指出:"现在你大嚷起来,惊起了较为清醒的几个人,使这不幸的少数者来受无可挽救的临终的苦楚,你倒以为对得起他们么?"鲁迅对于启蒙抱有的一种怀疑的态度,或者说,他个人并不觉得启蒙一定会带来光明,他和启蒙叙事一直存在着若即若离的关系,甚至某种程度上,鲁迅是以一种被动的姿态加入到新文化的阵营之中,如他也交代,自己会使用一些"曲笔",来安慰那些先驱者。《故乡》在写作方法上对于曲笔也有所体现,如全文基调比较低沉,但在小说的结尾,鲁迅留了光明的尾巴,作者重新想到宏儿和水生未来的图景,又回忆起了少年闰土在夏天瓜地里的景象,又开始产生希望,这就体现出鲁迅个人一直处于绝望与希望的矛盾状态之中。这种状态有点像《野草·希望》里我们所熟悉的那句话,"绝望之为虚妄",如果鲁迅之前所描绘的那种阴沉的景象让我们感到绝望,在最后鲁迅想给大家添一些希望,来"慰藉那在寂寞里奔驰的猛士,使他不惮于前驱",但是他又作了一定的否定:"绝望之为虚妄,正与希望相同。"鲁迅在表述中并没有对希望和绝望进行辩证和分辨,他对两者都进行了否定。他最后的选择好像是在他面前是虚妄的,这个虚妄不是说进入虚无主义,鲁迅否定了希望,否定了绝望,那是什么? 这就是鲁迅最后所讲的:"其实地上本没有路,走的人多了,也便成了路。"就是行动,就是行走。这种行动或行走,我们可以把它称之为一种"能动的虚无主义",它仍然是要进行改革,仍然是要往前行进,我们如果去看《彷徨》里的许多篇章,也会发现这样的一些暗示,尤其是小说结尾的时候会出现往前走的情节,这个是《故乡》的结尾给我们所带来的一些启示,这样的结尾也就达成了鲁迅所谓的"听将令"。至于鲁迅他自己是否会想象到,是否会有光明的未来?宏儿和水生的未来是否会是如此? 可能他自己也不确定,甚至按照他自己的悲观和绝望的观点,他会持一种否定的态度。但是面对《新青年》的读者,出于一种写作的伦理,他和当时的先驱者做出了同一性的姿态,故而采用"曲笔"的方式来为《故乡》的结尾写作了一个光明的结局。

我们回到叙事者来说，《故乡》的叙事者受过新文化陶冶，同时，他也和当时一般写乡土小说的作家不太一样，本篇小说交待，鲁迅将自己的家乡赋予外姓，这就说明他已经没有家，而是处于非常孤独的一种状态，本篇小说可能是鲁迅小说系列中较为独特的一篇，此前5篇小说也写了大量关于故乡的内容，但是文本内部并没有出现第一人称"我"，本篇小说直接是写"我"和"我"故乡的关联。"故乡"在文化寓意里象征了"根"，除了挖掘出来像闰土、杨二嫂这样的一些"劣根"之外，文章结尾的时候，叙事者决绝离开了故乡，也象征了自己处于一种无根的状态，之后鲁迅在小说中也对无根的状态多有表述，比如在《祝福》中，写到"我"住在鲁四老爷家，而没有自己的归宿。包括《在酒楼上》里说："北方固不是我的旧乡，但南来又只能算一个客子，无论那边的干雪怎样纷飞，这里的柔雪又怎样的依恋，于我都没有什么关系了。"在象征的意义上，他没有固定归宿，没有很稳定的"家"给他以依靠，这个很能体现出存在主义的一种精神状态。

最后我想谈一谈的是本文中儿童相关的问题，儿童当然是启蒙最重要的问题，尤其是"五四"时期，儿童象征着希望、未来和进化。鲁迅在五四时期有一系列的文章讨论儿童问题，最著名的一篇文章叫《我们现在怎样做父亲》，他有一个非常著名的观点叫"幼者本位"。在以往的"封建"大家庭中，一切的权力、利益都是围绕着父母展开的，但是鲁迅在当时提出：要以儿童作为根本。在这样的主题之下，他发出了非常著名的呼吁："救救孩子。"在《故乡》中能够和儿童主题做出关联的当然是文本中与儿童相关的情节，如"我"和闰土少年时期的故事，以及对于宏儿和水生未来的期待，从这些地方我们可以看出鲁迅仍然和当时的时代主潮保持着同样的步调。我们知道《故乡》最后的结尾是："这正如地上的路；其实地上本没有路，走的人多了，也便成了路。"他于1919年写成的《生命的路》的主题也与此相关，他说："什么是路？就是从没有路的地方践踏出来的，从只有荆棘的地方开辟出来的。"所以说，在《故乡》结尾，鲁迅依然在努力地和新文化运动的主潮保持着一致，我觉得我们现在在分析《故乡》的时候，我们怎么样从小说的运行过程中来读解出小说思想主题和时代的关联、鲁迅和启蒙的自我期许，以及这种自我的期许和启蒙所发生的非常曲折的关联是非常重要的课题。

张广录：结尾——鲁迅不死

孙尧天博士的解读给我们提出了阅读《故乡》的新视角，同时也丰富了我们对《故乡》的感知。

鲁迅的解读永远处于进行时,没有终结。读鲁迅的能力是语文老师的底层能力,能不能把学生变成鲁迅的粉丝是衡量语文老师水平高低的一把尺子。如果你具有读鲁迅的能力,就能够从他那里源源不断地汲取能量——你我都是有限的,但鲁迅是无限的。只要中文还在,鲁迅就还在,鲁迅不死!

第二堂课

《中国人失掉自信力了吗》：对"自己"的发现

◎主　　讲：沈红旗(上海市第八中学语文教师，上海市语文特级教师、正高级教师)

◎对谈嘉宾：朱康(华东师范大学国际汉语文化学院讲师)

◎参与教师：丁春花(上海市第八中学语文教师)、姚毅(上海市第八中学历史教师)、龚翔(上海市光明中学语文教师)、方佳琦(上海市五爱中学语文教师)

◎备课团队：沈红旗语文攻关基地、黄浦区语文名师工作室

◎时　　间：2020 年 10 月 17 日 14:00—15:30

◎地　　点：上海市虹口区横浜路 35 弄景云里 13 号景云书房暨鲁迅与文化名人陈列馆

沈红旗：各位朋友，下午好！今天我们在鲁迅先生的故居景云里，解读他的杂文名篇——《中国人失掉自信力了吗》。首先，我来预告一下今天我们研讨的设想和安排。

我们的讲座大致分成六个板块：第一部分，我们将跟着历史姚老师进入鲁迅写作的历史现场；第二部分，我们在丁老师的引领下，梳理整篇文章的文本结构并选择教学手段；第三部分，由我来简单地概括鲁迅先生杂文的特色，并且品读三个经典语段；第四部分，请两位老师分别展示一下感性鲁迅和理性鲁迅笔下的中国人谱系；第五部分，我们研讨一下鲁迅创作的动因，并追问鲁迅先生创作的重要母题和基本原型；最后，我们有请朱康老师对整个讲座进行点评。

序曲：进入历史的现场

沈红旗：众所周知，先生的杂文，既有鲜明的时代性，又有着出色的普适性。这篇文章我们至少要穿越三种时空，我们身处的时空是共同研讨的当下，而要穿越的第一个时空是鲁迅创作的当晚，第二个时空是触发他创作的现实，第三个时空则是鲁迅先生联想的历史。

我们首先来看看先生写作本文的日期——1934 年 9 月 25 日。这个日子，离先生去世还有两年多，此时的先生疾病缠身。40 岁的时候，先生的牙已经掉光了，换了满嘴的假牙，同时他有严重的胃病，最后他又死于很严重的肺病。先生身体情况不好，同时还要面对艰难的国运，自然容易敏感焦虑。

稍作梳理，这篇文章相关的背景知识大概有以下 6 条：①三个"事实"的来源。②国联。③地底下。④这一类的人们。⑤状元宰相的文章。⑥《大公报》。有些问题我们通过仔细的文本解读或简单的资料查询可以解决。有些问题则有必要加以研讨，一是相对重要的史实，比如三个"事实"中的求神拜佛一事，我们要追问发表时为何两处都被删去；二是反复出现的概念，比如文中"国联"出现了五次，值得细究；三是易生歧义的词语。比如文中的"地底下"，是否指的就是中国共产党，等等。

接下来我们进入文章历史背景的解读。姚毅老师是市八中学的青年才俊，他擅长化繁为简，化抽象为具体，能够在最短的时间内，用最简洁的语言，解答相关的历史疑点，强化要点，澄清误解。文史哲不分家，感谢历史老师姚老师参与我们的研讨活动,现在我们开始扫清作品的背景难点。

龚翔:请问姚老师,中国当时面临着怎样险峻的一种国际形势呢?

姚毅:从"九一八"事变开始,中国面对的整体形势确实非常严峻。概括地讲,其实就是一个落后的农业国家遭到了另一个工业强国蓄谋已久的入侵。而中国本身因为政府的误判,导致了对这场战争的准备不足。国民党政府所指望的英美等国也因为经济危机等问题自顾不暇,无法调停中日之间的矛盾和冲突。面对侵略,中国当时确实陷入了一种既孤立无援又连战连败的境地。

方佳琦:姚老师,我发现鲁迅在发表文章的时候,有两句涉及求神拜佛者的话被删掉了,我想删掉的原因一定是对求神拜佛者有所忌讳,请问当时谁在求神拜佛呢?

姚毅:当时求神拜佛的其实就是国民党本身,这两句话讽刺的事件是1934年3月的时候,国民党元老戴季陶等一批高官政要在蒋介石的授意下,到杭州灵隐寺操办了一场旨在祈福、诵经、消灾、求和平的时轮金刚法会,而且当时类似主题的法会举办了多次。当政府都把国家的希望寄托在宗教上时,虚无主义甚嚣尘上,这一群人确实毫无自信力可言了。

丁春花:姚老师,本文最后有非常关键的词,就是"地底下"。请问,鲁迅当时生活的地底下到底有怎样的一些活动呢?

姚毅:在那个时代,地底下活动最活跃的其实就是中国共产党。具体可以概括成四点。第一,我党积极地发布宣言,表明主张,如以中华苏维埃共和国临时中央政府名义发布的《对日战争宣言》,有力地表明了中国共产党抗日的决心。第二,我党尽可能地组织武装力量奔赴战场,直接对日作战。如派遣党员杨靖宇等人在东北多个地区创建了多支抗日游击队。第三,我党注重发动群众的力量,"九一八"事变刚刚爆发,我党就领导南京、上海等地的学生、工人,发动了多次的罢工罢课和游行示威,要求国民政府出兵抗日。第四,我党一直试图建立一条抗日民族统一战线,呼吁国内各方摒弃成见,共赴国难。所以我们可以看到尽管国民政府一开始消极抗日,但是中国大地上始终是抗日烽火遍地地燃烧,不屈的中国人民从来就没有放弃过。看着这样一群人,我们又怎么能说他们已经失去了自信力呢?

龚翔:姚老师,文中多次提到了国联,为什么当时的人们只希望着国联?

姚毅:我觉得主要有三个原因。一是因为国际联盟在20世纪20年代一度成为过国际政治的中心。第二,由于在日本侵华之前,这个组织曾经成功地调解过多次国际冲突,在当时有一定的声望。第三点也是最主要的一点,当时中国和日本的实力差距确实太大,国内有相当一部分人,包括蒋介石在内,都认为中日如果可以避免战争,这将是最好的结果,所以他们就把希望都寄托在国联身上。

龚翔:姚老师,当时的国民政府对国联寄予怎样的希望呢?

姚毅:一句话,他们希望通过国际力量的介入,把中日问题暴露在国际范围内,给日本施压,迫使其停止侵略。

方佳琦:那么国联又是怎样参与了当时中国的事务? 为什么国联希望渺茫?最后国人又为何不信国联呢?

姚毅:国联当时还是比较积极地介入到了中日问题当中,1932年,国联派遣了调查团到中国进行实地调查,这个调查团到最后得出了一些比较客观的结论,像"满洲国"不具备合法地位、柳条湖事件是日军蓄意所为,等等。但是更多地,它提出了一些像中国军队也应该要撤出东北,以及还有中国的东北地区需要国际化的建议。什么叫国际化? 就是由西方列强来共同管理中国东北。这些结论总体上表现出西方国家对日本的一种绥靖政策,以及对中国东北的野心。这让国人相当失望,而日本对于最后的调查结论同样非常不满,于是宣布退出国联,加快侵华的步伐。面对日本的这一行径,国联因为自身机制的问题而束手无策,这让很多中国人失去了对国联的信任,认为依靠国联的话,希望是非常渺茫的。

第一乐章,快板
文本结构的梳理,教学手段的选择

沈红旗:谢谢姚老师! 因材施教,是教学的基本法则。但我们应该根据什么"材",展开自己的教学过程呢? 首先,当然是教材,必须完成相应的教学目标。其次,是学生的才质,即我们要根据所教学生的特长、兴趣和程度,调整自我的教学方案。最后,是教师的特质,即教师可以依据自己的特长,对教材进行个性化的处理,使我们的课堂更加元气丰沛,酣畅淋漓。

丁春花老师本科毕业于北京师大,研究生阶段师从华东师大的胡范铸先生,研究方向是社会语言学。我想,解读鲁迅的杂文,从语言学的视角切入,应该更加准确精细。

请问丁老师,读完这篇课文,你怎么用一句话概括这篇文章?

丁春花:针对有人认为中国人失掉自信力了,鲁迅先生认为中国人没有失掉自信力,因为有中国的脊梁在。

沈红旗:驳论文的概括应该关注双方的论点、论据和论证手段。作为一个语言学专业的研究生,你第一感觉本文在语言上有哪些鲜明的特色?

丁春花:我读下来的感觉就是,鲁迅先生是真正的语言大师,围绕着关键词"自信",鲁迅先生建构了独特的的语义网络:

我梳理了一下文本中跟自信有关的一些词语或者短语,大家可以看到它的面其实是非常广的,我觉得鲁迅先生形成了非常广阔的、立体的、以"自信"为中心的语义网络。其实从语言学的角度来说,词和词之间本来就不是孤立的,它们可以互相激活,形成语义网络。比如我以《现代汉语规范词典》中"自"的词组组成了一个小的有关自信的语义网络,包括自豪、自检、自傲、自卑,等等,其实这个语义网络可以无限地再扩展。那么鲁迅先生正是基于这样的语义网络的基础之上,建构了自己独特的语义网络,我觉得我们可以在教学的时候引导学生关注这些词语,进而引领学生去辨析这些词语的概念,通过这些把握先生的思维路径,我觉得对于培养学生的批判性思维能力也有很大的帮助。

沈红旗:丁老师,你觉得这样的展开是否符合学生的实际?

丁春花:我觉得有一定的难度,因为词语的辨析本身就需要非常缜密的、理性的思维,而且有些词语之间其实本身的差异很小。虽然我教的是高中生,应该比初中生要理性一点,但是他们其实思维的框架还是很粗线条的,但是我也是在刻意地训练这种思维能力,我觉得对于高中生来说是非常必要的。

沈红旗:你觉得这样的教学对提升学生语文素养有哪些具体的帮助?

丁春花:中学生常常读得较为粗疏,比如说读完这篇文章,记住的概念只有"自信力"。而鲁迅先生围绕关键词自信,立体地展开了一系列的词语,多层次、多角度展开论证思维,我觉得这个可以成为学生发散自己思维的范本,有助于培养学生的批判性思维能力。

龚翔：丁老师，作为一篇议论文，鲁迅先生是如何构建思考逻辑链的？

丁春花：就整篇文章来说，鲁迅围绕"自信"这个词，从两个维度展开：第一，从主语的"自"展开做文章；第二，从谓语动词"信"来做文章。我们一起来看一下：

	对自身的认识	心理状态的肯定	适度的	有语言的表达	褒义
自信	+	+	+	−	+
他信		+	−	+	

首先，我们来看这个表格纵向的词语：自信和他信，包括由此衍生的自信力和他信力。这一组词有共同的义素就是{＋相信}。我们发现其实现代汉语里没有"他信"这个词，这是鲁迅先生通过仿拟修辞格仿出来的词语，鲁迅先生经常使用这种仿词，比如说《阿Q正传》里面的："'哈哈哈！'阿Q十分得意的笑。'哈哈哈！'酒店里的人也九分得意的笑。"我们现代汉语中也不太会使用"九分"作为修饰语。还有很典型的例子是，鲁迅讲到阔人，就是有地位的、有钱的人，那么对应的就是狭人，鲁迅利用这种临时的仿拟造成的词的陌生化效果，极具讽刺性。回到我们这组词，他信是对自信的仿拟，它其实只改变了这个词语里面的一个语素，但是读起来有一种陌生化，可又感觉不是很无道理，为什么？从文章来看，一开始他讲了三个公开的事实，第一个事实就是自夸地大物博，鲁迅先生指出来这个是信地、信物。第二个事实是信国联，信国联应该是信人，但是这是信别人，也不是信自己。第三个事实是"既不夸自己，也不信国联，改为一味求神拜佛，怀古伤今了"，这是信神，更与自信无关。鲁迅先生用对方的公开的文字的事实来指证对方的论证的错误，非常具有杀伤力和战斗力。我觉得这个就有点像金庸的武侠小说里面慕容复"以彼之道、还施彼身"的招式，体现出鲁迅杂文"匕首投枪"的效果。

第二个维度，我们来看这一组词：

	对自身的认识	心理状态的肯定	有语言表达	适度的	褒义
自夸	+	+	+	−	−
自信	+	+		+	+
自疑	+	−			
自欺（欺人）	+	−	+	−	−

纵向行列的词有四个：自夸、自信、自疑、自欺。这组词都是对自身的认识，但

是所反映的自身的心理状态是完全不一样的。我们来看自夸和自信，粗略一看觉得这两个词语非常接近。而且有很多自夸的行为，看上去非常自信，但是自夸相对于自信来说，更多时候是用语言来表达的，所以它其实不是一种自信。我们再来看自疑，其实文中没有出现自疑这个词，但是它出现了"疑"这个语素，信和疑其实呈现的是一对反义关系，我认为自疑是一个中性词，自疑倒不一定是坏的事情，自疑的结果往好的方向走，可以走向自省，自我纠正，再重获自信。那么还有一种坏的结果有可能就导致自我麻醉，很典型的像鲁迅的小说《阿Q正传》里面讲到的阿Q被人打了，他最经常说的一句话就是"儿子打老子"，然后他自己也能够释怀，这个就是典型的自欺。这篇课文里提到的求神拜佛的行为，这些人把希望寄托在明明没有结果的一些玄虚的事情上，这其实就是一种自欺，而且自欺的人通常不会停止自欺，他总会要鼓吹这种自欺力，达到一种欺人的效果，所以我们有个成语叫做"自欺欺人"。我觉得通过这三组概念的澄清，可以让大家看到在这篇文章里国民党的有关人士的心理变化图。一起来看一下：

一开始有关人士夸夸其谈"地大物博"，并把它鼓吹为一种自信，但是后来随着日寇的步步紧逼，国土的大量沦丧，进而自疑。自疑的下个阶段就是求神拜佛，自我麻醉，最后到了一种自欺，甚至是鼓吹这种不抵抗政策，进而欺人，这种心理变化，鲁迅揭示得淋漓尽致。

方佳琦：丁老师，从整体来看，你认为这篇驳论文的思路是如何展开的？

丁春花：驳论文是"驳"和"论"的结合。从整篇文章来看，文章前半段是在"自"和"信"上做文章，指出对方的自信都是伪自信。文章的后半部分正面阐述了什么是真正的自信力。它的正面的有力的论据就是中国的自信力应该建立在中国的脊梁之上。什么是中国的脊梁？他讲了四类人：埋头苦干的人、拼命硬干的人、为民请命的人、舍身求法的人，这些人都是中国的脊梁。而且他们是自古至今都存在的，这非常有力地证明了中国的自信力并没有丢失。接下来他展开了自信力的两个特点的论述：第一是有确信，怎么去理解有确信？他提到这些人总是在"被摧残、被抹杀，消失于黑暗中"，但是依然在前仆后继地战斗。第二个特点就是不自欺，它不是夸夸其谈的，而是埋在地底，活在民间，我觉得是不是跟这篇文章的开头的状语——用"公开"的文字也形成了鲜明的对比，所以整个文章的前段和后段，其实能够看出来文字上的呼应,也体现出了先生思维的严谨。最后,我想来展示一下鲁迅先生的整个的文本的思维路径图:围绕着自信,从两个维度展开概念的厘析,最后提出自己的观点——什么是真正的自信力,要看中国的脊梁,文本的思路非常清楚。

沈红旗:站在语言学的角度,你完整地解读了整篇文章,给了我们别样的感受。在具体的课堂上,你会选择怎样的教学突破口呢?

丁春花:我还是会从语言的角度切进去,这篇文章的题目就是非常好的切入口。题目看上去非常简单,"中国人失掉自信力了吗"? 只有短短的 10 个字,但是里面用了两个助词,"了"和"吗"。如果我们仔细品读一下,我觉得可以品出两个预设,第一个预设是有人认为中国人失掉自信力了,第二个预设是鲁迅对中国人失掉自信力了持否定态度。从全文来看,第一个预设其实就是鲁迅要批驳的对方的观点。第二个预设的话可能有点难度,我觉得这里是不是可以启发学生怎么去读"吗",读出怎样的语气? 是非常平和的无可置疑的去读? 还是带着一种特别的情绪去读? 鲁迅的杂文虽然非常理性,但是其实也还隐藏着情感,读标题的时候我觉得我眼前就很有画面感,我就想到鲁迅先生紧锁眉头,深吸一口烟,然后用一种很愤懑的,有点沉痛的语气读出来这句话,"中国人失掉自信力了吗"? 在教学时,引导学生关注简单的题目,能够读出丰富的内涵。那么通过这个题目的语言的品味,就能够把握驳论文的敌我两方面的论点,也就对理解文本的思路有一定的帮助。

第二乐章,慢板
杂文特色的概括,经典语段的品读

沈红旗:名家名作,总能常读常新。在最近的论文中,詹丹教授敏锐地指出,为什么对手的论据是对的,而结论却是错的? 原因在于,过去我们批驳论据,只是质疑论据的真实性,而常常忽略了论据的片面性,因而思虑总是不够细密周全。

刚才,丁老师从议论文的角度,分析了鲁迅先生的语义网络建构和逻辑推演过程。但这其实是一篇更多地体现出鲁迅自身特色的典型的杂文。其情感的复杂、思维的深刻和行文的缜密,都值得我们细细推敲。这里我们简单地概括了一下鲁迅杂文的三点特色。

第一,鲁迅先生的情感往往是非常复杂的,他的作品经常歌颂和批判、议论和抒情相映成辉。比如本文先生热烈地歌颂"中国的脊梁",文中多次出现"筋骨"和"脊梁",并具体罗列了四类人:"埋头苦干的人,拼命硬干的人,为民请命的人,舍身求法的人。"还概括了他们的特点："有确信，不自欺，他们在前仆后继的战斗。"同时他又犀利地批判"一部分人"，他们开始是莫名地骄傲（"总自夸"），之后在打击之下自信破灭（变成"只希望"），后来连续地希望破灭，堕落为只能"一味求神拜佛"，最后"逐渐玄虚起来了……渺茫……玄虚之至……更长久的麻醉着自己"，一直到"笼罩了一切"。作者尽情描摹，极尽冷嘲热讽之能事。

第二，情感的复杂往往带来主题的复杂。作者常常会呈现主副两个主题，他的作品往往是主部主题和副部主题交相缠绕，呈现出多元的复杂性。比如说这篇文章的主旨有强烈的感情，在歌颂中国的脊梁的同时，批判缺乏自信的虚无主义。但是我们还要关注它的第二个主题，他写作的另一个意义，就是要正本清源，指出我们应该如何正确地解读历史，如何破除瞒和骗的谎言。

在这里，需要澄清的是，人们解读时往往有两个割裂式的理解。

一是关于历史记载的误解。人们常常误以为"公开的文字"仅是指现在报刊上的文字，"状元宰相的文章"是指历史上的文字。其实两者只是一种货色的两个名称而已。两者有着诸多的共同点。一是所谓"状元宰相的文章"，指掌权者的言论，当然能"公开"；二是所谓"等于为帝王将相作家谱的所谓'正史'"，指社会主流的观点，当然能"公开"；三是所谓"搽在表面的自欺欺人的脂粉"，指"公开的文字"实质上不过是涂脂抹粉、自欺欺人，而更为恶劣的是，他们刻意地抹杀底层民众的光辉形象，制造出令人窒息的"黑暗"。

二是关于中国脊梁的误解。一般认为第7段写的是历史上优秀的中国人，第8段写的是当今不断抗争的中国人，这样的理解，大大稀释了文中中国脊梁原有的丰富内涵。请看原文："这一类的人们，就是现在也何尝少呢"，一下贯通了该两段优秀中国人的形象。"埋头苦干，拼命硬干"等是具体表现；"有确信"，指有坚定的信仰；"不自欺"，指敢于直面惨淡的人生；"战斗"指能勇敢地付诸行动；"前仆后继"，是赞扬他们赴汤蹈火，死不旋踵。但是，他们"被摧残"，指活着受折磨；"被抹杀"，指死后被遮蔽。最后被消灭于"黑暗"中，指被打压到了"地底下"，成为被忘却的一群。然而最终他们的光耀"掩不住"。我苦难深重的祖国，天不能灭，地不能埋，靠的就是这些中国的脊梁，而这样的中国人竟然被污蔑已经"失掉了自信力"，岂不令先生义愤填膺，拍案而起。

第三，鲁迅杂文的时空感是非常饱满的，能够充分地体现出先生穿越历史的深刻思考和批判质疑的理性洞察。在《中国人失掉了自信力了吗》这篇文章里面，出现了两组时间：第一组是过去和现在的对比。"一部分人"的"自欺"古已有之（"自欺也并非现在的新东西"），于今为烈（"现在只不过日见其明显，笼罩了一切罢了"）。同样，中国脊梁的"自信"历史悠久（"我们从古以来，就有埋头苦干的人……"），永不磨灭（"这一类的人们，就是现在也何尝少呢？"）。第二组是递进的时间（两年以前—不久—现在），表现的是"一部分人"自信的日益衰退。

现在我们酝酿一下感情，通过朗读，体会一下先生的情感。（现场朗读）

读列举表现时，我们要想象中华五千年的文明，犹如一条长长铺展的红地毯，无数"地底下"的英雄向我们从容走来，袁崇焕、李大钊、柔石、白莽……我们的敬意油然而生。"埋头苦干"的四类人要以坚定的语气，读出赞扬之情，"掩不住他们的光耀"要读出顽强之感，"这"停顿要足，"中国的脊梁"要在回旋中读出自豪之感，"这"才是大写的、真正的中国人。读"有确信，不自欺"要用足停顿，"前仆后继的战斗"要读出强大的力量感，"被摧残，被抹杀"要读出惋惜之情。"倘若加于全体，那简直是诬蔑"是全文高潮，要读出先生的满腔激愤。"不被搽在表面的自欺欺人的脂粉所诓骗"要读出理性的清醒。最后的"地底下"要读出定音鼓般干净利落的感觉。

第三乐章，小步舞曲
感性鲁迅和理性鲁迅笔下的中国人谱系

沈红旗：中国人到底有没有自信？我们可以走进鲁迅先生的作品，看看感性的鲁迅和理性的鲁迅，分别为我们塑造了哪些典型的中国人形象。龚翔是光明中学的语文老师，她有很好的语言敏感，我们来看看，她是怎么样归纳鲁迅在散文和小说中为我们塑造的中国人的形象谱系的？那里的中国人是否有自信？

龚翔：我把散文、小说中鲁迅刻画的人物分为自欺的"庸众们"和具备有自信力的"斗士们"两类，这两类人就好像是红与黑的两股力量，他们一直在纠缠着、碰撞着，这些人物像一面面镜子，照出了中国人灵魂最真实的底色。1918年，鲁迅发表了中国第一篇现代白话小说《狂人日记》，从此《呐喊》和《彷徨》就掀开了中国现代文学史上最具划时代意义的一页。我们看到了眼前有一条路，"中间歪歪斜斜一条细路……路的左边，都埋着死刑和瘐毙的人，右边都是穷人的丛冢。两面都已埋到层层叠叠……"这段话是选自鲁迅的《药》这篇小说，"路的左边"就是我们刚才说的是不顾一切赴死的革命的斗士们，而"路的右边"就是那鲁迅"哀其不幸，怒其不争"、充满了自欺力的"庸众们"。三十多岁神情麻木的闰土，他对着"我"喊了一声极其恭敬的"老爷"，我们很难相信穿越到二十多年前的闰土是那么朴实、健康、活泼，又开朗。"茴香豆的茴字有几种写法？"这是落魄的孔乙己唯一的骄傲，到处被嘲弄和鄙视的他，只能向孩子说话。在一个秋天的后半夜，华老栓"仿佛抱着一个十世单传的婴儿"，这个婴儿，就是浸着革命者鲜血的"人血馒头"。我们不禁想问，到底要吃多少个这样的馒头，"华小栓"们才能病愈呢？让我们到土谷祠里去看看，土谷祠躺着一个永远不会输的人，他叫"阿Q"，他用"精神胜利法"征战的一生，哪怕到了要砍头的法场，他竟然也能够无师自通地唱出了半句从来不说的话，"过了二十年又是……"，这话没有唱完，在人群中已经博得了喝彩。

这些人都体现了我们课文中出现的一句"发展中的自欺力"，是一群"庸众们"的代表。小说中虽然有各个庸众林立在小说的很多地方，但是亦有斗士们的"星火燎原"。夏瑜"坟上草根还没有全合，露出一块一块的黄土，煞是难看。再往上仔细看时，却不觉也吃一惊；——分明有一圈红白的花，围着那尖圆的坟顶"。有一抹红色在这里晕染，有一抹希望在这里诞生，相对于沉默的斗士夏瑜，《狂人日记》中的"狂人"确实是爆发的革命者，他强烈地感到到处在吃人，满本都是写的两个字"吃人"。在文末他也从心底发出了"救救孩子"的呼喊声。现实当中的红黑相撞，人物们在鲁迅小说中鲜活地演绎了一场精彩的角逐。而在《故事新编》中，鲁迅则浓墨重彩地重筑了他心中理想的，具有创造和牺牲精神的英雄们，比如《补天》中的女娲、《理水》中的大禹。这些斗士们形象的铸造，正如我们课文所写的："我们从古以来就有埋头苦干的，有拼命硬干的，有舍身求法的，有为民请命的……"斗士们的代表。那么我在整理这些人物的时候，偶然发现，其实这些人物跟我们今天讲的自信力是非常契合的。

以下，我就给这些人物作了我自己不成熟的"自信力"的归类，仅供大家去参考：

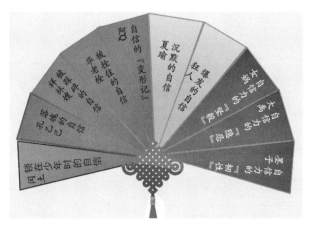

闰土是"锁在少年时的自信",而孔乙己是"落魄的自信",祥林嫂的自信是"被踩碎的自信",而华老栓是"被拴住的自信"。阿Q是典型的代表,他是"自信的'变形记'",而夏瑜是"沉默的自信",狂人是"爆发的自信",女娲是"自信力的'坚毅'",大禹是"自信力的'隐忍'",最后墨子他是"自信力的'韧性'"。这就是我对小说和散文当中的人物的梳理。

沈红旗:谢谢龚老师。方佳琦老师是五爱中学的语文教师,她善于思考,勤于写作。她将告诉我们,鲁迅杂文为我们展现了一幅怎样的中国人谱系?那里的中国人是否具有自信?

方佳琦:大家好,我认为鲁迅既是自信的斗士,也是握笔的志士。在他的杂文当中有众多的充满自信的人,当然也有很多怀疑的、讽刺的对象。

我着重讲的是第一部分自信的斗士。第一,"反抗绝望"。鲁迅先生在文章当中写了很多自信的斗士的形象,如白莽(殷夫)、胡也频、柔石、冯铿、李伟森、刘和珍,这些人物我们都很熟悉,他们是真的猛士,他们敢于直面惨淡的人生,敢于正视淋漓的鲜血。这些人身上有共同特点,他们都是在绝望当中反抗。著名学者钱理群曾评价鲁迅的这种反抗绝望的精神是20世纪中华民族的民族精神和时代精神,他集合了中国传统当中的儒家和道家、佛家的思想。

第二,务实笃行。如韦素园,鲁迅认为:"他既非天才,也非豪杰,活的时候,既不过在默默中生存,死了之后,当然也只好在默默中泯没。……当然更不是高楼的尖顶,或名园的美花,然而他是楼下的一块石材,园中的一撮泥土,在中国第一要他多。他不入于观赏者的眼中,只有建筑者和栽植者,决不会将他置之度外。"

最后,我觉得鲁迅本身也是自信的斗士,他是很讲究战斗策略的人,他说真正的战士不是逞强斗气,而是讲究斗争策略的勇者与智者。

我还要讲一讲鲁迅的疑,信的反面是疑,信和疑是一组反义词,看似是矛盾的,但有趣的是自信的鲁迅其实也是多疑的人,他常常用怀疑的眼光看待青年、文人、军队,甚至是他自己的理想。人类伟大理想,他也从不轻信,他认为文人很多时候是空谈,他说:"空谈之类,是谈不久,也谈不出什么来的,它始终被事实的镜子照出原形,拖出尾巴而去。"鲁迅认为空谈从某种程度上来讲,其实也是一种欺骗。鲁迅喜欢用事实来说话,才能够"信"。然后他也指出当时的一些批评家,也是没有原则地在批评,失去了批评的威信力,在乱骂,乱捧,等等。当然鲁迅笔下还有自欺的文人、政客、军阀、流氓,等等,各式各样的样貌都在鲁迅笔下形神毕肖。信和疑看似是矛盾的,但是我觉得这是鲁迅的一种独有的思考的方式。钱理群教授说,鲁迅就是在不断的疑和信的过程当中形成一种循环。首先鲁迅产生对启蒙和革命的一种确信,然后自身的经验产生对启蒙的本身的怀疑,然后又有觉得自身经验有限的一种怀疑,进而对怀疑产生怀疑,从而产生新的希望,形成新的循环。

第四乐章·急板
发生学意义上的追问·鲁迅创作的重要母题和重要原型

沈红旗:最后我来总结一下,新课标要求教师具有自觉的课程建构意识,而单篇文章是无法完成建构的。我们在学习课文的时候,要注意几个中心指向。一是指向作者完整的心理世界,二是指向整本书,如果是单篇的文章,就应该指向作者建构的整个文本系统,三是指向作者关注的社会问题。通过互文阅读,发现作者关注哪些母题,创造了哪些影响深远的人物原型。重要的文学大师,我们可以建构专题。如英国的莎士比亚,俄国的托尔斯泰,我国古代的司马迁、现代的鲁迅。重要的作品,我们也可以建构专题。比如《论语》,比如鲁迅杂文。专题的构架应该是清晰的、完整的,有了这样的坐标,学生的学习是有目标、有方向,有成就感的。同时,专题的构架还应该是开放的、动态的,它能不断地吸收前沿的学术成果,保持鲜活的生命状态。

回到这篇文章,我们简要地概括一下先生的写作定位。到了上海以后,他基本上就放弃了虚构性的文学写作,而把自己定位为文明批评家、文化批评家、社会批评家,他所有创作的基本母题都是对国民性的批判,而他创作的基本形象谱系是依据自己"揭露—疗救—立人—立国"的出发点而来的。很多人说鲁迅有很多缺点,如多疑、敏感、孤独,这应该说跟他的经历有着密切的关系。

梳理一下鲁迅的人生历程,绍兴、北京和上海是他生命里驻足最长的三个地点,还有就是日本、厦门和广州。实际上在鲁迅生命的每个节点上,他都受到过强烈的外部刺激。绍兴是他的故乡,鲁迅前后居住了 20 年左右。原先鲁迅家庭比较殷实,但是在他 13 岁时由于祖父科场舞弊案,家庭破落,不久父亲暴病,少年的鲁迅就不停地出入当铺和药铺之间,16 岁的时候父亲去世,作为长房长孙,他看到的是亲朋好友的冷眼。鲁迅晚年回忆的时候说自己是"乞食者",这是多么苍凉的回忆。我们读他的作品,他讲的 S 城指的就是绍兴,很多都是负面的。在日本,印象深刻,促使他弃医从文的就是仙台的幻灯片事件,日本学者说鲁迅在日本感到了强烈的被驱逐感、焦虑感和耻辱感。在北京,因弟媳羽太信子的挑拨,鲁迅与自己的二弟失和,给他造成了巨大的心理创伤,然后遇到了"三一八"事件,他的学生刘和珍被残杀。到了厦门、广州，鲁迅遇到了"四一二"反革命政变，他因为保护学生，愤而辞职。在上海，左联五位作家被秘密地枪杀，其中柔石、白莽是跟他关系密切的热血青年。大家想一想，经历了这样的苦难，一个人敏感、多疑是否正常？

探究鲁迅心理，最为重要的概念是"中间物"。时间上，鲁迅身处旧文化与新文化之间，他积极倡导白话文，同时又有极为深厚的文言文功底。语言与思想密不可分，他深爱文言之美，但又要自己祛除传统的毒素；空间上，他身处东方文化与西方文化的剧烈挤压之下，但他强悍的心灵却腾挪出巨大的生长空间，并呼唤"精神界之战士"。在过去与未来之间，在绝望与希望之间，鲁迅不是简单地摒弃前者，拥抱后者，而是在"无地彷徨"中"反抗绝望"，永远执着于现在，在批判世界的同时，也更加深刻地批判自我。正是这样一个独特的生态位，使鲁迅的思想和情感明显地超越了同时代的其他大家。他批判中国人的国民性，具有惊人的历史深度，而认为国民劣根性的根源在于"瞒"和"骗"，更是一语破的，震聋发聩。

在课堂的分析中，"点"上，我们可以"自信"为中心，探究中国人在"自疑"和"自信"之间的心理空间。"线"上，我们可以看出说"中国人失掉自信力了"是以偏概全，如果能够看到地底下的中国脊梁，我们就一定赞同"中国人并没有失掉自信力"。"面"上，我们可以理清全文的两条线索，即一是赞扬中国脊梁，批判怯懦国人；二是指出全面地评价中国人，必须发掘"地底下"的光辉业绩，同时不被"公开的文字"迷惑。"体"上，则应努力地将课文跟鲁迅的其他作品互为参读，探寻其思想脉络，理解其情感变化。从写作背景、基本母题、人物谱系和艺术风格等多个维度，努力收获立体的完整的理解，并且唤醒我们内心的知识分子情怀，即具有很高的专业素养，又要走出书斋，关注"无穷的远方，无数的人们"。

刚才龚老师整理了感性鲁迅当中的中国人谱系，方老师整理了理性鲁迅中的中国人的形象，这其实都是相当艰巨的任务，简单的罗列是容易的，理出清晰的谱系是艰难的。我自以为找到了答案，鲁迅的《聪明人和傻子和奴才》可以作为其形象谱系的总纲。鲁迅以为世界是由"傻子"造成的，其小说中的狂人、疯子和夏瑜，杂文中"不耻最后"的竞争者，敢于"单身鏖战的武人""抚哭叛徒的吊客"，今天研读文章中列举的"埋头苦干、拼命硬干"的人，几乎都可归于此类。而帮忙、帮闲乃至帮凶等"无操持"的文人，都可归为奴才，而谙熟"瞒与骗"的"做戏的虚无党"则可归为聪明人。但是鲁迅小说中最多的两类典型——庸众与看客，归到哪里呢？奴才与奴隶并不相同。今天只能这样四分——聪明人、傻子、奴隶、奴才，但未觉妥帖。要能圆熟而完满地讲述鲁迅，于我几乎是个不能完成的任务。我愿带着这个问题，继续深入地研读先生作品。

朱康：非常荣幸能有机会来参加本次教学研讨的活动。在听各位老师讲述的时候,我很想回去再做一名学生来听你们分析这样一篇课文。五位老师的讲述各有侧重的分析,使得鲁迅一篇短短的杂文,有了整体性的效果。在这样的一种研究当中,鲁迅的《中国人失掉自信力了吗》不再是一篇简单的杂文,它变成了鲁迅整个思想与整个文学创作的结点。在彼此相互补充、互有印证的分析当中,在感性和理性交织的关系当中,鲁迅的形象得到了完整的呈现。

我认为今天各位老师的研讨活动有如下特点:

第一,今天的研讨是分析式的。今天几位老师的教研活动非常注重字面与语段的分析,特别是丁老师从语言学的层面对这一杂文标题中的"自信"与"了""吗"的分析,给学生一个非常具体的接近鲁迅的方式。这样的一种设计,使学生接近鲁迅有一个非常具体的抓手。诸位老师的分析式的研讨会对学生极有帮助,不仅增强了他们进入鲁迅作品的容易度,更重要的是给了他们一种可模仿的解读文本的方式。

第二,五位老师的分析呈现出强烈的互文性特征。各位老师在鲁迅这一单篇作品同整个语文教材中的鲁迅作品、鲁迅的其他作品、文学史中的其他的类似作品之间实现了对话。中学阶段的教学时间是有限的,学生接触的文学作品是有限的,怎么能够利用短暂的课堂时间,给学生提供充分的文学知识和文学解释,需要老师们把单一的文本向其他的文本开放,从而能够最大程度地增强课堂教学的效力。几位老师做得非常出色,无论是对鲁迅小说中人物的类型化分析,还是通过朗诵的方式让学生与作品共情,都在鲁迅的文本与文本之间,鲁迅的文本与学生内心的文本之间,建立了一种互文本的关系。

第三,更让我觉得赞叹的地方是各位老师对学术性的追求。本次活动虽然是对于中学语文教材中的一篇课文的分析,但诸位老师没有放弃在学术的层面上去确定文本的意义。像刚才方老师引用的"反抗绝望"的概念,沈老师引用的"中间物"的概念,等等,都是 20 世纪 80 年代以来我们鲁迅研究领域里非常重要的概念。几位老师显然非常关注学术界研究的现状,而把鲁迅研究的前沿成果引入到中国语文教育当中,给学生也给同行提供了关于鲁迅的更可靠、更具阐释力的形象,对当前的中学语文教学来说是一种极大的丰富。

我也有一些关于文本上的疑问,想跟诸位老师探讨一下,刚才几位老师提到这是一篇驳论文,强调它可以帮助学生通过文本的学习了解驳论文的写法。当我们把它当作一篇驳论文,当作一篇议论文进行处理的时候,我们怎么把鲁迅的杂文特色跟学生在中学语文阶段应该养成的议论文的阅读和写作能力进行联系与区分?怎样让学生一方面从鲁迅那里学到议论文的写作,但同时又能让他意识到杂文与议论文的差别?另外是一个具体的小问题。刚才在讨论这一课文标题的时候,对于标题中的"自信力",诸位老师都把焦点放在了"自信"上,"力"这个词被放在了"自信"的背景中,没有得到具体的分析。我想问,在这篇课文里有没有可能把"力"当做焦点来作分析?怎么理解"自信力"跟"自信"之间的关系?

丁春花:我来讲一下自信和自信力,其实这个题目中的关键词是自信力,但是通过鲁迅先生展开思维的方式的话,我认为关键词是自信,因为鲁迅先生是以自信、自夸、自欺这一组词语来展开自己的思路。然后我觉得刚才朱老师也给我启发,就是为什么不写中国人失掉自信心而是自信力了,这个"力"不是别人的,而是自身的一股力量。我觉得我们在教学中首先分清楚自信和自欺、自夸,然后接下来可以对"自信力"作出进一步的理解。

龚翔:我觉得自信和自信力还是两个概念,自信可能每个人都有,但是它不代表一种能力,但是怎么样从自信到自信力?我觉得鲁迅想强调的是你要去培养,你需要有意识地在各种关键的时刻,或者是说在你该抉择的时刻表现出来,最终才能形成一种比较强大的能力。

沈红旗:朱老师提出了两个问题,非常精彩。两个核心的问题,第一个是杂文和议论文相互之间的关系。我本能的反应就是杂文在中学写作当中是无法教学的,中学阶段,我们首先应该教会学生掌握规范的议论文写作。在未能纯熟地掌握规范的议论文写作之前,学写杂文只能弄巧成拙。鲁迅的杂文是一种未经规范的自由文体,而鲁迅的创造性和丰富性,往往也正体现在这里。我们要走进鲁迅,实际上是走进他的丰富,走进他的复杂。实际上,就是我们要帮助学生打破一种僵化的、机械的思维模式,学会质疑,学会反思,学会用联系的、动态的、发展的眼光去解读各种历史事件和社会现象。鲁迅远远超越那个时代的意义和价值,正体现于此。

作为中学阶段的老师，通过阅读鲁迅，我们要在学生的心中埋下一颗知识分子的种子，让学生对我们的文化英雄产生敬意。底线是不能设置障碍，以自己的无知去遮蔽、曲解鲁迅。鲁迅杂文不适合作为中学生写作模仿的范本，但鲁迅在当代文学史、思想史上，都是一个无法忽略的巨大的存在，只要有一口锋利的牙齿和一个强健的胃，你不会宝山空回，而一定会不断地收获各种惊喜。

第二，确实，我们前面的解读有一个重要的忽略，自信和自信力是两个不同的概念。鲁迅在《且介亭杂文·运命》中曾深刻地指出："中国人自然有迷信，也有'信'，但好像很少'坚信'。……然而没有'坚信'，狐狐疑疑，也许并不是好事情，因为这也就是所谓'无特操'。"而"力"，则既是力量，能够影响他人，鼓舞自我；又是能力，可以而且需要呼唤、培养和锤炼的。自信可能是一种虚假的自信，盲目的自信，阿Q认为他也有自信。自信力，那就相当于一种信仰，是一种完全正面的东西。萧功秦先生指出，华夏文化，是在没有广泛吸收其他古代异质文化信息和文化营养的特殊历史条件下，以独创的方式萌芽并成熟起来的。因而传统士大夫在面对西方侵略和西方文化挑战时，或盲目排外，发展为非理性的国粹思潮，或趋向迂腐的盲目乐观。培养健康、理性的自信力，应是锻造优秀国民性的必要前提，这也体现出了这篇杂文的现实意义。朱康老师的点评，既是提醒，更是鞭策，值得我们深入地思考与探究！

对封建旧文化的批判与对国民灵魂的救赎

——《孔乙己》的教学解读

◎主　　讲：王林（上海市闵行区教育学院中学语文教研员，上海市语文特级教师、正高
级教师）

◎对谈嘉宾：刘忠（上海师范大学中文系教授，博士生导师）

◎参与教师：常伟（上海市松江区洞泾学校副校长，语文高级教师）、张君平（上海市七宝
中学语文高级教师）、常丽娟（上海市闵行区鹤北初级中学语文教师）、蒋芸
芸（上海市七宝第二中学语文教师）、冯晓彦（上海市文来中学语文教师）、
赵丽芸（上海市马桥强恕学校语文高级教师）

◎时　　间：2021 年 5 月 15 日 14:00—16:00

◎地　　点：上海市虹口区横浜路 35 弄景云里 13 号景云书房暨鲁迅与文化名人陈列馆

王林：各位好！今天，我们在鲁迅先生曾经生活和写作的地方——景云里13号，来学习并研读他的小说《孔乙己》，这将使我们对作品的本身与作品中的人物形象等有一种更加深入的理解和真切的感受。在景云里，我们仿佛有一种跨越时空的感觉，我们似乎走进了鲁迅先生生活的那个年代，走入了小说中所描写的鲁镇，我们能够更真实地理解小说中孔乙己这个人物形象的内在意蕴，以及这篇小说的主题，进而对我们的思想产生积极的影响，给我们的教学实践带来新的启发。

《孔乙己》这篇小说最早收录于1923年7月秦同培所编选的《中学国语文读本》之中，该套教材由上海世界书局出版。1924年的8月，中华书局出版了由沈星一编著，黎锦熙、沈颐校订的新中学教科书《初级国语读本》，在这套书中也收录了《孔乙己》。这样看来，《孔乙己》这篇课文已经差不多有100年的阅读教学史了。所以，我们今天再来教《孔乙己》，我们除了要消除学生与作者写作的那个时代的隔阂以外，我们还要引导学生理解孔乙己生活的那个时代的特征，帮助学生真正读懂作品。对此，我们设置了如下问题：第一，孔乙己是谁；第二，"看客"眼中的孔乙己；第三，小说的叙述者"我"眼中的孔乙己；第四，鲁迅笔下的孔乙己；第五，谁杀死了孔乙己；第六，鲁迅为何创作《孔乙己》。最后，当我们读完这篇小说，我们也应该要思考我们如何不成为孔乙己，这是第七个问题。

在学生阅读理解的过程中，读懂那个特定时代中孔乙己这个人物形象，是教学解读的关键。所以，我们首先来研究第一个问题：孔乙己是谁？

一、孔乙己是谁

赵丽芸：要回答"某人是谁"，一般先从揭示人物的主要社会关系入手，来展示其身份。但鲁迅先生却把孔乙己塑造成了一个完全孤立的人，他不仅不属于任何群体，甚至和任何人都没有亲情或友情上的关联。这是鲁迅先生留下的"信息空白"，除了第4段中的三个字"他姓孔"之外，小说中揭示孔乙己个人社会关系或身份的语句，几乎一句也没有，"孔乙己"只是一个从"描红纸"上得来的绰号。绰号取用的随意感，使孔乙己的身份显得更加单薄——他只是一个有姓无名的、不属于任何群体的、被社会孤立的人。

蒋芸芸：小说第5段介绍了孔乙己到底是做什么的。可鲁迅先生在这里强调

"听人家背地里谈论","背地里"说明这消息不仅来源不正,很可能还夹杂着偏见。孔乙己是读过书的,但他"没有进学"。究竟是客观原因、还是主观原因造成的呢?鲁迅先生巧妙地隐去了缘由,留了个模棱两可的表述,只凸显孔乙己现在的客观境遇:穷。接着,鲁迅先生又交代了孔乙己的人格缺陷:好喝懒做。最后,鲁迅先生像为孔乙己辩解似的,孔乙己"没有法""免不了""偶尔"地做了小偷。

于是,孔乙己的"社会职业背景"似乎能构筑起来了——又穷又懒,只能靠偶尔做些偷窃的事来维生的读书人。

读到这里,我们不得不感叹鲁迅先生下笔的巧妙。通常情况下,小说在塑造人物的时候,总是尽可能充分地透露主人公的各项信息,以便人物形象显得更丰满和立体。但在交代"孔乙己是谁"这个问题上,鲁迅先生用足心思,不仅把有关于孔乙己的一切信息都交代得模模糊糊,同时留有大量的信息空白。

常伟:孔乙己是一个"身首异处"的落魄知识分子。"异处"呼应小说开头的"别处",这里指以鲁镇为背景,以咸亨酒店为中心的叙事空间。小说以咸亨酒店独特的形态开篇:

"鲁镇的酒店的格局,是和别处不同的……"

"别处"从空间上看,泛指鲁镇或者鲁镇酒店以外的空间。从时间上看,"别处"指历史,"和别处不同"强调的是历史巨变。小说以清末为故事背景,这时是千年未有之大变局,战争、革新、废科举等改变了传统的社会秩序,造成了人的矛盾和错位。因此可以说"别处"指因社会巨变而形成的独特的社会文化形态和社会心理,而它们又是通过"当街一个曲尺形的大柜台"来展现的。

"大柜台"在咸亨酒店的实际功用是形成空间隔离。掌柜和小伙计在"大柜台"里活动,"大柜台"也为"羼水"提供了便利;大柜台外是"短衣帮"的活动空间,"做工的人,傍晚散了工,每每花四文铜钱,买一碗酒……靠柜外站着,热热的喝了休息";较为阔绰的"长衫主顾",则是"踱进店面隔壁的房子里""慢慢地坐喝"。在这里,"大柜台"构成了一种高压和逼迫的气势,隐喻了等级分明、隔阂冷漠的人际关系和欺诈势利、冷酷无情的社会文化特征。

开篇把叙事焦点和观众目光聚集到"大柜台"上,等待主人公出场,也为其命运营造了悲剧色彩。孔乙己走进这个空间,便被烙上贫穷的印记,"站着喝酒而穿长衫的唯一的人"中"长衫"是身份的象征,身份和空间的矛盾和错位,让读者很自然地体会到了人物身上"身首异处"的矛盾特质,感受到人物命运终将成为悲剧。

其"身首异处"一方面指他外在的衣着和言行与所处酒店空间的矛盾。孔乙己是"长衫"酒客，"长衫"揭示了其读书人的身份，"满口之乎者也"是最好的佐证。但经济地位又决定了他只能站着喝酒，无法真正进入长衫主顾之列，因此在酒店里成了一个不伦不类的人。

其"身首异处"更表现为他的思想意识与现实境遇之间的矛盾。孔乙己现实境遇是悲惨落魄的。他"青白脸色"表明他常忍饥挨饿，营养不良，甚至可以说身染疾病；"乱蓬蓬的花白胡子"表明他的年岁已大，精神颓丧；"时常夹些伤痕"暗示他经常偷些东西，被人打伤。可是在他的思想意识中，总认为自己是读书人，虽然无情的现实粉碎了他的迷梦，但他仍然不肯脱下又脏又破的长衫，只因"长衫"是读书人的标志。

冯晓彦：孔乙己是被侮辱与被损害的失败者。究其本身，一曰"穷"。科举于当时的读书人不啻安身立命的基础，是人生唯一一架梯子，一旦撤走，生活的目的和手段一并消失，便可能连生存都无以为继。孔乙己就是如此。今天我们历史上留下来的形象，许多是科举制度的受益者、成功者，但极少数成功的背后，那个庞大的失败者的群体如何？鲁迅将关怀对准了他们，于是塑造出孔乙己这个人物形象。透过小说撕开的一角，可以看到，读书人一旦失败，比劳力者更潦倒。

二曰"酸"。孔乙己自诩孤高，别人看来却是迂阔怪诡。一袭长衫，既是他失败的掩护，又增添他作为笑料的原因。他依靠长衫维系空虚的迷梦，却在别人眼里亲手为自己贴上了"滑稽""异类"的标签。孔乙己真似另一个"堂吉诃德"。

有学生提问：孔乙己偷东西，怎么据小伙计说在酒店里"品行却比别人都好"？关键恐怕在"比别人"三字。联系孔乙己在酒店里决不肯脱下的长衫、"排"出的九文大钱、"不屑置辩"的神气……不正是处处都显得要比短衣帮们高一头么？他的"从不拖欠""定然还清"，自然也是这其中的一种排场、一种孤高和一种必须维护的体面。然而恰是这股"酸"气，为他召来了更多的奚落与哄笑。

三曰"自相矛盾"。孔乙己太想守住"君子"的面子，反而沦为丧失了尊严的"小人"——在"穷"和"酸"的夹缝中，他最终成了一个窃贼，成了众人眼中的小丑。

常丽娟：其实孔乙己也有自己独立又尴尬的价值信仰。他虽然迂腐可笑，但对于社会给予他的角色定格从未从内心真正接受；他虽然连"半个秀才"也没有捞到，但他始终不愿意将自己"开除"出"读书人"的行列；即使沦落到靠窃书来维持生活，他也尽量不拖欠酒店的酒钱；面对短衣帮的嘲笑，他也会显出不屑置辩的神气。无论是教小伙计"茴"的四种写法，还是吃茴香豆时"多乎哉？不多也"的自语，他总是兴奋又小心地抓住机会显示学识。无论他与外在世界多么格格不入，他总在窘迫不堪中努力地对抗这一切。

二、"看客"眼中的孔乙己

王林：刚才我们结合小说创作的时代背景,对孔乙己这个人物形象进行了分析。可以看出,孔乙己是特定的社会环境和时代所滋生、养育的读书人形象。接下来,我们再进一步地走进这篇小说,看一看,在鲁镇人和咸亨酒店的那些酒客们眼中,孔乙己是一种怎样的形象?

常丽娟："看客"这一形象经常在鲁迅先生的作品中出现,《呐喊》《彷徨》的小说中几乎有三分之二的作品都不同程度地勾勒、描绘了看客形象。其人物众多,层次繁杂,组成了一个看客群体,具有深广的揭示意义。《孔乙己》中最大的看点是对"酒客"这一人物群像的刻画。他们自私麻木、冷酷软弱、精明势利、愚昧落后,通过旁观、嘲弄甚至污蔑同类的痛苦和不幸,来得到一种自我的宣泄,甚至达到一种自我的"满足"。

常伟：小说中的庸众看客之所以敢对孔乙己嘲弄甚至污蔑,是因为孔乙己在他们眼里无任何价值。他们的价值判断有两个重要标准,一个是钱,一个是权。丁举人与何家分别是权力和钱财的代表,这些庸众看客对他们充满敬畏,而对孔乙己则恰恰相反。孔乙己"没有进学",丧失走向权力阶层的通道;"不会营生""愈过愈穷",没有任何经济地位。可以说,在看客眼中,孔乙己就是多余的人,因此他们对孔乙己的不幸和痛苦表现出了极大的兴趣和快乐。

赵丽芸：常老师说得没错。小说中对孔乙己和酒客们的"交锋",是这样写的:孔乙己一到店里,"所有喝酒的人便都看着他笑",这种笑明显很不友善。他们上来就问孔乙己的伤疤,质问伤疤所隐含的意思就是嘲笑"挨打",嘲笑"偷窃"。他们"故意的高声嚷"来激怒并不打算回应的孔乙己,逗得孔乙己面色涨红,青筋绽出,然后说一通难懂的话。"众人都哄笑起来:店内外充满了快活的空气。"这句话在课文中一模一样地出现了两次,从中可以看出,孔乙己被酒客们反复调笑的过程是相似的。他们并不给孔乙己喘息的机会,当孔乙己稍稍平复情绪时,又不断地戳起他的痛处来,令他难堪、颓唐不安、脸色灰白。小说第 10 段中酒客们对于孔乙己被打的态度,从"自己发昏""竟"等字词中可以看出,没有人觉得丁举人凶残,只觉得孔乙己是自找的。在这群酒客们的心中,孔乙己只不过是一个玩物、一块笑料、一个废物罢了。

张君平：第 10 段中,掌柜是在算账的过程中"忽然"想起孔乙己的。寻常来说,

"不经意"间想起你,道出的恰恰是对方在自己心中的分量,而这里却是相反,这一"算账"并非每日流水之结账,需知,"年关""端午""中秋"是旧社会结账的期限,是大日子,因此,掌柜的"不经意"反衬了孔乙己在他心中的分量之轻。而"我"也是在掌柜提起后"才也觉得他的确长久没有来了"。

鲁迅先生用笔简省精炼,但在这一段却不惜笔墨,重复出现了四次"后来""怎么样",在看似重复的啰唆中,刻画出看客们的敷衍、随意。

掌柜的一个"哦"字更是精彩,似乎并无写的必要,鲁迅先生却郑重其事地写了:在与酒客的一问一答中,似乎从头至尾,掌柜都没有停下手中算账的活儿,由此可见,掌柜问"怎么样了"并不是对孔乙己的关切,只是从一个商人的角度,对收回这十九个钱抱有一丝希望,故而,当他听到孔乙己"许是死了"的回答,便再不问,既然收回十九个钱无望,那么追问便可到此结束。

这刻意为之的"轻描淡写",极其深刻地揭示出孔乙己的无足轻重。

蒋芸芸:"还欠十九个钱呢",也可以看出掌柜对孔乙己的态度。掌柜反复说了四次,语气语调毫无变化,后边的感叹号也连着用了四次。对于掌柜来说,这仿佛是孔乙己存在过的唯一证据和全部价值。当这十九个钱从粉板上抹去时,原本就单薄卑微的绰号"孔乙己"也永远地被这个吃人的社会抹去了。

常伟:我们也可以从孔乙己最后出场时的状态来反观掌柜对孔乙己的态度。当孔乙己最后出场时,"脸上黑且瘦,已经不成样子"。掌柜一听到孔乙己的声音,边"伸头出去",边说"你还欠十九个钱呢";"仍然同平常一样""取笑"孔乙己"又偷东西""打断腿"。孔乙己"在旁人的说笑中,坐着用这手慢慢走去"后,掌柜一再反复提起"还欠十九个钱"。可见掌柜只关心钱,孔乙己在他眼中不过如蝼蚁和草芥一般。

常丽娟:谈到看客不得不提短衣帮,他们生活在社会的最底层,身份低微,同样是受压迫者,却将揭孔乙己的伤疤当作生活的乐趣,对处境更窘迫的人充满鄙夷。小说中有短衣帮这样说:"什么清白? 我前天亲眼见你偷了何家的书,吊着打。"他也许看到孔乙己被吊着打,却不可能看到孔乙己偷何家的书,由吊着打反推孔乙己偷书,是将不可靠叙述偷换为"亲眼所见",实乃讲述者的主观臆测,目的是对孔乙己施加羞辱。阿Q在别人触及他的忌讳时还敢发怒,面对口讷的他便骂,面对气力小的他便打,而孔乙己在遭到别人恶意取笑时,却只能涨红了脸,争辩几句,或者是用眼色恳求人家不要再提。可见,孔乙己在他们眼中是可以随意侮辱的对象。

三、小说的叙述者"我"眼中的孔乙己

王林：是的，在看客眼中，孔乙己是一个没有钱、没有权，甚至是一个多余的、可以随意取笑的对象，也是人们可以随意侮辱的对象，所以在鲁镇人的眼里，孔乙己的生命如同草芥一般。在本篇课文当中，"我"是 20 年前小说故事的亲历者，那么，在当年"我"的眼中，孔乙己又是一位什么样的人物？

冯晓彦：探讨"我"眼中的孔乙己之前，不妨先锚定"我"在鲁镇上的位置。

20 年前"我"曾是咸亨酒家的小伙计，小说中三次写到掌柜对"我"的评价和态度。第一处是"掌柜说，样子太傻，怕侍候不了长衫主顾"。"侍候""怕"与"主顾"写尽掌柜的媚上之态。第二处是"掌柜又说我干不了这事"，从掌柜欲攫水牟利可见短衣帮们在掌柜眼里不过是利益榨取的对象。最后一处是"我"说"掌柜是一副凶脸孔"，留下"我"不过因碍着荐头的面子。由此可画出一条鲁镇的"鄙视链"来：顶端是丁举人等可以草菅人命的"真长衫"，然后是精明市侩的掌柜之流，随后是替人做工、穷极无聊的短衣帮，最后是"我"这被嫌弃的、百无一用的小伙计。

那么，这样的"我"又怎么看孔乙己呢？ 小说第 3 段中已成年的"我"如是说："只有孔乙己到店，才可以笑几声，所以至今还记得。""只有"一词验证了当年"我"在酒店里受到的苛待，在压抑的氛围中，孔乙己给了我喘息的机会，与后文"孔乙己是这样的使人快活"构成呼应。

第 7 段中又说"在这些时候，我可以附和着笑，掌柜是决不责备的"。"附和"再次确认"我"的边缘地位，但这样的"我"笑孔乙己，掌柜"决不"责备，冷酷地暗示孔乙己在鲁镇是人人皆可消遣的对象，又暗合"可是没有他，别人也便这么过"。

谈及"笑"，小说中两次写到"店内外充满了快活的空气"——店内的长衫与店外的短衣，掌柜和"我"，本是截然分明，但加害孔乙己时却达到了惊人的默契，乃至出现近乎其乐融融的场面。鲁镇上的所有人，就是这样心照不宣，将孔乙己踩在了"吃人"链条底端的底端。

张君平：第 7 段开头写"在这些时候"。"这些"指什么？

小说伊始，"我"确实是一个不相干的旁观者，但随着不断地看别人笑孔乙己，听人家背地里谈论孔乙己，加之被允许甚而是被鼓励"附和着笑"，"我"的内心感受与对孔乙己的态度，便逐渐发生了变化，而这种变化是不自知的。

故而，鲁迅安排"这些时候"之所在便很微妙，"这些"，是在第二次写"店内外充满了快活的空气"之后。在这时，"终于"出现了"我"与孔乙己的这场对话：孔乙己

既想在孩子面前炫耀一番,以获得些许慰藉,又不无好意地要教小伙计识字;而小伙计呢,心里想"讨饭一样的人,也配考我么? 便回过脸去,不再理会",继而"懒懒的答他",最后"愈不耐烦了,努着嘴走远"。这一系列的反应,无一不彰显着这位天真的小伙计就这样被酒客和掌柜同化:从无意识到有意识地沦落为"看客"的一员。

冯晓彦:小伙计想"讨饭一样的人,也配考我么?"一个"配"字把"我"在心里下意识地将人分高低贵贱的"衡量"与"计算"活化出来了。

被鄙薄的"我"最终学会了去鄙薄孔乙己,在无意识当中,弱者将屠刀砍向了更弱者。

鲁迅先生借酒店小伙计的眼睛,将孔乙己置于鲁镇的社会关系网中加以比较、观察,如此,将审视的目光由个人延展到其背后扭曲、病态的社会生态——即一环紧扣一环的"弱肉强食"。作者同情弱者的人道主义关怀就在这样的呈现中得到彰显。

张君平:这也回答了鲁迅先生为何选择"我"作为叙述者。"我"既是酒店的在场者,又是旁观者。"我"可同时将"被看者"与"看客"作为观察与描写的对象,可同时叙述孔乙己的可悲与可笑、掌柜与酒客的冷酷与麻木。于是,小说的生态圈中:孔乙己被掌柜、酒客与小伙计看,掌柜、酒客又被小伙计看,层层叠加。这样,就把"我"——看似单一的限知视角的局限都一一弥补了。

常丽娟:文学作品中孩童少年往往代表着客观的叙述视角,代表着社会的未来与希望,他们应该离天性与文明更近一些,就像《社戏》里的双喜、阿发,代表着淳朴热情。而来自下层社会、在酒店中地位最低的小伙计,最后不仅不能认同孔乙己,反而也在精神和人格上践踏孔乙己,把有限的快乐建立在别人的痛苦之上,变得麻木、无情。他那些冰冷的笑,是超越年龄的,是寡情的。

四、鲁迅笔下的孔乙己

王林:我们分别从看客眼中的孔乙己与"我"眼中的孔乙己这两个视角,对本篇课文进行了解读和分析。这两个角度对于阅读教学中学生理解孔乙己的人物形象,以及理解作者在写作《孔乙己》过程当中所寄予的情感是有帮助的。接下来我们转换视角,看一看鲁迅先生笔下的孔乙己又是一个怎样的形象?

张君平:其实,鲁迅在《孔乙己》中是无所不在的。《孔乙己》采用的是"套娃式"的叙述视角。尤其是"我愈不耐烦了,努着嘴走远。孔乙己刚用指甲蘸了酒,想在柜上写字,见我毫不热心,便又叹一口气,显出极惋惜的样子。"试想:"我"已走远,如何得知孔乙己脸上显出"极惋惜的样子"？

可见，这里便是由"我"的视角过渡至了作者的视角。

作者时而走入"我"，时而又与"我"悄悄地拉开一定的距离。在这样若隐若现的分合中，"卷轴"式地呈现了鲁迅对孔乙己可怜可悲而又不乏同情的态度。

因此，我们可以从"怎么写"的维度来关照。

鲁迅笔下的孔乙己，是以微言寓大义。如"排出九文大钱"的"排"和"从破衣袋里摸出四文大钱"中的"摸"。"排"字的背后是阔绰之气势，颇有些"炫富"的味道；"摸"字的画面感极强：抖抖索索、颤颤巍巍，兴许心里还在担心铜钱够还是不够。这两个字，对比极其鲜明，这样，孔乙己的可笑与可怜便如在眼前。

小说里同样是酒钱，鲁迅却用了不同的表达："铜钱""大钱""十九个钱"。从词义上看，"铜钱""大钱"并无二致。但在孔乙己的眼中，"长衫"者的铜钱自然比"短衣帮"的"大"许多。如此，一个"大"字便将被短衣帮嘲笑，但内心却对短衣帮不屑的孔乙己和盘托出；而孔乙己眼里的"大钱"，其实在掌柜看来只不过是"十九个钱"罢了。这又从一个侧面写出了孔乙己的穷困潦倒、无比难堪。这是一种莫名其妙的自大，也是一种可悲可怜的摆阔。

我们或可将这些细微之处看作另一种意义上的"春秋笔法"，微言大义，一字之异而褒贬自见。

有研究者考证，《孔乙己》的创作曾受到芥川龙之介的《毛利先生》的启发。且不论是否果真如此，两位作者对"旁观者"视角的大量描写、对底层失败的知识分子的关注，的确极为相似。尤其是"毛利先生不停地用手指戳着那一页，不厌其烦地讲解着"的场景与孔乙己教"我"写"茴"字的描绘，怕是足可让两位作者惺惺相惜一番。

孔乙己教"我"写"茴"字，恐是小说中或者说是孔乙己的生命中仅有的亮色。"显出极高兴的样子""两个指头的长指甲敲着"，何其神气、何其得意！那一刻他以为自己可以体验一把"为人师"的快感、优越感。他终于找到了"对话"的对象，终于等到了可以站在高处"俯瞰"的机会，这是孔乙己复活的一刻，是专属于孔乙己的高光时刻！然而，这样的欢愉极其短暂、转瞬即逝。"我"的"不耐烦""愈发不耐烦"，从语言到行动，从里到外，几乎每一个细胞都是对孔乙己的鄙弃，这将孔乙己内心的生命焰火瞬间浇灭，不能不说是对孔乙己的又一打击。

两相参照，他们对于没落知识分子的刻画，或许可以让我们对人性的真相有更深刻的了解，或许能向着《孔乙己》、向着鲁迅再走近一步：排斥、甚而可以说是侮辱,这终于是愚妄者的真面目。

常伟:鲁迅笔下的孔乙己,是以缺陷刻画凶残。鲁迅在《孔乙己》里塑造了一个落魄的知识分子形象,身上确实也存在毛病。按艺术真实性的要求,孔乙己这样一个总体上善良,但又带有一些性格缺陷的人反倒最真实、最生动,读者因而也容易对其产生最真实的情感。

五、谁杀死了孔乙己

王林:刚才,几位老师结合作品当中具体语句作了深入分析,我们可以看出,鲁迅先生通过生动的语言,刻画了孔乙己这个人物形象,给我们展示了孔乙己悲剧性的一生。通过对孔乙己多角度的分析,我们可以看出孔乙己在鲁镇、在当时的中国是无法生存的,所以最后他死了。那么,到底是谁杀死了孔乙己?

蒋芸芸:首先,我们要思考的是:孔乙己真的死了吗?

在第4段和第11段,我们发现,孔乙己的容貌变了:从身材很高大,青白脸色,到他的脸黑而且瘦,已经不成样子;孔乙己的衣着变了:从长衫到破旧的长衫,再到破夹袄;孔乙己的言语变了:从满嘴之乎者也,温两碗酒,要一碟茴香豆,到温一碗酒,声音极低;他回应别人嘲笑时的态度变了:从"你怎么这样污人清白",额上的青筋条条绽出,争辩窃书不能算,到"他这回却不十分分辩,单说了一句'不要取笑'!";他拿钱的动作变了:从排出九文大钱到摸出四文大钱……这些变化,都预示孔乙己的生命正在走向消亡。小说最后说:大约孔乙己的确死了。"大约""的确"这一对看似矛盾的词语,其实表明没有人亲眼见到孔乙己的死,人们也不关心他的死,他的死亡没有确凿的证据,但是在那个冷酷无情的社会中,重度残疾的孔乙己注定无法生存,的确会死去。那么,究竟是谁杀死了孔乙己呢?

常伟:孔乙己的死,与丁举人的毒打有直接关系。"先写服辩,后来是打,打了大半夜,再打折了腿",同为读书人,丁举人不仅打得凶,还打得理直气壮。前面冯老师说咸亨酒店存在一条鄙视链,我们可以说鲁镇还存在一条食物链:丁举人,自然是丛林中的王者,站在食物链的顶端,没钱没权的孔乙己自然是丛林中的蝼蚁,处在食物链的最末端。顶端的王者杀死末端的蝼蚁是再正常不过的事情。

赵丽芸:孔乙己还死于旧文化残留下的封建科举制度的毒害。旧文化的根除很困难,尤其是身处其中的受害者还在拥护它的时候。丁举人通过科举获得了封建特权,孔乙己却"弄得将要讨饭了"。孔乙己是"身材很高大"的,他有谋生的条件,但他懒惰、迂腐、自命不凡。他不愿意换下长衫,信奉着"万般皆下品,唯有读书高"的古训,并以此将自己与目不识丁的底层百姓割裂开来,成为封建教育目标与社会需求不相适应的牺牲品。孔乙己在鲁迅笔下不仅仅是那个时代被悲剧命运裹挟的一个小人物,更是特殊的"士"的代表,代表封建社会当中对功名有着深刻执念的读书人,他们将通过读书考取功名作为人生的最大目标和终极意义,但最后却成为封建科举制度下的牺牲品。

蒋芸芸:如果说丁举人杀死的是孔乙己的肉体,那么看客们杀死的则是孔乙己的心灵。孔乙己一到酒店,所有喝酒的人便都看着他笑,叫着嚷着:孔乙己,你脸上又添上新伤疤了!你一定又偷人家东西了!孔乙己急忙反驳,以至于涨红了脸,额上的青筋条条绽出,他们愈加寸步不让,"你怎的连半个秀才也捞不到呢"。孔乙己自诩为读书人,然而连半个秀才都没有捞上的孔乙己能算是"读书人"吗?看客们就这样一步一步将孔乙己的身份意识彻底瓦解了。成人的世界如此残酷,孔乙己转而向孩子的世界寻求安慰,但是,孩子的世界如何呢?他们也笑着,渐渐成为看客中的一员。如果说受伤致残、流落而死,是死的形式,充其量是表面的因素,而深层的因素是孔乙己存在的身份和意义被彻底瓦解了,他成了一个孤零零的、可有可无的人。孔乙己是这样的使人快活,可是没有他,别人也便这么过。被奚落、被嘲笑、被解构,这是孔乙己死亡的深层原因。

赵丽芸:鲁迅在具体考察、描写中国社会时,有一个重大的发现:在中国,不仅封建制度、封建伦理道德"吃人",千百年的习惯势力所形成的"无主名无意识的杀人团"更是在无时无刻地制造着"吃人"的悲剧。在鲁迅看来,后者更普遍,更不露痕迹,也更可怕。因此,他总是要把他的主人公置于社会的众目睽睽之下。从某种意义上来说,孔乙己是被"吃人团"杀死的。

张君平:孔乙己死于封建科举制度的毒害。科举制度的意识侵蚀孔乙己的灵魂,让他逐渐与那个最初的自然的"人"逐渐剥离,直至最终被吞噬,留下一个被社会、制度的意识所淫浸的如行尸走肉般的"工具人",内化的异化,就是中毒。外在的,当然就是同样中了毒的"看客"们和许许多多成功的"丁举人"和失败的"孔乙己"。

出乎其外,孔乙己是那个社会下孤独的可怜的"一个",是"零余者";入乎其内,我们把孔乙己无限放大,他的躯体就是那个社会的缩影,其中所有的人都是那个社会、那样制度下的产物。所谓"劣根性",从某种程度上说是制度强化、渗透、控制的结果。而科举制度的可怕在于失败者、被摧残者却依然是科举制度的信奉者、维护者。这就是病态。

归根结底,是孔乙己所在的时空杀死了他,更是那个被科举制度侵蚀的孔乙己杀死了那个自然的常人的孔乙己。我们常会好奇地去问"孔乙己"的原型继而去——比照,比如是与孔乙己行径差不多的"孟夫子",又或许是杂取种种合成一个,但我想孔乙己还是当时社会更多的没落士人的缩影,说不定他还跨越了时空,在你我的身边。

冯晓彦：再将目光投向孔乙己生存的环境。小说中有这样的细节,掌柜最后是凭留在粉板上"示众"的名字记起孔乙己的。足见掌柜眼里全是"利益"的刀子、金钱的天平。活生生的人被抽去情感与尊严,简化为冰冷的、代表赊欠的姓名符号。"粉板"在小说中的出现看似无意,实际正是掌柜价值标尺的外化,也是对鲁镇"利益至上"的公然展示,颇具讽刺的张力。

常丽娟：除了"利益",鲁镇文化的核心还有"等级"。鲁镇的势利根植在严苛的等级观念中。空间上看,"当街一个曲尺形的大柜台"将短衣帮长衫客、将贫富贱贵分得清清楚楚。那么,买碗酒喝的短衣帮们为何就不能进屋坐喝?也许是一开始空间有限,上等的资源自然要给上等的人,久而久之,就成了约定俗成,三六九等的规矩,长到了人的心里,一条向下倾轧的"吃人"的链条于是形成了。

冯晓彦：总体来看,鲁迅先生笔下的鲁镇,是整个封建旧文化的具象表达。鲁镇是被观念格式化了的地方,鲁镇的人也大多是被这样的观念所统治、进而格式化了的人。与阿Q的未庄、魏连殳、吕纬甫的S城一样,鲁镇是富有象征意味的中国文学的一道景观,是当时乡土社会的缩影。无数个鲁镇拉起时代的巨幕,杀死了孔乙己们,见证了整个落魄文人群体的穷途末路,再唱起最后的挽歌。

因此是谁杀死了孔乙己?是残害同类的丁举人,是一心盘算利益的掌柜,是庸俗无聊的酒店看客,是迂腐虚弱的、中毒至深的孔乙己自己,更是让无数士人汲汲于名利、戚戚于贫贱的科举制度,以及比科举制度更加庞大的,无所不在而于无形中扭曲人、吞噬人、毁灭人的社会环境和封建旧文化。

六、鲁迅为何创作《孔乙己》

王林：大家分析得很深入,观点纷呈。下面,我们再进一步走进作品的内核,看一看,鲁迅先生为什么要创作《孔乙己》这篇小说?即鲁迅先生的创作意图是什么?

常伟：探讨鲁迅创作《孔乙己》的意图,无法回避对封建科举制度和旧文化的批判。孔乙己是封建社会转型时代知识分子的典型代表,他无法实现转型的原因既有社会的,也有个人的,但更多的是前者。

蒋芸芸：鲁迅13岁的时候,家道中落,童年的鲁迅往返于柜台、典押物品的时候,看到过周遭的冷眼。所以他很早就感受到了世态炎凉。还有导致鲁迅弃医从文的"幻灯片事件":被绑着的是健壮而麻木的中国人;观看示众的依然是中国人;鲁迅冷眼看观看示众的中国人看同胞被示众。这里"看与被看"的生活经历与《孔乙己》中的"看客"看孔乙己,小伙计看"看客"、看孔乙己,20年后的"我"看当年的小伙计看"看客"和孔乙己有着惊人的相似。所以说,《孔乙己》是鲁迅生活经历和精神成长下的自然产物。

鲁迅创作《孔乙己》意在揭示社会现象和批判社会现象。在《呐喊》中,鲁迅最喜欢《孔乙己》,认为它:"能于寥寥数页之中,将社会对于苦人的冷淡,不慌不忙的描写出来,讽刺又不很显露……"《孔乙己》表现的是"一般社会对于苦人的凉薄"。鲁迅通过写鲁镇的一角,展现了在这样的社会中,人们是如何对待一个生活在最底层的知识分子的。在鲁镇,无论是走上仕途的丁举人,还是只关心经济利益的掌柜,抑或是因麻木而残忍的酒客,渐渐被同化的孩子,无不对孔乙己进行精神上的虐杀。看似平静的叙述中,寄托着鲁迅对旧文化、旧社会最深重的批判。

赵丽芸:鲁迅创作《孔乙己》,是为了通过对旧文化的批判,唤醒和改造大多数国民的精神。看客们麻木、冷漠,无意识地抱团欺负、伤害他人,毫无同情心,孔乙己则顽固守旧,自视甚高,活在幻想里,不能看清自己,这些都是在旧文化思想的挟制下人性扭曲的表现,都是鲁迅先生要批判的,他要唤醒人们的生存意识,启蒙国民的思想,鼓励他们挣脱陈旧思想的禁锢。国民思想的改造和翻新需要有人不断地为之作出努力,鲁迅先生的作品就是为燃起火苗,从星星点点,再到有燎原之势。鲁迅自己也说过,他之所以开始写小说,就是抱着一种"启蒙主义",以为必需"为人生",为了让国民更好地、更健全地活下去。

冯晓彦:《孔乙己》的启蒙意义,正如鲁迅先生在《呐喊·自序》中所说的,对这些充当了示众的材料和看客的国民,"第一要著,是在改变他们的精神"。

孔乙己是在"快活""轻松"的氛围下一步步走向毁灭的,这样的对照不仅是为修辞上的效果,更为揭示这"和乐融融"下人心的凉薄和当时社会荒诞、荒芜的本相。

这样的呈现自然是为批判,但鲁迅先生的批判中又永远存着悲悯和疗救的愿望。所以他即使自己也在怀疑着,仍坚持用文学的笔触,发出疾呼呐喊,希图能够帮助那些在寂寞里不惮于奔驰的先驱、猛士,去唤醒那铁屋中即将由昏睡而入死灭的人中较为清醒的几个,以获得毁坏这铁屋的一点希望。怀想百年之前,当鲁迅先生在帮助"新青年"们努力改变不合理的秩序、颠覆吃人礼教的时候,从他们的梦里,未尝不是看到了自己的梦和希望——去救赎国民的灵魂,去改变"愚弱的国民"的精神。

七、我们如何不成为孔乙己

王林:我们通过对鲁迅先生的小说《孔乙己》中一系列问题的分析,看到了鲁迅先生在创作《孔乙己》时的写作意图,综合大家的观点,可以概括为:对封建旧文化的批判和对国民灵魂的救赎。

这篇小说从发表到现在已经 100 多年了,100 多年后的今天,我们重读这篇作品,需要用当代思想来激活它,让它走进学生的心灵,对我们当代人的思想产生影响。我首先想到的就是我们怎样能够不成为孔乙己,不要成为小说中的这些看客。

张君平:作为读者,在阅读小说的过程中,我们自身的立场、态度、情感也在发生着变化:最初,我们站在叙述者一边,对孔乙己命运的态度是一种有距离的旁观;随着阅读的深入,隐含在"我"背后的作者,他的情感、眼光渐次呈现,我们又渐渐地与"我"拉开了距离,而在潜意识中不断地靠拢、认同小说背后的作者。我们从孔乙己的可笑中看到了内在的深刻的悲剧,我们还会对掌柜、酒客,甚而是"我"进行批判和怀疑。

我们在鲁迅设置的多层结构中,感受着多种不同形态的人生悲喜剧,互相影响、纠结、渗透、撞击。不惟如此,我们还应有更深远的思考及自我反省:我怎样看待生活中他人的不幸?

鲁迅先生在作品里表现出一种彻骨凉意的深刻,一种独立的思想家的深度。对于新文化运动而言,鲁迅是最勇猛的战士、最妥实的保护人。其实对中国国民而言,鲁迅是最严厉的监督者,而对于青年,包括当下的我们,鲁迅则是不妥协、不退缩的榜样。

我们要做的,核心就在于"爱智"与"求知",关键在于"立人"。

王林:本次活动预告发出之后,一名我曾经指导过的研究生留言说,自己参加工作以后,才发现身边有很多孔乙己,他之所以这样说,可能包括两方面的原因。首先,这是他对自身的分析,我们有些老师自认为是读书人,往往目空一切,觉得自己高人一等,其实就是虚无主义者,就像孔乙己一样无能而又无趣,抱着自己的那些不现实的幻想,存在于社会现实当中,我们有些人无法跟上时代的节奏,最终成为这个时代的落伍者。其次,这也是他对自身的工作的分析,我们现在很多老师在教学工作中,如同孔乙己一样,心里只有两个字——"进学",那么如果是这样,我们这些老师可能就会变成对学生的施害者和迫害者,这样教出的学生很可能是小孔乙己,那就是孔乙己的子孙。从这个意义上来说,我认为这名学生读懂了这篇小说。

我们的研讨先到这里,接下来有请刘忠教授对我们今天的这个研讨进行指导并作点评。

专家点评

LUXUN DE QITANG YUWENKE

刘忠:刚才我跟随各位老师走进了鲁迅的小说《孔乙己》,我们一起穿越时空,勾连起了孔乙己生活的时代,以及孔乙己的性格和自身的形状。应当说,上述问题的设计都非常好,各位老师上了一堂很精彩的鲁迅的小说课,课堂上绘声绘色,文情并茂,深入浅出,分析得丝丝入扣。同时,我们学习《孔乙己》是为了更好地生活,是为了更好地丰富我们当下的人性,而我们如何不成为孔乙己这样话题的提出,引人深思,也能够回应我们当下对鲁迅的认知。下面我试着也回答刚才的七个问题。

一、孔乙己是谁

鲁迅曾说,文学作品中的人物常常是"杂取种种,合成一个",他笔下的人物多是老中国儿女。"这些老中国的儿女的灵魂上,负着几千年的传统的重担子,他们的面目是可憎的,他们的生活是可以咒诅的,然而你不能不承认他们的存在,并且不能不懔懔地反省自己的灵魂究竟已否完全脱卸了几千年传统的重担"(茅盾《论鲁迅》,《小说月报》1927 年 18 卷第 11 期)。孔乙己有没有人物原型并不重要,不管是孙伏园的"孟夫子"说(《鲁迅先生二三事》),还是陈根生的"四七"说,抑或是民间的"亦然"说,均可以归入"旧式文人"之列。没有准确的名字,行状无从查考,也无需查考。但他们拥有一个共同的称号"读书人",读"圣贤"之书,走科考之路,与萨义德《知识分子论》中所说的知识分子有本质的区别,他们的血脉中流淌的是传统文人的依附性和奴性,独立性、批判性与他们无缘。而正是在独立性与批判性上,知识分子与传统文人分道扬镳。《孔乙己》中孔乙己的言说方式是封建文化规训出来的,不是"真的声音""人的文学",与阿 Q 的"我们先前——比你阔得多了! 你算是什么东西""二十年后还是一条好汉"没有区别,更不要说是觉醒的人先驱——狂人的"凡事总需研究,才会明白"、子君的"我是我自己的,他们谁也没有干涉我的权利"不可同日而语。一句话,孔乙己是一个旧式文人的代表,一个走科举之路而未能如愿的失意文人,是科举制度的牺牲品。

二、"看客"眼中的孔乙己

一个穷困潦倒、迂腐可笑、失意悲惨、落魄卑微的读书人,一个与自己没有关系(阶级阶层、亲疏关系、生活方式)的"另类"人物,一个既不能科举及第,进入上流社会,又不愿脱去文人象征——"长衫"、下移至穷苦大众之列的多余人,一个摇摆于市民工商之外的老童生。

官僚、幕僚、丁举人是孔乙己的追求目标,进阶对象;自走上科举之路那天起,孔乙己们就注定与"我"、短衣帮、掌柜、农民有了不同,哪怕有一天名落孙山,也要矜持在意"读书人"的名节。用今天的话来说,不能与社会和解,与旧我告别。孔乙己的悲哀一生是封建社会与自我双重挤压所致,身份认同错位、"彷徨于无地"的空寂、物质生活的窘迫、世情的凉薄最终让他走到了人生的尽头。颇具反讽意味的是,丁举人的毒打堪称是孔乙己之死的重要成因,这不由让人想起曹植的《七步诗》:"本是同根生,相煎何太急。"丁举人和孔乙己同是科举制度的攀梯人,区别仅在于丁举人爬上去了,成为了统治阶级的一分子,孔乙己没能通过科考这座独木桥,滑落到了社会底层。

三、小说的叙述者"我"眼中的孔乙己

"我"是咸亨酒店的一个店小二,是《孔乙己》中的一个叙事人,或者说叙事视角。第一人称方式出现的"我",进入故事现场,见证了孔乙己人生的几个片段,代入感极强。与掌柜、伙计、短衣帮等人一样,认定孔乙己是不同于"我们"的另类,是活在他自己世界中的一个人,身份、地位、年龄等因素都制约、阻碍了"我"进一步认知孔乙己。当然,作为一种内聚焦叙事,"我"的局限在一定程度上起到疏离作用,拉开作者、"我"、孔乙己三者的距离,深化悲凉之意,引领读者认识这个"无爱""无声"的世界。迂腐、贫穷、落寞、卑微、颓唐、可笑的是孔乙己;冷酷、麻木、凉薄、剥削、侮辱、顺从的是环绕孔乙己的那个时代、那个社会。

四、鲁迅笔下的孔乙己

孙伏园在《鲁迅先生二三事》一文中说,"我曾问过鲁迅先生,其(指《呐喊》)中,

哪一篇最好。他说他最喜欢《孔乙己》，所以译了外国文。我问他的好处，他说能于寥寥数页之中，将社会对于苦人的冷淡，不慌不忙地描写出来，讽刺又不很明显，有大家风度"。孙伏园的这段回忆佐证了米兰·昆德拉的一个重要论断，"发现唯有小说才能发现的东西，乃是小说唯一的存在理由。一部小说，若不发现一点在它当时还未知的存在，那它就是不道德的小说"（《小说的艺术》）。《孔乙己》不仅塑造了一个独特的存在，丰富了中国现代文学乃至世界文学人物画廊，更为重要的是，呈现了一个无言的冷淡人间，发现了一个"看客"的中国。孔乙己活在封建科举文化中，死在一个悲凉环绕、充斥着平庸的恶的社会里，这才是小说《孔乙己》的大悲剧、大发现。

五、谁杀死了孔乙己

孔乙己是怎么死的？小说没有给出明确的结果，换言之，小说叙事出现了延宕与空白，读者有了更大的对话、补充空间。应当说，作为现代小说的成熟、典范之作，《孔乙己》不仅具有"思想的深切"之质地，而且拥有"形式的特别"之形式。孔乙己之死，孰之过？封建科举制度、阶层、文化、精神的戕害，是罪责深重的一方面；孔乙己自身的角色错位、认知混乱、缺少必要的生存技能是另一方面；还有一个潜在的群体，"我"、掌柜、底层民众等沉默的大多数，整个社会的冷漠。应当说，所有的一切都参与了这场悲剧。正所谓：雪崩的时候，没有一片雪花是无辜的。

六、鲁迅为何创作《孔乙己》

从作家论角度看，作家的成长历程、主体精神、价值观念等自觉不自觉地投射到文学创作中，正所谓"文学作品都是作家自叙传"（郁达夫语）。大的方面说，晚清以来的西学东渐之风愈发凸显了封建肌理以及它的附属物的腐朽没落；小的方面说，科考贿赂案、父亲之死、人间冷暖落差给青少年时期的鲁迅心灵造成了极大的伤害，留下了痛苦的回忆。情郁于中，自然要发之于外，《孔乙己》《高老夫子》《白光》集中地表现了鲁迅对封建科举制度的批判，对孔乙己、高尔础、陈士成们的复杂情感——哀其不幸，怒其不争。当然，鲁迅弃医从文之日始，就把医治国民的精神之病视为作家的创作旨趣，无论是小说集《呐喊》《彷徨》《故事新编》，还是杂文集《坟》《热风》《华盖集》等，抑或是散文诗集《野草》，社会批判、文化批判一直是鲁迅的创作动力和主题。这也是鲁迅之为鲁迅的地方，文学家的精神、思想家的高度相因相生。

七、我们如何不成为孔乙己

　　这是一个很有意思的话题。早在 1908 年的时候,鲁迅就在《文化偏至论》中说:"是故将生存两间,角逐列国是务,首在立人,人立而后凡事举。"后来,他又在《灯下漫笔》中把几千年的中国史划分为"想做奴隶而不得的时代"和"坐稳了奴隶的时代",号召人们争取做人的权利,迎接第三个时代的来临。诚然,依托有形的物质,摆脱无形的枷锁,成为一个独立、自主、自由的人,还有很长的路要走,需要社会整体文明的提升、物质生活的丰盈、多元思想价值的催动,需要人们的充分参与。毫无疑问,这样那样的孔乙己式人物还会出现,迷失自我的悲剧也会不时上演。"成为你自己"不仅是一个哲思问题,也是一个实践问题,还是一个方法论问题,涉及社会的、群体的、个体的、人性的多重动因。让我们谨记鲁迅在《这也是生活》中的一句话,"无尽的远方,无数的人们,都与我有关"。

　　王林:谢谢刘教授!刘教授对这七个问题的思考,很深刻,对我们今后的《孔乙己》阅读教学很有启发。最后,让我们再次感谢刘教授!感谢景云书房!感谢我们这个团队的每一位成员!感谢参与我们这次活动的每一位朋友!

第四堂课

《拿来主义》的思辨性阅读

◎**主　讲**：陈赣（上海市松江二中副校长，上海市语文特级教师、正高级教师）

◎**对谈嘉宾**：马以鑫（华东师范大学中文系教授、博士生导师）

◎**参与教师**：吴银贞（上海市松江区教育学院高中语文教研员）、李明玉（上海市松江二中高中语文教师）、王志成（上海市松江一中语文教师）、李初阳（上海师范大学附属外国语中学语文教师）、毕秀金（华东师范大学松江实验高级中学语文教师）、范蕾（上海市松江四中高中语文教师）

◎**备课团队**：上海市松江区高中语文骨干教师发展共同体成员

◎**时　间**：2020 年 11 月 21 日 14:00—15:30

◎**地　点**：上海市虹口区横浜路 35 弄景云里 13 号景云书房暨鲁迅与文化名人陈列馆

陈赣：各位老师，下午好。今天备课主题为"《拿来主义》的思辨性阅读"。《拿来主义》一文写于 1934 年，距今 86 年，经历了 86 年的风风雨雨，沧桑巨变。今天我们在鲁迅生活的地方，重新阅读鲁迅的《拿来主义》，再次领会他那闪耀着真知灼见的光辉，这正是文章不朽的魅力。

一、《拿来主义》教什么

陈赣：《拿来主义》被编入高中语文统编教材必修上册的第 6 单元。教师在备课过程当中，首当其冲要解决的问题是教什么？有请松江区的高中语文教研员吴银贞老师谈一谈。

吴银贞：一节课推进顺利与否，与教学目标确定关系紧密，尤其统编教材的实施中，如何让课程目标转化为单元目标？如何把单元目标细化为课时目标？正是教师们教学的难点所在。每位教师风格各不相同，学情迥然相异，语文课的面貌应是丰富多彩的，但这并不意味着语文课想怎么上就怎么上，语文课有其学科自身的课程逻辑，以及学科自身独特的价值。当这篇熟悉的经典课文，进入统编教材后，意味着我们要更有课程意识和单元目标意识。

《拿来主义》教什么？首先要依据本课在单元中的定位。统编教材的单元是由人文和任务群双线合成的，这个单元的任务群属于思辨性阅读与表达，因此，在教学时不仅要考虑这一单元的人文主题，还要把这个单元置于课程中，放在整个的高中"思辨性阅读与表达"的课程体系中考量，以理解教材编写者的意图。可以利用好单元导语、学习提示、单元学习任务及教师教学用书，在相关表述中，准确把握教什么的问题。

在梳理这些表述的过程中，可以发现有几个关键词较为集中，"观点""说理的思路""针对性说理"，等等，而这些恰是以往教材中强调不多的内容。在备课中，要更深入理解"思辨性阅读与表达"任务群要达成的目标，即培养学生实证推理和质疑的理性思维能力。确定目标时还可以借助于课标中的学业质量水平的描述，比如学业质量水平第 4 层级的第 2 条里面特别强调："在理解语言时，能准确、清楚地分析和阐明观点与材料之间的关系，能就文本的内容或形式提出质疑，展开联想，并能找出相关的证据材料支持自己的观点，反驳或补充解释文本的观点。"这正是本单元力图培养学生的素养能力的体现。

经过综合梳理,以课标与教材为纲,可以设置如下单元目标:第一,把握"拿来"的内涵和对待文化交流的态度;第二是梳理本文的论述思路。课时目标可设为:第一,把握本文说理的针对性;第二,鉴赏本文独特的说理艺术;第三,认识"拿来精神"的经典价值。《拿来主义》教什么?不仅要沿着人文的线索,更重要的是围绕"思辨性阅读与表达"单元指向,解决如下问题:第一,针对什么样的问题谈拿来?第二,论述理论是什么?第三,针对性的说理体现在哪里?第四,独特的说理方式有哪些?这些正是对接思辨性阅读的单元目标。

当然,这些目标并不是孤立的,目标之间的逻辑链指向使学生明白鲁迅的思辨性阅读文本和其他文本区别在哪里?要读出这一篇非同一般经典的思辨性价值,要通过感受鲁迅特有的言说方式走进鲁迅,认识到其经典价值。《拿来主义》的经典价值体现在哪里?主要有两点。第一,在当时非常弱的文化困境夹击下,鲁迅能将他的文化思考表现得如此精辟,对待外来文化时他明确提出要"拿来",不仅仅是表面"拿来",而是非常主动地"拿来"。可见,鲁迅的思想是前无古人,至今还少来者的,以往传统的学习观往往是被动的学习,但鲁迅强调主动去拿,这是对传统学习观非常重大的突破,正是它经典的价值,要让学生领会"拿来"真正的内涵所在,即要有自信,不矮化自己,也不自我膨胀,有一种主体精神。第二,鲁迅的说理方式并不枯燥,他能从日常生活中,从我们民众群体角度,甚至从大众心理角度,抽取出文化的思想,把人性与国民性升华为整体性的隐喻。教师在教学时,肯定会关注到"大宅子","大宅子"整体隐喻内涵十分丰富,读者可以沿着"大宅子"体会继承之人和拿来之物之间对应的关系,包括后面的"孱头、昏蛋",等等,非常有感染力,让学生感觉到文章背后的味道,正是教学的难点所在。读出它的味道,确实挺难,若我们老师能带领学生达到这样的境界,则正是教语文的乐趣所在。

二、《拿来主义》如何论证推理

陈赣:下面,我们来谈谈如何将这些教学任务落实到课堂教学中去?

李明玉:我们读一篇文章,可能首先要想它写了什么?为什么这么写?文章的论证是怎么样推进的?下面,我分享一下《拿来主义》这篇文章在论证上的特点。

本文标题为《拿来主义》,但一开始却从"闭关主义"写到"送去主义",写"送去主义"时,从古董、古画、新画、梅兰芳几个方面,具体描述"送去主义"的表现。在第1段,作者极尽批评之能事,运用反语批评了国民政府媚外的行为,这些行为表面上对文化交流起到了促进作用,但实际上导致了中国文化的流失。在这样的基础之上,作者提出了和"送去"相对立的主张——"拿来",他提出拿来的合理性,"拿来"符合国家和国家交往平等性的原则。接下来作者并没有顺势写"拿来",而是笔锋一转,再写"送去",接下来写梅兰芳和尼采,目的是告诉我们"送去"恶果是什么。一味"送去"会弱化自己,让子孙后代沦为奴才,靠别人生活。接着第4段,由"送去"引出"送来",第5段,提出"拿来主义",提出"拿来主义"后,他没有继续写"拿来主义",而是话锋一转写"送来","送来"如鸦片、废枪炮、香粉、电影,等等,有的是无关痛痒的,有的是没有用的,有的则是有害的,损害本国利益的。这一段是在讲"送来"的问题所在,"送来"的恶果,同时作者也在辨析概念,"送来"和"拿来"不同,"拿来"是自己主动根据自身需要去拿,而"送来"是被动的,还可能会带来一些恶果。前六段,作者从"闭关"到"送去"到"送来",再谈"拿来"和"送来"的不同,两次提出"拿来"后话题转换,引出内容与"拿来"是什么关系。

第一次转移,引出"送去"主义的危害,与"拿来"的关系是因果关系,因为"送去"有这样的恶果,所以我们要"拿来"。第二次转换,引出的是"送来"的危害,"送来"和"拿来"是不同的,"送来"有害,所以我们要自己来拿。在前六段的论证中,两次转换其实是对"拿来"的观点进行论证,进行辨析,在这样的基础上才有第7段的推进。"所以,我们要运用脑髓,放出眼光,自己来拿。""所以"两个字标志着作者对"拿来主义"阶段的论证,"为什么要拿"这个问题已经阐释得很清楚了。在此基础之上,作者用"大宅子、鱼翅"来具体地阐释怎么拿,面对"大宅子"应该怎么做,面对"鱼翅"应该怎么做。作者塑造了不敢进屋的"孱头",放火烧光一切的"昏蛋"和全盘接受的"废物"三个形象,对此加以否定,以指出对待文化遗产三种错误的做法,进而又通过"鱼翅、鸦片、烟灯、烟枪、姨太太"来阐释正确的做法,通过正反对比,明确观点。拿来主义者是根据自身发展的需要,有选择地主动吸收,博采众长,为己所用。在"为什么拿来"和"怎样拿来"的论证基础之上,文章最后一段进一步揭示拿来的价值和意义在于"立人",主人是新主人,宅子是新宅子,并指出"新人"是民族文化发展的出路。所以全文的论证在一层一层的推进中,观点为读者步步接受。纵观全文,文章采用了破中有立、边破边立的方法,在批判对待文化交流的错误态度当中,层层开掘,不断深化"拿来主义"的要旨。行文曲折,辩驳有力,说理逻辑性非常强大。

李初阳:本文围绕"拿来主义"的主张,先后写了以下内容:

第1段:作者先阐释论敌"闭关主义""送去主义";再写"别的且不说罢,单是学艺上的东西"，将本文聚焦到"文艺"上，接下来用极尽嘲讽、褒中带贬的语言否定"闭关主义""送去主义"。因此，本文第①条逻辑链是：初步阐释并回应"论敌"。

第2段提出主张："拿来"。这是第②条逻辑链。

第3、第4段写"只是送出去"的危害，并引出"送来"，进而揭示"送来"的本质。这是第③条逻辑链：进一步回应"论敌"。

第5段斩钉截铁地提出自己的观点："'送去'之外，还得'拿来'，是为'拿来主义'。"这是第④条逻辑链。

第6段先写我们被"送来"的东西吓怕了。接着写"连清醒的青年们，也对洋货发生了恐怖。"继续回应"论敌"，这是第⑤条逻辑链。

在不断地阐释并回应论敌中，作者在不断论证自己的观点。从行文看，他的观点表述也在不断增强，在第7段达到了最高点："所以我们要运用脑髓，放出眼光，自己来拿！"这是第⑥条逻辑链，作者在强调观点。

第8、第9段进一步阐释观点：不做"孱头""昏蛋""废物"，这是反面阐述；"拿来主义"者"占有，挑选"，这是正面阐述。这是第⑦条逻辑链。

最后一段总结：先重申主张"总之，我们要拿来"；再说怎么做，"我们要或使用，或存放，或毁灭，那么，主人是新主人，宅子也就会成为新宅子"，回答如何对待"拿来"的对象及其好处；"然而首先要这人沉着，勇猛，有辨别，不自私"，回答"拿来主义"者应持什么态度，这是前一个"怎么做"的前提；最后又总说好处，并回扣开头的"文艺"。这是第⑧条逻辑链。

论证结构图如下：

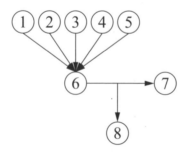

①—⑤链条论证第⑥链条，第⑦链条阐释第⑥链条。最后一个链条是在此基础上的总结。

如果要将①到⑤链条进一步进行区分，还可以表示为：

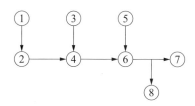

其实②④⑥⑦是不断表明立场、表明观点,而且呈现出渐次强劲之势。①③⑤链条分别是论证②④⑥链条,而①—⑥链条整体在为论证第⑦个链条服务,所以前7段的论证显得"曲折有致"。

三、《拿来主义》思辨点何寻

陈赣:两位老师把全文做了梳理,用结构图讲解逻辑链条,非常清晰,值得思考。当然文章的思辨点还有很多,大家还有什么需要交流的?

王志成:我从"思辨点"谈谈自己的认识与思考。平时在教《拿来主义》时,往往都会引导学生关注当时的社会现实问题,即"闭关主义""送去主义""送来主义"等严重后果,并加以批驳,进而提出了"拿来主义"这一鲜明的思想主张。同时,作为思辨性阅读单元当中的一篇杂文,我们也需引导学生了解事实背后的真相,这有利于培养学生的思辨能力。比如在第1段当中,有这样一处内容:"近来就先送一批古董到巴黎去展览,但终'不知后事如何';还有几位'大师'们捧着几张古画和新画,在欧洲各国一路的挂过去,叫作'发扬国光'。"以往的课堂教学中,我们会引导学生关注"发扬国光""大师"中引号的讽刺和反语的效果,让学生理解国民党政府的卖国求荣、出卖中华传统文化的投降政策。但还原事实的真相是,徐悲鸿、刘海粟等美术学家为将中国优秀艺术发扬光大,让世界更好地了解中国的传统文化,1933年时,徐悲鸿在欧洲的巴黎、柏林以及布鲁塞尔等地先后举办了个人画展,取得了非常好的社会反响。将徐悲鸿等美术家的"送去"和国民党政府的"送去"相提并论,似乎有待商榷。

第1段还有一处细节"听说不远还要送梅兰芳博士到苏联去,以催进'象征主义',此后是顺便到欧洲传道。"我们通常会引导学生关注第一段中最后两句话:"总之,活人替代了古董,我敢说,也可以算得显出一点进步了。"学生会关注到"显出一点进步了",这样反语方式是针对当时国民党政府卖国求荣的行径而提出的,但同时我们应当看到,梅兰芳博士作为中国戏剧舞台上承前启后、继往开来的一位京剧艺术大师,他为中国的艺术走向世界,促进中外文化交流作出了不可磨灭的贡献。

他先后三次到日本表演,同时也到过美国、苏联进行表演,受到了很多国外艺术大师的推崇,所以将梅兰芳先生的"送去"和国民党政府的"送去"相提并论,也有失偏颇。

对于"象征主义",鲁迅先生也给予了否定。我们会发现"象征主义"作为法国文艺运动的产物,固然有其局限所在,但象征主义以它的象征隐喻等方式,对社会问题深刻的剖析,是有其价值所在的。

当然,这样的质疑,并非是要将《拿来主义》的经典性加以否定,恰恰是我们在更深入理解《拿来主义》的时代性和思想性的同时,引导学生对社会现象进行更为全面、理性、客观的认识,这对于培养学生的理性思辨能力和批判精神至关重要。

范蕾:关于"送去主义"的危害这部分谈谈我的想法。《拿来主义》一文中,鲁迅说:"尼采就自诩过他是太阳,光热无穷,只是给予,不想取得。然而尼采究竟不是太阳,他发了疯。"沪版教材对尼采的注释:"尼采(1844—1900),德国唯心主义哲学家,主张唯意志论,提倡超人哲学,反对民主、社会主义和妇女解放运动,歌颂战争。"依据这个注释,学生在读《拿来主义》一文后对尼采的印象是有否定倾向的,尼采后来是疯了,但他并不是疯子。对于这样一位深深地影响了西方,甚至中国,特别是鲁迅的哲学家,这是很不公平的。

尼采将自己比作太阳基本是在《查拉图斯特拉如是说》的第一卷开篇部分,贤者让查拉图斯特拉不要回到人间,人类不值得他去照耀,然而他坚定地说"我爱人类",从而奠定了全书的基调,是要返回人间的,而不是出离人间的,尼采一贯反对基督教和佛陀信仰,他的哲学是建立在人间的。文中所言:"尼采就自诩过他是太阳"这个说法是不是应该从鲁迅的写作意图的角度去理解,注释的内容是不是可以更客观,这些都是可以探讨的。所以统编教材中,修改了关于尼采的注释,立场比较客观,我想是否出于这种考虑。

另外,文中在"送去主义"危害时列举了"煤"的例子。关于煤的例子,各种教学资料中要么不提,要么笼统地表述为"送去主义"的危害,有些同学则认为是类比论证。若从类比论证角度思考,则要引导学生思考类比论证的合理性,如果用"煤"进行类比,是不是要考虑两者的区别:煤是不可再生资源,挖出来,送出去了,就没了;而文化是可再生资源,并不是使用了就没有了,相反,文化在交流的过程中反而会促进自身的发展,使文化更加兴盛,甚至是产生新的文化形式和文化资源。

毕秀金:我认为可以从讨论对象角度组织引导学生进行思辨性阅读。《拿来主义》,"拿来"的对象到底是外国文化还是本国传统文化,还是兼而有之?好像是个老生常谈的问题。目前较为常见的两种意见，一种观点从文章写作背景和前半部分出发，鲁迅先生是从对外交往中的"闭关主义"谈起，引出了"送去主义"，然后根据"礼尚往来"的原则，意味着要从外国拿来，"拿来"的对象指向外国文化；还有一种观点认为"拿来"的对象既指国外的，也指国内的传统文化。这种说法的依据是在文章后半部分，因为"大宅子、鱼翅、鸦片，还有烟灯、烟枪"这些东西都是我们地地道道的国粹，是具有中国特色的，所以我们拿来的方向应该指向国内。据此得出结论，《拿来主义》前半部分是如何对待外国文化，后半部分谈如何对待我国传统文化，因此，很多老师在上课的时候，把《拿来主义》笼统概括为本文是在谈如何对待中外文化。还有一部分老师虽然坚持认为这篇文章是谈如何对待外来文化，但文章存在"逻辑纰缪""比喻不当"这类问题。

如果认为《拿来主义》前半部分讨论一件事情，后半部分则讨论另外一件事情，那么就会使得文章缺乏集中的主题，缺乏严密的结构，即便是初学写作的文艺青年，大概也不会犯这种低级的错误，更何况是鲁迅先生。

然而直至今天，关于拿来对象的争论依然不休，连最新的统编教材教师教学用书也出现了摇摆不定的表述，一方面言之凿凿地表明"文章写于 1934 年 6 月 4 日，主要是针对当时对待外来文化某些错误态度而写的。"而在同一页又如此表述："这些说法，把如何对待外来文化和传统文化的形形色色的思潮，概括得既简单易懂，又明确醒目。"这样让我们教师在参考备课时产生了很多困惑。

造成争论的关键在于"大宅子"这个比喻。这里我们思考两个问题，一个是："大宅子"是中国传统文化的符号吗？上海师范大学刘辉老师曾利用 BCC 语料库进行搜索，发现至少"宅子"这个词语在中外文学作品中都是经常出现的，它并不是中国的专用文化符号；第二个问题，即便"大宅子"还有烟灯、烟枪、姨太太等，充满了中国气息，它就是一个不恰当的比喻吗？将联想混同于比喻，将"大宅子"理所应当地比喻为中国的文化遗产。然而，设喻的一个重要原则是就近取喻，取作者和读者都熟悉而容易理解的事例。任何一种意象，都可以在比喻修辞中作为喻体出现，只要该意象满足与本体有着某一方面的相似相通之处即可。文本中，"大宅子"作为一个中国民众熟知的普通意象，在比喻修辞中它充当了"喻体"这一修辞角色，如果换作"城堡""白兰地"等明显具有西方文化色彩的意象当然对于鲁迅而言也是信手拈来，但对于当时大多数的中国民众恐怕理解费劲。根据就近取譬的原则，用"大宅子"喻指整体的外来文化，用"鸦片""鱼翅""姨太太"及"烟枪和烟灯"代表其中的具体类别，以极简省、形象的语言完成对一个复杂道理的解说，既有理，又有趣,更便于国人理解,这正是鲁迅先生的高明之处。如果不考虑比喻这种修辞的特点,因为"大宅子""姨太太"等带有浓浓中国传统文化色彩的比方,便误以为作者讨论的是对文化遗产、传统文化的态度,不仅断章取义,而且流于简单粗暴。

所以,我个人认为"大宅子"及其附属的鱼翅、鸦片、烟灯、烟枪等比喻不但恰当,而且非常形象地阐释了我们对待外来文化应有的态度。当然,我们的课堂,也并非一定要给学生定论,可以将这些争论引入课堂,引导学生辨析思考,这个过程,就是文本的教学价值所在。

李初阳:如何认识鲁迅杂文中的逻辑问题?要回答这个问题,我认为首先要对"杂文"这种文体性质进行再认识。

"杂文"在我国古已有之。"杂文"之名,最早见于南朝宋范晔的《后汉书》中的《文苑列传》,其文章分类中便列有"杂文",但未对其概念进行界说。刘勰在《文心雕龙》中列专章论述杂文,认为杂文是"文章之枝派,暇豫之末造也",这里的"暇豫",有说是歌名,有说是闲乐之意,但不管如何,杂文在当时是被视为"枝派"、末流。指的是像宋玉《对楚王问》、枚乘《七发》、扬雄《连珠》这类作品,它们不属于文章的正体,是文人从事写作之余的游戏。

"五四"以后,鲁迅等人的杂文结合现实斗争的需要,以短小、泼辣、锋利、题材多样化为特色,形成了一种具有战斗风格的崭新的文学样式,以其本身的魅力,在读者中的广泛影响,使杂文真正确立了独立的文体地位。瞿秋白称"鲁迅的杂感其实是一种'社会论文'"(《鲁迅杂感选集序言》),又称"杂感这种文体,将要因为鲁迅而变成文艺性的论文的代名词"(《中国现代散文理论》)。秦牧称"比较偏重于说理的杂文,何以仍然成为文学作品呢?那原因,在于它和其他一切文学创作同样具备了文学的特点。它是形象的,同时,又是贯注了作者的感情的"(《杂文小识》)。

南京师范大学朱鹰选先生 1985 年发表的《艺术的利器——关于杂文性质、特点和功能的思考》中指出:杂文的整个构思写作过程中,始终有逻辑思维和形象思维两种不同思维形式的积极参与,且二者相互制约、相互渗透、相互转化、融为一体,"形成了杂文在表现形态上的文学性特点和评论性特点不可或缺的交融和统一",而"艺术性说理是其统一的基点"。

由此可见,鲁迅杂文区别于一般性的议论文,也区别于文学散文,鲁迅杂文的主要目的是说理,且具有文学性。

因此,《拿来主义》第 8、第 9 段的"譬如"部分,不管说是比喻说理,还是类比说理,都是进行形象化的阐释,阐释什么是"拿来主义",背后体现了形象思维,是为了便于读者理解——毕竟当时的国人对于外来的"譬如"物可能感到陌生,就近取譬,更接近于读者的认知领域。

吴银贞:我们老师们在教之前,要对文章有深入认识,对于杂文地位的认定非常重要。鲁迅先生十分看重杂文的说理性,还有其文学形象性。

补充一点,思辨点的教学落点仍在我们文本当中,立于杂文的体系之下,深刻理解作者是针对什么来提出"拿来"?是在对谁谈"拿来"。这种说理针对性的感受过程可以让学生从表层到深层,深入思辨,以增强思维的深刻性。例如,文章反复出现"不想"这一词,若真正引导学生理解两个"不想"背后的深因,对于增进文章的理解有所裨益。

第一处是:"我在这里不想讨论梅博士演艺和象征主义的关系"。此处的"不想",这里面当然可能有多重的理解,当时《大晚报》报道将梅兰芳等人送出去交流,那么《大晚报》的立场认为他们是在发扬国光,所以鲁迅的言下之意是我的文章是从这里开始来写的,可能就是说我这里不需重复,难道仅此表层之意吗?细品文字语言,这正是很好体现了杂文比较重要的针对性这一点,其实作者是想说我不是要来针对这些人。以往我们解读时,总认为这个"不想"体现了鲁迅对梅兰芳有偏见,其实我觉得意义不是最大的,实际上他是说这些人,并不是要探讨的问题。而写这篇文章,作者是由《大晚报》有感而发的,针对的是这件事背后的实质,针对的是这样的报道所代表的主流媒体或当时的文化界背后的一种倾向,那就是"送去"主义。鲁迅真正想要探讨的是这个针对性,所以他说"我不想",意在揭露如此"送去"的荒谬。

第二处是:"这种奖赏,不要误解为'抛来'的东西,这是'抛给'的,说得冠冕些,可以称之为'送来',我在这里不想举出实例。"为什么不想举出实例?这个"实例"是什么?这样表述的效果是什么?课文对此处的"不想"作了注解:指1933年国民政府和美国签订的《棉麦借款协定》。还原历史事件,当时国民政府签订了很多这类协定,导致后来的通货膨胀,经济上丧失了主体性,但当时有些人并没有意识到,而鲁迅先生是有这样独特的洞察力的。

而且文章接下来行文中,作者其实还是在举例子,但没举实例,而是一些概括性的例子,将概括性的例子和这里的实例对照,产生非常强烈的表达效果。所以,理解本文针对性的说理,要将鲁迅故意"略省"与欲擒故纵之处,让学生品读出来,而不能只停留在表层,在鲁迅独有的言说方式中去体会鲁迅怎么针对这些人去讲?针对当时怎样的现实?他主要想表达的意图是什么?

通过细读，可以体会出作者这样表述的背后是"立人"，要树立崭新的中国人。只有经过这样的言语实践体验过程，学生对于真正"拿来"的理解，对于鲁迅所提到的要"批判—继承—转化"的"拿来"药方对症之强，可能会体会得更强烈一些，更能感受到"拿来"的自我精神主体性之重要价值。

陈赣：大家的交流都非常精彩，我把大家的看法作一下梳理。

我们首先谈了鲁迅在论述什么问题。大家大致能达成基本的认识，即这篇文章主要在谈中外交流的问题，重点是文化交流的问题。但是在中外文化交流过程中，在某种程度上，也涉及一些其他领域，小的方面我们可以理解为文化，大的方面也可以包括军事、经济、科技等。

第二，鲁迅的主要观点是什么？对于当时国民政府来说，由于清政府开始是"闭关"，自己不去，别人也不许来。自从给枪炮打破了大门之后，又碰了一串钉子，到后来，成了什么都是"送去主义"了。他强调在"送去"的过程中没有根据礼尚往来的原则，说到拿来，这是他讲的核心。我"送去"，他也"送来"，理应有往有来，但现在被"送来"的东西吓怕了，为什么？"送来"的东西我们有时候不敢占有，或者占有之后我们不能够挑选，他强调我们在占有之后要挑选，这就需要我们沉着，勇猛，有辨别，不自私，这是在中外文化交流过程当中"拿来主义"的主要内涵。所以鲁迅不是否定"送去"，而是否定一味"送去"，不是反对"送来"，而是对于送来的东西没有挑选。

第三，鲁迅是怎样进行论证的？文章1到7段，鲁迅先后排除了"闭关主义"和"送去主义"，并说出它的危害，最后说出它的本质，既然"闭关主义"和"送去主义"不行，所以我们要"拿来"。然后进一步论证"送来主义"对我国意义不大，也进行否定，所以我们要采用"拿来主义"。这里是推理论证比较严密，逻辑性强，是对于观点的证明。最后3段，是形象化的比喻，阐释哪些不符合拿来主义，拿来主义是什么，或拿来主义者应该怎样做。

第四，刚才老师发言谈及的三个思辨点，是属于我们思辨性阅读要落实的，比如对于尼采不同注释的例子就属于实证推理的研究，在实证推理过程中有批判和发现，我们需要这种批判和发现能力。关于煤是不可再生的资源，我也听到学生有这种说法，说文化交流是可以再生的，但也有人提出来，传统文化在向外传播的过程当中，也需要与时俱进的，也需要更新，传统的东西不是无穷无尽的，所以在这个争辩过程中有不同的观点，结论并非特别重要，让学生经历这种批判的过程，否定之否定的过程，形成自己的思考，这是最关键的。

而对于"大宅子"的理解,要与文章整体联系,至于它怎么来的,不是作者要讨论的,这是不重要的。因为鲁迅是针对中外交流,特别是文化交流存在的问题,"大宅子"一定要放在中外文化交流的立场上进行思考。

"大宅子"里面放的东西也有异议,因为毕竟教学参考书当中也存在这个问题,一种是传统文化和对外文化,一种就是外来文化。我认为如果理解为传统文化的话,也是在中外交流过程当中与外国文化形成碰撞的时候,便涉及传统文化的传承问题,鲁迅应该是针对中外交流的问题来进行思考的。在"大宅子"里的东西中,他列举了鸦片的例子,鸦片明显是中外交流中的东西,是害处大于益处的。至于鲁迅将"烟灯、烟枪"称为"国粹",事实上,烟枪和烟灯只是在鸦片输入之后形成的衍生品。既然是衍生品,为什么鲁迅还要提出来?因为外国在输入这个烟具过程当中是针对性输入的,与印度、波斯、阿拉伯的烟具有所不同。因此,列举的例子一定要放在中外交流角度进行思考。要整体理解鲁迅作品的逻辑力量,及其蕴含的情感力和思想力,首先要能够理解鲁迅。当然有的人又提出了姨太太这个例子,认为姨太太总归是中国特有的,这里可以将姨太太放在与大宅子旧主人的关系当中进行理解,姨太太是旧主人的附庸。比如说外国政府送大宅子,那么它是包括外国政府来行使权力的,他有可能是外国人,有可能是中国人,但是她是大宅子的姨太太。鲁迅语言很有意思,"还有一群姨太太,也大以请她们各自走散为是,要不然,'拿来主义'怕未免有些危机"。姨太太在这里面代表危险的含义,在中外交流就怕有替外国政府来行使权力的力量,这值得警惕。这是一种形象化的比喻,要放在大的整体语境中进行理解,这样就区别出一般议论文的推理与杂文的区别,对于形象化的说理,要去感受,不仅感受到逻辑力量,更要感受到情感的力量,形象比喻的妙处。

第五,鲁迅有独特的言说方式。这篇文章有其针对性,针对他的论敌,有些比喻只是信手拈来。放在大背景下理解,那些逻辑问题是我们自己的理解形成的。这篇文章是针对现实进行说理的,针对的是 20 世纪 30 年代特定的一些事件,鲁迅的作品的力量就在它既有针对性,又具有普遍意义。普遍意义在哪里?写中外交流,可以理解为中外交流中对待外来文化,也可以理解为对待传统文化;可以理解为对文化采取的措施,也可以理解为对于科技、军事的态度等。它的普遍意义,在推断过程中不能以我们的普遍理解来质疑它的针对性,从而认为逻辑上存在问题,所以说我们要走近鲁迅,去感受鲁迅。

四、"拿来"的当下之思

陈赣:今天学习《拿来主义》的意义与价值何在?

吴银贞："拿来"的主体精神非常关键。这样一种自我的觉醒，自我的觉知力，是人能够自我完善成为新人的关键。文章最后有两个"自成为"，包含了先生对这样能自我觉醒、不断完善自我、成为崭新中国人的期盼。对于鲁迅而言，文艺不单是文化方面的事情，而是国民精神。只有我们无数的拿来者立起来，中国的国魂才能立起来，鲁迅认为只有国魂立起来了，中国人才能进步，这是值得深思之处。

毕秀金：86年已经过去了，我们国家的国力和民族自信心已经增强了很多，但我们依然要沉着、勇猛、有辨别、不自私，要运用脑髓，放出眼光，自己来拿。如今我们中国在许多领域"拿来"是不容易的，走出去甚至也难，比如说我们文化领域的硝烟和藩篱不容忽视，文化的交流是渐进式的。在对外文化交流过程中，我们要更多一些尊重和理解，主动地去拿来，要有辨别，有转化，让民族的成为世界的。

范蕾：我想到自己十几岁就开始读鲁迅，一直读到四十几岁，曾经很多时候觉得自己已经读懂了鲁迅，今天坐到这儿发现，其实有更广阔的空间要去认识。我觉得可能很多人说鲁迅阴冷及严肃，但是我觉得这只是他的表象，他背后其实是对这个国家深沉的爱，这种爱是鲁迅所有情感的基石，他是文学家，但他与"遇见强者，不敢反抗，便以'中庸'来粉饰"的软弱文人有天壤之别。相反，他以"无穷的远方，无数的人们，都与我有关"的担当，承担创造光明的社会责任。所以，鲁迅不属于书斋，而属于宏大的社会空间，属于历史，属于现在，更属于未来。

李初阳：一是要学习"拿来"的正确姿态，二是要增进对鲁迅的深刻认识。在学习过程中，对待任何新事物，于我们个体而言，要保有开放心态，要"沉着，勇猛，有辨别，不自私"。于我们的学习对象而言，要能"占有，挑选"，接着"或使用，或存放，或毁灭"。而一切的终点，在于创新。张旭东在《杂文的"自觉"——鲁迅"过渡期"写作的现代性与语言政治》一文中指出："鲁迅杂文世界的两极，一是那种体验层面的抵御'震惊'的消耗战和白刃战，一是一种'诗史'意识，一种最高意义上的为时代'立此存照'，为生命留下'为了忘却的记念'的意识。"鲁迅先生站在民族的角度、站在历史的高度，对关系民族存亡的问题，独辟"学艺上的东西"之蹊径，进行剖析，提出"拿来主义"，体现了他独到的、超越时代的文化眼光，以及他高度关心文化发展、关心民族存亡的责任意识，值得继承和学习。

李明玉：今天我们在一起备课，感受到鲁迅文字的力量，他把自己的文字当成一种非常有战斗力的武器。鲁迅的《热风》里有这样的一段话："愿中国青年都摆脱冷气，只是向上走，不必听自暴自弃者流的话。能做事的做事，能发声的发声。有一分热，发一分光，就令萤火一般，也可以在黑暗里发一点光，不必等候炬火。此后如竟没有炬火，我便是唯一的光。"这不仅仅是一种文字的力量，还有一种人格的力量，就是那种在黑暗中敢于发声、勇于承担的人格魅力。

王志成：《拿来主义》的当代价值就在于：我们这个时代也应培养出"沉着，勇猛，有辨别，不自私"这样的新人，从而改造国民性，重塑我们的人格。只有这样，才能坦然地面对先生，坦然面对我们民族的未来。

陈赣：刚才大家谈了体会，这正是我们在这里集体备课的意义和价值所在。这一单元的人文主题是学习之道，我们语文老师身上的责任就是教书育人，鲁迅说："立国先立人。"在这一单元学习之后，教师要能带领学生向上走，培养学生的文化眼光和文化自信，让我们的学生成为有思想，有人格力量，能够真正成为立起来和站起来的中国人。

嘉宾对谈

马以鑫：听了七位老师的体会和认识后，我很有启发。我们是同行，大家都热爱文学，热爱鲁迅。在这里大家既是集体备课，也是交流体会。我谈几点看法。

第一，最近重读这篇文章后，我觉得本篇文章的核心点在最后："首先要这人沉着，勇猛，有辨别，不自私。没有拿来的，人不能自成为新人，没有拿来的，文艺不能自成为新文艺。"这是文章的核心观点。鲁迅在"五四"前写了几篇文言文论文，其中有一篇叫《摩罗诗力说》，"摩罗"实际上就是带有造反精神的妖魔，在《摩罗诗力说》中，鲁迅分析了古代欧洲一直到文艺启蒙、文艺复兴的一些诗歌情况，其中讲到了"立人"的思想："中国欲存争于天下，其首在立人，人立而后凡事举。"这个观点言简意赅贯穿了鲁迅的一生，他一直在思考问题，中国人怎么了？中国人怎么才能站起来？用哪些方法能站起来？文章最后虽然就一句，但提出了极为核心的重要观点。我们都是教书，但我们要育人，这是我们的重大责任。怎么样把孩子育成才，是我们的责任。"拿来主义"是个文艺问题，它确实为新文艺的成立、新文艺的发展提供了重要的手段，但关键还是要有新人，所以说他讲了，"没有拿来的，人不能自成为新人"，人不可能自我成为新人，他必须接受教育，需要教师开导和启发。

第二，大家都谈到了文章的结构、文章逻辑以及文章的思想，我觉得这篇文章很重要的是鲁迅对仿词和反语的运用，如从"闭关主义""送去主义"到"拿来主义"，从"抛来""抛去"到"送给"。鲁迅是个百科全书式的人物，从鲁迅去世到现在，没有人的杂文能超越鲁迅，为什么？在于鲁迅的博大精深，他是个百科全书式的人物，几乎所有的知识都是信手拈来，本篇《拿来主义》1300多字，但里面有多少知识？从"戏剧"到"枪炮"到"煤"应有尽有。鲁迅在用字上也非常讲究，可能与他跟章太炎学习有关，章太炎主要教小学（即文字学），所以鲁迅的用字用词非常讲究，而且也别开新面，比如"闭关主义"到"送去主义"到"拿来主义"，你"抛来"，我"抛给"再到"送给"，鲁迅杂文中这种仿词、反语用得非常多。举个例子，20世纪30年代初，萧军、萧红到上海，萧军创作了一部长篇小说叫《八月的乡村》，主要描写东北义勇军的战斗和生活，鲁迅非常支持，于是出钱给他出书，而且亲自为他作序。一方面是鲁迅觉得这部小说让我们在内地的人看到东北人民保卫家乡、争取民族解放的英勇事迹，另一方面他对年轻人这种勇气，这种写作手法非常赞赏，结果张春桥化名为狄克，阴阳怪气说《八月的乡村》写得还不够全面，不够完善，不够成熟，等等。鲁迅针对他的言论写了一篇《三月的租界》，这个题目是典型的仿语，鲁迅尖锐、深刻地指出，张春桥等人对于东北的情况根本不够了解就出来随意指责，在批驳"有人"和狄克对于《八月的乡村》的无理指责时，鲁迅采用了多种手法。列出其论点时，即采用归谬法，把"有人"和狄克的观点加以引申扩展，使其荒谬点更为显著地表现了出来。鲁迅的仿词、反语，看上去毫不费力，但背后大有文章，不是一般人能做得到的。仿词在鲁迅这篇《拿来主义》中表现得非常突出。比如"大宅子"，我在搜索后发现，网上对于"大宅子"的解释非常多，但事实上鲁迅所说的"大宅子"只是在举例说明，内涵十分简单的，宅子最重要的特点是要进去，你要成为主人，你要占有，你要挑选。宅子这个例子最容易为大家所接受，所以我觉得实际上是很平实的，鲁迅只是随便举个例子，过度解读不可取。我觉得类似刚才"烟枪、烟灯、鱼翅"这些东西，无非就是表示这里面有些是有用的，有些没用，有些是占有挑选甚至改造以后为我们所用，这类例子数不胜数。因此，对于鲁迅杂文的认识，首先，当然他是很深刻很全面，但往往当时也是针对一个问题谈的，针对的是很具体很细致的一个问题，然后，我们再深化它的内涵，一直到今天我们还要来学习，还要揣摩、领会。

鲁迅的《拿来主义》回答了中外文艺理论史上非常重要的一个问题——批判与继承，鲁迅在《关于知识阶级》文中说过："虽是西洋文明罢，我们能吸收时，就是西洋文明也变成我们自己的了。好像吃牛肉一样，决不会吃了牛肉自己也即变成牛肉的，要是如此胆小，那真是衰弱的知识阶级了。不衰弱的知识阶级，尚且对于将来的存在不能确定;而衰弱的知识阶级是必定要灭亡的。从前或许有,将来一定不能存在的。"鲁迅在这里关于批判与继承的讨论是很严肃的,也是非常具体的问题。我们喜欢文学,往往首先从学习文学开始,没有人天生落笔就能写成一首诗或者一篇小说,必须经过学习,学习就是借鉴,再是挑选,把有用的写作拿来,无用的去掉。鲁迅回答了中外文艺理论史上重要的话题,批判与继承。这与我刚才所讲并不矛盾,看上去是批判与继承的问题,最后还是要落实到造新人。我们将批判与继承翻译为扬弃,扬弃的过程不是放弃,而是去伪存真、去粗存精。鲁迅此篇文章并不是很长,且用大宅子例子来说明复杂问题,我们都经历过这样的过程,学习过程中也存在批判与继承的过程,鲁迅对批判与继承的问题作出了精辟的说明,所以《拿来主义》不仅是统编教材中一篇重要的课文,至今仍是光芒四射的不朽之作。

陈赣:马老师的发言对我们非常有启发。鲁迅演说讲得很深刻,也非常平实,演说的方式,包括我们关注到的文中的仿词、反语,都是鲁迅独特的言说方式。《拿来主义》的重要意义和价值,就是批判和继承。我们要铭记肩上的责任,把育人思想贯彻于我们的教学过程中,这正是我们今天集体备课的意义与价值所在。

第五堂课

"献祭"的人生——《祝福》研讨

◎**主　　讲**：郑朝晖（上海市建平中学副校长，上海市语文特级教师、正高级教师）

◎**对谈嘉宾**：张春田（华东师范大学中文系副教授）

◎**参与教师**：常雪雁（上海市张堰中学语文教师、正高级教师）、吴云洁（上海市建平中学语文高级教师）、张捷（上海市实验学校语文教师）、朱晓卉（上海市浦东复旦附中分校语文教师）、王谦（上海市川沙中学语文高级教师）、张昕（上海市建平中学语文教师）

◎**时　　间**：2021 年 4 月 24 日 14:00—16:00

◎**地　　点**：上海市虹口区横浜路 35 弄景云里 13 号景云书房暨鲁迅与文化名人陈列馆

郑朝晖：各位热爱鲁迅的朋友,我们的同行们,今天我们相聚于鲁迅先生的故居——景云里来谈论鲁迅先生的作品,真是别有一番滋味在心头。今天我们要讨论的是鲁迅著名的小说作品《祝福》,我们希望通过分享大家的解读,引发所有朋友们对于文本更加深入的思考。同时,作为一场语文备课活动,我们也需要思考在新课程标准的背景下,我们究竟应该怎样来展开《祝福》这篇小说？我们今天的活动分为两个环节,第一个环节聚焦于《祝福》文本的解读,所有老师各抒己见。第二个环节,在文本解读的基础之上,大家谈谈对于这篇文章展开课堂教学的初步设想。

环节一：聚焦《祝福》文本解读,品味小说独特魅力

一、由人变"鬼"的祥林嫂
——《祝福》中祥林嫂的四次正面肖像描写

张昕：小说的三要素分别是人物、情节和环境,通过对人物形象的分析,我们可以更加方便地走进小说的主旨。小说《祝福》对祥林嫂的外貌有四次正面描写。通过分析这四次肖像描写,我们不仅可以走进祥林嫂的悲剧人生,更能借此走进小说的主旨。

(一)第一次肖像描写

头上扎着白头绳,乌裙,蓝夹袄,月白背心,年纪大约二十六七,脸色青黄,但两颊却还是红的。

此时的祥林嫂刚刚死了丈夫,在邻居卫老婆子带领下来到鲁四老爷家里谋一份生计。"白头绳"暗示自己未出丧期。"脸色青黄"当是生计艰难所造成的营养不良所致,但"脸颊还是红的"则反映出人物此时富有生命力。这次的"外出务工"其实是祥林嫂的一次"出逃"和"自救",所以站在鲁四老爷家的祥林嫂充满了对新生活的憧憬和期待,既紧张又兴奋。在鲁四老爷家辛勤的劳作确实给祥林嫂带来了希望的曙光,她"口角边渐渐有了笑影,脸上也白胖了"。劳动使祥林嫂体会到了自我实现的满足和幸福。

（二）第二次肖像描写

她仍然头上扎着白头绳，乌裙，蓝夹袄，月白背心，脸色青黄，只是两颊上已经消失了血色，顺着眼，眼角上带些泪痕，眼光也没有先前那样精神了。

夫死子亡、走投无路的祥林嫂再次出现在鲁四老爷家的堂前。依旧是"白头绳"的守丧装束，依旧是"脸色青黄"的艰难处境。但是"两颊上已经消失了血色"，两年前充盈的生命力量已经明显消退了。"眼角上带些泪痕，眼光也没有先前那样精神了"。这次生活的不幸显然比上一次给祥林嫂造成了更大的精神创伤，她心底的悲伤无法遏止地、一览无遗地表现在脸上，失去精神和光彩的眼光更加暗示着此时祥林嫂的精神支柱已经发生了动摇。

（三）第三次肖像描写

这一回她的变化非常大，第二天，不但眼睛窈陷下去，连精神也更不济了……不半年，头发也花白起来了，记性尤其坏，甚而至于常常忘却了去淘米。

这一段外貌描写发生在"捐门槛"之后冬至祭祖的场景中。"捐门槛"给祥林嫂带来了一丝希望，她以为借此可以洗清自己身上的"不干净"。所以捐完门槛回来的祥林嫂精神焕发，异常"高兴"。可是当祥林嫂试图参与到祭祀活动中去的时候，却被四婶慌忙喝阻了。祥林嫂终于还是没有成功。此后的祥林嫂仿佛失去了人的尊严、勇气，甚至是资格。她怕黑、怕人，胆怯而不安，"有如在白天出穴游行的小鼠"。生命力的全面衰退，让她看起来"直是一个木偶人"，完全失去了对自己生命的掌控。

（四）第四次肖像描写

五年前的花白的头发，即今已经全白，全不像四十上下的人；脸上瘦削不堪，黄中带黑，而且消尽了先前悲哀的神色，仿佛是木刻似的；只有那眼珠间或一轮，还可以表示她是一个活物。

鲁迅在小说中进行人物刻画时，非常重视"点睛"的艺术。这一段描写就可见一斑。"只有那眼珠间或一轮，还可以表示她是一个活物"，此时祥林嫂的眼神里已经空无一物，只有偶尔生理性的、无意识的转动，此时的祥林嫂已经彻底丧失了人的一切精神和活力，近乎一个"鬼"了。而这就是走到生命终点的祥林嫂留在人间的最后形象。

小说通过对祥林嫂的四次肖像描写，使我们看到祥林嫂逐渐失去健康、失去生的希望、失去人的生命活力的过程，这是祥林嫂遭受人世苦难的过程，也是她被迫害、被摧残的过程。

郑朝晖：张老师从四次肖像描写中读到了祥林嫂的变化，但是我想提醒各位老师注意：实际上，使祥林嫂外貌产生急剧变化的最重要原因并不是其悲惨的人生际遇，而是由于被彻底剥夺了做人的资格。还有一点，祥林嫂已经将社会对她的评价内化为自我评价：她也觉得自己是个坏女人，甚至是一个不吉利的女人，所以压倒她的不仅仅是外在的力量，也可能是她自身的负罪感。

二、《祝福》文化意识上去"陌生化"，建立"熟悉化"的生活关联

常雪雁：从祥林嫂的人际关系，认识乡土社会对祥林嫂命运的影响。

（一）雇主——鲁四老爷

一处：……暂寓在鲁四老爷的宅子里。……应该称之曰"四叔"，是一个讲理学的老监生。一见面是寒暄，……之后即大骂其新党。但我知道，这并非借题在骂我：因为他所骂的还是康有为。

二处：我回到四叔书房里时，……我又无聊赖的到窗下的案头去一翻，只见一堆似乎未必完全的《康熙字典》，一部《近思录集注》和一部《四书衬》。

1. 鲁四老爷身份鉴定

鲁四老爷的文化身份是一个讲理学的老监生。何谓监生？明、清时在国子监的就读者，统称监生。清乾隆以后，监生多由纳捐而得，并不入监就读。由此推测其"学位"有不实之嫌。

2. 鲁四老爷的阅读

他的阅读，更加乏善可陈。《近思录集注》与《四书衬》两部书，都是后人为《四书》所注的集注。

朱熹等人为推广理学，把前辈学人的解说汇编成一部入门书《近思录》。清代学者茅星来、江永分别为此书做集注，称为《近思录集注》。至于《四书衬》也是类似《四书》导读，由清人骆培撰写，是清代科举考试备考书籍之一。

他根本不读书报。《祝福》写于 1924 年，科举考试早在 1905 年被废除，案头的书籍竟然纹丝未变。戊戌变法已经结束 20 多年，他谈话中竟然还在臭骂康有为"新党"，足见他不是一个真正的读书人。

3. 鲁四老爷是"乡绅"，对寡妇有严重歧视心态

祥林嫂第二次到鲁四老爷家帮忙，是在被卫家抓回强迫改嫁并再次遭遇丧夫

丧子的不幸之后。这次,鲁四老爷不只是"皱了皱眉","讨厌她是一个寡妇",他更进一步告诫四婶,祭祀的时候不能让祥林嫂沾手。对她的死,鲁四老爷认为"不早不迟,偏偏要在这时候,——这就可见是一个谬种!"鲁四老爷维护歧视寡妇的恶俗,并非儒家仁义之教。

(二)工友——柳妈

一处:……另叫柳妈做帮手,杀鸡,宰鹅;然而柳妈是善女人,吃素,不杀生的,只肯洗器皿。

二处:柳妈诡秘的说。"再一强,或者索性撞一个死,就好了。……你将来到阴司去,那两个死鬼的男人还要争,你给了谁好呢?……"

"……你到土地庙里去捐一条门槛,当作你的替身,……赎了这一世的罪名,免得死了去受苦。"

柳妈:善女人;对祥林嫂并不友好;是鲁镇另一种舆论代言人。

郑朝晖:常老师从社会学的角度研究雇主及工友对祥林嫂命运的影响,开阔了我们的思维。鲁四老爷是一位乡绅,乡绅实际上有维系社会秩序规则的内在社会责任,然而他对于祥林嫂有两个态度,第一是厌恶,第二是可用,其中,可用建立在厌恶的基础之上。柳妈的立足点似乎是善的,但是,界定为善的人实际上骨子里还存在恶,她通过玩味别人的痛苦的方式来感受自己的善,她的善可能更多地不是对于祥林嫂,而是通过施加于祥林嫂的影响来感受到自己的善,她的善主要包括两个方面,第一,我是多么善良,第二,我的生活是多么的善。

三、从祥林嫂的死看鲁镇的社会文化

张捷:今天我想通过对鲁镇这一社会环境的剖析、对小说中次要人物的分析,来思考祥林嫂命运悲剧的根源。

首先来看看《祝福》的社会环境——鲁镇。鲁迅笔下的故事好几次都发生在鲁镇,比如孔乙己、闰土的故事都发生在鲁镇。可见鲁迅有意以鲁镇为缩影,似乎在向读者展示传统中国社会、历史和文化。从民风民俗到乡制礼法,从封建思想到宗教信仰,从日常生活到节庆规矩,读者都能在鲁镇看到。在《祝福》里,鲁迅一开篇就渲染了鲁镇浓郁的过年气氛,显然旧历新年时的农村是最能展现中国传统社会的文化形态的。把祥林嫂的死亡置于这样一个地点和时间,鲁迅是独具匠心的。

同时,无论是鲁四老爷书房里挂着陈抟老祖写的朱拓的大"壽"字与理学入门书,还是肃穆的祝福习俗与对于寡妇的各种迷信,鲁迅赋予鲁镇这个典型环境一种带有原始且杂糅着儒、释、道多种信仰的混沌性质。在这里看到的并不仅仅是统治者礼教的压迫,更多的是由人性构筑起的风俗。而恰恰正是这种风俗一步步扼杀了祥林嫂的生机,吞噬了祥林嫂的灵魂和生命。

在小说中,祥林嫂始终在鲁镇这个环境中挣扎,她想通过努力工作来获得主人的认可,想通过挣扎来获得活下去的一席之地,想通过诉说来排解内心的绝望,想通过赎罪来获得灵魂的安宁。但是,每一次的挣扎换回的却是更大的打击。这种打击很多时候是无形的,鲁镇人的一句话、一个眼神,都将祥林嫂的精神一步步拖向恐惧和绝望之中。让人唏嘘的是,祥林嫂的死并没有凶手,她是被鲁镇人的观念和舆论逼上死路的,是被周围和她一样处在底层的人们的冷漠和偏见逼死的。

祥林嫂的命运悲剧在鲁镇的"看客"们看来只不过是茶余饭后消遣的谈资罢了。一开始他们还会同情流泪,叹息一番,但是这种叹息的背后并不是共情,而是"消费"。在消费了祥林嫂的不幸后,便会产生"我很幸运"的满足感,所以每每叹息后,他们总是"满足的去了"。可是,当故事失去了新鲜感,他们便开始厌弃她,嘲笑她。甚至最后只要看到孩子,便刺激她,揭她的伤疤。

看客中的典型便是和祥林嫂有着相同身份的柳妈。柳妈看似对祥林嫂很关心,但事实上却是压死骆驼的最后一根稻草。对于祥林嫂的家破人亡的悲惨境遇,柳妈并不关心,反而是对祥林嫂额头上的伤疤感兴趣。这里鲁迅特意写道:

"我问你:你那时怎么后来竟依了呢?"

"我么?……"

"你呀。我想:这总是你自己愿意了,不然……。"

柳妈的打皱的脸也笑起来,使她蹙缩得像一个核桃;干枯的小眼睛一看祥林嫂的额角,又钉住她的眼。

显然柳妈这个善女人又在祥林嫂身上得到了"性幻想"的满足,同时又获得了自我"贞洁感"的满足。自己消费了还不够。不出几天,柳妈便把这"伤疤"传扬开去,让许多人都产生了新趣味,一起来揭祥林嫂的"伤疤",全然不顾祥林嫂的心理感受。

最后祥林嫂是在一种精神绝望和恐惧的状态中死去的。在鲁四老爷的利用后被抛弃,在被抛弃后又被周围的"看客"们践踏消费,更可怕的是这种环境又同时不断地否定她的抗争,消解她的生命意义,让她自轻自贱,让她不断地沉浸在负罪感和恐惧感中。

对于祥林嫂的死,所有的人都不感到悲痛,更没有负罪感。大家都觉得她是穷死的。穷了就要死是很自然的,没什么不正常的,没有什么悲惨的,没有什么值得思考的,可是如果她是穷死的,那她的悲剧就是经济贫困的悲剧。但是《祝福》所突出的祥林嫂的死因是文化悲剧、社会悲剧。鲁迅的《祝福》不是一部简单的现实主义之作,我们要思考的问题已不是贫富对立、阶级矛盾或对传统的礼教批判,也不是简单的对"启蒙政治"的怀疑和反思,而是在中国传统社会中人的本体存在、人的生命意义或终极价值关怀问题。

郑朝晖:张老师选择从文化的角度来切入并理解《祝福》。我们注意到,鲁镇的文化并不是简单的儒家文化,也不是儒、释、道三种文化简单的组合,而是一种基于人性恶的文化组合。所以我们发现,不管是鲁四老爷、柳妈还是镇上的其他人,他们同情的背后不是共情,而是消费,他们通过这种消费来满足自己,并确认自己的社会价值和社会地位。而且我们会发现,文章中的人物是一拨一拨地去找到新的消费点,在这个过程中,我们就可以看到鲁迅先生对于文化的批判,他透过所谓的儒、释、道,直接逼近我们中国传统文化的核心,这个核心就是由于长期的封建专制统治所造成的人性本身的恶,鲁迅先生所谓的"吃人"不仅仅存在于《呐喊》,同样也存在于本篇小说中。另外,我认为祥林嫂的自救与抗争并不是一种有意识的行为,而是一种本能,类似于溺水时人的本能挣扎。

四、"看"与"被看"的叙事模式

朱晓卉:鲁迅发现鲁镇文化的核心是人性恶,那么鲁迅是如何将他所发现的这个问题通过文学作品的形式呈现到我们面前的?我将尝试从"看"和"被看"的叙事模式入手去分析这个问题。

《娜拉走后怎样》中有一段话:"群众,——尤其是中国的——永远是戏剧的看客。……北京的羊肉铺前常有几个人张着嘴看剥羊,仿佛颇愉快,人的牺牲能给与他们的益处,也不过如此。而况事后走不几步,他们并这一点愉快也就忘却了。"《示众》中的"看"与"被看"非常突出,它不是个别的、偶然的,而是普遍的、必然的。钱理群先生认为,鲁迅的一系列小说,都可以看做是《示众》的生发和展开。我们就从这个角度,来读一读《祝福》这篇小说。

（一）被看者——祥林嫂

这百无聊赖的祥林嫂，被人们弃在尘芥堆中的，看得厌倦了的陈旧的玩物，先前还将形骸露在尘芥里，从活得有趣的人们看来，恐怕要怪讶她何以还要存在，现在总算被无常打扫得干干净净了。

祥林嫂是被看的主要对象。在卫老婆子、四婶眼中："她模样还周正，手脚都壮大，……很像一个安分耐劳的人"，"她整天的做，似乎闲着就无聊，又有力，简直抵得过一个男子……"他们"看"到的是祥林嫂的可利用价值。"她还'异乎寻常'地撞上了香案角，并撞得头破血流"，"……唉唉，她真是交了好运了"。他们"看"到的是祥林嫂对"不二嫁"的维护，而在评价其改嫁后的好运时似乎又带有一种嫉妒和遗憾。

在镇上的人们眼中，似乎他们总能从祥林嫂的身上找到聊天的话题和资料。

男人……没趣的走了开去；女人们却不独宽恕了她似的，……还要陪出许多眼泪来。有些老女人……特意寻来，要听她这一段悲惨的故事。……她们也就一齐流下那停在眼角上的眼泪，叹息一番，满足的去了，一面还纷纷的评论着。

……，常常引住了三五个人来听她。但不久，大家也都听得纯熟了，便是最慈悲的念佛的老太太们，眼里也再不见有一点泪的痕迹。后来全镇的人们几乎都能背诵她的话，一听到就烦厌得头痛。

他们只是将祥林嫂看作显示自身优越性的参照物，或是抚慰自己不幸与痛苦的"良药"。当"新闻"变为"旧闻"，"她的悲哀经大家咀嚼赏鉴了许多天，早已成为渣滓，只值得烦厌和唾弃"。

在鲁四老爷眼中：祥林嫂"败坏风俗、不干不净"。他禁止祥林嫂参与祭祀相关的事务，他对祥林嫂的"看"实则是一种审判。

祥林嫂被自己看：祥林嫂也在不断地用社会身份来看自己，为此她不断地挣扎，抗拒"再嫁""捐门槛"，甚至临死前还在念念不忘灵魂的有无。事实上，作为身处畸形社会、深受封建礼教思想浸染的底层人物，祥林嫂不可能看清封建礼教的实质，她也不可能以高出那个社会的思想水平来反抗自己的悲剧命运。她实质是对封建礼教思想的本能的遵从和维护，在其自身的道德判断中，她也认为自己是个罪恶、不干净的人。

（二）被看者——所有的庸众

这些"看客"同时也时刻接受着来自"鲁四老爷"的审视。他们在封建礼教的特有体系中接受着来自代言者"鲁四老爷"的"指示"。"鲁四老爷"的"看"指引着庸众看客的行为和态度。如：

大家都**叫**她祥林嫂。（第一次到鲁镇）

大家**仍然叫**她祥林嫂。（第二次到鲁镇）

（中间写了鲁四老爷提醒四婶祥林嫂不干不净,不能沾手祭祀的事情）

镇上的人们**也仍然叫**她祥林嫂,**但是**音调和先前很不同。（注意黑体字的表述变化）

叙述者"我"对庸众的"看"：在"我"对鲁四老爷和鲁镇民众的"看"中,祥林嫂的愚昧与无知被过滤了,她的勤劳和不幸被保留。同时,看客精神的荒芜和麻木也得以被突显,鲁四老爷的伪善得以被揭示。

（三）被看者——"我"

"我"被作者看：作者站在反讽的高度上对"我"及叙述事件进行审视,这种审视与叙述者的自我省察之间存在着讽刺性差距,看到了"我"的自我逃避。

郑朝晖：在这种叙述模式中,所有人都在赏鉴祥林嫂。同时,文中的"我"也在被作者看,这带有反思和批判。小说的背景是过年,这是文化礼俗高度浓缩的一个点,此时,不光我们在看,上天也在看,因为人世间的种种闹剧、正剧、悲剧、喜剧都是给上天的祭品,但是鲁迅厌恶上天,因为上天赏鉴的都是人间的悲剧,这种悲剧不仅体现在祥林嫂身上,而且体现在沉闷的甚至对人有压抑感的鲁镇,也体现在从鲁镇出逃又回归的"我"身上,所有的悲喜剧都在上天的关照之下。这个过程中,作者又是一个更宏大的观察者,他看到所有人都在上天的赏鉴之中。有人在作出牺牲,有人在看牺牲,人们在看牺牲的过程中获得愉悦,而这种愉悦不久也会被忘却,因为又将有新的牺牲。鲁迅看来,每个生命其实都是一个祭品,我们本次活动所拟的题目"献祭的人生"正是出于这方面的考虑。小说最后的描写使作品具有了特别宏大的背景和主题,其中蕴含的象征意义值得我们去关注。

五、从叙述视角看《祝福》中的"我"

吴云洁：《祝福》是鲁迅的小说集《彷徨》中的名篇,作为《祝福》中最典型的女性悲剧形象,祥林嫂广为人知,而我们经常忽略《祝福》中另一个重要的人物形象——

"我",今天我们可以从叙述视角出发看"我",进而思考"我"这一形象背后潜在的鲁迅精神。

鲁迅先生在《祝福》中开篇便以"我"的第一人称的视角对"鲁镇"中的所见所闻展开回忆性描述。

《西方叙事学：经典与后经典》一书中,关于"视角"的解释是:"人物视角就是叙述者借用人物的眼睛和意识来感知事件。"这一定义包含两层,其一是叙述者层面,另一则是"人物"本身的层面。叙述者与"人物"实则是不可分割的,内部暗含着更深层次的意义,叙述者指"讲故事的人","人物"指文本中事件的感知者和参与者。

《祝福》中"我"的形象就拥有这双重的叙述身份。

首先,作为故事中的"人物","我"对"鲁镇"发生的事情展开叙述,"我"在文本中不仅是祥林嫂悲剧的观察者,还是一个关键性的核心人物。"我"回到故乡鲁镇,"我"经历因自己"说不清"的言论而引起不安,以及听闻祥林嫂死讯的过程,这时"我"的形象既是叙述者也是"人物",叙述者与"人物"对等,"人物"所述便是叙述者所知,但叙述者在此时因受"观察地位"的限制,并不清楚"祥林嫂"死去的全过程。由此可见,这种第一人称的叙述是具有限制性的视角。

为了更好地将故事进行下去,鲁迅先生转换叙事视角,更准确地说是扩大了"第一人称"视角的视域。虽然仍以"我"的第一人称进行叙事,但它所指代的实际上是更为广阔的"全知视角",即文本之外的叙述者,"我"作为全知叙述者处于故事之外,见证了发生在祥林嫂身上的种种遭遇,帮助读者再次直面祥林嫂的悲惨。

全知视角最大的好处是可以"偶尔借用"人物的内视角进行观察,例如,小说中"卫老婆子"等人对祥林嫂过去经历的描述,就起到了对"我"的全知视角的补充作用。

赵毅衡在《当说者被说的时候：比较叙述学导论》书中所述如下：

《祝福》有三个叙述层：第一层(超叙述层)是第一人称"我"以叙述者和人物的双重身份叙述故事；第二层(主叙述层)是第一人称叙述者"我"回忆祥林嫂的一生；第三层(次叙述层)是卫老婆子等人向四婶转叙祥林嫂的故事。

作者将"我"的形象作为全知叙述者和限知叙述人物的双重身份对文本进行把握,"我"的存在不仅帮助了读者们更好地了解《祝福》的故事内容,还透过小说中其他人物语言行为的描写,将妇女所受封建礼教压迫的血淋淋现实直接地揭露出来。

因此如果仅仅用第一人称全知视角全方位展示事件过程,就体现不了小说的反思性,而"我"和"他"的结合,使得小说叙述角度更显其丰富性、批判性、深刻性。在《祝福》中,鲁迅通过化身为"我"这一叙述者和观察者的双重身份,在自我的剖析中一点点重新拾起希望和坚定,在面临大势时保持清醒,面临低谷时懂得沉潜,所以"我"的形象背后是鲁迅自我怀疑精神的投射。

另外补充一点,第一人称"我"的叙述方式,鲁迅已在多个小说中运用纯熟,其笔下复杂的人物群像,正是鲁迅深邃自我精神内核投射的一隅,也正使鲁迅之为鲁迅。

郑朝晖:本篇小说的诡异之处在于两种叙述视角的结合。一般来说,叙述视角可分为有限视角和全能视角,分别适用于不同的小说设计。如侦探小说使用有限视角可以增加故事的悬疑性;全能视角,也叫上帝视角,能够使我们看清故事的前因后果。但是在本篇小说当中,鲁迅先生非常巧妙地把两种视角结合到一起,这和鲁迅在《彷徨》当中所承担的任务的复杂性密切相关。如果《祝福》采用全能视角叙述就变成《呐喊》里的小说。它之所以独特,就是因为小说采用了有限的视角,"我"既是一个观察者,同时又是故事的参与者。虽然我们不必要这样去想,但是压死祥林嫂的最后一根稻草,很可能是小说中的"我",因为祥林嫂被逼了绝路,她觉得在鲁镇上已经得不到任何的拯救的可能性,在外读书归来的"我"能给她指出一条明路,然而"我"在遇到祥林嫂所提出的伦理学悖论时,选择了逃离,小说中的"我"代表了新文化运动时期的知识分子形象:在新文化运动时期,有一批受到新文化运动感召的年轻人,他们充满了热情和理想主义的色彩,他们坚信自己能够改变世界,但是当他们真正遇到像祥林嫂这样的人物时,他们的理想主义一触即溃。所以这两个视角既有从《呐喊》延续而来的对于中华文明当中丑陋和黑暗的批判,也有狂飙突进之后知识分子对于世界的发展和前途命运的迷茫、痛苦和反思。

六、解读"我"的多重身份,释放折叠的意蕴空间

王谦:学生在课上提出一个问题:鲁迅的语言简练而深邃,《祝福》写"我"花了很多笔墨,是否显得啰唆?事实上,《祝福》包含两个故事层,一是"我"的故事层次;二是祥林嫂的故事层次。我做了一个简单的统计,"我"的故事在《祝福》中占的比重统计约为34.7%,祥林嫂的故事在《祝福》中比重约为65.3%。

我们可以把"我"作为和鲁镇上的鲁四老爷、祥林嫂、柳妈一样鲜活的人物看待。小说中的"我"是故事的参与者和感知者,分析"我"的形象可以更好地理解这篇小说的意蕴。

（一）启蒙者：冷眼观察鲁镇和故人

"我"返回故乡鲁镇，面对鲁四老爷这些故人，始终有一种新知识分子的启蒙者的心理优势。在"我"眼中，辛亥革命已经过去十多年，我感觉一切都没有变化。鲁四老爷"单是老了些"，"大骂其新党。但我知道，这并非借题在骂我：因为他所骂的还是康有为"。其他本家和朋友，则是"他们也都没有什么大改变，单是老了些"。当然，在鲁镇人的眼中，的确如此。祥林嫂见到"我"也是说："你是识字的，又是出门人，见识得多。"既然是新知识分子，看到鲁镇的种种没有变化，心绪自然是不满。

然而，小说吊诡之处在于，"我"对周遭的问题并没有实质性的行动，也没有表现出改造的热情，始终保持的是一种冷眼观察的态度，我们仿佛能够看到"我"嘴边的嘲讽和轻蔑。

（二）孤独者：被鲁镇和周围的人疏离

回到鲁镇后，"我"始终保持着和鲁镇疏离的状态。首先，是空间意义的疏离。"我是正在这一夜回到我的故乡鲁镇的。虽说故乡，然而已没有家，所以只得暂寓在鲁四老爷的宅子里。""我"的家在《故乡》一文中卖掉了，这是物理空间的无家可归和寓居的状态。其次，是和周围人的情感的疏离。祥林嫂的悲剧带给"我"不安，让"我"决计要走。"我"也没有感受到人情的温暖。"我"和鲁四老爷第一次见面，谈话就总是不投机，"我"时时怀疑四叔说的"谬种"和"我"有关系。启蒙的不顺，目睹鲁镇的陈旧，鲁镇人的麻木、冷酷和愚昧，祥林嫂的种种不幸，这些让"我"陷入迷茫和更深的精神的孤独。

到这个层次，"我"启蒙和孤独者的身份，揭示出孕育祥林嫂悲剧的土壤——鲁镇这样一个陈旧、麻木和愚昧的乡村，在辛亥革命十多年以后并没有发生真正的变化，这让我们深入探究祥林嫂悲剧形成原因的同时，也表现出批判性。

（三）彷徨者：围观祥林嫂死亡的看客

祥林嫂死前，对"我"有过一段"灵魂之问"。祥林嫂在做人的资格被剥夺后，抛出"灵魂有无"的问题，希望寻求解救的办法。"我"用"说不清"搪塞。"我"这样心存良知的同情者，也在加速祥林嫂的死亡。"我"的搪塞，暴露出的是知识分子的软弱与无力。

小说多次提到"无论如何，我明天决计要走了"。在得知祥林嫂的死后，又提到"不如走罢，明天进城去"。进城想的是"福兴楼的清燉鱼翅，一元一大盘，物美价廉"。事实上，小说最后，"我"仍然没有离开我决计离开的鲁镇，而是在包围着祥林嫂悲惨死亡的祝福的热闹中，"我在这繁响的拥抱中，也懒散而且舒适，从白天以至初夜的疑虑,全给祝福的空气一扫而空了"。"我"的悚然一抖,仿佛一下抖落了祥林嫂的死带给"我"的不安。

这里,鲁迅面对"我"发出强烈的嘲讽,"我"也折射出鲁迅自己的影子。林贤治说:这个时期的小说创作,与其说是疗救社会,不如说是深入解剖自己,他总是要把自己解剖一下,不然不会让自己轻松和超脱起来。由此,可以读出鲁迅对自身清醒而深刻的体察:即便是像"我"这样有着启蒙意识的知识分子,也难逃"看客"的命运。

郑朝晖:王老师提到,"我"不仅仅是一个叙述者,而且是小说中的一个人物形象,"我"这个人物有几个层面的内涵。首先,"我"是启蒙者,实际上,"我"是个从鲁镇逃出去的出逃者;其次,"我"是孤独者,是一个精神上的无根者。既然"我"出逃,但是又没有找到自己的根,迷失了未来和前进的方向,所以必然是一个彷徨者。从王老师的分析中我们可以看出,这里的"我"实际上完成了鲁迅对于那个时代的知识分子心路历程逻辑上自洽的思考。

环节二:教学初步设想

郑朝晖:大家上述讨论使我深受启发,集体备课的意义就在于头脑风暴所引发的新观念和新思考。当然,在新课标的背景下,我们还是要强调学生的体验,这里有两个问题值得我们思考:第一,刚才各位老师所讲内容是不是需要全部落实到学生的认知当中去? 第二,选择哪种任务驱动的方式把教学内容落实到学生的认知当中去,这些都值得我们去进一步思考。所以,接下来请每位老师给其他在听的老师们提出一点自己的教学设想或建议,希望能够给其他老师带来启发。

张捷:高中部编版选择性必修下册第六单元是"阅读与写作"单元,本单元由五篇小说组成,单元重点是引导学生学习和思考小说如何通过虚构的人物形象与故事情节来反映社会生活、描摹人情世态,如何通过社会环境的构建来认识人物个体与社会共生、互动的关系,关注小说的批判价值和社会现实意义。

对于现实主义小说的解读,我们一般从小说的环境、人物和情节这三个大方向入手。在大量对于《祝福》的解读和教学中,人们往往比较重视主题的解读,运用小说叙事学对主人公祥林嫂性格和命运进行分析。而本单元的学习任务要求显然更注重社会环境和人物形象塑造之间的共生关系。我们可以尝试通过对鲁镇这一社会环境的剖析,通过对小说中人物的分析,通过叙述者的叙述视角等角度来挖掘祥林嫂命运悲剧的根源。

张昕：我的教学设计围绕人物肖像描写展开，首先，我想引导学生找寻原文中的关于祥林嫂的四次肖像描写，然后分析这四次肖像描写的变与不变，变主要体现在祥林嫂的神态、脸色及眼神上，而不变的是祥林嫂外在的装束，这是她寡妇身份的外在表现，作者通过重复的叙述，提醒我们注意，祥林嫂的身份是她的某种原罪，是她悲剧性命运的根源。

朱晓卉：可以通过填表让学生找到不同的"看"和"被看"关系，在不同的关系中分析"看"的实质，从而进一步思考作者想要表达的思想内涵。

看	"看"的实质	被看	意义
鲁镇上的人们	赏鉴	祥林嫂"孩子""伤疤"	愚昧麻木
四婶	利益性评价	祥林嫂顺眼，能干	缺少人情
鲁四老爷	审判	祥林嫂不干净	伪善，礼俗代言
鲁四老爷	监督	鲁镇上的人们	对众人"指示"，礼俗实施
祥林嫂	道德判断	自己	否定自己、肯定礼俗
"我"	审视	庸众	揭示精神荒芜、祥林嫂不幸、四叔伪善
作者	审视	"我"	启蒙者的局限性
……			

吴云洁：从教学角度我有以下几点思考：

（一）重视"我"的发现，审视"我"的心理

教学时，以"我"为主轴，总结"我"的形象，从而更进一步揣摩鲁迅先生塑造"我"的用意，了解当时启蒙知识分子所具有的理性局限，以及作者所处的心理困境，加深对文本独特性的了解。同时，将教学重点放到"我"上，审视"我"的多维心理活动，将有助于实现我们所期待的正视立体人性，让原本高高在上的启蒙主义知识分子——"我"走下神坛的目标。

（二）直面立体人性的深度阅读

1. 从共时角度看，我们对于事物的判断也许同时存在两个方向的拉扯。如同"我"对于祥林嫂，有同情与怜悯、担忧与关心，同时也有怯懦软弱、逃避推脱。这两个不同向度的复杂情感同时存在于"我"的身上，构成"我"立体的人性。

2. 从历时角度看，人的心理与情感往往存在一个纵向时间上的发展。鲁迅先生最主要以坚定的革命斗士形象出现于读者的视野当中。然而，《祝福》的"我"身上的彷徨情感,是鲁迅先生这一时期心理困境的投射和缩影,此时他正经历从坚定到彷徨最后归于坚定的中间过渡时期。教学时可以加以重点关注和引导。

(三)带回时间脉络的相关补充

小说文末的时间点"一九二四年二月七日",可以有意识地带领学生回到鲁迅的写作时间轴中。对20世纪20年代中国社会发生的重大历史事件、鲁迅的生活中经历的变故、他在彼时的复杂心理状况、这一时期他的作品中主要体现的精神倾向等内容进行联系补充,都有助于将文章带回它的叙述时间脉络。在学生思考遇阻时,教师适当提供20世纪20年代新文化阵营的分化,"战士"阵营风流云散,鲁迅彼时在虚无反击路途上的反复沉潜、欲罢不能和艰苦卓绝的精神困境,这些都将有助于学生对于作者写作主旨和文本独特性的理解。

(四)联系文本出处的背景解读

《祝福》是小说集《彷徨》的首篇,该篇在小说集中的位序自有其重要意义,是表现鲁迅"抉心自食"的进一步深化。这一时期的鲁迅内心沉重,在现实的冲击下,处于在虚无中反复沉潜的精神困境。这种危机感和彷徨体现在文章中,就是字里行间的暧昧含混与昏沉苦闷。在教学时,我们可以将《祝福》的这种特征与其出自《彷徨》的背景进行结合讲解,对《祝福》展现的作者独特心理困境进行解读引导,在细读深读文本的教学过程中,让学生建构个性化的语言活动经验,并且真正在文学鉴赏中提升学生的思维品质。

王谦:在进行教学设计时,我尝试寻找能引发学生认知冲突的切入点。备课时,我发现了教材中的一个细节:

> 魂灵的有无,我不知道;然而在现世,则无聊生者不生,即使厌见者不见,为人为己,也还都不错。我静听着窗外似乎瑟瑟作响的雪花声,一面想,反而渐渐的舒畅起来。

课下注释是:这句话的意思是,然而在现在这样的人世间,无所依靠而活不下去的人不如死去,使讨厌见他的人不再见到他,这样一来,对人对己,也还都不错。这是作者愤激而沉痛的反语。

编写者认为,"愤激而沉痛"体现鲁迅对祥林嫂在祝福夜无声死去的沉痛和悲哀,对于鲁镇和扼杀祥林嫂的戕害者的愤怒和激愤。产生这一理解的原因可能在于将"我"和鲁迅等混为一谈。

因此,我通过引导学生关注"我"的形象特点,引导学生充分还原"我"的启蒙者、孤独者和彷徨者的身份,尤其是通过理解彷徨者的软弱、怯懦的形象,引导学生把握这篇小说蕴含的"知识分子的自觉自剖、内省"的主题。

常雪雁:乡土社会的人际关系是如何影响祥林嫂的人物命运的探究活动:

(一)探究鲁镇文化特征与祥林嫂的命运

1. 乡土社会特征。乡土社会作为熟人社会,其中维系社会秩序的并不是契约,而是社会舆论。而社会舆论是由民俗、乡绅等非制度性因素决定的。鲁四老爷是这个乡土社会的乡绅,属于长老统治。

2. 礼俗约定俗成。乡土社会以礼俗为基础,人与人对礼俗的认可具有高度的一致性。基于乡土社会的规则,祥林嫂屈辱再嫁,又丧夫丧子,是"不洁之物",祖宗是不吃这样的人摆放的祭品的,同时也没有人愿意与她往来。

鲁镇属于封建礼俗社会,鲁四老爷是宗法社会实际上的统治者,柳妈之类是另一种舆论的代言人。儒、释、道综合力量成为无形的杀手。

(二)探究祥林嫂与祭祀活动的重要关系

1. 参与祭祀想融入乡土社会。祭祀对祥林嫂而言,是她生存第一要务。因为只有参加祭祀,才能表明她对这个乡土社会的融入,在她心中祭祀是她能成为这个社会团体一员的基本条件。

事实上,祭祀在我们看来,它的作用只是帮忙,但在祥林嫂心中,只要能与祭祀相关,就一定意味着她还是这个由祭祀、受祭祀的关系构成的社会团体中的一员。

2. 生前唯一希望是参加鲁家大年夜祭祀。而祥林嫂不能参加祭祀的最大问题是她因屈辱再嫁而被视为"不洁物"。作为奴仆的她,努力争取获得参与祭祀活动的资格。在柳妈的"开导"之下,她要捐门槛,来救赎她的罪名,争取获得和其他人一样生存的平等地位。可是当她捐完门槛,四叔、四婶依然不许她动祭器时,她的精神彻底崩溃了。

其实,在乡土社会人与人之间的关系是差序格局,它最大的特点是伸缩性。当第一次来鲁镇时,她作为年轻能干的奴仆,延伸在内;第二次屈辱再嫁来鲁镇时,被当作"不洁物",排挤在外。差序格局对祥林嫂而言,被需要的时候她是差序格局延伸在内的一员,不需要的时候被隔离在外,被抛弃,所以祥林嫂生于祭祀,死于祭祀。

郑朝晖:新教材本单元的教学目标有两个,第一个是社会观察和批判,这是从立德树人的社会化的高度来强调的,第二个是小说文本的阅读。那么这两者如何统一?实际上我们就要通过紧紧抓住小说文本阅读,增加学生小说文本阅读的经验和体验,最终帮助学生自主去进行社会的观察和批判。

专家点评

··

张春田:我从文本解读与教学内容两个方面谈一些浅见。

《祝福》的诞生有两个背景值得注意。首先是新文化运动的落潮与原来"态度同一"的阵营的分化。《祝福》发表于 1924 年,是小说集《彷徨》的首篇。1926 年出版的《彷徨》与《呐喊》相比,尽管在主题上有一定的延续性,但是在写作心境上却有不小的差异。鲁迅在《题〈彷徨〉》中写道:"寂寞新文苑,平安旧战场。两间余一卒,荷戟独彷徨。"这是沉痛的感慨,透露了对"后五四"文坛状况的感慨以及个人心绪。鲁迅还说:"后来《新青年》的团体散掉了,有的高升,有的退隐,有的前进,我又经验了一回同一战阵中的伙伴还是会这么变化,并且落得一个'作家'的头衔。"如果说《呐喊》主要体现的是鲁迅对启蒙的正面提倡,就像《呐喊·自序》中说,自己虽不是新文化运动的主将,只是"听将令",但是确实投入了巨大的热情和精力从事其中,为前驱者呐喊;那么,《彷徨》显然是在"后五四"的语境下,启蒙理想受挫,改造方案分化的一种产物。鲁迅更多展露出内心的复杂性和张力来。他的怀疑、紧张、焦虑和对社会改造艰难的洞察,在《彷徨》中处处可见,同样也表现在《野草》中。

另一个背景是 1923 年至 1924 年左右中国文化界正在进行的"科学和人生观"的讨论。这场讨论围绕着物质与精神、科学与信仰究竟是二元还是一元,何者更紧要等问题展开,知识分子内部发生分歧。比如,胡适、丁文江等人坚持科学一元论,认为科学不仅能改造社会的物质现实,而且应成为人类的人生观;而梁启超、张君劢等人则认为科学和玄学是两个领域的问题,科学可以推动物质进步,但是科学并不能解决精神领域的问题。在这场讨论当中,鲁迅出人意料地缺席了。但是学者刘禾就认为,表面上鲁迅没有参与讨论,但是鲁迅其实是很关注这个问题的,《祝福》的写作其实就是鲁迅对这场讨论的一种回应。《祝福》中不仅涉及祥林嫂的精神危机问题,而且"我"也面临着一种精神危机和痛苦。鲁迅在《破恶声论》里就说过:"伪士当去,迷信可存。""伪士"表里不一,贩卖各种话语,但自己都不一定相信,更不用说行动和实践了。而鲁迅觉得普通老百姓对朴素的信仰或者精神依托倒是非常真诚的,这种"迷信"对于老百姓反倒有价值。"迷信"是一种真信,它可以给像闰土一样的农民提供心灵的慰藉和关怀,可以构成他们在社会的重压之下的精神依托,甚至是对抗各种不公的武器。鲁迅并不认为科学、进化就可以解决所有的问题。《祝福》中关于"魂灵"有无、是否能"团圆"等讨论,其实凸显了精神问题在鲁迅那里的重要性。《祝福》中鲁四老爷、寺庙以及外来者"我",都没有解决祥林嫂的危机和困惑,反而把她推向了更深的绝望境地。一个善良勤劳的女性并没有做任何恶事,可是各种灾难接踵而至,不断降临到她身上。所有可能在精神上给予她支持的,最后都拒绝和排斥她。她没有任何精神资源可以依赖。这实际上是寄寓了鲁迅对于生命观、宗教观的深刻思考。

关于《祝福》的主题,占主流的是"反封建"或"反礼教"的说法,这里不拟重复。我想补充的是,《祝福》对"传统""启蒙"和"革命"的问题都有所回应,而且都是从伦理的角度切入的。

先说"传统"。鲁镇人的态度确实是儒、释、道三教的一种折射。鲁四老爷看起来是士绅,但他并不是真儒家,也不是真理学家,他其实并不能把握、更不能践行儒家的基本精神。屋子里贴的是朱拓的大"寿"字,陈抟老祖写的,似乎是一种道家追求和态度。而"捐门槛"则属于佛教里比较原始、因果报应的那种行为。儒、释、道三教本来都应该给人以救赎,给人以出路,但是事实上却成为一种迫害的共谋。

而对传统更深的反思,则是祥林嫂的命运如何昭示了乡村共同体的破产。按照经典儒家的宗族关系和礼法秩序,鲁四老爷这样的人应该担负起救助鳏寡孤独的任务。而宗族或乡村社会,本来也应该给祥林嫂这个先是童养媳、后来是寡妇的人一个出路,不仅给她经济保证,而且让她在家庭和乡村有一个位置。学者黄锐杰在一篇论文里就分析到"立嗣权"的问题,类似的制度如果能够落实,其实祥林嫂是不至于无路可走,沦为乞丐。而祥林嫂的改嫁,以及在第二个丈夫去世后被赶出家庭,这恰恰说明中国的宗法制度和精神在近代已经彻底蜕变、崩溃了。而且,小说特别强调祥林嫂的"寂寞"。她没有精神的空间,她没有办法诉苦,她所讲的故事成为别人各取所需的赏鉴材料,没有人真的试图理解她,也没有人真的同情她。这说明乡村共同体已经彻底破产。所以,鲁迅实际上揭示了中国乡村社会的危机及其崩溃。礼教早已空洞化,与现实之间产生了巨大的鸿沟。鲁迅的"反封建"正是建立在这样深刻的意识之上的。

再说"启蒙"。祥林嫂之路其实写出了"五四"时代主声之一"女性解放"的反题。关于女性解放,鲁迅在《娜拉走后怎样》《伤逝》等多篇作品中都涉及这一问题。

他的观点是：女性解放不应该仅仅停留于观念，不应该只是年轻女性、知识女性的问题，而应该从底层、从实际出发，探讨女性的出路。《祝福》以祥林嫂为主人公，对女性的遭遇和命运进行了更深入的思考。像祥林嫂这样连名字都没有（是用丈夫的名字称呼她）的弱者，极度贫困，孤苦无依，又不识字，没有办法讲述。这样的女性可以被纳入关注，甚至，有解放的可能吗？虽说女性解放的话语兴起，但是如果社会没有相应的制度和文化安排来配合和保障，出走的娜拉们依然没有出路。鲁迅从女性解放问题意识到了中国改造之难。他着眼的是社会因素，算的是社会账。如果鲁四老爷允许祥林嫂帮工，她不会沦为乞丐；但凡祥林嫂能够参与到"祭祀"之中，她不会那么寂寞。事实是社会封死了祥林嫂的空间。这就凸显了启蒙话语的有限性。

那么，在启蒙中，知识者又扮演了什么角色？这主要通过"我"的形象呈现。小说前半段的叙事充斥着一种不稳定和不安，故事不断被打破，一直到"我"回忆后才趋于稳定。"我"显然不是一个回到故乡的成功者，"我"也是落魄的、失败的，"我"的知识和观念似乎在外面的世界里到处受挫。"我"还是相当封闭的，无法与鲁镇上的人建立起一种有效的关系。在"我"与祥林嫂的对话中，"我"既不自信，又很冷漠；"我"没有真诚地与她沟通，不能对她施以援手。而小说结尾，在过年的气氛中，"我"好像得到了一种宣泄和净化。因为祥林嫂终于不再在"我"的眼前晃，不再扰乱我，秩序得到恢复。"我"是一个置身事外、没有勇气和力量担负起改造社会任务的孤独的人。更有甚者，"我"无法改变世界，反而加入观看的序列，"我"对祥林嫂的观察和讲述里也藏有一种"观视的暴力"。鲁迅对启蒙知识者的刻画显然不太正面。启蒙者往往停留在观念上，没有信仰和信心，更缺乏勇气。那么，这样的启蒙者就不是改造社会的有效主体，反而可能扩大了人与人的鸿沟。从这里我们又好像找到了鲁迅后来"向左转"的一点联系。

对于《祝福》这样的经典，在备课过程中从多个角度挖掘文本，我觉得是很有必要的，把文本打开得越丰富越好。当然，是不是所有这些内容都要转化在课堂中？我们刚才讲到的宗法社会的崩溃，以及对启蒙知识分子的反思等，不一定都要作为知识教给学生。这篇收在小说单元，我们更应该通过这篇教有关读解小说的策略和方法，或者唤起一种情感态度。教小说在某种意义上是通过文学和现实世界建立起一种共情感。比如，《祝福》中的生命书写。小说描绘了一个孤苦无依的女人的逝去，这是一个社会最底层的人，但是她又像一个不断回返的"幽灵"，这种生命政治扰乱了作者，甚至到今天还在扰乱着读者。鲁迅小说中常常写到"生命"和"死亡"，如《孔乙己》《药》《明天》等。鲁迅对生命是很看重的，他有一篇《生命的路》，其中"我"和"我的朋友 L"的辩论，实际上是鲁迅对个体生命的意义的追问。我们设计一些环节，促使学生通过《祝福》，对生命建立起一种严肃的尊重感，能够注意或者反思历史与现实中存在的种种区隔，让他们看到他人，实现共情、移情与连带。

第六堂课

春天里的"记念"

——《记念刘和珍君》和《为了忘却的记念》研读

◎**主　　讲**：乐燎原（上海交通大学附属中学语文教师，上海市语文特级教师、正高级教师）

◎**对谈嘉宾**：詹丹（上海师范大学中文系教授、博士生导师）

◎**参与教师**：张慧腾（复旦大学附属中学语文高级教师）、孙悦（上海交通大学附属中学语文教师）、王振宁（同济大学第一附属中学语文教师）、李云蕴（上海财经大学附属中学语文教师）、周佳俊（上海市控江中学语文教师）、高绪燕（上海市中原中学语文教师）、龚侃（上海交通大学附属中学语文教师）、喻正玮（上海交通大学附属中学嘉定分校语文教师）

◎**时　　间**：2021 年 3 月 20 日 14：00—16：00

◎**地　　点**：上海市虹口区横浜路 35 弄景云里 13 号景云书房暨鲁迅与文化名人陈列馆

乐燎原：今天正值农历春分，我们相聚于鲁迅先生沪上的第一个故居所在地——景云里，研读先生写在春天里的两篇"记念"名作——《记念刘和珍君》和《为了忘却的记念》。这两篇纪念性散文，一同被编入高中语文统编教材选择性必修中册第二单元第6课。下面我们就以"春天里的'记念'"为题，请大家依次从为谁"记念"、如何"记念"、为何"记念"三个方面来展开研讨。

一、为谁"记念"

孙悦：为谁"记念"关乎两篇文章写作的背景。1926年3月18日，北京各界民众为了反对帝国主义侵犯我国主权，在天安门前集会抗议，会后到执政府前请愿，段祺瑞执政府竟然令卫兵向请愿群众开枪并追打砍杀，打死打伤200余人，制造了震惊中外的"三一八"惨案。刘和珍是北京女子师范大学英文系学生，时任学生自治会主席，遇害时年仅22岁；杨德群是国文系预科学生，遇害时年仅24岁。两周后，鲁迅写下了《记念刘和珍君》。土地革命战争时期，国民党反动派疯狂地进行反革命的文化"围剿"，大肆逮捕拘禁秘密杀害革命作家。1931年1月17日，白莽、柔石、冯铿、李伟森、胡也频五位革命青年作家被捕，2月7日，被秘密杀害于上海龙华的淞沪警备司令部。"左联五烈士"中，白莽年纪最小，不到21岁；柔石年龄最大，也不过29岁。1933年2月7—8日，在5人遇害两周年的日子里，鲁迅先生写下了《为了忘却的记念》。当时，鲁迅53岁，可谓是"年老的"为"年轻的"写"记念"。

两篇"记念"文章中的七位烈士都有着共同的特点，都是前途无量、大有可为的青年。刘和珍是学生运动的领袖，是鲁迅的学生；"左联五烈士"活跃在当时的文艺战线，多是鲁迅的朋友。五烈士中，生前与鲁迅接触较早，在上海时又往来最密的，是柔石。柔石当时也住在景云里，鲁迅在文中说："他那时住在景云里，离我的寓所不过四五家门间，不知怎么一来，就往来起来了。"与鲁迅较熟的要算白莽，文中提到他们有关翻译和诗歌的几次交流。这些人牺牲时都非常年轻，都只是20多岁的青年。鲁迅在《记念刘和珍君》中痛心疾首地写道："她不是'苟活到现在的我'的学生，是为了中国而死的中国的青年。"又在《为了忘却的记念》一文中深情缅怀："我失掉了很好的朋友，中国失掉了很好的青年。"他们的牺牲，令人悲哀、悲痛和悲愤！

龚侃：这两篇文章虽然聚焦于刘和珍与"左联五烈士"，但纪念的对象也包括了众多追求光明、敢于斗争、不惧牺牲的中国青年。

鲁迅在《记念刘和珍君》第一部分中写道:"四十多个青年的血,洋溢在我的周围,使我艰于呼吸视听,那里还能有什么言语?"其中"四十余被害的青年"在文章第三部分再一次被提及。在文章第五部分,鲁迅不仅记述了刘和珍牺牲的经过,还具体记述了杨德群牺牲、张静淑受伤的经过。鲁迅感叹道:"当三个女子从容地转辗于文明人所发明的枪弹的攒射中的时候,这是怎样的一个惊心动魄的伟大呵!"刘和珍、杨德群、张静淑三人构成了一组勇毅坚决、从容临难的青年群像。纵观全文,从刘和珍个人,到从容转辗于枪弹攒射之中的三位女子,再到"四十余被害的青年",可以说,《记念刘和珍君》一文是鲁迅以较为熟悉的刘和珍为代表,对包括杨德群等在内死于执政府枪下的众多革命青年共同的纪念。

《为了忘却的记念》纪念的同样不仅是五位年轻的作家。在文章第五部分中鲁迅写道:"不是年青的为年老的写记念,而在这三十年中,却使我目睹许多青年的血,层层淤积起来,将我埋得不能呼吸。"鲁迅以"三十年""许多""层层淤积"来突出牺牲青年之多。鲁迅不能忘却的绝不仅仅是五位青年作家,也不仅仅是 1931 年 2 月 7—8 日被杀害的共计 24 位牺牲者。可以说,所有在旧民主主义革命和新民主主义革命时期,为反抗黑暗统治而英勇献身的中国的青年,都是鲁迅纪念的对象。

这两篇文章是以刘和珍及"左联五烈士"为代表,以小见大,从个人到群像,纪念众多为身处铁屋之中的民族寻找出路,虽殒身而不恤的中国的革命青年。这些青年们在民族危亡之际挺身而出,用鲜血在苦难深重的旧中国闯出一条通往光明的道路。鲁迅未必在文章中一一列举了他们的名字,但鲜明地记录下了他们为中国所流的鲜血,以此鼓舞真正的猛士继续前行,也为未来的中国刻录下这些革命英烈的身影。文章超越了对个体生命牺牲的悼念,具有丰富深远的历史意义。

二、如何"记念"

李云蕴:这两篇文章的纪念对象都是为反抗黑暗社会而牺牲的革命青年。但是鲁迅先生在人物描写和记叙方面还是各有侧重的。

首先是选材方面的不同。由于鲁迅和刘和珍是师生关系,在《记念刘和珍君》一文中,他主要是从师者的视角记叙了刘和珍对鲁迅作品的热爱、对进步思想的追求,以及参加女师大学潮斗争中表现出来的爱国热忱。而在《为了忘却的记念》中,作为白莽和柔石的朋友,鲁迅记叙的多是私人间的交往。在作者笔下,我们似乎看到了那个"敏感"又"自尊心旺盛"的文学青年白莽,也看到了单纯得有点"迂"的柔石。革命青年的形象在鲁迅笔下不是标签化、概念化的,而是还原为一个个鲜活的生命体,其中折射出的是彼此之间完全平等、亲密无间的朋友关系。

高绪燕:在《记念刘和珍君》的第三部分中,鲁迅其实并未对刘和珍有多么细致详尽的描述,只是勾勒了一个大致轮廓。在第五部分中,鲁迅以新闻报道式的白描,简略地勾勒了三位女子中弹的现场情形。但寥寥数笔就令人感到触目惊心,更反映出施暴者的暴虐残酷,也更加体现了几个女子惊心动魄的伟大。在《为了忘却的记念》一文中,鲁迅则是着重写了与白莽的三次会面,详写了柔石的“硬气与迂”,略写了对冯铿的印象。后面又详细叙述了柔石等青年被捕后的情况。从中可以看出,两篇文章在人物描写的详略和重心上还是有所不同的。

李云蕴:由于鲁迅和白莽、柔石的交往更为密切,《为了忘却的记念》一文多记叙和细节描写。比如写与白莽的三次见面,有较为具体的事件叙述、较为详尽的细节描写。回忆柔石的笔触就更加细腻生动,如“我有时谈到人会怎样的骗人,怎样的卖友,怎样的吮血,他就前额亮晶晶的,惊疑地圆睁了近视的眼睛,抗议道,‘会这样的么?——不至于此罢?……”柔石的单纯善良的形象,活脱脱如在眼前。巧的是,作者回忆刘和珍生前点滴也是三处,但只有事件的概述。对于刘和珍几乎没有外貌描写,反复出现的是神态描写,比如出现了五次“始终微笑的和蔼的”,还有“虑及母校前途,黯然至于泣下”,相比较而言,较为笼统。

两篇文章对两组革命青年群体的不同称呼的背后,蕴含着作者不一样的深情。鲁迅先生均称本是学生的刘和珍、张静淑等为“君”,一个“君”字既是尊重,同时也保持了师生之间的距离。而当写到关系更为密切的白莽和柔石时,就直呼其名了,因为彼此之间若用“君”来相称,倒反而显得疏远了。

王振宁:与描写、记叙存在差异类似,两篇文章在抒情方式上也有不同。孙绍振曾将《记念刘和珍君》与《朝花夕拾》作比较,认为在《朝花夕拾》里因为有了时间和空间的距离,就是不善的行为举止也可能成为带着诙谐的亲切回忆;《记念刘和珍君》是针对现实的批判和赞颂,战斗性就不能不渗透在抒情性之中。

先看遣词用句。全篇21个自然段,有7个是以转折词开头的。以第四部分为例,5个自然段包含5个转折句:

但我对于这些传说,竟至于颇为怀疑。

然而我还不料,也不信竟会下劣凶残到这地步。

然而即日证明是事实了,作证的便是她自己的尸骸。

但段政府就有令,说她们是"暴徒"!

但接着就有流言,说她们是受人利用的。

鲁迅在此用了大量转折、递进虚词来表达震惊无语的情绪,像书法中的顿挫笔法,充满力度。

再看句式表达。"惨象,已使我目不忍视了;流言,尤使我耳不忍闻。我还有什么话可说呢?我懂得衰亡民族之所以默无声息的缘由了。沉默呵,沉默呵!不在沉默中爆发,就在沉默中灭亡。"鲁迅将长短句交替使用,整散句结合运用,使文章或缓或急,缓为急做缓冲,急才真正抒发出缓时郁闷于心的悲愤情怀,文章气势跌宕起伏、连绵不断,表现了很强的感染力。

周佳俊:《记念刘和珍君》一文第六部分,鲁迅引用陶潜《挽歌》(其三)中的四句:"亲戚或余悲,他人亦已歌,死去何所道,托体同山阿。"统编教材的注释说,本诗有青山埋忠骨之意,寄托了愿死者与青山同在的深挚感情。通读全诗,我们可以把它理解为:亲族们有的余哀未尽,别的人也停止唱挽歌了,死去有什么可说的?不过是寄托躯体于山陵,最后与山陵同化而已。"亲戚"可以指亲族、师友、爱人,在面对亲友死亡之后,有的余哀未尽,有的——那些真的猛士,则化悲痛为力量。

纵观全文,我们揣测鲁迅可能赋予原诗以新解。引用陶诗时,是否将"他人亦已歌"的"已"不作"停止"解,而作"已经"解呢?亦即不是他人"停止"唱挽歌,而是他人"已经"唱起歌来。若按此解,"他人"应有多种指代。一是指庸人,或指那些无恶意的闲人,根本不理解爱国青年的请愿和牺牲,认为不过是提供给人们一些饭后的谈资。二是指段祺瑞执政府,他们唱起的则是庆祝胜利的快乐的歌。三是指反动文人、有恶意的闲人,即所谓的流言家,他们和段政府互相勾结,充当段政府的帮凶。

至于"死去何所道,托体同山阿",还必须和段末"倘能如此,那这也就够了"联系起来看,它或许有两个含义:一是表达作者对于流言家们的强烈的谴责和愤恨。烈士们虽葬身地下,还要遭到下劣的流言家的污蔑诽谤,不得安眠;二是充分肯定烈士们的不朽精神,发出了向反动派开战的悲壮的呐喊。烈士们的死虽不能直接推动历史进程,但"既然有了血痕了,当然不觉要扩大",也将使"苟活者在淡红的血色中,会依稀看见微茫的希望",并激励"真的猛士,将更奋然而前行"。他们将与青山同在,成为激励后人的一座不朽的丰碑。

由此可见,鲁迅所引陶潜这四句诗高度概括、凝缩,饱含了作者深沉而强烈的思想感情,体现了含蓄、克制、曲折、隐晦的表达特点。

喻正玮:曲折隐晦的抒情特点在《为了忘却的记念》一文中其实表现得更加明显。如鲁迅在文章第四部分插入了一首七律来传达复杂深沉的感情。对照初稿,诗中有三处修改。一是改"度春时"为"过春时",鲁迅的"春时"是习惯在漫漫长夜当中度过的,在那久久不见"春光"的世上,这样的日子无疑是煎熬困苦的。二是改"眼看"为"忍看","眼看"似乎置身局外,有旁观的嫌疑,而"忍看",是"岂忍看,怎忍看,不忍看"的意思,充分表现出鲁迅面对革命青年被杀害时的悲恸、愤怒、无奈。三是改"刀边"为"刀丛",杀机四伏的"刀丛",更加凸显出国民党反动派制造白色恐怖、大肆屠杀革命青年的嚣张气焰。

喻正玮:《为了忘却的记念》一文中两处"不料(然而)积习却(又)从沉静中抬起头来"的作家意识的自觉,是鲁迅无法湮灭的战斗意志,这也渗透在文中其他几处典故里。他写柔石的"迂"近似方孝孺,是暗讽国民党反动派杀害柔石这样好的青年,就如同明成祖一样残暴无道。他写下这篇纪念文字就如同向秀写《思旧赋》,同样直指国民党反动派的凶残和暴虐。

当鲁迅不能尽情用文字来表达对柔石的纪念,就寻找其他隐秘的方式。在《北斗》创刊时,用珂勒惠支的木刻《牺牲》来诉说"母亲悲哀地献出她的儿子"的事实。此处既有他对柔石的母亲失掉了自己孩子的同情,也有自己失去了朋辈的愤怒,52岁的他更是将柔石当作了自己的孩子,因此他才会将这幅画的选录,当作"只有我一个人心里知道的柔石的记念"。鲁迅失掉了"很好的朋友","中国失掉了很好的青年",借这幅画他在"为一切被侮辱和损害者悲哀,抗议,愤怒,斗争"。

龚侃:在整体情感表达方面,两篇文章都包含了对革命青年的歌颂,对青年牺牲的悲痛,对反动势力的憎恨,对阴险文人的蔑视,对光明到来的信心,以及作为苟活者的愧怍。鲁迅在文中都将复杂的情感交织在一起,情感发展脉络都呈现出深沉内敛、曲折反复的特点。

相较而言,《记念刘和珍君》的情感发展呈现出更为清晰的蓄势过程。鲁迅的情感由开篇"只能如此而已""实在无话可说"的压抑克制,到文中"沉默呵,沉默呵!不在沉默中爆发,就在沉默中灭亡"的激烈喷涌,再到结尾"呜呼,我说不出话,但以此记念刘和珍君!"的满腔悲愤,情感的发展推进如同不竭的潮水,在层层曲折进退之中不断积蓄能量,奔涌向前。

《为了忘却的记念》全文共五个部分,在第一部分到第四部分的结尾,鲁迅都以一句闲笔中断情感的发展,有意地对情感的推进加以节制。如文章第一部分回忆白莽的纯朴、率真，却以对诗集流落的遗憾收尾。第二部分写柔石的"迂"和"硬气"，却以冯铿"体质是弱的，也并不美丽"这一与主体内容无关的语句收束。第三部分写到青年的被捕，但鲁迅又是以关心自己那本书的流落作为该部分的收尾。第四部分记录青年被捕牺牲的经过，以及鲁迅自己的境遇和心境，是文章情感的高潮，但这部分仍旧以鲁迅疑心白莽遗留诗集所署"徐培根"是否是白莽真名这一打断情感推进且似乎无关宏旨的闲笔收尾。

纵观《为了忘却的记念》一文，鲁迅都在情感借由回忆达到高点即将喷涌而出之际，以突如其来的闲笔戛然收束，如同在发热冒汗的人头上遽然浇下一瓢凉水。这种难以言说、凝绝不畅的情感表达，带给读者更为强烈的压抑、窒息之感，在诡谲的张弛变幻中呈现出强烈的艺术效果。这是《为了忘却的记念》情感发展值得关注的特点。

张慧腾：《为了忘却的记念》每一部分的结尾，看似是闲笔，但在结构上却有用意，比如第二部分的结尾："她（冯铿）的体质是弱的，也并不美丽。"后面在柔石的第二封信里，又提到了冯铿："且说冯女士的面目都浮肿了，可惜我没有抄下这封信。"如果前后勾连和对照，可以发现鲁迅的真正用意：虽然冯铿的体质是弱的，也并不美丽，但她的精神是强健的，是美丽的。鲁迅文章这些细致的语言表达中所蕴含的情感值得我们去关注与体会。

龚侃：从文章的结构看，《记念刘和珍君》围绕刘和珍的牺牲，先后说明了写作的缘起和意义、刘和珍斗争及牺牲的情形，抒发了满腔悲愤，总结教训并进一步鼓舞革命斗志。文章内容凝聚，结构展开过程清晰。《为了忘却的记念》集中回忆了五位烈士，记述了大量交往过程中的细节，穿插了鲁迅对这一时期自身生活状态和所思所感的回顾剖白，涉及的材料较多也较散。因此，鲁迅布局方面更侧重于较为熟悉的白莽、柔石，对另外三位烈士的着墨并不多。行文过程中，通过托柔石送书给白莽等细节，巧妙地将不同部分连缀起来，体现了鲁迅驾驭篇章的高超艺术。

尤其值得一提的是，鲁迅行文照应的艺术还体现在文章的局部处理上，往往耐人寻味。如在《为了忘却的记念》第四部分，鲁迅回忆两年前自己的心境时写道："我沉重的感到我失掉了很好的朋友，中国失掉了很好的青年，我在悲愤中沉静下去了，然而积习却从沉静中抬起头来。"在文章的第五部分，鲁迅又写道："我又沉重的感到我失掉了很好的朋友，中国失掉了很好的青年，我在悲愤中沉静下去了，不料积习又从沉静中抬起头来。"所记的心境前后时隔两年，用语竟几乎一致。通过进一步比较可以发现，鲁迅写两年之后的心境时，加用了两个"又"字，变"然而"为

"不料",称"我又沉重的感到""不料积习又从沉静中抬起头来"。可见,鲁迅心中的悲愤如同久久难以愈合的伤口,时时带给鲁迅强烈的痛苦,而且这种痛苦很可能是以没有预兆的方式突然袭来。所以说,鲁迅文章在细致照应中蕴含的深味,是值得反复体会的。

高绪燕：两篇"记念"都是以写人记事为主的纪念性散文,相比之下《记念刘和珍君》以抒情为主。全文七个部分,第一、第二部分哀痛感怀,第三部分怀念,第四、第五部分愤怒悲壮,第六、第七部分沉痛慨叹。从第一部分开始,浓烈的情感就时时贯穿于叙事之中,鲁迅把强烈深沉的抒情和平时冷静的记叙,以及深刻警策的议论紧密结合在一起,伴随着鲁迅的叙述回忆,读者心中激起强烈的爱憎。正如教材中"学习提示"所说："在情感表达上,《记念刘和珍君》是更为直露显豁、汪洋恣肆的。"

《为了忘却的记念》这篇散文则是以叙事为主,在叙事中夹杂着抒情议论。全文共分五个部分。第一部分开头就为全文点题,并奠定了悲愤的基调。前三个部分侧重于叙事,主要记叙白莽、柔石、冯铿的言行,第四部分开始,记叙柔石等青年被捕后的情形,以及作者的境遇,这一部分记叙和抒情并重。第五部分则是强烈的抒情语句,抒发了作者自己的情感,与开头遥相呼应。相较于《记念刘和珍君》,《为了忘却的记念》情感表达更为曲折隐晦。

总而言之,忍、怒、恨、悲、恸、哀……鲁迅在两篇文章里的情感是复杂且矛盾的。既有对反动当局残暴行为的愤怒、对某些健忘者的讽刺,又有对当时黑暗现实的无力感,对牺牲者的讴歌赞颂,甚至还有一些隐晦浪漫的抒怀,等等(比如那个"幸福者")。鲁迅复杂激烈的思想感情连同他自己特有的话语方式,构成了其曲折深沉的风格特点。

其实,"三一八"惨案之后问世的悼念文并不少,但是鲁迅是以他特有的至情至性的笔触,沉痛地哀悼、悲愤地控诉,重重地击打在了当时国人的心上。每一篇追忆的文字里,都可见先生笔法张力,以及他的人格力量,这应该是他这几篇悼念文章至今都能产生深远影响的原因。

詹丹：我想就《为了忘却的记念》结构处理方式谈谈自己的看法,鲁迅从白莽开始写起,写到柔石,再把柔石和白莽结合到一起写,我感觉鲁迅实际上是先从一个相对陌生的人物讲起的。白莽尽管跟他也认识,但是他后来回忆,二人见面次数是能够数得清的三次,但与柔石见面就频繁得多。所以从白莽到柔石,鲁迅采取的视角是从相对陌生的人物慢慢进入到相对熟悉的人物,这可以说是一种从边缘进入中心的写法。一般我们回忆几个人时,也许会从一个最亲密的人开始回忆起,慢慢写到疏远再写到不认识的、只知道名字的人物。但鲁迅不是,他的切入点恰恰是白莽,而不是柔石,鲁迅从疏远进入到核心,再慢慢退出来,从群体角度依次进行描写,最后回到自己。

此外,我们还可以把本文的内容结构理解为是以白莽、柔石等人被捕而分出的两大部分,被捕以前的第一、第二部分他重点写了白莽和柔石,第三部分是一个过渡,以被捕事件为界限,在第四部分,就重点写被捕后的一些事情,到了第五部分开始写他自身的感受。作家书写时有他自己的一种构思方式和安排材料的自觉,但我们在解析的时候,可以从不同的层面上来分析他怎么推进文章的。

三、为何"记念"

(一) 忘却与纪念

张慧腾:理解"忘却与纪念",首先要从鲁迅个人的生命体验出发。从"三一八"惨案中刘和珍、杨德群的遇害,再到左联五作家的牺牲,这30年来鲁迅所目睹的许多青年的血"层层淤积起来",对鲁迅而言真的太过沉重了,甚至令他"艰于呼吸视听",被"埋得不能呼吸",这种窒息感是非常真实的。鲁迅也坦言,自己写文章"并非为了别的",就是为了喘口气,让自己获得一些生存的空间,能够生活下去。可见为了摆脱悲哀是鲁迅写作的原因之一。

但是鲁迅是不可能忘却的,他恰恰在写作中去实现了对这些青年的纪念,当然这种过程是很痛苦的。鲁迅每回忆一次就经历一遍痛苦,文中诗改动的背后,其实是鲁迅个人体验的一种表达。《记念刘和珍君》里有一句话:"忘却的救主快要降临了罢。"从人的本性来说,人们都愿意去记住那些美好的、光明的、希望的、善良的,而去忘却那些悲痛的、沉重的、残酷的、惨淡的。但鲁迅一面在讽刺和批判那些"忘记"者,另一面他刻画出了一个与之相对立的概念或形象——"真的猛士",在《野草·淡淡的血痕中》称为"叛逆的猛士"。"真的猛士,敢于直面惨淡的人生,敢于正视淋漓的鲜血,这是怎样的哀痛者和幸福者?"而"叛逆的猛士""记得一切深广和久远的苦痛,正视一切重叠淤积的凝血,深知一切已死,方生,将生和未生。"鲁迅在这样的一种记忆中,拥有了看透历史和未来的深邃眼光。鲁迅也正是在对苦痛的承担和对牺牲的记忆中,获得了一种充实感,或者说一种幸福者的感受。

鲁迅是不愿意见到青年流血的,比如鲁迅在《记念刘和珍君》中写道:"人类的血战前行的历史,正如煤的形成,当时用大量的木材,结果却只是一小块。但请愿是不在其中的,更何况是徒手。"这个比喻里可以看到鲁迅对于牺牲的态度,他承认牺牲的价值就像木材转换为煤的过程,是必不可少的,但同时这种力量又是很有限的。

鲁迅更不愿意青年已经流了血,已经牺牲了,却被那些无恶意的闲人作为饭后的谈资,或者给有恶意的闲人作为流言的种子。鲁迅正是用一次又一次的记念,伴随中国社会的变动过程,来实现对青年牺牲意义的一次又一次的确认。比如《记念刘和珍君》里面他说到了中国女子坚韧勇毅的传统品格。在《为了忘却的记念》结尾说:"我不如忘却,不说的好罢。但我知道,即使不是我,将来总会有记起他们,再说他们的时候的。……"鲁迅选择"忘却",是因为他寄希望于将来,他召唤着后来者在新的社会语境中去重新确认这一段过往的历史。今天在座各位老师也是在像鲁迅所说的那样,作为后来者在纪念他们。

总而言之,鲁迅的写作某种意义上是他"忘却"的一种凭借,而"记念"最终又成为了他写作的结果。

周佳俊:鲁迅在《为了忘却的记念》开头强调:"只因为两年以来,悲愤总时时来袭击我的心,至今没有停止,我很想借此算是竦身一摇,将悲哀摆脱……"注意摆脱的是悲哀。"悲哀"和"悲愤"一字之差,意义却如天壤。悲愤是除了悲哀外,还有愤怒。长久的悲哀则会损害人的精神和体质,甚至会使人丧失斗争的勇气和力量,所以必须要摆脱它、忘却它。至于被敌人的卑劣的凶暴所激起的愤怒,则要牢记在心。如果忘却,就成为患了健忘症的苟活者,成了维持非人的旧世界的庸人。

《记念刘和珍君》里也有愤怒,鲁迅说:"我已经出离愤怒了。"统编教材注释中将"出离"释为"超出"。"超出愤怒"是一种怎样的情感?鲁迅紧接着又说,"我将深味这非人间的浓黑的悲凉",在深味之后,"以我的最大哀痛显示于非人间,……作为后死者的菲薄的祭品",这当然使他们快意。我们暂且可以把出离愤怒理解为超出离开愤怒之境而仅有哀痛的意思,但仅仅就是有哀痛吗?

鲁迅在《"碰壁"之后》中说:"正当苦痛,即说不出苦痛来,佛说极苦地狱中的鬼魂,也反而并无叫唤。"又在《小杂感》一文中说:"约翰穆勒说:'专制使人们变成冷嘲'。而他竟不知道共和使人们变成沉默。"鲁迅认为沉默应当是要留心的。他还在 1925 年写的《杂感》一文中说:"我们听到呻吟,叹息,哭泣,哀求,无须吃惊。见了酷烈的沉默,就应该留心了;见有什么像毒蛇似的在尸林中蜿蜒,怨鬼似的在黑暗中奔驰,就更应该留心了:这在豫告'真的愤怒'将要到来。"出离的愤怒的沉默,也就是酷烈的沉默,他不是不愿意说,而是不可说。

由此看来，这种沉默高于呻吟、叹息、哭泣、哀求，其发展应该是对于反动派纠缠如毒蛇，执着似怨鬼，毫不放松。再就是真的愤怒，他希望的是在沉默中可以爆发出"真的愤怒"来。我想，这或许才是"超出愤怒"。这或许才是鲁迅在反思牺牲的价值和意义。愤怒是不能够被忘却，是必须要被"记念"。

（二）沉默与言说

高绪燕：《野草》中有一句话："当我沉默着的时候，我觉得充实；我将开口，同时感到空虚。"在这两篇纪念散文中，读者能够感受到鲁迅深沉且克制的复杂情感。从鲁迅主动想说到沉默、到中间被迫想说、再到沉默、到最后重新主动想说，最终从写与不写的矛盾当中体现出来。

其实鲁迅一直是有想开口的欲望的，"无话可说"的原因，有军阀政府的凶残，反动文人的卑劣和自己"苟活偷生的惭愧"。沉默是自我保护，也是他当时仅有的选择。这里的沉默包含了很多复杂的情感内涵，有偷生的悲哀，无力反抗的消沉，更有自身经历的悲凉底色。从幼时父亲的病逝起，到后来青年时期留学日本，再到后来各种的文坛骂战，兄弟之间的嫌隙，两次被当局通缉，等等，这林林总总的一切构成了鲁迅性格的核心，他必然是会沉默的。沉默是鲁迅自我表达、对抗世界的一种方式。而在沉默的背后，我们能看出他内心深沉的悲愤。

鲁迅会沉默并不仅限于个人因素。他在《由聋而哑》一文中说："对于获得外国的精神生活的事，现在几乎绝对的不加顾及。于是精神上的'聋'，那结果，就也招致了'哑'来。"对外的隔绝造就了民族精神的"聋哑"。而这种"聋哑"又导致了民众的沉默、民族的沉默。他在《记念刘和珍君》里说："我懂得衰亡民族之所以默无声息的缘由了。"整个外部环境是畸形的，民众对外部世界是冷漠与麻木的。所以导致鲁迅这样说道："沉默呵，沉默呵！不在沉默中爆发，就在沉默中灭亡。"

但鲁迅不会一直沉默下去，他无法容忍自己像某些文人那样逃避现实。他若是少一分对民族、对时代的责任感，多一些闲情逸致，那他就不是鲁迅了。他更期望着"中国变成一个有声的中国"，人民将"大胆地说话，勇敢地进行，忘掉了一切利害，推开了古人"，发出"自己的声音"，"现在的声音"，"真的声音"啊！所以他还是开口了，以直面人生的呐喊，唤起民众的觉醒。

李云蕴：在这两篇纪念散文中，鲁迅的"沉默"归纳起来大致有三个原因。第一，不忍说。自己的学生以及曾经一起并肩作战的战友牺牲了，鲁迅慨叹"四十多个青年的血，洋溢在我的周围，使我艰于呼吸视听"，"呜呼，我说不出话，但以此记念刘和珍君！"以及"忍看朋辈成新鬼"，等等。可以想见，鲁迅先生在写下文章纪念革命青年的同时，要一遍遍地回忆起他们被残暴杀害的事实时，内心是有多么地不忍。第二，不愿说。如《记念刘和珍君》里写的："可是我实在无话可说。我只觉得所住的并非人间。"化用作者在《无花的蔷薇之二》中的那句名句，面对残忍的屠杀和烈士的牺牲，作者很有可能会觉得，自己用墨写成的文字，和烈士们用鲜血写就的历史比起来，实在太微不足道。第三，不准说。这一点，集中体现在《为了忘却的记念》一文中。如"可是在中国，那时是确无写处的，禁锢得比罐头还严密"等语句。从这些文字中，我们不难看出国民党白色恐怖时期，言论自由可谓被钳制到了无以复加的地步。

"沉默"本是现实的写照，是非人间的杀戮和国民的不敢言；而"言说"是鲁迅毅然为自己作出的最终选择。毁坏铁屋子和唤醒民众，是鲁迅毕生的使命和追求。"沉默"与"言说"这一冲突，成为鲁迅两篇散文悲愤交替的情感枢纽，形成一种冰火互现的美学奇观。

（三）绝望与希望

王振宁：绝望与希望常常交织在鲁迅的文字中。一方面，鲁迅以其敏锐和深邃看透了当时社会与人性的阴暗面，因而时时陷入绝望。《记念刘和珍君》中，鲁迅对下劣凶残的段祺瑞政府绝望，对反动的学者文人绝望，对默无声息的衰亡民族绝望，对某些中国人的人性绝望，对"苟活到现在的我"绝望，甚至还产生了对"记念"本身的绝望。

另一方面，鲁迅往往独自面对绝望，一次次在绝望的缝隙中反抗，最终一次次将希望传递给世人，尤其是青年人。因而，鲁迅对罹难者的亲人、师友怀有希望，对真正的猛士怀有希望，对中国的女性怀有希望，对所有坚强活着的人怀有希望。

正如鲁迅在《野草·希望》中引用裴多菲的诗句："绝望之为虚妄，正与希望相同。"鲁迅相信在绝望处一定存在希望，每个绝望之人必然因为曾经抱有希望，而有重燃希望的可能。所以鲁迅在《野草》的英文译本序文中写道："因为惊异于青年之消沉，作《希望》。"在《故乡》的结尾写道："希望是本无所谓有，无所谓无的。这正如地上的路，其实地上本没有路，走的人多了，也便成了路。"每一个还在前行的人，在没有道路的地面上前行的人就是希望本身。

喻正玮：如果说《记念刘和珍君》当中还有许多是战斗的笔触，而在读《为了忘却的记念》时，其实更感觉到的是悲哀与无奈。在文本中，忘却的救主不再是嘲讽之言，成为了他迫切渴望的东西。因为总时时来袭击他的许多青年的血层层淤积起来，将他埋得不能呼吸。

鲁迅的绝望情绪是愧为苟活者，眼见青年的牺牲而逐渐积累起来的。鲁迅借用《说岳全传》中高僧坐化的典故说："我不是高僧，没有涅槃的自由，却还有生之留恋，我于是就逃走。"这种逃走实际上却时时在煎熬着鲁迅的内心。他始终在拿柔石等青年的境遇与自己的境遇进行对比，这是作为苟活者的愧怍感，这种愧怍感时时在刺激着他的心，他的逃走不光是自己逃走，他还需要烧掉与朋友之间交往的明证。他要把能当做罪证的文字证据都找出来烧毁，对于他这么一个在乎文字资料的人，文字资料的损毁是非常大的心理打击。他在后文当中其实不止一次提到这些被烧掉的信件，还有几处提到了这些与青年们交往传递的书都落到了"三道头"之类的手里。他说书的遗失"岂不冤枉"，绝不仅仅是在痛惜这几本书、几封信，更是这些书信所承载的或自由、或亲切的文字，这些传递书的温厚的青年，乃至这些青年身上所拥有的对文学、文明的赤诚之心。

为了不那么绝望，鲁迅所能用的方式就是用墨迹来对抗"血迹"的淡陌。文章开头就有"我早已想写一点文字，来记念几个青年的作家"。这种"记念"是为了对抗时间的暴力，是为了对抗集体的忘却。鲁迅在《华盖集·导师》中说："我们都不大有记性。这也无怪，人生苦痛的事太多了，尤其是在中国。记性好的，大概都被厚重的苦痛压死了；只有记性坏的，适者生存，还能欣然活着。但我们究竟还有一点记忆，回想起来，怎样的'今是昨非'呵，怎样的'口是心非'呵，怎样的'今日之我与昨日之我战'呵。"至此，我们明白纪念文字意义是指向未来的，是为了让后来人能够脱离历史的死循环，是为了让后来的青年不再受历史中不断重演的"政治犯上镣"的酷刑，有自由言说的天地。鲁迅思想家的身份标识往往就体现在这样的地方，他总是用极其冷静的目光去审视历史本身，用文字不断地对已经发生的事实进行反思。对于刘和珍君等人的"徒手请愿"，他觉得"至于此外的深的意义，我总觉得很寥寥"。对于柔石等人对"看得官场还太高"的行为，他清楚地知道"政治犯而上镣，并非从他们开始"。

在纪念与忘却，沉默与言说的拉扯中，鲁迅在"月光如水照缁衣"的漫漫长夜最边缘处获得了希望，为后人寻找前行的力量与信念。

张慧腾：我们通过刚才的讨论，大致可以得出一个初步的结论：鲁迅为何"记念"？如果从对于青年牺牲这样的历史事实而言，是为了彰显出烈士的价值和意义；如果从现实社会的影响上说，是渴望唤起民众的反抗和觉醒；如果是就自我心灵世界的表达而言，应该是找寻前行的力量和信念。

乐燎原：今天的这个研读活动，我既是组织者、主持人，更是参与者、学习者。

我从以下几个方面谈谈学习心得。

其一，"苦难"与"新生"。鲁迅的这两篇"记念"散文，被编入选择性必修中册第二单元，归属于"中国革命传统作品研习"学习任务群。2021年是中国共产党成立100周年，同时也是刘和珍和杨德群等牺牲95周年，左联五作家牺牲90周年。通过本课的研习，我们要让当代青年学生充分体会革命英烈的崇高精神和伟大人格，感受其无私无畏的革命情怀和英雄气概，继承和弘扬革命文化，获得崇高的体验，以及革命传统的浸润。我们更要让年轻的一代永远铭记，在内忧外患、苦难深重的旧中国，正是中国共产党领导全国人民进行了艰苦卓绝的斗争，无数志士仁人前赴后继，浴血奋战，以巨大的奉献和牺牲，最终换来了国家的解放和民族的新生。

了解中国革命的伟大历史进程，思考中国革命的意义，理解革命文化的精神内涵，可以帮助当代青年更好地认识革命传统，树立正确的世界观、人生观和价值观，激发奋发向上的精神力量。这也是立德树人的大道和要道所在。

其二，"个体"与"群像"。《记念刘和珍君》一文，从文题看，鲁迅纪念的似乎仅仅是"刘和珍"一位烈士，但通览全文，鲁迅纪念的是在"三一八"惨案中伤亡的刘和珍等"三个女子"，纪念的对象同时包括在惨案中伤亡的"四十多个青年"；《为了忘却的记念》一文，纪念的是被国民党特务机关秘密枪杀的白莽、柔石等左联五烈士，纪念的对象还包括在同一天深夜里被秘密枪杀的十九位革命青年，以至"三十年来"殉难的难以数计的革命青年。因此可见，两篇纪念性散文悲悼和歌颂的，均是革命青年群像，寄托着鲁迅对无数青年牺牲的深切哀痛，表达对正义力量的信心，而不仅仅是刘和珍和"左联五烈士"，这是我们这次研读达成的共识。

其三，"读文"与"作文"。本单元的"语文素养"板块，教参上提供了一个阅读活动方案：拓展阅读革命文化作品，尝试自主编辑作品集。我个人建议，在强化拓展阅读的同时，还应该注重读写结合的训练。我以为，研习鲁迅的这两篇"写人记事为主的纪念性散文"，可以根据读写结合的原则，布置学生以"她们"（或"他们"）为题，以"三女子"（或"五烈士"）为写作对象进行写作，完成一次"读写结合"的训练。我以为设计这样的写作训练，可以落实选材上"点面结合"的写作基础知识，让学生知晓"点"是"面"不可分割的部分，而且还是表现人物整体风貌和基本品性的重要组成部分，它是加大作品深度和力度的重要方法。

其四，"纪念"与"前行"。2021年是鲁迅先生诞辰140周年，我们在此相聚研读鲁迅的作品，以一种特别的方式来缅怀并纪念鲁迅先生。"沉魄浮魂不可招，遗篇一读想风标。何妨举世嫌迂阔，故有斯人慰寂寥。"（王安石《孟子》）我们要引导当代青年学生弘扬鲁迅先生身上所体现出来的民族精神。为了中华民族的复兴大业,我们要像鲁迅先生那样坚定信仰,在新的征途上坚韧跋涉,执着前行。

专家点评

詹丹:今天我们研读活动开展的时间和场地都与鲁迅先生当年的情景存在一定的关联。从时间来看,鲁迅的这两篇回忆性文章均写于春季,我们也在春分时节开展本次活动;从空间上来看,我们今日研读场地景云里也是鲁迅先生在《为了忘却的记念》一文中曾提及的场所,我们今天在景云里研读鲁迅先生的文章也具有纪念意义。

首先我想谈谈时间的重要性。《无花的蔷薇之二》是鲁迅在刘和珍等牺牲当天所写,他说这是民国以来的最黑暗的一天;《记念刘和珍君》是鲁迅在刘和珍等殉难两个星期以后写的;而《为了忘却的记念》是左联五作家逝世两周年之际所写(1933年2月7日到8日)。如果我们把这三篇文章结合起来看的话,会发现一个耐人寻味的现象,《无花的蔷薇》共有九节,《记念刘和珍君》是七节,《为了忘却的记念》是五节,这三篇文章所分章节越来越少,而每节的内容却越来越多、越来越具体。虽然这样的分节对应与时间的关系也许是一种偶然,但我想,作者在写这种情感冲击很大的文章时,其实需要一个冷却期,如果鲁迅要把当天的感受用文字记录下来,他只能写断断续续的,只能以片段的方式呈现。但是经过一段时间的思考,情感在时间的延展中也渐渐被稀释,然后他才能以比较从容的姿态来写记叙性较强的《为了忘却的记念》,虽然他还说过,这两年里,悲哀总时时来袭击他的心,但他能这样反思自己,就说明已经相对冷静了。这种叙述方式的转变是时间的结果,从某种意义上来说,时间决定了情感的处理方式。鲁迅也经常会谈到时间,他认为,时间会稀释浓厚的血痕,让"忘却的救主"降临到人的头上。人确实不能够永远带着伤痛活下去,伤痛通过时间来慢慢淡化,实际上是人出于本能的一种自救。当然我现在说鲁迅对于文章节次的划分可能是一个偶然,但这个偶然应该有它的内在必然性。由此就会涉及文章内在的肌理性问题,我们看《为了忘却的记念》中这样两段几乎完全重复的文字:

在一个深夜里,我**站**在客栈的院子中,周围是堆着的破烂的什物;人们都睡觉了,连我的女人和孩子。我沉重的感到我失掉了很好的朋友,中国失掉了很好的青年……

今年的今日,我才**坐**在旧寓里,人们都睡觉了,连我的女人和孩子。我又沉重的感到我失掉了很好的朋友,中国失掉了很好的青年……

我们看到,两年之前,鲁迅是站在院子里,那是一种焦灼不安的情绪,而两年以后写回忆性文章的时候,鲁迅才坐在公寓里,经过两年的时间变化,鲁迅才可以稍微从容地写下这篇文章。所以,时间的问题既是情感的问题,也是文章肌理的问题,从两年前的站到两年后的坐,姿态改变了,这是鲁迅真实的状态的反映。由此我还想到,时间问题也涉及文体的互文关系。在《为了忘却的记念》中,他引了两年前所写的无题诗,你会发现在当时他情绪非常悲愤时,最多也只能写出一首凝练的诗而已,而两年之后他才可以写出一篇较长的记叙文,这还是一个文体的转化。在这里,长文章与一首小诗同时呈现,构成了内敛的、深层的情感与稍微释放的情感的互为转换。

鲁迅纪念"他们"的文章还是比较多的。他不单写了《记念刘和珍君》和《为了忘却的记念》,还写了《忆韦素园君》《忆刘半农君》《关于太炎先生二三事》《范爱农》等文章。我们会发现鲁迅这种回忆性的文章成了他的一种比较独特的,甚至成体系性的文章,他既回忆老师,也回忆自己的同伴和学生,他的回忆对象涵盖了几代人。我认为此类文章对于鲁迅来说有非常特殊的意义。原本亲密朋友突然的离开给他的生活造成了一种断裂。于是他借助于这种断裂来思考他人与他所处的时代、他人与自己生活的状态。不管我们怎么来判断鲁迅,但是鲁迅对自己、对自己的时代是有一个反思的过程的。我们知道鲁迅在小说中频繁使用"我",在一定程度是反思自己或者自己的某个侧面,其实在回忆性的文章里面,"我"更是始终在的,"我"的时代始终在的。他借助于回忆某些人的"离开"世界,来思考人与时代的远近关系,也是在借助于这样的回忆,来进行一种自我的反思。这种回忆性文章中所蕴含的反思精神区别于古代怀旧性文章,这是鲁迅文学现代性的表现。另外一方面,正因为这类回忆文章有很强烈的时代性,所以当他在进行反思的时候,他不完全是立足在私人情感上,鲁迅说:"我沉重的感到我失掉了很好的朋友,中国失掉了很好的青年。"他的思维始终是双向的。他即使在写很私人化的一种情感关系的时候,始终会有一个很开阔的视野,或者换一句说法,他始终有一种公心在。这种开阔的视野也是不同于传统的怀旧性的文章的地方。也正因为有公心在，所以他的回忆就有着直面真相的勇气，有表达自己真实想法的坦诚，即便他的观点与他回忆的对象的思想并不一致。比如他在纪念刘和珍、表达他巨大悲痛的同时，他直言并不赞同他们徒手请愿的做法；在《范爱农》中，他写他们曾经彼此讨厌；而在《忆刘半农君》中，他更直言"我爱十年前的半农，而憎恶他的近几年"。但因为是出于公心，所以他补充说，"这憎恶是朋友的憎恶，因为我希望他常是十年前的半农，他的为战士，即使'浅'罢，却于中国更为有益"。

我们读一篇文章或者读两篇文章。既可以往深处走，也可以往外走。比如讲到怀旧性的问题，我们可以将鲁迅怀念性的文章与古人怀念性文章进行对比，这两种区别在哪？鲁迅是怎么从一个传统意义上的怀旧、伤感转向了现代意义的一种纪念？这些都是我们可以思考的本质性的问题。

还有一些细节性问题，我在读文章过程中突然想到，这两批青年的去世场合是不一样的，刘和珍是在光天化日下被杀害的，柔石等人是在1931年2月7日晚上或者2月8日的凌晨在黑夜里被秘密杀害的，你会发现鲁迅其实有意识地将"黑夜"处理为一种意象。黑夜既是一个写实的时间，同时也成了一种意象。鲁迅在诗里面就写道"惯于长夜过春时"，这里"长夜"就作为意象性的概念出现。包括鲁迅《为了忘却的记念》的落款时间也是故意为之，我想，鲁迅不一定真的从2月7日晚上写到第二天早晨，他只是为了把自己写作的时间对应于柔石等人牺牲的时间段。或者说，《为了忘却的记念》的落款时间表示鲁迅要阻挡时间的流转，使得这个时间点永远停留，一方面说要忘却，一方面却不能忘却，这个落款时间，就显示了鲁迅的共情体验，其用意非常深刻。

第七堂课

经典形象阿 Q 的回望与展望
——《阿 Q 正传》教学五人谈

◎**主　　讲**：樊新强(上海中学语文教师,上海市语文特级教师)

◎**点评专家**：邹一斌(上海市教委教研室语文教研员)

◎**对谈嘉宾**：昂俞暄(上海中学语文教师)、方婧(上海中学语文教师)、郭秋媛(上海中学语文教师)、汪妍(上海中学语文教师)

◎**时　　间**：2021 年 11 月 3 日 15:00—16:30

◎**地　　点**：上海市虹口区横浜路 35 弄景云里 13 号景云书房暨鲁迅与文化名人陈列馆

樊新强：作于 1921 年的《阿 Q 正传》，距今恰逢百年；而其中的主人公阿 Q，依照小说中"将到'而立'之年"的说法，也该到 130 岁的"诞辰"了。如今回望这部 100 年前鲁迅先生以笔名"巴人"，初刊在孙伏园主编的《晨报副刊》"开心话"栏目，后被归入"新文艺"栏目连载的中篇小说，我们会惊觉：关于它的研究与争论从未停止，它的内涵与价值非但未因时代变迁减损分毫，反而常读常新，甚至令人掩卷沉思之时，仍觉跨越时空的文字背后的"呐喊"振聋发聩。无怪乎当时主编《小说月报》的沈雁冰，即后来成为现代文学巨匠的茅盾，只眼独具，洞察到刚问世四章的《阿 Q 正传》的伟大价值，称："《晨报副刊》所登巴人先生的《阿 Q 正传》虽只登到第四章，但以我看来，实是一部杰作。你先生以为是一部讽刺小说，实未为至论。阿 Q 这人，要在现代社会中去实指出来，是办不到的；但是我读这篇小说的时候，总觉得阿 Q 这人很是面熟，是呵，他是中国人品性的结晶呀！"

但鲁迅先生的作品也往往被视作是"硬骨头"，对学生而言尤其如此。统编高中语文教材中收录的《拿来主义》《祝福》《记念刘和珍君》《为了忘却的记念》等鲁迅作品，篇篇经典，也篇篇教人犯难。而对于这篇 3 万余字，披着"滑稽"外衣的小说，我们可以从哪里着手呢？小说原是以主人公阿 Q 来命名，我想，不妨回到小说的三要素之一——人物，围绕"阿 Q 何许人""阿 Q 形象有何意义""阿 Q 的形象是如何呈现的"，以及"如何看阿 Q 以外的未庄人"几个问题对小说进行解读。

一、阿 Q 何许人

昂俞暄：关于"阿 Q 是一个怎样的人"，我们自然可以由小说提供的模糊信息，同登记人物档案一般填上：阿 Q 是一个生活在未庄，然姓名、籍贯不详，并无家人，靠做短工维持生计的雇农，若要说特征的话，大概就是头皮上的癞疮疤了。但显然，对人物的分析不能仅停留在文字的表层。于是乎，学生们往往首先选择借助网络进行搜索，搬出各路名家的评论分析，这位说阿 Q 是"中国人各种劣根性的结晶体"，那位说阿 Q"是辛亥革命前后的农民典型"，便深以为然，引为己论。名家评论解析无疑是帮助我们理解文章的重要材料，但解读文学作品中的人物理应首先回归原文的阅读。因此，要回答"阿 Q 何许人"这个问题，我们不妨从直接的阅读感受开始——

读《阿Q正传》时,我心中总有这样一个问题:阿Q像是一个现实的活生生的人吗?且不论他是个无名无姓无籍贯的"三无产品",他的言行和所谓的"精神胜利法"也未免太过荒诞滑稽:一个光棍竟在不屑于未庄两位文童的爹爹——赵太爷和钱太爷时,自负地想:"我的儿子会阔得多啦!"被人揪住黄辫子,在壁上碰了四五个响头,阿Q想到"我总算被儿子打了,现在的世界真不像样……",竟也能心满意足得胜一般离开,甚至在自轻为"虫豸"后觉得自己是第一个能够自轻自贱的人而很是愉快。一个仅仅为了捉虱子要与王胡动手争个高下的人,却又对赵太爷和地保逆来顺受。出于生理本能,阿Q直接对吴妈跪下道"我要和你困觉",却又深恶痛绝于"假洋鬼子"的假辫子,以为没了做人的资格……当然最让人难忘的还是被判了死刑后,他非但对死亡毫无知觉,反倒因为画押的圆圈画得不圆而羞愧,以为是"行状"上的一个污点,却又随后以"孙子才画得很圆的圆圈"的理由释然了。

这样看来,阿Q属实是个异乎寻常、自相矛盾的人物了。这一点,是学生在自主阅读过程中普遍可以感受到的。要归纳阿Q的具体形象特征也尽可以采取教学中常用的办法:一是概括小说的主要情节,比如统编高中语文选择性必修下册课文节选的本文第二章《优胜记略》中"闲人"欺侮阿Q事件,第三章《续优胜记略》中王胡打阿Q事件、"假洋鬼子"打阿Q事件、阿Q欺侮小尼姑事件等,由情节去分析人物形象。二是品读小说的人物描写,比如在写阿Q赌赢了钱却在打架后被抢走,他消除失败的苦痛时的动作和心理描写:"他擎起右手,用力的在自己脸上连打了两个嘴巴,热剌剌的有些痛;打完之后,便心平气和起来,似乎打的是自己,被打的是别一个自己,不久也就仿佛是自己打了别个一般,——虽然还有些热剌剌,——心满意足的得胜的躺下了。"厦门大学林兴宅教授在他的论文《论阿Q的性格系统》中,已经将阿Q的性格系统地归纳为对立统一的十组元素——"质朴愚昧但又圆滑无赖,率真任性而又正统卫道,自尊自大而又自轻自贱,争强好胜但又忍辱屈从,狭隘保守但又盲目趋时,排斥异端而又向往革命,憎恶权势而又趋炎附势,蛮横霸道而又懦弱卑怯,敏感禁忌而又麻木健忘,不满现状但又安于现状",并且认为"正是各种性格元素的不协调的对比使阿Q性格具有浓厚的滑稽意味。阿Q的本色在他所处的恶劣环境中是不适生存的,因此自我就发生分裂,形成双重人格。真正的自我只好退回内心,沉醉在躲避现实的虚妄幻想中。而经常表现出来的则是人格的另一面,即被封建社会严重扭曲的自我,它是在丧失自由意志的情况下实现的,是为了适应恶劣的环境以维持个体的生存。很清楚,两重人格既是对自我的消极维护,又是对恶劣环境的痛苦适应。所以一方面是退回内心,一方面是泯灭意志。……这三个特征是互为因果的,构成了阿Q性格的复杂性。"

林教授的评析当然很有见地,对学生来说也颇具参考价值。但我还是想回到开头的那个问题:阿Q像是一个现实的活生生的人吗?我想,答案是否定的。阿Q更像是一个有些象征意味的抽象化人物,就好像漫画里夸张的人物,你在现实中绝对找不出这么一个人,但看了画的又分明能觉出画作者的讽刺在现实中的所指。这个时候,回到前面提到的阿Q的"三无"状态,我们或许可以认为这是鲁迅先生有意的设计,而且是高明的安排。

故意模糊、隐去主人公姓名来历的这种手法,会让我们联想到另一篇课文《种树郭橐驼传》。这篇传记的主人公郭橐驼也是"不知始何名",柳宗元为人物作传,实际是一篇带有政治色彩的讽喻寓言。这与《阿Q正传》确有异曲同工之妙,暗示阿Q并不是指某一个真实人物,而是传递讽喻的象征符号。

但《阿Q正传》的这个处理还有更重要的意义。读完小说的九章,回过头来会觉得第一章的《序》是很特别的,不那么像我们平常读的书序,并且从小说的结构看,这个序的篇幅似乎也过长了。但这个序绝非可有可无,正因为第一章《序》中,鲁迅将阿Q的姓、名、籍贯都变得一片渺茫,唯一确凿的是"阿"字非常正确,可就像我们平常说"阿猫阿狗",这个"阿"不过是个前缀,反倒更加显示出阿Q的渺茫来。阿Q住的"未庄",也叫人疑心莫非是个子虚乌有之乡?不知道鲁迅先生在这里有没有以"未庄"为"未有之庄",用了《红楼梦》里"十里街"(势力街)、"仁清巷"(人情巷)、"假语村言"、"真事隐去"一般的暗示?但读完《阿Q正传》也真让我想起了"满纸荒唐言,一把辛酸泪。都云作者痴,谁解其中味?"总之,这种虚化的处理越发让我们体会到这个人物的抽象性,而抽象性也意味着这个人物指向的是一类人,乃至全部的人。也就是说阿Q身上所展现的各种性格特征是具有整体性和综合性的,我们不能将它们具体落实到某一个人身上,解读为一个人的单一呈现。试想一下,如果鲁迅先生给了阿Q一个"赵月亭""赵贵"之类的名姓,非但不能增加小说的真实感与可信度(鲁迅先生本意大概也不在此),反而叫人读着觉得不太合理,甚或有人据此作出一番原型考证研究,岂不大煞风景?

这个时候再去读名家评析,我觉得就豁然开朗了。为什么周作人会说"阿Q这人是中国一切的'谱'——新名词称作'传统'——的结晶,没有自己的意志而以社会的因袭的惯例为其意志的人,所以在现社会里是不存在而又到处存在的"。并且称阿Q"是一个民族的类型",是"一幅中国人品性的'混合照相'"?鲁迅提到过高一涵在《现代评论》上发表的《闲话》讲的情形:"……我记得当《阿Q正传》一段一段陆续发表的时候,有许多人都栗栗危惧,恐怕以后要骂到他的头上。并且有一位朋友,当我面说,昨日《阿Q正传》上某一段仿佛就是骂他自己。因此便猜疑《阿Q正传》是某人作的,何以呢?因为只有某人知道他这一段私事。……从此疑神疑鬼,凡是《阿Q正传》中所骂的,都以为就是他的阴私;凡是与登载《阿Q正传》的报纸有关系的投稿人,都不免做了他所认为《阿Q正传》的作者的嫌疑犯了!等到他打听出来《阿Q正传》的作者名姓的时候,他才知道他和作者素不相识,因此,才恍然自悟,又逢人声明说不是骂他。"这种情形为何会发生呢?就是我们上面提到的,在解读阿Q形象时不能忽略的这个人物的抽象性。

樊新强:所以沈雁冰先生也说:"阿Q这人,要在现代社会中去实指出来,是办不到的;但是我读这篇小说的时候,总觉得阿Q这人很是面熟,是呵,他是中国人品性的结晶呀!"眼光是很毒辣的。

昂俞暄:阿Q形象的抽象性给小说问世后,想尝试用别的艺术形式呈现阿Q形象的版画、漫画、话剧、影视等创作家该是出了很大的难题。鲁迅生前,上海《戏》周刊就刊登过几幅阿Q的话剧舞台造型像,陈铁耕、刘岘等木刻家也创作过《阿Q正传》的木刻插图。鲁迅在《寄〈戏〉周刊编者信》中说:"在这周刊上,看了几个阿Q像,我觉得都太特别,有点古里古怪。我的意见,以为阿Q该是三十岁左右,样子平平常常,有农民式的质朴,愚蠢,但也很沾了些游手之徒的狡猾。在上海,从洋车夫和小车夫里面,恐怕可以找出他的影子来的,不过没有流氓样,也不像瘪三样。只要在头上戴上一顶瓜皮小帽,就失去了阿Q,我记得我给他戴的是毡帽。这是一种黑色的,半圆形的东西,将那帽边翻起一寸多,戴在头上的;上海的乡下,恐怕也还有人戴。"经作者本人这么一形容,阿Q的形象似乎具象了一些,但仔细想想,怎么从车夫里找出阿Q的影子来呢?与流氓、瘪三样不同的狡猾又该是怎样的呢?其实还是留给了我们很大的空间。如果让学生发挥想象,用文字或者绘画的形式描摹一下"阿Q相",该是很有意思的。

樊新强:另外,我们要提醒学生,不要只是把阿Q当做一个滑稽来看,如果读完小说只是轻巧一笑,那未免还是处理得浅显了,也不符合鲁迅先生的本意——他写过:"果戈理作《巡按使》,使演员直接对看客道:'你们笑自己!'……我的方法是在使读者摸不着在写自己以外的谁,一下子就推诿掉,变成旁观者,而疑心到像是写自己,又像是写一切人,由此开出反省的道路。"下面我们对阿Q形象意义和鲁迅创作阿Q形象的可能意图的探讨,就是要来看看小说里做了何种反省。

二、阿Q形象有何意义

方婧：鲁迅在《我怎么做起小说来》中提及自己创作"多采自病态社会的不幸的人们中，意思是在揭出病苦，引起疗救的注意"。阿Q的"精神胜利法"的内核其实是当时国民愚昧麻木、精神荒芜的体现。当时的人们难以保有尊严和思想，精神世界一片荒芜，人生价值只剩下"苟活"，这是一种"人的退化"。而鲁迅希望能以阿Q来引起人们的思考和反省，以直击要害的批判，毫不容情地讽刺来揭露国民思想深处的劣根性，使得国民能够了解自己本性中的弱点、思想上的沉疴，做到对症下药。

阿Q是鲁迅所描摹出的"一个现代的我们国人的魂灵"，许广平曾说过阿Q是用来"讽刺国民性的弱点"，汪卫东分析阿Q国民劣根性的根本原点在于"私欲中心"。在20世纪20年代，半殖民地半封建社会中的国民在层层盘剥之下，以"精神胜利法"来求得虚妄的心理安慰，丧失了人的尊严，他们就宛如"虫豸"一般，求做人而不得，只能呈现矛盾的姿态。

"我们先前——比你阔的多啦！你算是什么东西！"

阿Q又很自尊，所有未庄的居民，全不在他眼神里，甚而至于对于两位"文童"也有以为不值一笑的神情。

"打虫豸，好不好？我是虫豸——还不放么？"

阿Q的自尊自大和自轻自贱是相伴而来的。过度的自尊自大是自卑与愚昧的表现，阿Q想要获得重视而不可得，只能以盲目自尊来掩饰自我。而他人对自己的轻蔑和忽视也让阿Q不得不选择"自轻自贱"的方式来自我防御，在别人侮辱自己之前先自我轻贱，以此来规避他人的侮辱。而当对自我轻贱这些心理暗示不起作用时，阿Q就会实际性地惩罚自己的行动，这是"自轻自贱"的升级版。如："打完之后，便心平气和起来，似乎打的是自己，被打的是别一个自己，不久也就仿佛是自己打了别个一般，——虽然还有些热剌剌，——心满意足的得胜的躺下了。"

这种自我折磨反而能够带给阿Q满足感和胜利感，可见阿Q的病态心理和错误认知已经十分严重了。这样的病态人格正是鲁迅所批判的"国民性"的缩影。

我们把作品放到历史背景中去看。阿Q不断嚷嚷着要参与革命，然而小说中所呈现的"革命"形态却是混乱的、荒诞的。我们可以从"革命者""革命目的""革命行动""革命结果"来分析小说中所描绘的辛亥革命情况。下面用一个表格来呈现：

	革命者	革命目的	革命行动	革命结果
文本	(1) 只见假洋鬼子正站在院子的中央,一身乌黑的大约是洋衣,身上也挂着一块银桃子,手里是阿Q曾经领教过的棍子,已经留到一尺多长的辫子都拆开了披在肩背上,蓬头散发的像一个刘海仙 (2) 赵秀才消息灵,一知道革命党已在夜间进城,便将辫子盘在顶上,一早去拜访那历来也不相能的钱洋鬼子。这是"咸与维新"的时候了,所以他们便谈得很投机,立刻成了情投意合的同志,也相约去革命	(1) 这时未庄的一伙鸟男女才好笑哩,跪下叫道,阿Q,饶命…… (2) 东西,……直走进去打箱子来:元宝,洋钱,洋纱衫,……秀才娘子的一张宁式床先搬到土谷祠,此外便摆了钱家的桌椅,——或者也就用赵家的罢。自己是不动手的了,叫小D来搬,要搬得快,搬得不快打嘴巴 (3) 赵司晨的妹子真丑。邹七嫂的女儿过几年再说……	(1) 打砸静修庵"皇帝万岁万万岁"的龙牌,打伤尼姑,劫掠宣德炉 (2) 破案,冤杀阿Q (3) 剪辫子	(1) 知县大老爷还是原官,不过改称了什么了,而且举人老爷也做了什么——这些名目,未庄人都说不明白——官,带兵的也还是先前的老把总 (2) 赵家被抢劫 (3) 群众目睹阿Q被枪毙
分析	小说中这些积极投身于革命事业的人物,既有如"假洋鬼子"一样的夸夸其谈者,也有如赵秀才一样的投机者。小说用辛辣的口吻嘲讽这些"假革命者",他们并没有深刻的思想认识和革命热情	这段文本展现了阿Q对于革命未来的幻想,体现了阿Q参与革命的真正目的在于自己成为"奴隶主"。在他的幻想中,他可以主宰他人的生命,劫掠财富和女人。可见,革命并不能真正带来民主与共和,仍然只是旧秩序的重建	辛亥革命旨在推翻清朝专制帝制、建立共和政体,是一场民族民主革命。然而小说中呈现的革命行动却是以"反封建"之名,行戕害百姓之实。尼姑和阿Q作为社会的贫苦百姓,在革命中遭受迫害打击	这一场革命并没有从根本上改变人民被压迫、被欺辱的命运,反而更像是一场闹剧,制造了社会混乱和不安。而其等级社会的剥削本质依然存在,封建官僚不过是换了个"名目"继续盘踞于人民之上

鲁迅通过阿Q之眼呈现出一副辛亥革命的众生相,包含着鲁迅对于辛亥革命的深刻反思与批判。这场未能发动广大群众,最终被他人窃取果实的不彻底的革命,在打破了旧制度之后,未能有效建立新制度,反而止步于"剪辫子""换名号"这种形式主义。汹涌的革命潮流之下,如阿Q这样的人所谓的"革命",与其说是追求

民主共和,不如说是为改善自身生活境况而作出的一种本能挣扎。

弗洛伊德曾提出,梦境是人无意识欲望的呈现,是理解潜意识心理过程的捷径。阿Q的梦中充斥着"威权、财富和女人",这是他在现实生活中难以获得的。他在梦境中的臆想展现了民众对于辛亥革命的认识是全然陌生的,能够打动他的仍然是基于物质需求的切身利益。侯外庐曾提及阿Q是中国民主革命的一面镜子,其"Q"可以解读为"question",反映当时中国社会诸多问题,也反映了这场不彻底的反帝反封建运动依然难以解决这些问题,反而留下来更多的难题。

还有一个值得注意的问题,作家一般会将同情怜悯的目光投向那些"被压迫者"、而将批判的匕首投向那些"压迫者"。而在《阿Q正传》中,鲁迅并没有完全局限于阶级,而是沉重地提出了一个全民性的思想难题——国民劣根性,这在上文中已经有所提及。但也有学者提出阿Q不仅仅是"卑劣国民性"的展现,实际上阿Q身上展现的是人类共通的人性弱点。而班纳吉则明确指出:阿Q"是被奴役过的国民所共有的",阿Q的特性并不是传统中华文化所缔造的,而是在特殊历史时期、极端社会矛盾之下催生的。

读阿Q,不能忽略他的身份,他是一个贫苦的农民,是一个无产者,是一个被压迫者,是一个"奴隶"。但其实,所谓的压迫者与被压迫者之间并无绝对的界限,他们都有着"奴性"的桎梏。鲁迅曾在《灯下漫笔》中提及长久以来国人其实主要在"暂时做稳了奴隶"和"想做奴隶而不得"中徘徊,已经习惯于奴隶的思维模式。更有甚者,如清朝的遗老遗少,更是将成为奴隶当作是一种资格和荣耀。

在阿Q的记忆上,这大约要算是生平第一件的屈辱,因为王胡以络腮胡子的缺点,向来只被他奚落,从没有奚落他,更不必说动手了。而他现在竟动手,很意外,难道真如市上所说,皇帝已经停了考,不要秀才和举人了,因此赵家减了威风,因此他们也便小觑了他么?

阿Q将自己输于王胡视作"生平第一件"屈辱,是因为阿Q默认自己的地位是高于王胡的,然而高出的理由是因为赵家人考上秀才做了皇帝的奴隶,因此具有比其他奴隶高级的地位,从而使得阿Q认定同姓的自己也有相同的地位和特权。可见阿Q的心理优越是由"坐稳了奴隶"而换来的。

而被赵老爷、王胡和假洋鬼子欺辱的阿Q,转而去欺辱小尼姑。

他于是发生了回忆,又发生了敌忾了。

敌忾的词义为"抗御所愤恨的（人或东西）"，阿Q被人欺辱，其所愤恨的并不是直接伤害他的人，而是无辜的尼姑。虽然同是未庄社会的底层的被压迫者，但他们并无同仇敌忾，反而将彼此视作"敌人"。并不是所有的"被压迫者"都会举起反抗的旗帜，那些"被压迫者"在比自己低一等级的人们面前，摇身一变成为"压迫者"，他们不仅自己做不了反抗者，也希望身边所有人和自己一样欢喜地做着奴隶。

在数千年封建等级社会观念的摧残下，当时各个阶级的人的心灵都遭遇了一定程度的扭曲。赵老太爷、吴妈、未庄的人们都奉行着一套同样的生存法则，即对上摆出一副奴隶的姿态，而对下则勒令对方做自己的奴隶。这种森严的等级制度周而复始，即便历史上的改朝换代，也不过是如阿Q所见的辛亥革命一样，换个人、换个名目做压迫者，重复一段"吃人的历史"。封建社会摧残人性不仅在于物质方面的压迫，更在于潜在的精神上的不断矮化和异化，让人难以"成人"。

三、阿Q的形象是如何呈现的

樊新强：上面我们讨论了《阿Q正传》这篇小说中主人公阿Q的形象及其意义与价值。那么，阿Q这个人物形象是如何被呈现出来的呢？

小说，作为叙事作品其实是一个完整自足的体系，有其独特的结构层次。其中就有研究叙述者、作者和读者关系的叙述层。叙述者是分析一部叙事作品的关键概念，通常指涉讲述故事的人，关注重点为叙述者的身份、在场与缺失，介入叙事场景的程度及其在叙事中的功能等。鲁迅的许多作品都不乏叙述者的存在。初中学过的《孔乙己》中的咸亨酒店小伙计就是典型的叙述者，故事的开篇明确表明了叙述者的在场，"我"从十二岁起就在镇口的咸亨酒店里当伙计，因掌柜说样子太傻，怕侍候不了长衫主顾，就在外面做事。统编高中语文必修下册的《祝福》中同样存在叙述者"我"，一个回到家乡的知识分子，也是故事的次要人物之一。因而，在课堂上，我们可以沿着这两篇文章的叙述视角，继续引导学生关注叙述者"我"的存在方式、叙述方式和作用，并进而尝试探究叙述之"我"与作者之"我"的关系。

郭秋媛：有些学者认为《阿Q正传》为零聚焦全知型视角，"叙述者对阿Q的外貌衣着、内心活动、生活环境，以及旁人对他的评价等方方面面了如指掌。鲁迅采用这一视角，从一个高高在上的角度将阿Q这一人物完整无缺地展现在了我们的面前。"（田俊武《鲁迅〈阿Q正传〉的叙事视角初探》）然而，在我看来，这一观点是值得质疑的。

《阿Q正传》的开篇就点明了叙述者的身份为"我"，即阿Q传记的写作者。

"我要给阿Q做正传，已经不止一两年了。但一面要做，一面又往回想，这足见我不是一个'立言'的人，因为从来不朽之笔，须传不朽之人，于是人以文传，文以人传——究竟谁靠谁传，渐渐的不甚了然起来，而终于归结到传阿Q，仿佛思想里有鬼似的。"从叙述上来说，叙述者"我"刚出场的时候离阿Q是有一定距离的。首先，"我"在思考作传的名目时，特地表明"自传么，我又并非就是阿Q"，似乎在刻意提醒读者要关注"我"的存在，我决不等同于阿Q；其次，阿Q的姓、名字、籍贯，"我"一概不清楚，"我"能确定的只有"阿"，再次强化了这种距离感。此外，通过第一章中"我"对阿Q以上信息的询问，我们甚至可以看到"我"与赵秀才的相熟关系："我也曾问过赵太爷的儿子茂才先生，谁料博雅如此公，竟也茫然，但据结论说，是因为陈独秀办了《新青年》提倡洋字，所以国粹沦亡，无可查考了"，"这近于盲从《新青年》，自己也很抱歉，但茂才公尚且不知，我还有什么好办法呢"。"我"与赵秀才当同属读书之人，且应该还是赵秀才的仰慕者。尽管"阿之正确""博雅""仰慕"均为反语，具有强烈的讽刺意味，但亦可管窥这位叙述之"我"的身份、地位、才学、籍贯等基本情况。基于这些情况的叙述者"我"，其对阿Q的了解与理解必然是有限的。

理解"我"的叙述方式和作用，我认为需要关注以下几个方面：弱化与泛化、心理揣摩、喻体呈现和语体呈现。

首先，第二章《优胜记略》开始，叙述之"我"直接存在被弱化，"我"也不再直接交代任何自己的相关信息，就算出现，也是以"我们"这一泛化的形式自居，如第四章《恋爱的悲剧》中议论性的语句有"然而我们的阿Q却没有这样乏""我们不能知道这晚上阿Q在什么时候才打鼾……即此一端""我们便可以知道女人是害人的东西""我们也假定他因为女人，大约未必十分错""我们虽然不知道他曾蒙什么明师指授过"。这一连串的以"我们"开头的评论性语句，无一不是将"叙述之我"隐藏、弱化、泛化的一种方式。"我们"是哪一些人呢？根据叙述之"我"的身份可以理解为同时代的读书人，从读者的角度也可以理解为正在阅读小说的读者们。"我们的阿Q"这一语言形式，也可以理解为与叙述者同乡的阿Q、或者与叙述者同根同族的我们所有中国人。由此，弱化、泛化叙述之"我"便有促使读者思考自身与阿Q这一抽象意味的人物之间的关系的作用，从而达到催人反躬自省的效果。

其次，叙述者"我"通过揣摩阿Q心理，一方面用于塑造阿Q形象，另一方面也展现着"我"与阿Q心理的隔膜。用表示非确定性的副词表达来描写阿Q心理，是本文的一大特点。据统计，用以揣摩阿Q心理的"似乎"有27处，"大约"有7处，"仿佛"有13处。叙述者若为全知全能的上帝视角，上述表示非确定性的副词便全部省略才好,然而作者似乎在有意突出叙述者的视角之有限,展现了其不能完全了解阿Q之困境。叙述之"我"在描述阿Q心理时的另一特点是选择他所熟知的经验或感受作为喻体,如第五章阿Q冒险爬进尼姑庵却几乎要一无所获时,是这样描述的"阿Q仿佛文童落第似的觉得很冤屈","我"与赵秀才相熟,自然懂得文童落第的冤屈,但阿Q只是靠出卖劳动力为生的人,恐怕很难懂得文童落第的冤屈,因而显得有隔膜。

最后,叙述之"我"在描述或评论阿Q的种种行为时,常引用文言语体。而在直接引用阿Q的心理或语言时,则使用白话。两种语体风格,也将叙述者"我"与阿Q本人彻底分隔开来。

以第四章《恋爱的悲剧》为例,阿Q被小尼姑骂断子绝孙后的文本如下:

阿Q的耳朵里又听到这句话。他想:不错,应该有一个女人,断子绝孙便没有人供一碗饭,……应该有一个女人。夫"不孝有三无后为大",而"若敖之鬼馁而",也是一件人生的大哀,所以他那思想,其实是样样合于圣经贤传的,只可惜后来有些"不能收其放心"了。

"女人,女人!……"他想。

"……和尚动得……女人,女人!……女人!"他又想。

作者在直接引用阿Q的心理时所用均为白话口语,而一旦进入到对其想法的评论,立即转换为文白相兼之语体,且多引用儒家经典,以双引号加以突出。这一语体的使用规律贯穿全文,第一章的"立言""名不正则言不顺",等等,第六章中的"敬而远之""斯亦不足畏也矣",等等,第七章"深恶而痛绝之""神往""而立""咸与维新",第八章的"秋行夏令",等等。从作用上来看,这些文言语体与叙述之"我"读书人的身份、地位相一致;再者,这些文雅的用语与阿Q言语、想法的粗俗(如"革这伙妈妈的命")形成鲜明的反差,使小说不断地在文与白、雅与俗之间转换,产生了一种独有的幽默趣味。

从上面的分析中,我们可以看到,《阿Q正传》中的"我"并非作者本人,而是作者精心设计的一个角色。这一观点,北京大学的李国华老师在《革命与"启蒙主义"——鲁迅〈阿Q正传〉释读》一文中有较为详实的论述,这里摘录能够体现作者对叙述之"我"自觉掌控的一些证据:

其一,文章结尾处,关于阿Q死后的影响和舆论的两段文字,《晨报》副刊发表时,前后并未空行,《呐喊》初版本前后也未空行,《呐喊》被鲁迅纳入乌合丛书重版时,才和现在通行的排版一致,两段文字前后都已有空行,成为两个相对独立的意义单元。变成相对独立的意义单元,意味着叙述者必须跳出阿Q的内视角,摆脱对阿Q的拟态性叙述行为,然后才能重新回到《阿Q正传》故事的叙述,前后统一。

其二,作者对叙述之"我"的疑虑贯穿整个小说,如第一章叙述者"我"自我嘲讽没有作传的能力却又确信有"所聊以自慰的",形成的是一种不可靠叙述,读者不太可能完全认同叙述者;第四章阿Q"十分得意的笑"和酒店里的人"九分得意的笑","十分"和"九分"的区分更像是随意的文字游戏,无关精神世界的把握……九章中,叙述者常有前后矛盾之处,对于阿Q忽而嘲笑,忽而同情,而且始终深陷在自身的想象逻辑里设计阿Q的仇恨、苦闷、羞愧和恐惧,并没有真正进入阿Q的内视角。

其三,小说其实不是从"我要给阿Q做正传,已经不止一两年了",而是从"第一章 序"这四个字开始的。这就是说,《阿Q正传》在第一人称叙述之上还有一个强大的(隐含)作者,是作者划定了叙述的结构,让叙述在一定的范围和秩序内部发生。

其四,最近有研究者(谢俊:《启蒙的危机或无法言语的主体——谈〈阿Q正传〉中的叙事声音》,《中国现代文学研究丛刊》2019年第1期)将《阿Q正传》的叙述者视为一套意识形态具象化的公共发言人,认为鲁迅"画出了这个叙事人的轻浮"。

其五,鲁迅1925年写给《阿Q正传》俄文译本的序中有:"我虽然竭力想摸索人们的魂灵,但时时总自憾有些隔膜。"鲁迅《二心集·黑暗中国的文艺界的现状》一文中有:"所可惜的,是左翼作家之中,还没有农工出身的作家。"这两处作者的说法,也可窥见作者与阿Q之间的隔膜,因而叙述之"我"也就很难让阿Q真正发声。

樊新强:由郭老师上面所谈的可见,《阿Q正传》中的叙述之"我",也是鲁迅有意塑造的未庄赵秀才一类的处在新旧文化交替裂缝中的读书人形象,可能寄予了作者的影子,但绝不能完全等同于作者。叙述之"我"与阿Q的距离,作者与叙述之"我"的距离,都是我们在教学时要引导学生加以关注和把握的。在这样的距离之下再来观照阿Q这一形象的解读,或许可以有不同于以往单纯指向国民劣根性、奴隶性的更多的解读方式。

四、如何看阿Q以外的未庄人

樊新强:《阿Q正传》除去塑造了鲜活经典的阿Q形象,还有众多虽没有名字,但是同样精彩的人物群像,他们构成了阿Q生活的重要部分,或多或少也对阿Q性格的形成起到了作用,这就是"看客"。

汪妍：文中有几段对于"看客"的经典描绘，在第四章《生计问题》中有一场阿Q和小D打架的场景。从名字就可以看出阿Q与小D大约同属于未庄里身份尴尬的外来者，而小D似乎又得到了阿Q精神胜利法的真传，见面便自动认输，喊自己是虫豸。然而这两个相似的人却并未惺惺相惜，而是以阿Q动手为开始，扭打起来。作者在这时这样描写到围观的人们：

> "好了，好了！"看的人们说，大约是解劝的。
> "好，好！"看的人们说，不知道是解劝，是颂扬，还是煽动。

看到打架，没有人上前阻拦，只有虚情假意的"大约"劝解，其实内心是真心实意的"颂扬"与"煽动"。这正是"看客"最显著的特征——旁观。这样的"旁观"甚至都不能算作是"冷眼"，反而更带着些期待，仿佛是看一场好戏，等待着更精彩的表演。如文中有一段阿Q欺负小尼姑的描写：

> 酒店里的人大笑了。阿Q看见自己的勋业得了赏识，便愈加兴高采烈起来：
> "和尚动得，我动不得？"他扭住伊的面颊。
> 酒店里的人大笑了。阿Q更得意，而且为了满足那些赏鉴家起见，再用力的一拧，才放手。
> ⋯⋯⋯⋯⋯⋯
> "这断子绝孙的阿Q！"远远地听得小尼姑的带哭的声音。
> "哈哈哈！"阿Q十分得意的笑。
> "哈哈哈！"酒店里的人也九分得意的笑。

这次的场景发生在"酒店"，熟悉鲁迅作品的读者都知道，酒店与茶馆这样人流密集的地方在鲁迅笔下往往聚集了成堆的看客，前有《孔乙己》里冷漠的对于孔乙己的调笑，后有阿Q在受气后对小尼姑的欺辱。与先前不同的是，与小D打架的阿Q还是"被看"的角色，而当他遇到比自己弱的小尼姑，摇身一变，俨然一位主动要求上场为大家表演的角儿。这里鲁迅很巧妙地运用"鉴赏家"几个字来形容看客的行为，精妙非常。在悲剧发生时，看客们总是能够自动地将自己抽离出来，似乎面对的不是身边正在发生的息息相关的事件，而是一场表演，与己无关。并且不只是"赏"——"欣赏"，更是要"鉴"——"鉴"出这一场戏的好与不好，加入自己的评价。也就是俗语所谓"看热闹不嫌事大"。由此，"被看"之人的悲哀和痛楚不仅不可能唤起看客们产生一种共情的同理心，而更似观看一场闹剧，甚至会期待更精彩的内容，或是更大悲剧的发生，来使内心获得一种莫名的喜悦与满足感。在这样的期待与"大笑"的鼓舞之下，阿Q这样平庸的"被看"之人的表演不仅停留在语言上，甚至要加诸行动，要上手"扭"，以受害者的更大苦楚换取"看客"们的心满意足。最后，当小尼姑终于被气哭、气走之后，满意的不仅是发泄了自己怒气的阿Q，酒店里的人也"九分得意"的笑。

有趣的是，"看客"的满足心理不仅是对于弱小者，对于强过自己的人遭到悲剧的时候，看客们更有一种幸灾乐祸的快意。正如鲁迅看似闲笔的在赵太爷家蒙难之后描述的：

> 赵家遭抢之后，未庄人大抵很快意而且恐慌，阿Q也很快意而且恐慌。

"快意"在前，"恐慌"在后，可见事有关己的恐慌，甚至比不上事不关己地"看"热闹所带来的快意，何其可悲！

有时候，"看客"也不仅限于看，像阿Q这样遇到比自己弱小的人的时候，他们还要上手，以取得便宜、利益，或是心理的满足。这在文中也有所应证。其实在小说第二章《优胜记略》中，看客们就早已出现：

> 闲人还不完，只撩他，于是终而至于打。阿Q在形式上打败了，被人揪住黄辫子，在壁上碰了四五个响头，闲人这才心满意足的得胜的走了。

在这里鲁迅又用"闲人"二字点明了这些"看客"的另一特点——"闲"，闲来无事便要寻人开心，碰到比自己弱的更要上手去欺辱。这比"看"还要可恶。

通过上面的分析，我们大致可以得出"看客"的几种特征及其背后的心理：麻木不仁、幸灾乐祸、一旦有机会甚至上手谋取利益。"看客"的"看"是空虚无聊的，没有意义、没有目的的。而且这种"看"是不分阶级的，有时候是向下，有的时候是向上的，比如面对赵老太爷的被抢，也同样流露出幸灾乐祸的心理来。他们往往与被看者既不是朋友、也不是仇人，只是为了凑凑热闹、增加谈资，几乎完全丧失了同情心。正如阿Q在城中回来感叹的："你们可看见过杀头么？"阿Q说，"咳，好看。杀革命党。唉，好看好看，……"一条人命被看客们淡化为了一条谈资。不过在这样的环境里，看客们往往自己也难逃被看的命运，小说结尾阿Q的一条人命换来的评价是"白跟一趟了"，即充满了讽刺意味。

进一步探究"看客"心理的成因，通常会归结为封建专制的统治和封建思想的荼毒。这种说法也不无道理。几千年的封建统治使人们习惯了皇权专制统治，即使改朝换代也往往是换个皇帝来统治。正如小说中提到革命党的神秘形象的时候为他们加了个"戴了崇祯皇帝的孝"的名号。人们在长期压迫之下产生了惯于做奴隶的心理。正如鲁迅曾在《灯下漫笔》中犀利地抨击过的,中国只有两个时代——"一,想做奴隶而不得的时代;二,暂时做稳了奴隶的时代"。从《阿Q正传》中也可看出"示众"几乎是一个传统,统治者们用这样的方式来起到警戒、威吓的作用,意图便反抗者看着被示众的先驱不敢再贸然行动。不过久而久之,警戒、威吓的作用渐渐淡了,反倒是养成了一批闲来无聊爱凑热闹的"看客",不再反抗,因为早已觉得反抗也是徒劳,只落得个示众的下场。这样逆来顺受的思维习惯,加之小农经济的影响,就形成了"各人自扫门前雪,莫管他人瓦上霜"的自私性格。

但倘若仅仅是封建传统的荼毒,那为何近百年后我们读到鲁迅笔下描写的"看客"仍然感觉到不寒而栗,甚至有时也会发现身边的"看客"踪影并未消逝呢? 旧的思维方式改换何其难,而新的独立思考精神的建立又谈何容易。在《阿Q正传》中有看似闲谈的一句评价:

至于舆论,在未庄是无异议,自然都说阿Q坏,被枪毙便是他的坏的证据:不坏又何至于被枪毙呢?

这里可以看出"看客"们往往没有独立思考能力,阿Q固然不能说是个好人,可是坏的原因呢? 未庄人们倒果为因,因为要被枪毙就成为了阿Q是坏人的铁证。可鲁迅笔下被枪毙砍头的又何止阿Q一人? 这让人不禁想到《药》里的夏瑜,当他想要拯救愚昧的世人,为人民发声时,观看者们在他临刑时自然也是为他贴上了这样的标签。被害者无意识中成为了施害者的帮凶,真是可悲。

读罢全卷,相信读者们一定对文章最后一章《大团圆》中阿Q赴刑场的描述记忆尤深:

阿Q于是再看那些喝采的人们。

这刹那中,他的思想又仿佛旋风似的在脑里一回旋了。四年之前,他曾在山脚下遇见一只饿狼,永是不近不远的跟定他,要吃他的肉。他那时吓得几乎要死,幸而手里有一柄斫柴刀,才得仗这壮了胆,支持到未庄;可是永远记得那狼眼睛,又凶又怯,闪闪的像两颗鬼火,似乎远远的来穿透了他的皮肉。而这回他又看见从来没有见过的更可怕的眼睛了,又钝又锋利,不但已经咀嚼了他的话,并且还要咀嚼他皮肉以外的东西,永是不近不远的跟他走。

这些眼睛们似乎连成一气,已经在那里咬他的灵魂。

这里鲁迅运用了视角的转换,从第三人称的客观叙述变为借阿 Q 之眼来观照这些前来看他行刑的人,笔触犀利让人如临其境,感受到那狼吃人般的眼光。甚至有读者提出疑问,这么清醒的思考似乎不符合之前阿 Q 麻木无知的形象。其实这里哪里是阿 Q 在"看",分明是作者自己已经抑制不住地跳出来,将他所看见的图景描绘出来。所谓"看客",重点即在于"看"——"看"的眼神、"看"的态度。鲁迅用"狼"的眼神来形容看客的眼神,"又凶又怯","又钝又锋利",看似矛盾的一组词语却意味深长。"怯"和"钝"的是看客们愚昧无知的灵魂,"凶"和"锋利"是看客们向受害者们投出的刀。

樊新强:鲁迅曾说:"勇者愤怒,抽刃向更强者;怯者愤怒,却抽刃向更弱者。"无论是过去还是现在,如果缺乏独立思考的精神,看客们的故事还将不断上演。希望鲁迅在《阿 Q 正传》中对于看客的反思能唤醒尽可能多的世人,因为,唤醒愚昧的看客即是拯救我们自己。

专家点评

邹一斌:《阿 Q 正传》诞生 100 年了。对于中学语文而言,鲁迅是一个说不尽的作者,阿 Q 则是鲁迅笔下一个说不尽的文学形象。在鲁迅先生诞辰 140 周年之际,上海中学樊新强老师和他的团队,作为伴随改革开放诞生起来的新一代语文教师,尝试重新理解、阐释鲁迅和《阿 Q 正传》。五位老师基于多年的教学经验,针对当代中学生对鲁迅及其作品的阅读和认知现状,围绕阿 Q 这个经典文学形象的典型性问题,从"阿 Q 何许人""阿 Q 形象有何意义""阿 Q 的形象是如何呈现的""如何看阿 Q 以外的未庄人"这样几个解读思路,既有对阿 Q 形象的社会性思考,也有对人物的内在心理分析,对当前新课程背景下的中学语文教学有着重要的借鉴意义和价值。

恩格斯在《致玛·哈克奈斯的信》中认为,现实主义的创作,要真实地再现典型环境中的典型人物。而阿 Q 正是这样一个典型人物。这个人物诞生百年来,被不同时代、不同国别、不同民族的读者,从不同的角度去解读、阐释和再创造,构建了一个文学典型形象的接受史，这是一个作品不断被接近、内涵不断被丰富却没有终结的阅读历程。

我们仅以上海过去30年语文教材对《阿Q正传》的文本选择和分析为例。上海一期课改H版高中语文教材选的是第七章《革命》和第八章《不准革命》。上海二期课改华东师大版高中语文教材和国家统编高中教材选的是第二章《优胜记略》和第三章《续优胜记略》。

上海一期课改H版高中语文教材对《阿Q正传》是这样注解的：这篇小说反映了辛亥革命前后农村中的阶级压迫和阶级斗争，描写了封建势力在革命前残酷剥削、压迫农民，在革命到来后又利用资产阶级"咸与维新"的错误主张，混进"革命党"，镇压革命等情景。它通过尚未觉悟的贫苦农民阿Q要投向革命，却不准他革命，最终被挂着革命党牌子的"长衫人物"送上刑场的悲剧，深刻地揭露了封建势力凶残、狡猾的反动本质，批判了资产阶级领导的旧民主主义革命的妥协性和不彻底性。

上海二期课改华东师大版高中语文教材对《阿Q正传》的课文导读为：鲁迅写《阿Q正传》"是想暴露国民的弱点""写出一个现代的我们国人的灵魂"。在这篇小说里，鲁迅塑造了一个言行愚昧、精神扭曲的令人难忘的阿Q形象，通过这个形象揭示了旧中国下层民众的精神麻木和不觉悟。但阿Q形象的意义又远远不只是一个农民的代表，他具有更为深广的思想蕴涵，成为一种"类"的存在，映照出了人类的一种精神现象，"阿Q精神"也成为描述人类精神扭曲的通用名词。

2017年启用的国家统编高中语文教材选择性必修下册的学习提示则这样描述：阅读《阿Q正传》（节选），要对辛亥革命前后的中国历史和鲁迅致力于"改造国民性"的思想有所认识。学习时要着重分析阿Q这一典型人物的性格特点，挖掘"精神胜利法"的内涵；从人物形象、叙述语言以及幽默、夸张、讽刺等艺术手法的角度，欣赏作品的艺术独创性，关注小说喜剧表象下的悲剧意味；还可以探讨阿Q为何具有超越时代、民族的意义和价值。

从上述语文教材的摘录可以发现，30年来高中语文教材对《阿Q正传》文本的选择、主题描述到学习要求都在发生耐人寻味的变化，从关注"革命"话题转向关注"精神"话题，从关注阿Q个人的悲剧转向关注探讨阿Q是否具有超越时代、民族的意义和价值，鲁迅也由民族的日益成为世界的鲁迅。

2017年颁布的《普通高中语文课程标准》，其核心理念是学习任务群设计与实践。强调以任务为导向，以学习项目为载体，整合学习情境、学习内容、学习方法和学习资源,引导学生在运用语言的过程中提升语文素养。主张以自主、合作、探究性学习为主要学习方式。这其中"整本书阅读与研讨"作为核心任务群,是贯穿于其他课程的。这样的课程改革要求,就要求我们必须以一种整体关照的视角来学习鲁迅作品,在互涉比较中去领悟鲁迅作品的深邃思想和内涵,并在深度阅读体验中去理解其作品的整体思想。就《阿Q正传》而言,如果我们把它放在鲁迅所有小说中去关照,就会发现,从《狂人日记》开始的连续九篇作品,与当时处于高峰期的"五四"运动遥相呼应,体现了一种喷薄而出、持续不断的爆发力和创新力,而《阿Q正传》正好像是1918—1921年这三年鲁迅创作交响乐最华丽乐章的高潮。在《阿Q正传》中,鲁迅借助阿Q这一人物形象的刻画与塑造,把他在《狂人日记》《孔乙己》《药》《一件小事》《故乡》等一系列先期作品中对中国人的集体精神病灶即国民性劣根的反思,进行了淋漓尽致的自我宣泄和彻底的自我清算,是一个阶段性探索的总结。或许也因为如此,《阿Q正传》是鲁迅所有小说中篇幅最长的,其展现的人物形象的丰满性、情节发展的时间和空间也是所有小说中最丰富、深远的。我们发现,根据凸显人物主要性格特征的需要,《阿Q正传》不追求情节的连贯、紧密和出奇制胜,主要是截取一系列日常生活片断来进行结构化呈现。在每个生活片断和场景中,通过生动形象的细节描写,来丰富、深化阿Q以精神胜利法为核心特征的性格。这就形成这部作品高度洗炼的风格。在各片断之间,则用作者的叙述予以连接。作者的叙述,则常是政论性的议论,并带着讽刺的语调。如阿Q被赵太爷打了嘴巴之后,和阿Q调戏了小尼姑之后的议论,就是很好的例子。这种议论,不仅引出了后续场景,而且使读者深入理解了人物微妙的心理活动过程,是作品的有机组成部分,是完成人物刻画必不可少的点睛之笔。

鲁迅不但是伟大的文学家,还是伟大的思想家。鲁迅的思想不是基于抽象的名词概念,而是呈现于非理性的文学意象,以及嬉笑怒骂式的反讽,在这一点上,文学家的鲁迅与思想家的鲁迅达到了近乎完美的统一。这种统一在《阿Q正传》中得到了最深刻的体现和阐释。在小说开头,作者以全知视角的叙事者出现,却反复以戏谑的语气强调自己对阿Q一无所知,构成了一种反讽。随着《优胜记略》和《续优胜记略》深入展开,作者已经由全知视角的叙述完全转向有限视角下的叙述,进入《革命》与《不准革命》,作者写作笔调中的同情和怜悯的成分明显增加,而小说给予读者的阅读体验也从喜剧逐渐向悲剧过渡。当《大团圆》来临后,临刑前阿Q的心理幻觉中饿狼在咀嚼他皮肉以外的东西,这些眼睛们似乎连成一气,已经在那里咬他的灵魂,这种撕心裂肺般的描写实际上已经融入了作者以及读者自身的心理体验。在这里,鲁迅用他惯常的"看/被看"的叙事模式,将某一类麻木国民的精神现象与这一个不幸又不争者的性格特质予以最充分的展示。鲁迅用其文学化的语言勾勒出一系列形象,赋予他所关心的人类主观意识、心灵世界以复杂性、多义性与模糊性,向世人昭示了其作为思想家独特的思维与表达方式。从这个角度而言,五位老师对鲁迅笔下的阿 Q 的解读无疑是有价值的,他们通过大量的历史文献的梳理,向我们介绍和展现了阿 Q 这一人物形象的价值、产生的过程,而且通过对小说文本语义层面的深入解读分析,引领我们去领会小说背后所蕴含的深刻社会价值和思想内涵。

当然,典型人物的塑造必须需要有典型环境的支撑,人物性格只有在特定的环境中才能得到发展。据统计,鲁迅 25 篇小说中有 14 篇是以 S 城(显然是绍兴)和鲁镇(他母亲的故乡)为背景。从文学创作而言,经过虚构以后的鲁迅故乡,已经不再是绍兴或鲁镇这个具体地方,而是中国农村社会的一个具体缩影。值得我们关注的是,这个具体缩影到《阿 Q 正传》这里变成了未庄,是鲁迅小说中很有意思的变化。五位老师虽然以"如何看阿 Q 以外的未庄人"为标题,讨论了这一话题,但还未完全从环境角度去展开。希望以后还能有机会再做进一步研究。

《阿 Q 正传》创作于 1921 年 12 月,在其诞生 100 年之际来重读这部作品,是一件极有意义的事情。在整个世界面临百年未有之变局的时刻,在中华民族走向伟大复兴的背景下,我们一起来重读鲁迅,重新解读 100 岁的阿 Q,是一件有价值的事情。

对鲁迅的纪念——《回忆鲁迅先生》

◎**主　　讲**：樊新强（上海中学语文教师，上海市语文特级教师，正高级教师）

◎**对谈嘉宾**：蔡斌（苏州石湖智库研究员）

◎**参与教师**：徐承志（上海中学语文教师）、徐婷育（上海中学语文教师）、柳怡汀（上海中学语文教师）

◎**时　　间**：2020 年 10 月 24 日 14:00—15:30

◎**地　　点**：上海市虹口区横浜路 35 弄景云里 13 号景云书房暨鲁迅与文化名人陈列馆

樊新强：我们今天的活动主题是：对"爱"和"温暖"永久的憧憬和追求——读《回忆鲁迅先生》。

回忆鲁迅先生的文章，可以说多如牛毛，这些文章大多以宏大叙事的方式突出了鲁迅先生伟大的一面：他是一位伟人，他是一位战士。就像郁达夫所说的：

没有伟大的人物出现的民族，是世界上最可怜的生物之群；有了伟大的人物，而不知拥护、爱戴、崇仰的国家，是没有希望的奴隶之邦。因鲁迅一死，使人们自觉出了民族的尚可以有为，也因为鲁迅的一死，使人们看出了中国还是奴隶性很浓的半绝望的国家。（郁达夫《怀鲁迅》）

巴金是这样评价鲁迅先生的：

我们没有多的言辞来哀悼这么一位伟大的人，因为一切的语言在这个老人的面前都变成了十分渺小；我们不能单单用眼泪来埋葬死者，因为死者是一个至死不屈的英勇战士。但是我们也无法制止悲痛来否认我们的巨大损失；这个老人的逝世使我们失去了一位伟大的导师，青年失去了一个爱护他们的知己朋友，中国人民失去了一个代他们说话的人，中华民族解放运动失去了一个英勇的战士。这个缺额是无法填补的。（巴金《悼鲁迅先生》）

再看林语堂的评价：

鲁迅与其称为文人，不如号为战士。战士者何？顶盔披甲，持矛把盾交锋以为乐。不交锋则不乐，不披甲则不乐，即使无锋可交，无矛可持，拾一石子投狗，偶中，亦快然于胸中，此鲁迅之一副活形也。德国诗人海涅语人曰，我死时，棺中放一剑，勿放笔。是足以语鲁迅。（林语堂《鲁迅之死》）

然而萧红的《回忆鲁迅先生》则醉心于鲁迅先生许多有灵性的生活细节，给我们还原了一个更为立体、更为丰满，也更为生活化的鲁迅先生形象。1934 年 11 月萧红来到上海，经常到鲁迅先生家里做客，在生活和创作上都得到了鲁迅先生的大力支持。1936 年 7 月，萧红因为和萧军的感情上出现了缝隙，所以离开上海前往日本，给双方一个冷静期。临行前鲁迅先生专门设家宴为她饯行，到东京不到三个月,萧红便听到了鲁迅先生的死讯。萧军把鲁迅先生离世的消息传给萧红,同时建议她写一点回忆鲁迅先生的文章。萧红拒绝了,她答复说:"关于回忆 L 一类的文章,一时写不出。不是文章难作,倒是情绪方面难以处理。本来是活人,强要说他死了,一这么想就非常难过。"(萧红 1936 年 11 月 9 日致萧军信)

两年后,萧红大约摆脱了"情绪方面难以处理"的困扰。1939 年 10 月到年底,萧红先后写了《记我们的导师》《记忆中的鲁迅先生》《鲁迅先生生活散记》《鲁迅先生生活记略》等一系列回忆录,缅怀鲁迅先生。1940 年 1 月,萧红和端木蕻良漂泊到香港。半年后,她把上述文章梳理汇总,经过一番润色之后,合为《回忆鲁迅先生》一书,由重庆妇女生活社出版发行。

一、立体的印象:"笑声是明朗的"

(一) 平常:饮食·衣着·作息

我们在萧红的笔下能够看到生活中的鲁迅,那一个个片段正如一个个镜头用蒙太奇的方式组合成一个完整的鲁迅形象。很多人爱看人物纪录片,因为这些镜头下的记录往往能给我们一个更完整的更立体的印象,不需要我们去想象。虽然阅读文学作品需要想象,但是当我们希望理解历史上一个真实的人时,我们会拒绝用想象去还原这个人的真实,希望作品本身能够给我们一个完整的、不需想象的印象。萧红的文字起到了这样的作用,她用电影镜头似的片断,记录下了鲁迅生活的一个个侧面。

比如说,鲁迅的饮食、作息:

鲁迅先生很喜欢北方饭,还喜欢吃油炸的东西,喜欢吃硬的东西,就是后来生病的时候,也不大吃牛奶。鸡汤端到旁边用调羹舀了一二下就算了事。

他备有两种纸烟,一种价钱贵的,一种便宜的。便宜的是绿听子的,我不认识那是什么牌子,只记得烟头上带着黄纸的嘴,每五十支的价钱大概是四角到五角,是鲁迅先生自己平日用的。另一种是白听子的,是前门烟,用来招待客人的,白听烟放在鲁迅先生书桌的抽屉里。来客人鲁迅先生下楼,把它带到楼下去,客人走了,又带回楼上来照样放在抽屉里。而绿听子的永远放在书桌上,是鲁迅先生随时吸着的。

鲁迅先生从下午两三点钟起就陪客人,陪到五点钟,陪到六点钟,客人若在家吃饭,吃过饭又必要在一起喝茶,或者刚刚喝完茶走了,或者还没走就又来了客人,于是又陪下去,陪到八点钟,十点钟,常常陪到十二点钟。从下午两三点钟起,陪到夜里十二点,这么长的时间,鲁迅先生都是坐在藤躺椅上,不断地吸着烟。客人一走,已经是下半夜了,本来已经是睡觉的时候了,可是鲁迅先生正要开始工作。

鲁迅先生喜欢吃点心、零食,喜欢吃饼干,嗑瓜子:

鲁迅先生陪客人到深夜,必同客人一道吃些点心。那饼干就是从铺子里买来的,装在饼干盒子里,到夜深许先生拿着碟子取出来,摆在鲁迅先生的书桌上。吃完了,许先生打开立柜再取一碟。还有向日葵子差不多每来客人必不可少。鲁迅先生一边抽着烟,一边剥着瓜子吃,吃完了一碟鲁迅先生必请许先生再拿一碟来。

一边抽着烟一边吃瓜子的鲁迅先生,大约是读者们较为陌生的印象。萧红给我们带来了很多诸如此类的关于鲁迅先生的新鲜印象:他不爱戴手套,不围围巾,穿着黑布兰的棉布袍子,头上戴着灰色的毡帽,脚上穿着黑帆布的胶皮底鞋。胶皮底鞋,不透气,夏天热,冬天又凉又湿,先生的身体不太好,所以大家就提议他把鞋子给换了,但是他就是不肯。不围围巾,不肯换鞋。

这就是萧红笔下的鲁迅先生,一个固执的老人。他的饮食不健康,他的衣着不讲究,他的作息不规律。正如萧红在《回忆鲁迅先生》里所说的:"鲁迅先生坐在那和一个乡下的安静老人一样。"而且这位老人和我们一样有各种生活的烦恼:年老的娘姨病了,儿子海婴没人照顾,妻子忙得让人心疼,自己又病了。通过这样的描写,一个战士,一个伟人,他非常平凡的一面,甚至是脆弱的一面就展现在了我们的面前,让我们感到很亲切,甚至让我们产生同情之感,但是同时也会更让我们感受到、理解到他的伟大,他的不凡。正是因为他有与我们一样的平凡,我们才能理解他真正的伟大。

(二)明朗:笑声·玩笑

在回忆鲁迅先生的文字里,他通常是横眉冷对或者是金刚怒目的。而在萧红的文字里,鲁迅是明朗的。"明朗"这个词,萧红三次反复使用。看一看这三处明朗的笑声。

鲁迅先生的笑声是明朗的,是从心里的欢喜。若有人说了什么可笑的话,鲁迅先生笑得连烟卷都拿不住了,常常是笑得咳嗽起来。

寥寥数语,一个真率的形象就展现出来了。

饺子煮好，一上楼梯，就听到楼上明朗的鲁迅先生的笑声冲下楼梯来，本来有几个朋友在楼上也正谈得热烈。那一天吃得是很好的。

这里要结合"冲"这个动词来理解"明朗"的意味。鲁迅先生居所的楼梯又陡又窄，声音能从楼梯上"冲"下来，这个声音的质感与力度就生动地呈现出来了。而"冲"字的质感与力度、响度就反映出鲁迅先生性格当中很爽朗的一面，他不是冷的，是热的。

鲁迅先生听了这话就笑了，笑声是明朗的。

这一次鲁迅先生病了，萧红感到很不安，鲁迅先生为了宽慰她，就说"人瘦了，这样瘦是不成的，要多吃点"。萧红就说："多吃了就胖了，那周先生为什么不多吃点呢？"鲁迅先生听了这话就笑了，笑声是明朗的。

鲁迅先生的"笑"里是什么？ 一是欣慰，更是一种宽慰。为萧红对自己的关切感到欣慰，用"笑"让萧红的"不安"得到宽慰。这是善解人意的鲁迅，不大容易体会得到的鲁迅。所以，如果我们不去细读萧红的文字，不能走进鲁迅先生的真实生活，我们很难理解他的这片赤子之心。

（三）细腻：妻子·儿子·学生

在萧红的文字里，伟人和战士始终是有着柔情的一面的。鲁迅先生尊重他的妻子，爱他的儿子，爱护他的学生。先看第一条材料：

以后我们又做过韭菜合子，又做过荷叶饼，我一提议鲁迅先生必然赞成，而我做得又不好，可是鲁迅先生还是在桌上举着筷子问许先生："我再吃几个吗？"

为什么必然赞成？ 因为鲁迅先生喜欢吃北方饭，喜欢吃硬的东西，这是他的爱好。还有一点，因为这是萧红做的，一个从异乡来的女子做的韭菜合子，他不能拒绝，不能让她扫兴，所以他要答应下来。但是，站在一边的许先生是很担心的，因为鲁迅先生的胃不好。紧接着以上材料的是这样一条："因为鲁迅先生的胃不大好，每饭后必吃'脾自美'胃药丸一二粒。"

这说明鲁迅先生胃不好，不能吃硬的东西。我们想象一下，许先生站在边上定是一种担忧的眼神，而这种担忧鲁迅先生是察觉到的，这又是他善解人意的地方。他举起筷子，问许先生："我再吃几个吗？"这句话有三层意思：第一表示"我"想吃的；第二层，你同不同意？ 第三层，企盼你能同意。通过这样几个细节，鲁迅先生对妻子的尊重、对学生的爱护都无声地体现出来了。

再看鲁迅先生和海婴的这段文字。他很爱海婴,海婴每晚临睡时必向爸爸妈妈说"明朝会"。

> 有一天他站在上三楼去的楼梯口上喊着:
>
> "爸爸,明朝会!"
>
> 鲁迅先生那时正病的沉重,喉咙里边似乎有痰,那回答的声音很小,海婴没有听到,于是他又喊:"爸爸,明朝会!"他等一等,听不到回答的声音,他就大声地连串地喊起来:
>
> "爸爸,明朝会,爸爸,明朝会,……爸爸,明朝会……"

在这段文字里,萧红把海婴的这种顽皮,也可以说是无理,描绘得很充分,但是越充分,鲁迅先生的爱子之情反过来也表达得越为深入。鲁迅先生因为爱子还曾受到朋友们的调侃,他还专门写了一首诗回应他的朋友。这首诗叫《答客诮》:

> 无情未必真豪杰,
>
> 怜子如何不丈夫?
>
> 知否兴风狂啸者,
>
> 回眸时看小於菟。

"兴风狂啸者"指山中老虎,"小於菟"就是小老虎,山中大王老虎都爱子,更何况人。鲁迅先生的意思是,爱孩子是人之常情,天经地义的。

鲁迅先生对学生的爱护则体现在无言的行动中。我们看下一则:

> 一点钟以后,送我(还有别的朋友)出来的是许先生,外边下着的蒙蒙的小雨,弄堂里灯光全然灭掉了,鲁迅先生嘱咐许先生一定让坐小汽车回去,并且一定嘱咐许先生付钱。

这两个"一定"很有讲究。第一个"一定"在"嘱咐"后面,表明鲁迅先生的态度很坚决,一定让坐小汽车回去。但是后一个"一定"放在了"嘱咐"的前面,表明鲁迅先生每次都是这么吩咐的。所以简简单单的两个词,语序一换,鲁迅先生对青年学生的爱护表现得淋漓尽致。

下面一则材料也很有意思,依然写萧红在鲁迅家里谈到深夜,萧红要回去。这一次大概是萧红初来上海的时候,甚至可能是萧红第一次来鲁迅先生家。鲁迅先生的热情招待本已让萧红受宠若惊,先生还非要送到门口,萧红就连着写自己的疑惑:

> 我想为什么他一定要送呢?对于这样年轻的客人,这样的送是应该的吗?雨不会打湿了头发,受了寒伤风不又要继续下去吗?站在铁门外边,鲁迅先生说,并且指着隔壁那家写着"茶"字的大牌子:"下次来记住这个'茶'字,就是这个'茶'的隔壁。"而且伸出手去,几乎是触到了钉在锁门旁边的那个九号的"九"字,"下次来记住茶的旁边九号。"

萧红接下来并没有直接来回答疑惑,或者没有正面的回答,而是写鲁迅先生在指点家的位置,在"茶"字的隔壁,"茶"的边上是"九"字。鲁迅先生的意思就很明白了,欢迎你再来,不要走错了地方。这样细腻的举动,不能不让一个外地来的人生地不熟的一个青年学生感动。

可以说,这一系列的细节体现了鲁迅先生对于青年学生、儿子、妻子的尊重和爱护。

二、童真的视角:"这一位老人"说与不说

萧红笔下的鲁迅虽然更为丰满,更为立体,但我们也很难讲,就比其他的作品更为真实,因为萧红描写的毕竟是她眼中的鲁迅先生。考察一下这篇作品里的写作视角,我们会发现,她是以童真的视角来观察、来叙写她心目中的鲁迅先生。请注意以下两段文字,这两段文字可以用"说与不说"来命名。

(一) 第一次"说与不说"

> 鲁迅先生不大注意人的衣裳,他说:"谁穿什么衣裳我看不见得……"
> 鲁迅先生生的病,刚好了一点,他坐在躺椅上,抽着烟,那天我穿着新奇的大红的上衣,很宽的袖子。
> 鲁迅先生说:"这天气闷热起来,这就是梅雨天。"他把他装在象牙烟嘴上的香烟,又用手装得紧一点,往下又说了别的。
> 许先生忙着家务,跑来跑去,也没有对我的衣裳加以鉴赏。
> 于是我说:"周先生,我的衣裳漂亮不漂亮?"
> 鲁迅先生从上往下看了一眼:"不大漂亮。"

这是鲁迅先生鉴赏衣裳的一段文字。萧红穿着新奇的大红的上衣,很宽的袖子,来到鲁迅先生家,在鲁迅先生面前左右晃荡。鲁迅先生不可能不注意到她的衣着,也肯定知道萧红希望他评价一番。但是鲁迅先生就是不评价,不鉴赏,岔开话题,跟她聊天气,这是很有意思的。这似乎正是一个老人在逗小孩。萧红坐不住了,单刀直入,问鲁迅先生"我的衣裳漂亮不漂亮",鲁迅先生则直截了当地告诉她,不大漂亮。你不是想让我夸你吗?我偏不夸你。这是鲁迅先生第二次逗她。当然,也不能太伤害她的自尊,所以接下来鲁迅先生滔滔不绝地讲怎么穿衣服。有的人说这段文字显示出鲁迅先生非常懂审美,鲁迅先生的审美品味当然是很高的。然而这段文字的主要目的还不在此,它要体现鲁迅在年轻人面前的好玩、有趣。

接下来发生了一个小的插曲,许先生为了好玩,把桃红色的绸条束在萧红的头发上,鲁迅先生一看生气了,让许广平不要这样装束她。生气的鲁迅马上关住了话匣子。这回轮到萧红逗鲁迅先生了:

"周先生怎么也晓得女人穿衣裳的这些事情呢?"

"看过书的,关于美学的。"

"什么时候看的……"

"大概是在日本读书的时候……"

"买的书吗?"

"不一定是买的,也许是从什么地方抓到就看的……"

"看了有趣味吗?!"

"随便看看……"

"周先生看这书做什么?"

"……"没有回答,好像很难以答。

许先生在旁说:"周先生什么书都看的。"

这一段里全是萧红在发问,鲁迅先生都是被迫回答,而且一句比一句少,少到最后,鲁迅先生好像难以回答。大家注意到这一段的省略号,前半部分鉴赏衣服时用了大量省略号,表现鲁迅的滔滔不绝、兴致很高;后半部分也用了很多省略号,将鲁迅先生生闷气的情态表现得活灵活现。

前面写鲁迅滔滔不绝,后面写他沉默不言。前面是鲁迅先生在逗萧红,后面是萧红反客为主,逗鲁迅说话。看这些细节,就能感觉到鲁迅先生童真的一面,萧红天真可爱的一面。而需要注意的是,这其实是萧红以一种童真的视角在观察与叙写。

（二）第二次"说与不说"

鲁迅先生家生客人很少，几乎没有，尤其是住在他家里的人更没有。一个礼拜六的晚上，在二楼上鲁迅先生的卧室里摆好了晚饭，围着桌子坐满了人。每逢礼拜六晚上都是这样的，周建人先生带着全家来拜访的。在桌子边坐着一个很瘦的很高的穿着中国小背心的人，鲁迅先生介绍说："这是位同乡，是商人。"

初看似乎对的，穿着中国裤子，头发剃得很短。当吃饭时，他还让别人酒，也给我倒一盅，态度很活泼，不大像个商人；等吃完了饭，又谈到《伪自由书》及《二心集》。这个商人，开明得很，在中国不常见。没有见过的就总不大放心。

下一次是在楼下客厅后的方桌上吃晚饭，那天很晴，一阵阵的刮着热风，虽然黄昏了，客厅后还不昏黑。鲁迅先生是新剪的头发，还能记得桌上有一盘黄花鱼，大概是顺着鲁迅先生的口味，是用油煎的。鲁迅先生前面摆着一碗酒，酒碗是扁扁的，好像用做吃饭的饭碗。那位商人先生也能喝酒，酒瓶就站在他的旁边。他说蒙古人什么样，苗人什么样，从西藏经过时，那西藏女人见了男人追她，她就如何如何。

当时冯雪峰住到了鲁迅先生的家里，但鲁迅先生没有告诉萧红这是冯雪峰。这一段的描写就像一部侦探小说。一开始就设下一个疑："鲁迅先生家生客人很少，几乎没有，尤其是住在他家里的人更没有。"接下来就写萧红一步步破疑解疑的过程：初看似乎对的——态度很活泼，不大像个商人——这个商人，开明得很，在中国不常见——"这商人可真乖，怎么专门走地方不做买卖的"——海婴叫"这位商人"为 X 先生。萧红一听就明白 X 先生是谁。从一般的叙事来说，这个过程是不必要的；然而萧红写得这么细，就是以一种儿童的视角在写，把自己当作孩子在写。所以，在这段文字中，小孩子天真好奇的心理简直跃然纸上。

然而，读到这里似乎还不够味儿。鲁迅先生在冯雪峰走了之后，在地板上绕了两个圈子问萧红说："你看他到底是商人吗？"萧红回答说："是的。"

客人走后，鲁迅可以告诉萧红 X 先生是谁了。所以鲁迅先生本希望萧红回答"不是"；或者希望萧红主动发问"他到底是谁"。但是萧红很有意思地直接说："是的。"鲁迅先生想说，可是萧红偏偏挡住鲁迅先生的话，不让他说。一个想说，一个不让说，萧红的天真可爱似乎已经在我们眼前了。

三、叙述的错位：对"爱"和"温暖"怀着永久的憧憬和追求

萧红在鲁迅先生面前的这种小女儿姿态，她在鲁迅先生家里的点点滴滴，似乎都表明她享受着整个家庭带来的温暖和爱。这种将自己当作小孩子，追寻家庭温暖的叙述，恐怕和她个人的经历是有一定的关系的。萧红从小母亲去世，父亲和继母待她冷淡刻薄，所以她从来没有感受到家庭的温暖。她后来碰到的几任男朋友或者丈夫——汪恩甲、萧军、端木蕻良、骆宾基，其实都没有给她想要的爱与温暖。所以萧红一直讲："我对爱和温暖是怀着永久的憧憬和追求的。"这一点对理解《回忆鲁迅先生》是很重要的，正是始终缺爱和温暖，特别是父爱的缺位，她才会在鲁迅先生家里有这种特殊的感受。在萧红的心里，像鲁迅先生这样值得尊重的父亲、像许先生这样知书达理的母亲，像海婴这样调皮可爱的弟弟，正满足了她情感的渴望。因此，文中常常以一种小孩子的形象描述自己，应该说与此是不无关联的。

然而萧红的这种记叙和许广平的记叙却存在着某种错位。有段时间，萧红几乎天天到鲁迅先生家里来，《回忆鲁迅先生》里边也有记载："以后也住到北四川路来，就每夜饭后必到大陆新村来了，刮风的天，下雨的天，几乎没有间断的时候。"许广平有一篇文章叫做《追忆萧红》，她在里面说道："这时过从很密，差不多鲁迅先生也时常生病，身体本来不大好。萧红先生无法摆脱她的伤感，每每整天的耽搁在我们寓里。为了减轻鲁迅先生整天陪客的辛劳，不得不由我独自和她在客室谈话，因而对鲁迅先生的照料就不能兼顾，往往弄得我不知所措。"胡风的太太梅志写了一篇文章叫做《"爱"的悲剧——忆萧红》，文章里边转述许广平的话："萧红又在前厅……她天天来，一坐就是大半天，我哪来时间陪她，只好叫海婴去陪她。我知道，她也苦恼得很……她痛苦，她寂寞，没地方去就跑这儿来，我能表示不高兴，不欢迎吗？唉！真没办法。"由此可见，萧红每天的造访已然给许广平带来了不小的烦恼。

这样的话，萧红在鲁迅先生家里边感受到的这种温暖和许广平的感受之间就存在着一种错位。而恰恰是这种错位让我们感动，或者说这种错位具有动人心魄的力量。从理性的角度来说，萧红应该认识到鲁迅先生在重病之中应该多休息，不便多有打搅。萧红的行为显然是非理性的，但是恰恰是这种非理性更显示出萧红内心对亲情的渴望，以及对鲁迅一家的依赖。从人际相处的角度来说，萧红应该把握好人际交往中的距离感，似乎也应该察觉到许广平些微的不快。但是萧红似乎是很迟钝的，她在许广平身上感受到的却只有母亲般的温情。这种情感的错

位,恰恰又真切地显现出萧红内心世界的纯净,以及对爱和温暖永久的憧憬与追求。

团队备课

徐承志:"碎片化"的结构

针对这篇文章,有同学提出,这篇文章看起来好像没有一条主线,文章的行文显得支离破碎,但是读来又觉得很打动人,不知何故。

针对同学们的疑惑,我们在课上就对这篇文章"碎片化"的特点进行了一些探讨和分析。

首先,本文"碎片化"的结构在萧红的作品里并不是个例。她经典的小说《生死场》以及《呼兰河传》都呈现出这样一种叙事特征。有人评价说"萧红以自己独特的叙事风格创造出一种介于小说、散文、诗歌之间的一种边缘化的文体风格"。

其次,本文的"碎片化"特点,可能对其他作品有所借鉴。比如说当时上海的"新感觉派",施蛰存、穆时英都采用过类似"蒙太奇"的手法写作散文。在《回忆鲁迅先生》一文中,她不加议论、放弃抒情,行文如一幅幅电影画面般呈现给读者,有着明显的"蒙太奇"手法的影子。

再次,本文"碎片化"的结构和成文方式有着莫大的关联。这篇文章不是一篇完整的、一气呵成的文章,本篇文章是萧红把她对鲁迅先生很多零零散散的回忆整合在一篇文章之中的。客观来说,这样一种编整的过程本身就很难以一个具体的主题进行串联。

最后,本文"碎片化"的特征和萧红的对于鲁迅先生的情感密不可分。萧红的整个童年和青少年时期都是在这样一种极度缺乏长辈或者说父爱的环境下度过的,只有祖父给她一些微弱的爱,在她祖父死后,她的家庭甚至是几任情人都没有给予她渴望的温情,所以萧红一直都是缺爱与温情的,直到来到上海之后遇到鲁迅先生,鲁迅先生补足了她缺失的长辈之爱。这篇文章不以结构组织见长,更以情感取胜。她不在乎鲁迅要在他人眼里塑造成一个什么样的人,在她的眼里,这就是一种爱,一种温暖,她要把这种爱和温暖呈现出来,她的情感是激烈的,在这一刻理性是难以驾驭情绪的。

本文的这一特点让我想到了颜真卿的《祭侄文稿》。《祭侄文稿》通篇用笔之间情如潮涌，气势磅礴，纵笔豪放，一气呵成，同样蕴含着喷薄的情感，同样不以"章法"取胜。文艺作品有一种共通的东西，就是要表现人性、表达人的情感。本文之所以能够成为一篇经久不衰的回忆类文章的典范，或许正和它"以情驭文"的特色有着密切的关联。

徐婷育：冗余的深情

"冗余"一般指和文章的中心表达上没有什么关联的话，我们自己写作时这一点常常是大忌。但是萧红在这篇文章中出现的大量冗余文字却构成了她文章别具特色的深情。

1. 废话

首先我找了典型呈现出废话特色的几个段落，它们篇幅都不小。如写她在去拜访鲁迅先生的时候，写海婴是如何顽皮、如何活泼、如何把面饼捏成各种形状。然后下面是写许广平当年是怎样去天津读书、怎样考上家庭教师、怎样艰难赚钱的。读到这里的时候，我们不禁要想，如果我要了解鲁迅先生的话，我需要去知道他儿子把这个面饼捏成多少种形状吗？我需要去了解他妻子当年到底赚多少钱，又是如何考上家庭教师的吗？这些对于我们读者来讲似乎是没有什么意义的，对于塑造鲁迅先生的整体形象也没有帮助。从通常意义来说，这就是典型的废话。

但是对我们来说毫无意义的东西，对于萧红来说却是具有深意的。由于鲁迅对她太过重要，像父亲一样，像长者一样，像领路人一样，对她人生给予了从来都没有得到过的强烈的爱和温暖。对于这样一个重要的人，和他所相关的一切都是重要的。所以她要把跟他交往过程当中的点点滴滴全面地都呈现出来，哪怕它可能跟文章中心关联并不是很大。她要用拍电影的方式，把当时跟先生交往的所有细节、所有东西，包括当时先生周围的人到底都在做什么，一一呈现给我们。正是这样一种如数家珍、巨细无遗的表现方式，给了我们一种最真实的冲击力，这也可以反映萧红对于鲁迅先生的感情已经上升到了爱屋及乌的地步，所有关于他的一切，对萧红来说都非常重要。

2. 啰唆

除了废话之外，整篇文章还呈现出一种非常啰唆的特点。比如第一段："鲁迅先生一边抽着烟，一边剥着瓜子吃，吃完了一碟鲁迅先生必请许先生再拿一碟来。鲁迅先生备有两种纸烟⋯⋯每五十支的价钱大概是四角到五角，是鲁迅先生自己平日用的。"寥寥数行,就出现了多个"鲁迅先生"。包括《回忆鲁迅先生》这篇课文中一开始的时候,也提到:"鲁迅先生的笑声……鲁迅先生走路……鲁迅先生不大注意……"在这篇文章当中,一共出现了270多次"鲁迅先生"。

一般情况下,我们的写作习惯是:如果主语前后都是一样的,我们会用一个主语统摄与之相同的部分。但是萧红却不厌其烦地、一遍一遍地在这里重复,听起来更像是一种深情的呼唤。这并不是一种偶发现象,在《呼兰河传》当中,她也曾一遍一遍呼唤祖父。鲁迅先生跟祖父一样,扮演着一个非常重要的角色,所以在短短的几行字里面,她才一遍一遍深情地呼唤鲁迅先生,她已经不再去考虑这种啰唆至极的称呼对读者来说会不会产生什么反感或腻烦的心理。

还有一个细节也值得关注,萧红在文章开始的时候是区分对于鲁迅的称呼的。如果对外人进行表述时,她会把鲁迅称为"鲁迅先生"。但如果自己内部交流,也就是她和鲁迅先生谈话,或者是许广平先生和鲁迅先生谈话,她的称呼会变化,称其为"周先生"。但是到文章中间部分,我们会发现这个称呼已经乱了,再也没有这种内和外如此清晰的区别,一会"鲁迅先生"一会"周先生",两者交杂混乱地在运用。这表明萧红的情感在写作到此处之时,已经到了一种无法自控的地步。我们自己在情感特别浓烈特别充沛的时候,也会呈现出一种语无伦次的特点。萧红也是这样,一遍遍重复,语无伦次,甚至到了完全没有办法处理自己情感的地步。

在此文字里行间的表述过程当中,我们看到的正是冗余所带来的喷薄式的强烈情感。

柳怡汀:细腻地书写生命状态

我想分享的是关于萧红的细腻。鲁迅先生在《〈生死场〉序》中也称赞过她,说她是有"女性作者的细致的观察"的作家。我们可以通过对《回忆鲁迅先生》的耙梳,来体会萧红的细腻。

首先是她的观察力可以细到生活的微末之处。本篇文章不仅体现了鲁迅先生这个人的形象,也构建了鲁迅先生的生活空间。比如她在写鲁迅先生卧室的时候,发现桌子上有一个"方形的满浮着绿草的玻璃养鱼池",并细致地发现里面游着的不是金鱼而是灰色的扁肚子小鱼,这是一般人不大会发现的。这些细节高度接近生活本身的状态,所以这样的写作可以体现出一种生活的真趣,这样的鲁迅和鲁迅生活才真实。

第二点,萧红的感受力可以细到感官的末梢,这是萧红作为女性作家独有的特质。她在写《生死场》的时候,可以感受到那种大地冻裂的疼痛。她在写《呼兰河传》的时候，可以感受到祖父花园里面的植物都自由地生长，所以她说："黄瓜愿意开一朵花，就开一朵花，愿意结一个瓜，就结一个瓜。"在写《回忆鲁迅先生》的时候，虽然对象是鲁迅，但我们发现她的笔触中总是带有她个人的感受和体验，比如说她可以细致体会到"卧室在黄昏里边一点点地暗下去"，可以感受"客厅后没到黄昏就先黑了，背上感到些微的寒凉"。

第三点，观察力与感受力再结合细腻文笔，我们可以发现当萧红在书写人的时候，特别善于细腻地表现生命状态。生命状态本来是很抽象的，但萧红善于把它写在一些具体的点上。文章多次描述鲁迅先生家里的物件时使用"站着"，起先读的时候会觉得"站着"可能就是较通常的拟人的写法，表现萧红比较可爱的童真视角。但是当我们再往下读的时候，就能体会到一些新的内涵在里面，比如说鲁迅先生病重的时候发热，许广平先生给他画温度表，萧红说："那表画得和尖尖的小山丘似的，又像尖尖的水晶石，高的低的一排连地站着。"温度表的"站着"，表明先生的温度比较高并且起伏比较大。但是这个词一出来，我们就会想象到鲁迅在跟这种热度和疾病做斗争的生命状态。她在写鲁迅先生很激烈地咳嗽的时候，肯定是很心疼的，她写道："楼上鲁迅先生的咳嗽声，都搅混在一起了，重续着、埋藏着力量。在痛苦中，在悲哀中，一种对于生的强烈的愿望站得和强烈的火焰那样坚定。"从这个"站"的背后显然可以强烈体会到鲁迅先生的生存意志。

萧红的厉害之处就在于她这样写，不像是那种正面塑造鲁迅战士形象那么刻意。我们常常评价萧红这篇文章表现了鲁迅先生生活化的一面，但其实也表现了鲁迅先生作为战士的一面，而且生活化的一面和作为战士的一面是不矛盾的，非常好地交融在他的形象中。鲁迅先生在《这也是生活》的最后一句其实也这么讲："战士的日常生活，是并不全部可歌可泣的，然而又无不和可歌可泣之部相关联，这才是实际上的战士。"

专家点评

LUXUN DE QITANG YUWENKE ···

蔡斌：今天非常荣幸能够参与上海中学语文组的集体备课活动。几位老师无论是作为个人备课，还是作为集体备课，都具有很高的水平，使我深受启发。我觉得在我们现在语文教学的实施过程当中,高质量的集体备课是非常重要的一个环节。今天我们活动所在的景云书房,又是一个向社会开放的、便于让社会关心关注语文教育的各界人士都参与进来、同时又具备极大交互潜能的公共文化空间,我觉得非常有意义。

本篇课文节选自萧红的《回忆鲁迅先生》,对于如何节选、要不要节选,可能会有不同的看法,而我个人认为节选的部分首先要符合语文教材文本的意义,我去看了我们这篇文章所属的课文单元(人民教育出版社《语文》七年级下册),是四篇一组的写人的文章,写作训练是"写出人物的精神",即如何准确、生动地抓取人物的精神来体现人物。所以我们首先要理解,在课文当中文本本身的训练意义和作为文学文本的原作品本身认知的角度是不同的,课文选文要满足和适应语言文字作为应用工具的基础功能。除了萧红的《回忆鲁迅先生》之外,我还记得当年自己在基础教育阶段学到的同为写鲁迅先生的文章是阿累的《一面》,写得很质朴,很感人,至今留有很深的印象。

樊老师认为萧红眼中的鲁迅是充满人情味的,我特别赞同樊老师的这一分析视角,鲁迅是热的,尽管鲁迅先生乍一看给人的感觉是很冷峻的,其实他的朋友、很多的人都讲到鲁迅先生是热的,比如说刚才樊老师讲到了三个人对鲁迅的评价,这三个人很有意思,郁达夫是鲁迅的同乡,是莫逆之交;巴金是鲁迅的抬棺人,是他精神的直接继承者;林语堂与鲁迅关系有点复杂,有过一些不愉快,不一致的情况也很多,但是最终我们看到林语堂对鲁迅的评价还是很高。胡适对鲁迅的评价也很高,他曾经非常严厉地批评了苏雪林对鲁迅的攻击,他说哪怕不一样,也不应该这么来讲鲁迅。事实上不管是鲁迅的朋友还是他的学生,甚至是论敌,对鲁迅都有相当的认同,这是一个大写的人格。当然,鲁迅先生的"热"也表现在这篇文章中,因为这篇文章的作者是鲁迅先生帮助过的一个年轻人,鲁迅先生一生当中帮助过很多年轻人,很多年轻人对他念念不忘。但还有鲁迅先生很多帮助过的人,其实鲁迅先生是吃过他们苦头的,也给自己的生活带来了很多烦恼,比如说从广东来上海时跟着来住在他们家里的学生。萧红说鲁迅先生家生客人很少,其实萧红也许并不一定有条件如我们今天的读者这样更能获取关于鲁迅的全方位讯息。鲁迅先生在他的一生当中,他热爱年轻人,对待年轻人有一颗赤子之心。

我觉得樊老师从"说与不说"的视角切入也特别好,鲁迅先生可能承受了很多社会的黑暗面,他的性格当中有很多压抑的成分,比如说许广平先生的回忆录当中也写到,鲁迅先生有的时候会跑到阳台上去,躺在那边什么话都不说,显然萧红没有看到他的这一面,而他的这种压抑的天性,也许在孩子面前,在女孩子面前、年轻人面前他会有一个释放,鲁迅先生也有天真的一面。由此我想到了鲁迅先生的文章《记念刘和珍君》,鲁迅先生为什么这篇文章写得特别有力量?这也和鲁迅先生和刘和珍私人交往中的较亲密感情有关系。刘和珍是许广平在女师大的同学,她们当时和作为老师及引路人的鲁迅先生有很多交流。鲁迅先生还曾经在一起喝酒的时候,可能有点喝高了,去拍拍刘和珍的头,这是鲁迅先生真性情流露的一面。所以我就觉得在萧红所写的里面,抓鲁迅先生横眉冷对之外的另一面还是传神的。鲁迅先生在面对年轻人、特别是年轻的女孩子的时候所流露出的亲切,并不是针对某一个特定的女性的,事实上,他呈现在年轻人面前有一个共性的东西。

另外,樊老师刚才还讲到了关于鲁迅的审美眼光,我和樊老师有一点点不太一样的看法,我觉得鲁迅先生的审美眼光确实非常高,关于萧红衣着的对话,这里面虽有开玩笑的成分,但同时也确实是他的审美眼光的体现,他也许在这个场合不需要很一本正经地来讲这个东西,但是既然萧红问到了,所以就半开玩笑半当真地来说说。樊老师讲到的萧红对于爱和温暖的渴望,我觉得这个也是我们理解萧红来写鲁迅先生非常关键的一个点,萧红是我们中国 20 世纪最优秀的女作家之一,她在早期的散文作品集《商市街》里就展现了其细腻敏锐的写作才华,而由鲁迅作序的《生死场》则确立了其成为当时受人瞩目的新文学女作家的身份,也正是因为这篇序,为她打开了文坛的一扇门,所以萧红对鲁迅先生有很多的期待。然后在这个作品之后,萧红还有非常好的作品,比如说她的一生的代表作《呼兰河传》,她晚年还有一个很特别的作品叫《马伯乐》,没写完,但是它是一篇带有社会讽喻性的作品,萧红虽然身世飘零,但涉世并不能算很深,很多时候都还是很天真的,之所以也会有讽刺性的笔墨,我想可能和像鲁迅这样的文坛长辈的交往对她有一定的影响。所以到了她的创作后期,会有一些"中年变法"的创作突破。可惜萧红去世太早了,如果还能留给萧红一些人生时间,可能她的作品后期还会有一些变化,但是我们现在也没有办法做这样的假设了。

徐承志老师刚才就讲到时间线索碎片化的问题,我觉得和她的女性特征,以及她的一贯的写作风格有关系,还有就是她可能受到鲁迅先生《关于太炎先生二三事》的影响,鲁迅先生在写作的时候就是抓细节的,而且鲁迅先生特别强调人物的白描,萧红也有自己的特点,就是她把女性的细腻放到白描里面去了。

徐婷育老师讲到了冗余的深情,冗余让我想起后现代主义的思想家罗兰·巴特,他有一本书叫做《恋人絮语》,讲到的就是这样一种情况。萧红在这里也反复提到自己的祖父,冗余可以理解为是一种感情的方式,只有充满了感情才会不断地念他的名字,所以文学的表现和我们作为工具论的语言的表达是不同的,在作为工具论的语言的表达来看,也许是废话,但是从文学表达来看,这些冗余可能是很传神的一些东西。徐老师刚才还讲到了萧红对于鲁迅的人称的变化,我记得当代有位作者就讲到在自己写作的时候,提到母亲会说"妈妈",提到父亲时,称呼不变,为什么这样写? 她说一开始自己是无意识的,也许是在生活当中和妈妈亲,和爸爸有点疏远,所以一旦她意识到这个问题,后来写作的时候,这位作者就是用"妈妈"和"父亲"去对应的。萧红将鲁迅称为"鲁迅先生"和"周先生"与此类似,这两个称呼刚一开始是她的潜意识的区分,到后来写着写着她的感情不能抑制,所以称呼也发生了混乱。

柳老师讲到了关于萧红的细腻,萧红细腻地抓住了细节。她为什么去关注这些东西呢,有一个视角就是萧红频繁地去鲁迅先生家里面,因为她没有完整的家庭,从某种程度上她是一个自由的知识女性,讲起来很令人向往,其实也是蛮可怜的,生活当中但凡有一个稳定的家庭的支撑,她可能也不会表现得有点拜访过度,也只有像她这样一种情况下,她可能对鲁迅先生也有一个期待。其实我觉得她在打量鲁迅先生,她觉得鲁迅先生是不是能够给她更大的帮助,也许看下来她很失望,但是她或许没有办法说出来这种失望。萧红和年长男性的交往,不只是鲁迅,还有一个比较突出的就是柳亚子,二人年龄差距悬殊,但是从书信里看,柳亚子和她说话的口气就好像是她的平辈朋友一样,而且还是一个小朋友。如果把这样的一个视角引进来看,我觉得萧红可能由于在她的生活当中父辈感情的缺失,所以她的生活当中无论是实际的生活状态,还是从情感上来说,或许她很需求一种像父辈一样的关爱,更为现实的期待可能还包括生活上的关照。

萧红在我们的当代文化生活中也获得了比较多的社会关注度,霍建起导演的《萧红》及许鞍华导演的《黄金时代》都选择萧红作为主人公来展现,我觉得就是因为萧红身上有很多的女性问题和女性意识值得关注和反思的点,也许从她这个点能够展开非常多的女性议题。所以,在这里我就想到我们语文教育其实还不光是个工具论,不光是一个语言教育,结合这篇文章来讲,还有一个人格教育。萧红从鲁迅先生身上汲取了一种人格力量,这是一个榜样的人格;还有一层人格教育的内涵,就是这一篇文章背后所体现的女性意识的引入。我觉得,如果把我们当代对萧红的关注与课文的解读找到契合点,其实对我们今天的学生来说,应当有着人格培育的有效着力点。